陇籍法学家自选集
LONGJI FAXUEJIA ZIXUANJI

谢晖自选集

谢晖　著

知识产权出版社
全国百佳图书出版单位

图书在版编目（CIP）数据

谢晖自选集／谢晖著．—北京：知识产权出版社，2019.1
（陇籍法学家自选集）
ISBN 978-7-5130-5696-0

Ⅰ.①谢… Ⅱ.①谢… Ⅲ.①法学—文集 Ⅳ.①D90-53

中国版本图书馆 CIP 数据核字（2018）第 157368 号

责任编辑：齐梓伊　　　　　　　　责任校对：王　岩

执行编辑：樊纬航　　　　　　　　责任印制：刘译文

封面设计：张　悦

陇籍法学家自选集

谢晖自选集

谢　晖　著

出版发行：	知识产权出版社 有限责任公司	网　址：	http://www.ipph.cn
社　址：	北京市海淀区气象路 50 号院	邮　编：	100081
责编电话：	010-82000860 转 8176	责编邮箱：	qiziyi2004@qq.com
发行电话：	010-82000860 转 8101/8102	发行传真：	010-82000893/82005070/82000270
印　刷：	北京嘉恒彩色印刷有限责任公司	经　销：	各大网上书店、新华书店及相关专业书店
开　本：	720mm×1000mm　1/16	印　张：	28.75
版　次：	2019 年 1 月第 1 版	印　次：	2019 年 1 月第 1 次印刷
字　数：	450 千字	定　价：	88.00 元

ISBN 978-7-5130-5696-0

作者简介

　　谢晖 1964年生于甘肃省天水市甘谷县，法学学士、哲学博士。现任甘肃政法学院特聘教授。享受国务院政府特殊津贴，教育部首届高等学校优秀青年教师，山东省首届泰山学者，青海省首届创新创业人才。出版、发表个人学术、文学作品27部，发表学术论文230篇，学术随笔和散文220篇。主编"法理文库""公法研究""民间法文丛""法意文丛"以及《民间法》《法律方法》等学术丛书和刊物，组织和主持系列学术会议"全国民间法·民族习惯法研讨会""全国法律方法论坛"等学术活动。主持2016年国家社科重大招标项目"民间规范与地方立法研究"，担任首席专家。

苍茫陇原涌法杰

——"陇籍法学家自选集"总序

谢 晖[*]

一

苍茫陇原大地，东西延绵 2000 余公里，自古就是中原、关中通往西域的必经之途。这种地缘优势，奠定了其在中国文化史上的独特地位。在当下世间衮衮诸公看来，那里似乎只是经济落后、土地贫瘠，高山光秃、大河浑浊，荒漠恶风、飞沙扬尘的代名词。诚然，和迅猛发展的我国东、中部、甚至和绝大多数西部省份相比，她在经济上、环境上、人民生活上的不如人意尽人皆知，但这不应该掩盖或遮蔽她在中华文明发展史上的伟大贡献，特别是她对中国的社会团结、制度构造以及对人民日常生活应对方面的创造性成就。

传说时代中人文始祖伏羲、女娲就生息、繁衍和发展在这块大地上，乃至今日游人到了甘肃天水，也可以深刻体会到几乎各个区县的民众说起伏羲爷来那种侃侃而谈、有板有眼的情形。"羲皇故里"给邑人所带来的自豪，常溢于言表，形诸笔端。这种世代相传，不仅影响了邑人，也影响了整个中华文化对伏羲女娲的悠长记忆。譬如在台北，"中华文化始祖太昊伏羲圣帝八卦祖师纪念庙"就建在"甘谷街"（甘谷是天水的一个县）上；再譬如被

---

* 作者系甘肃政法学院特聘教授。

称为与陕西黄陵黄帝公祭活动、山东曲阜孔子公祭活动并列的伏羲公祭活动，就每年在甘肃天水举办。

这种口耳传承，并非空穴来风。20 世纪 50 年代以来陆续出土的秦安（天水的一个县）"大地湾文化遗址"，跨越年代从公元前 8000 年到公元前 5000 年，是迄今为止我国境内发现并挖掘的最早的新石器文化遗址之一。其文物遗存之丰富，被誉为发现了中国历史上的七（或六）个最早：中国最早的彩陶、中国最早的旱作农作物标本、中国最早的文字雏形、中国最早的"混凝土"地面、中国最早的宫殿式建筑、中国最早的绘画和中国最早的度量衡与十进制[1]。先民们留存至今的这些伟大遗存，能否和口耳相传的当地伏羲故事相互印证，并作为信史的一部分？这自然不是一位法学者可以置喙的，但有合理的想象总比无好。

谈到伏羲女娲，谈到大地湾文化遗址，就不能不涉及先民们的规则/法律意识。传说中伏羲女娲举规执矩，就被认为是我们这个伟大的族群建立法律制度之伊始；传说中更多见的因伏羲画卦而创造文字、肇启制度的故事，几乎是人尽皆知的。《易·系辞》云："古者包牺氏之王天下也，仰则观象于天，俯则观法于地，观鸟兽之文，与地之宜，近取诸身，远取诸物，于是始作八卦，以通神明之德，以类万物之情。"[2]《左传》云："太皞氏之龙纪，故为龙师而龙名……"[3]《尚书序》曰："古者伏牺氏之王天下也，始画八卦，造书契，以代结绳之政，由是文籍生焉。"[4]《白虎通》则特别强调伏羲在我

---

[1] 张力刚："试论大地湾遗址在中国史前考古上的六大之最"，载《丝绸之路》2014 年第 18 期；也可参看中央电视台科教频道播出的四集纪录片《祖脉天水》（2016 年 9 月 7 日始播）；甘肃省文物考古研究所：《秦安大地湾新石器时代遗址发掘报告》（上、下），文物出版社 2006 年版。

[2] （晋）韩康伯注：《周易·系辞下》，见《十三经注疏》，中华书局 1980 年版，第 74 页。许慎据此把我国文字的创生归功于伏羲，并延续成说，强调"古者庖牺氏之王天下也，仰则观象于天，俯则观法于地，视鸟兽之文，与地之宜，近取诸身，远取诸物；于是始作易八卦，以垂宪象。"（（汉）许慎撰，（清）段玉裁注：《说文解字注》，上海古籍出版社 1981 年版，第 753 页）。

[3] 对此杜预注云："太皞伏羲氏，风姓之祖也，有龙瑞，故以龙命官。"孔颖达疏云："太皞以龙名官，春官为青龙氏，夏官为赤龙氏，秋官为白龙氏，冬官为黑龙氏，中官为黄龙氏。"（（周）左丘明，（晋）杜预注，（唐）孔颖达疏：《春秋》，见《十三经注疏》，中华书局 1980 年版，第 2083 页）。

[4] （汉）孔国安撰，（唐）孔颖达疏：《尚书正义·尚书序》，见《十三经注疏》，中华书局 1980 年版，第 113 页。

国制度起源方面的伟大贡献："古之时，未有三纲六纪，民人但知其母，不知其父，能覆前而不能覆后，卧之詓詓，行之吁吁，饥即求食，饱即弃余，茹毛饮血，而衣皮革，于是伏羲仰观象于天，俯察法于地，因夫妇、正五行，始定人道，画八卦以治下，下伏而化之，故谓之伏羲也。"① 在实质上，所有文字就是人类对事物的命名手段。有了对自然万象、人世百态的命名，也就有了人类把握对象，安排交往的基本规范。在此意义上，画八卦、造书契与举规执矩、"制嫁娶之礼……②" 等伟大贡献一样，都可能是伏羲女娲时代，对中国文明之规范生活的最早谋划和安排。

此后的炎黄文明，亦和甘肃息息相关。炎帝部落早期主要活动在靠近今天甘肃天水市的陕西宝鸡一带，其发展卦象、制作五弦，勇尝百草、创造耒耜，种植五谷、教人稼穑等事迹，为我们这个向来主要以农立国的国家奠定了坚实基础。至于黄帝文明，相传更是直接源于今天之甘肃陇东南一带的文明成果。至今在甘肃省天水市的清水县一带，留有远近闻名的轩辕谷、轩辕溪和寿山（丘）等。尤其轩辕谷和寿山（丘），作为传说中轩辕黄帝的出生地之一，被广为传布。晋郭璞《水经》载："帝生于天水轩辕谷。"据此，北魏郦道元云："南安姚瞻以为黄帝生于天水，在上邽城东七十里轩辕谷。皇甫谧云：生寿丘，丘在鲁东门北，未知孰是。"③ 尽管有此疑义，但至今除了甘肃、山东、河南等少许几地因黄帝出生地而有争议外，很少见其他地方争取此事。这不难说明，有所争议，总是有缘由的。无论如何，黄帝文明泽被

---

① （汉）班固文。（清）陈立撰、吴则虞点校：《白虎通疏证》（上），中华书局1994年版，第50~51页。

② （晋）皇甫谧：《帝王世纪》，见刘晓东等点校：《二十五别史》，齐鲁书社2000年版，第2页。

③ （北魏）郦道元，陈桥驿校正：《水经注校证》，中华书局2007年版，第430页。应说明的是，皇甫谧在《帝王世纪》中，一方面，强调皇帝和炎帝的同源关系，并说明其长于姬水，说明他和西北、特别是甘肃息息相关。其后奠定了中国礼法文明之基础的周王朝，作为姬姓史上影响最大的一族，根据信史，就源于甘陕一带。在那个交通极其不便的时代，黄帝怎么能生于鲁地而长于姬水？何况在甘肃清水照例存有寿山（丘），皇甫谧作为陇上名人，在记述皇帝生时地时，两次言及寿丘。其中只在后一次提及时很突兀地说到"丘在鲁东门北"。可不无吊诡的是，这个结论是其在叙述了黄帝从出生、征战、徙居、定都、称帝、再徙鲁（鲁，史上本有西鲁——今河南鲁山一带和东鲁——今山东曲阜一带之分）之后提出的（（西晋）皇甫谧：《帝王世纪》，见刘晓东等点校：《二十五别史》，齐鲁书社2000年版，第5~9页）。这与前文在逻辑上的悖谬十分明显。故这后一结论，是否为后世好事者刻意为之？令人不无疑惑！

华夏，千古流芳。其造文字、修医书、立史官、藏书契、定姓氏、正音律等一系列举措，既为中华文明成功迈向组织化的制度时代奠定了基础，也因此使中华文明能够古今一脉，生生不息，流传至今。所以，源于甘肃、陕西的炎黄文明，既是中华文明之根，同时也无处不在地影响着中华民族之流。

至于周、秦文明源于甘肃，盛于陕西，影响所及，遍于华夏，盖无人有异议。周人之祖先不窋、公刘，就主要活动于今天甘肃庆阳一带。前者因为夏朝衰乱而失其官，率领周族部众虽"窜于戎狄之间"，但仍"不敢怠业，时序其德，纂修其绪，修其训典，朝夕恪勤，守以敦笃，奉以忠信，亦世载德，不忝前人。"① 而后者导演了著名的"公刘迁豳"，为其后周朝的王霸基业，奠定了坚实基础。其业绩正如《诗经·公刘》所言："笃公刘，于胥斯原。既庶既繁，既顺乃宣，而无永叹。陟则在巘，复降在原。何以舟之？维玉及瑶，鞞琫容刀……笃公刘，于豳斯馆。涉渭为乱，取厉取锻，止基乃理。爰众爰有，夹其皇涧。溯其过涧。止旅乃密，芮鞫之即。"② 诗文中所提及的戎狄以及豳等地方，即今天甘肃庆阳和陕西临近地区。故出生于庆阳的明朝大文豪李梦阳曾诗云："庆阳亦是先王地，城对东山不窋坟"。到了古公亶父再迁关中，直到周族统一天下，甘肃一直是周人最重要的后方基地。周统一天下后，既创造了分封制来解决央地关系这一宪政模式，也制定了严格的礼治以解决日常民事交往关系和行政管理关系，同时，还在"德政"之外，辅之以"吕刑"，初显"人文精神"，强调"明德慎罚"，抑制"天罚""神判"，来应对日益世俗化的日常交往秩序。特别是在那个年代已经生产出了对后世影响甚大的依法定罪、罪刑相当（"中刑"）和疑罪从轻、众疑从赦的用刑原则；对故意（"非眚"）和过失（"眚"）犯罪、惯犯（"终"）和偶犯（"适"）相区别的用刑原则；对老人（"耄"）和孩子（"悼"）、正当防卫（"义杀"）不加刑的用刑原则；对数罪俱发，以重者论以及罚不连坐（"父子兄弟，罪不相及"）的用刑原则等③。这些发明和规定，不但在今天看

---

① 徐元诰撰、王树民等点校：《国语集解·穆王将征犬戎》，中华书局 2002 年版，第 3~5 页。

② （汉）毛亨撰，（汉）郑玄笺，（唐）孔颖达疏：《毛诗正义·大雅·公刘》，见《十三经注疏》，中华书局 1980 年版，第 541~544 页。

③ 胡留元、冯卓慧：《夏商西周法制史》，商务印书馆 2006 年版，第 404~410 页。

来还很实用，甚至至今在某些时候、某些方面仍未完全做到（想想在数十年前的那个年代，仍然十分盛行的"龙生龙、凤生凤，老鼠生儿会打洞"的说法吧）。正是此种在那个时代借鉴了昔日传统，并发扬光大的严谨而规整，宪、礼、刑并用，赏罚分明的制度，才让孔子对它不吝赞美之词："周监于二代，郁郁乎文哉，吾从周"①！

秦文明自其先祖非子以来，世代放牧、经营在今陇东南一带。至今甘肃天水仍称秦城，那里多有秦亭一类的地名分布。非子放牧时代即有的朱圉山，就矗立在今天天水市甘谷县西南一带。那里至今仍是叠叠山峦，盈盈碧草，登顶四望，无限苍茫。在那里出土的毛家坪文化遗址，是迄今为止我国出土的最早的秦文化遗址②。与它毗连的礼县大堡子山、圆顶山"秦公大墓——西垂陵园"，更因为上世纪末期文物贩子和当地农民相勾结，为了盗墓"致富"，将主大墓被挖得千疮百孔、宝物尽失，成为我们这个民族和时代的"千古遗恨"！③ 也因为那些丰富的考古发现，李学勤曾这样写道："中国历史文化早期的一系列核心疑问和谜团，恐怕都不得不求解于甘肃。"④ 在这里，我感兴趣的是秦文明对中国后世法制文明不可磨灭的贡献。对此，孙皓晖在其600万字的《大秦帝国》中，以学者的情怀，文学的手法精心描绘、研讨了这一文明的功过得失。但查其制度成绩，绝非秦统一中国后短短二三十年的贡献，而是秦文明长期积累和发展的结果。例如，秦统一后向全国推进的郡县制，早在秦武公十年（公元前688年），伐邽、冀戎之后，就已开始。

---

① 《论语·八佾》。

② 赵化成等："甘肃甘谷毛家坪遗址发掘报告"，载《考古学报》1987年第3期；肖宇等："秦文化探源：毛家坪遗址考古记"，载《大众考古》2015年第2期。

③ 李峰："礼县出土秦国早期铜器及祭祀遗址论纲"，载《文物》2011年第5期；中央电视台"探索·发现"频道：《〈甘肃古事〉之千古遗恨秦公大墓（上、下）》，2009年第324、325期。这是一场在任何一位文化人看来都深感耻辱的事件！该事件给我国秦文化研究造成的损失是根本无法弥补的，所以说是千古遗恨的事件毫不为过。好在2015年7月和9月，其中56件流失到法国的大堡子山精美文物被归还给甘肃省博物馆。笔者曾在该博物馆参观了部分归还文物。看着这些精美绝伦的文物，再想想更多流失海外，尚未追回的该墓葬被盗掘出卖的文物以及为了蝇头小利，刻意毁坏文物的犯罪行为，实在不禁令人捶胸顿足。当时作为观者，我虽忍住泪水，但与讲解员交谈时还是数度哽咽！为何如此伟大、精致的文明，在我们后人的手中就仅仅变成了几沓纸钱？为何我们的先人们在创造文明，他们的子孙却在无情地、野蛮地毁弃文明？

④ 李学勤："《遥望星宿：甘肃考古文化丛书》总序"，载《甘肃社会科学》2004年第1期。

再如书同文、车同轨、衡同制、币同质等项改革，尽管是在秦统一后大刀阔斧地推行的，但在之前的法家思想中已多有阐述，在法家思想指导下的秦国的改革实践、特别是商鞅变法的实践中已有端倪。秦朝虽然二世而亡，但由秦国、继而秦朝所建立的法制，却成为中国百世法制之宗，所谓"汉承秦制"即是明证。因此，"……二千年来之政，秦政也，皆大盗也；二千年来之学，荀学也，皆乡愿也"①，几可谓通说。无论后世的人们对这种法制影响有多少诟病，但其作为一种事实，仅仅诟病显然是不够的。它之所以至今仍在很大程度上影响着国人对法制的看法，与其自身的适应性特质怕是不无干系的。

秦文化以后，出自陇原、又对我国具有全方位影响，并且在世界文化史上占据一席之地的文化，就是唐文化。尽管唐朝天子李渊父子，皆从山西起家，但其根在甘肃。在李姓姓氏史上，甘肃向来占有最重要的一席。所谓"天下李氏，郡望陇西"，说的就是陇西在李氏文化史上的这种地位。我曾在贵州、广西一些深山调研中，不时能看到一些人家的堂屋里高悬着"陇西堂"的字样。问其所以，则回答说祖上来自甘肃陇西。从秦朝大将军李信，到汉朝飞将军李广，一直到唐代天子、文豪们，陇西李氏代有才杰。所以，李世民亲自主持编撰《氏族志》，强调"李氏凡十三望，以陇西为第一"。这种说法，虽然遭到后世学者的批判："唐太宗重修《氏族志》，就是企图通过皇权的力量，把关陇贵族门阀定位一尊的尝试……"②但无论如何，一个地方的一个姓氏对一个国家的历史文化具有如此大的影响者，怕举世亦所罕见！所以，"言李者称陇西"并非虚言。重要的是隋唐以来，我国制度经由秦汉以来数百年的发展，又为之一变。以《唐六典》为代表的行政法制，以《永徽律》为代表的刑事法制，皆以宏大庄典之格局，影响了后世，也影响了周边邻邦。陈寅恪在论述隋唐制度渊源时，把其分为礼仪、职官、刑律、音乐、兵制、财政诸方面，可谓全方位地阐述了隋唐制度。他曾自谓："寅恪尝草隋唐制度渊源略论稿，于李唐一代法制诸端，妄有所论述。"③对于隋唐二代的制度，他也推崇备至，强调"总而言之，二代的制度因时间与地域参错综

---

① （清）谭嗣同，加国润选注：《仁学——谭嗣同集》，辽宁人民出版社1994年版，第70页。

② 赵克尧："《氏族志》与唐太宗的关陇门阀观"，载《复旦学报》1984年第2期。

③ 陈寅恪撰，唐振常导读：《唐代政治史述论稿·序》，上海古籍出版社1997年版，第1页。

合之关系，遂得演进，臻于美备……"① 这位笃力追求"独立之精神，自由之思想"的史学家、思想家对隋唐制度（法制）的这种评价，在另一个侧面至少也表达了其对李唐文化和关陇集团的"同情的理解"、真心的赞美吧？

自唐代以还，在法律制度方面，虽然周秦汉唐的深刻影响绝不仅是遗风余韵，但甘肃人在我国制度实践中的活跃程度越来越低，越来越远离法制建设的中心。特别是宋元两代数百年间，整个朝廷，很少见有出身于陇籍的重要官员，更遑论其对整个国家制度的影响了。明清两代，这种情况虽略有改观，但仍不尽人意。据有人统计，彼时出身于陇籍的进士翰林共有514名②。其中有清一代，甘肃共考中进士350人，"所占全国进士的比例尚不足八十分之一，位居各行省之末，因此，甘肃也成为文风荒落的典型。"③ 在这些进士中，真正能有大作为、特别是在制度上有大作为者极为罕见。比较知名的朝廷大员有李梦阳、胡瓒宗、巩建丰、牛鉴、安维峻等寥寥数位，且多以道德文章名世。他们对制度建设的影响，也都在其职权职责范围之内④。

一个国家的制度建设，无疑也反映了其背后的思想精神。陇籍出身的历史文人对中国制度史的整体影响，自然会或多或少地反映其精英思想、人民精神、地域文化、族群性格等等。除此之外，甘肃历史上也产生过对后世具有相当影响的一些思想家和文人，但按照今传文献，对制度建设涉猎较多、享誉古今的，只有王符的《潜夫论》一书。诚如有人所言："该书的大部分论述，都是围绕着当时社会中的现实问题展开的。它涉及文治武功、刑法赏罚、经济策略、伦理道德、社会习俗、学习修身、看相占卜等各个方面。但其中研讨最多、最为重要的，则是作者所提出的一整套经世治国的方略。"⑤当然，众所周知，在古代中国，奉行文人治政，政治的诗性修辞风格远甚于

---

① 陈寅恪：《隋唐制度史渊源略论稿》，中华书局1963年版，第117页。

② 张镇编著：《甘肃明清进士翰林传略》，香港天马图书有限公司2005年版。

③ 陈尚敏："清代甘肃进士的地理分布"，载《中国历史地理论丛》2009年第4期。

④ 有一份专门以清代甘肃籍循例为例，研究循例养成机制的文章，可资参考以说明彼时陇籍官员之于制度建设的影响（杨银权："论中国古代循良的特点及养成——以清代甘肃籍循良官吏为例"，载《青海民族研究》2015年第1期）。

⑤ （汉）王符原，张觉译注：《〈潜夫论〉全译·前言》，贵州人民出版社1999年版，第13页。

其理性逻辑精神。用李泽厚的观点讲，这是一种典型的"实用理性"①。在这个意义上，甘肃出身的历代文人学士，与祖国其他各地出身的文人学士一样，其诗词歌赋、书画文章，或许都能进益于彼时国家的法制建设。

二

近代以还，列强侵凌、战乱频仍，吾国进入制度崩坏、"棋局"迷乱、前途莫测、天翻地覆的巨变时代。此种情形，被困顿于近代国家、民族危亡，并穷于应付时祸的李鸿章称为"三千余年一大变局也"②！这一变局，既让无数仁人志士反思变局产生的内外根由，也让无数芸芸众生深陷于变局所带来的一系列灾难中。一个秩序沦丧的世界，即使对一个小邦而言，都会祸患丛生，更何况我国自来就是一个体量巨大的政治实体，自从元代以来一直到清代中叶，其体量，无论从国土、人口、经济、政权还是体制看，都几乎不间断地保持在世界政治实体之最前列。但随着西学东渐、西政东移、殖民统治在全球的推动，安于东亚一隅的这个庞大的政治帝国，再无力以其强大的内在吸引力维系那种被称为"朝贡体系"的世界秩序了，它自身被深深地裹挟到朝贡体系的替代产品——殖民体系中去了，从而这个表面庞大的国家，不过是个徒有空壳的"巨人"。对此，有学者指出：

"在汉朝的力量衰落以后，朝贡一词就已被确认，以致它既可用于与蛮族的外交关系，也可用于与它们的贸易往来。中国在隋、唐时期重新强大后，这种唯我独尊的理论也得以复苏。可以指出，在唐朝时代，皇帝的恩泽已远达四裔。这给中国的优越感和非中国人的贡属地位提供了坚实的基础"；

"表面上看，清朝的统治到十八世纪晚期正处于空前的鼎盛时期。但是到十九世纪中期，它就证明是一个驱壳中空的巨人。"③

之所以驱壳中空，乃是因为既有的制度面对这种突如其来的变革不但无

---

① 李泽厚：《中国古代思想史论》，人民出版社 1986 年版，第 303～306 页。
② 转引自梁启超：《饮冰室合集·中国四十年来大事记》(6)，中华书局 1989 年版，第 39 页。
③ ［美］费正清编：《剑桥中国晚清史（1800～1911）》（上卷），中国社会科学出版社 1985 年版，第 34 页、38 页。

所适从，而且惊慌失措。数千年来一以贯之、运用自如的制度一下子变得
"哗啦啦似大厦倾"！面对淑世危局，有人寻求改良弊政，倡导君主立宪，以
起弊振衰，挽救危亡。有人笃行启蒙救国，开展"新文化运动"，以改造文
化之根，"一切问题，由文化问题产生；一切问题，由文化问题解决"①，从
而达到"借思想文化以解决问题"② 的目的。还有人则坚信革命的力量，唯
有革命，才是解决问题的根本出路，才能推翻既有的制度，也能赶走、甚至
消灭外来的侵略者。于是，在这个大变局中就出现了所谓"救亡压倒启蒙"③
的独特景象。百多年来，革命一词顺理成章地成为这个国家最重要的主题词。
如今虽然有人强调要"告别革命"④，可革命的情结仍然深嵌在至今健在并活
跃的数代人记忆深处，是他们无法离析的观念基因。

改良的目的是引进新生因素，以维系既有制度；启蒙的目的是改变文化
基因，以图为新的制度建立基础；而革命的目的，则在于把旧的一切连根拔
起，冲决一切罗网，破坏一个旧世界，建立一个新世界。改良和启蒙的双重
失败，使得相关制度建设也浅尝辄止，最终将变革推向了"武器的批判"。
无论哪种变革，其中举事者，也主要是"春江水暖鸭先知"的东南沿海人
民，特别是广东、湖南、福建、浙江、江苏一代的人士。而身处内陆的陇原
大地，对此种情形的反应甚为迟钝，甚至和邻近的陕西也不能相提并论。有
位"好事者"在网上就晚清、民国和共和国以来，各省的"名人"制作了一
份名录，结果陕西在全国位列第七，而甘肃位列第二十七，仅有杨静仁、马
鸿逵、马步芳和王进喜四人入选⑤！尽管其入选标准大可怀疑，但它也大体
上反映了在那个民族危亡的紧要关头，不同地域的人们对之感悟和觉醒的程
度具有明显的差异。

如果说改良和启蒙，本身以制度的温和转型为基本使命，从而寻求制度

① 钱穆：《文化学大义》，中正书局1981年版，第3页。
② [美]林毓生：《中国意识的危机——"五四"时期激烈的反传统主义》（增订再版本），穆
善培译，贵州人民出版社1988年版，第44~93页。
③ 李泽厚：《中国现代思想史论》，东方出版社1987年版，第25~41页。
④ 李泽厚、刘再复：《告别革命——回望二十世纪中国》，天地图书出版公司2004年版。
⑤ http://www.360doc.com/content/13/0603/10/3966739_290094412.shtml，2016年10月4日
访问。

的文化联系理所当然的话，那么，革命则旨在砸碎一切旧的制度牢笼。尽管它不排斥在未来建立一种制度，但它在当下的任务就是要打碎、消除既有的制度，从而使人们对既有制度的一切只有刻骨仇恨，丧失同情理解。尽管如此，但人民的柴米油盐、生活日用总需要有序应对。因此，一方面，在清末和民国期间，在边远落后的甘肃也开始有了法学教育，其标志就是1909年（光绪元年）甘肃法政学堂的成立，并进而在1913年，在法政学堂基础上筹办了甘肃公立法政专门学校。但是这所学校，究竟聘任了彼时哪些著名的法学家担纲教授，又培养了哪些著名的法学家或法律家，至今查来，却云烟渺茫①。只是在这所学校基础上成长起来的兰州大学，其学术影响和社会声誉，可谓誉满华夏、声震神州。另一方面，在共产党领导的陕甘宁边区变成全国革命的中心之后，为了边区秩序建设，无论在立法领域，还是在司法领域，都有不菲的制度建设成果②。

这其中最值得甘肃人骄傲和自豪的，是至今在我国司法实践中仍被称道和运用的"马锡五审判方式"。马锡五虽是陕北人，但其创造的独特的审判方式——深入乡下、主动调查，实事求是；依靠并教育群众，听取并尊重群众意见；简化手续，方便群众诉讼，不拘形式展开审判；依法办事，原则与灵活相结合，清正廉明等司法经验，却是在陇原大地上创造的。他在担任陕甘

---

① 如今所能查到的，只有当时任职甘肃法政学堂学校校长兼教务长的蔡大愚先生，曾留学于日本法政大学。彼时任职于甘肃的兰州本地人水梓先生，也曾毕业于京师法政学堂。遗憾的是笔者未检索到他们两人留有什么法学著作。但可以肯定，他们在促进甘肃法学教育，甚至在推进甘肃积极融入共和思潮方面，功绩斐然。整个民国时期，曾在甘肃任教，后来也被学界普遍认可的学者只有原籍天津的吴文瀚先生一人。但他在民国时期也没有留下什么重要的法学作品，根据《陇上学人文存·吴文瀚卷》所附录之《吴文瀚先生作品题录》，民国时期，先生在《商职月刊》分别发表过"行使债权履行债务应依诚实及信用方法"（1935年第4期）；"评修改商会法要点及今后商会之形态"（1936年第3期）；"各国商事法规之特质及其比较"（1937年第5期）。而在发表文章当时，先生还未赴甘肃任教（这些文章，应当是先生在1930～1936年于朝阳大学法律系本科部就学时的作品。因为先生在彼时的甘肃学院任教，是1945年以来的事）。民国时期在陇工作期间，先生还有无其他法学作品，我索寻数日，一时也没有具体所获。

② 杨永华、方克勤：《陕甘宁边区法制史稿（诉讼、狱政篇）》，法律出版社1987年版；杨永华：《陕甘宁边区法制史稿（宪法政权、组织法篇）》，陕西人民出版社1992年版；张世斌：《陕甘宁边区高等法院史迹》，陕西人民出版社2004年版；汪世荣等：《新中国司法制度的基石：陕甘宁边区高等法院（1937－1949）》，商务印书馆2011年版；侯欣一："陕甘宁边区高等法院司法制度改革研究"，载《法学研究》2004年第5期；朱未：《抗战时期陕甘宁边区巡回审判制度之研究》，湖南师范大学（2012年）硕士学位论文等。

宁边区高等法院陇东分庭庭长时，通过身体力行而深入群众、调查取证，巡回审判、就地解决，经常能公正地处理民间纠纷，自然也深受彼时民众的欢迎。直到今天，仍是全国法院系统所学习的楷模①。过去，他的办案故事通过现代评剧、舞剧等形式被搬上舞台，搬上银幕，曾影响了数代人。这就是著名的评剧、舞剧作品《刘巧儿》。如今，以他名字命名的大型电视连续剧《马锡五》，在《马锡五传》的基础上也于上海隆重开拍②。在庆阳华池县，还专门开办了"马锡五审判方式陈列馆"③。这些事实都说明，其所创造的"马锡五审判方式"已经穿越了那个时代，也成为我们这个时代鲜活有用的经验④。

之所以谈及"马锡五审判方式"，一方面是想说明，即使是革命时代，只要想维持一种有利于革命的相对安定的秩序，就无可避免地需要法律，需要司法。另一方面是想说明，在甘肃这块土地上诞生的"马锡五审判方式"之所以成功，既是马锡五独特审判技术、风格和实践的成功，同时也是甘肃、特别是庆阳人民之于何种司法才可接受的表达之成功。正因为他们对何种司法有益于民众有坦率、明确的表达，才真正帮助了该实践的成功。马锡五尽管并非法学科班出身，但其司法结果的可接受性，怕是那些法学家们的现代

---

① 例如，最高人民法院院长周强在甘肃法院调研时强调："在协调推进'四个全面'战略布局的时代背景下，继承弘扬马锡五审判方式，对于促进司法为民、公正司法，全面推进依法治国具有重要意义。"（宁杰："周强：弘扬人民司法传统深入推进司法改革为经济社会发展营造良好法治环境"，载《人民法院报》2016年8月27日）。同时可参见梁明远："弘扬马锡五审判方式推进执法办案第一要务"，载《人民法院报》2015年12月2日；张立勇："论马锡五审判方式在当代的继承与发展"，载《人民司法》2009年第7期。对马锡五审判方式的这种重视，不仅在甘肃、河南这些中西部地区的法院得以呈现，甚至在广东这个当今中国经济最发达的省份，高级法院系统也专门组织会议，继承延安精神，学习马锡五审判方式（参见"延安精神与马锡五审判方式座谈会在穗举行"，http://www.weixinla.com/document/26030393.html，2016年10月4日访问）。

② "大型历史题材电影电视剧《马锡五》筹拍启动"，http://ent.people.com.cn/n1/2016/0704/c1012-28522187.html，2016年10月4日访问。

③ 先朝阳："马锡五审判方式理论研讨会在华池县举行马锡五审判方式陈列馆同时开馆"，载《甘肃日报》2016年1月9日。

④ 对"马锡五审判方式"，曾作为马锡五的"学生"，担任过多年新疆高级人民法院法官，并顶着政治风险处理了大量十分棘手的疑难刑事案件，被新疆民众亲切地称为"吴青天"的西北政法大学吴效先老师，曾亲口告诉我马锡五的言行身教、办案手法、逻辑思维对他后来处理这些疑难、复杂案件的深刻影响。在我的建议下，吴先生把其所办的部分影响最大的案件写出来并出版。可惜该书出版后不久，先生即溘然长逝，其更多的办案经历和经验无以再现！吴效先：《平冤十记——一位老法官的办案回忆》，中央文献出版社2007年版。

理论很难解释的①。这对于生于斯、长于斯的甘肃法学家和法律家而言，既能近水楼台地享受这份思想和司法实验，也能够在此基础上进一步深化其思想和司法实验。

中华人民共和国成立伊始，在打碎旧的国家机器基础上，建立了新的国家政权和法律体制，但习惯了暴力革命观的人们，对于通过法律的和平理性、甚至还有些温情脉脉的方式来解决问题的方式反倒不太适应。因此，在此后将近三十年的时间，几乎是法学、法学家和法学教育的赋闲时代。一大批法学家要么改行，要么被打倒。而整个国家法学家之命运多舛，众人皆知。反倒是此前法学家十分稀缺的西部地区或因为国家建设之需，或因为改造"右派"之需，一些法学家被发派到这里。如在宁夏，著名法学家韩幽桐就在1958~1963年间担任宁夏回族自治区高级人民法院院长，著名法学家、我国当代宪法学和法律逻辑学的奠基人吴家麟先生因为右派身份被发派到宁夏②，却在那里获得了学术上的大成功、大声誉。在甘肃，也有萨师炯、梁选青、以及民国末年已经在兰州工作的吴文瀚等法学家把其一生奉献于此。但不无遗憾的是：除吴先生之外，其他学者的学术水平基本保持在民国的水平上③。即使吴先生，所发论著也往往困于时代，言不由衷④。是的，在一个把法律视为"用绳绳绑人的"⑤ 时代里，期待法学和法学家有大作为，这怎么能切合实际呢？⑥

甘肃法学的真正发展，与全国一样，是伴生于改革开放以来国家法制建

---

① 相关的分析，喻中："吴经熊与马锡五：现代中国两种法律传统的象征"，载《法商研究》2007 年第 1 期。

② 汤翠芳：《执子之手》，宁夏人民出版社 2009 年版。

③ 其中萨师炯先生在民国时期独著有《共产主义与法西斯主义》（1939 年出版）一书，与钱端升等先生合著有《民国政制史》一书；与萨孟武合著有《宪政的原理及其应用》。此外，他还编有《地方自治法规》一书（王勇："仰之弥高、风范永存：纪念萨师炯先生"，载 http：//www.weixinnu.com/tag_ article/1988764215，2016 年 10 月 4 日访问）。

④ 范鹏主编：《陇上学人文存·吴文瀚卷》，甘肃人民出版社 2010 年版。

⑤ 谢晖："从'绳绳绑人'到'治国之才'"，见谢晖：《象牙塔上放哨》，法律出版社 2003 年版，第 24~27 页。

⑥ 值得一提的是金少英（1899~1979，曾任西北师范大学历史系主任）所撰著的"秦官考——'秦会要订补职官篇'补正"（载《西北师范大学学报》1958 年第 1 期）一文，不但引致文献学界的轰动，而且对法学研究来说，也是十分有补益价值和参考作用的论文，甚至它就是一篇法律史学的杰出论文。

设的脉动而来的。只是相比较而言，在不久前法学尚默默无闻，至今文教仍严重落后、经济也极欠发达的甘肃，突然崛起了一批令国内同道刮目相看的法学家，还是不能不令人既为之欣喜、又为之思索的。据有些"好事者"统计，甘肃以20位的"上榜"人数，位列全国各省法学家排名之第9位（第1位是湖南省，"上榜"60人；第2位是河南省，"上榜"57人；并列第3位的是江苏省和浙江省，各"上榜"55位……）。其中甘肃省"上榜"的20人是："法理学：刘翰、冯玉军、任强、刘作翔、谢晖、於兴中、陈夏红；法史学：胡留元、冯卓慧、王健、汪世荣；民商法学：李明德；刑法学：吴宗宪；诉讼法学：柴发邦；经济法学：王鼎勋、徐德敏、甘培忠、靳文辉；国际法学：徐泉、王瀚。"① 在这份名单中，有个别是不准确的，如徐德敏先生，就并非甘肃人，也没有在甘肃工作过。但同时至少漏掉了如下二十余位值得特别一书的学者：任先行（退休前一直工作于甘肃——当然，这一标准可以存疑）、李功国（退休前一直工作于甘肃）、满达人（退休前一直工作于甘肃）、陈志刚、马玉祥、米健、张世明（出生并成长在张掖）、顾永忠（出生并成长在白银）、周林彬（出生并成长在兰州）、张翔、马光远、金俊银、李玉璧、韩君玲、王志华、王勇、王斐弘、李占荣、任尔昕、史玉成、牛绿花、刘光华、吴双全、贺海仁等在法学界已有突出贡献的学者。这样一个特色鲜明、实力强大的法学学术群体，在土地如此贫瘠、经济如此落后、教育资源如此不足的甘肃产生，无论如何，是值得称颂和关注的一件事！在如上统计基础上，如果按照人口比例来重新排列，甘肃法学家在"榜单"上排列第一、二位，应当不是什么问题。特别值得嘉许的是，在当今中国法学界，活跃着一批更为年轻、厚积薄发的陇籍法学家，如王存河、卢建军、王立志、吴国喆、杨强、曹明、魏小强、杜强强、汪公文、王宏英、郭武、迟颖、王慧、李玉虎、张建军、马海峰等。相信陇籍法学学人这种生生不息、薪火相传的情形，一定能够在未来时日里，使陇籍法学家和陇原法学更加熠熠生辉，争奇斗艳在我国法学的百花园中。

---

① "中国大陆各省法学家排行榜出炉"，载 http://www.360doc.com/content/16/0306/22/7393317_ 540065120. shtml, 2016 年 10 月 4 日访问。

谈到陇籍法学家，我曾在"首届陇籍法学家论坛"上总结了五个特点，即个头较高、视野开阔；出身贫寒、不畏艰难；坚守法理、学问深沉；产出较多、刻苦耐劳；家国情怀、立志远大①。这些说法，有些是为了获得学术会议的临场效果，但即便如此，它也基本说出了我对当下陇籍法学家及其法学成果的基本看法。这不但是一批勤奋笃业、高产多产的学者，而且是能够不断精进、锐意创新的学者。到目前为止，对他们的突出贡献，可举其要者如下。

在法律史学领域，他们对我国夏商周法制史（胡留元、冯卓慧），汉唐民法史（冯卓慧），法律与资源比较史（张世明），比较法律文明史（王斐弘），中国判例史（汪世荣），陕甘宁边区司法史（汪世荣），中国法学教育和法学翻译史（王健），中国传统法律精神（任强），法律教育、法学学术和法律人物史（陈夏红），蒙古法律文化史（杨强）以及伊斯兰法律史（马玉祥、马明贤、哈宝玉），罗马法史（吴文瀚、冯卓慧、米健、任强），外国法制史（刘艺工、满达人、马海峰），中国古代商法（李功国），敦煌契书文献（李功国、陈永胜、王斐鸿、韩雪梅）的研究，足以比肩国内相关领域的顶级研究成果。

在理论法学领域，他们对比较法律文明（於兴中），比较法律思想（任强、曹明），法律文化理论（刘作翔、李功国），指导性案例理论（刘作翔），法律理想理论（刘作翔），法治国家理论（刘翰、刘作翔、於兴中），法律信仰理论（谢晖、任强），法律诠释学与法律沟通理论（於兴中、谢晖），法制现代化理论（谢晖、任强），法哲学范畴理论（谢晖），法律方法理论（谢晖、任强），民间/习惯法与法文化（谢晖、刘作翔、王勇、王存河、魏小强、卢建军等），制度修辞理论（谢晖），法律经济学（马光远、冯玉军、周林彬），法律全球化理论（冯玉军），宗教法研究及宗教管理法制化理论（冯玉军、汪公文），比较法（米健、王志华、张彤），司法基础理论（刘作翔、

---

① 谢晖：《陇籍法学者与中国法学热点问题》，http://xbxsf.nwupl.cn/cdsy/study/200911/1381.html，2016年10月5日访问。相关论述，还可参见谢晖："西北法学研究与中国法学流派"，载《甘肃政法学院学报》2010年第1期；王勇："'陇派法学''西北法学'与中国法学发展——'首届陇籍中青年法学家论坛'的经验与启示"，载《甘肃政法学院学报》2010年第1期；谢晖等："'陇派法学'：命题及问题——'陇籍法学人'对话录（一）"，http://longfu.fyfz.cn/b/868598，2016年10月5日访问等。

任强），宪法教义学（张翔），回族法文化和伊斯兰法文化研究（虎有泽、拜荣静、陈其斌、马玉祥、马明贤），藏族法文化研究（牛绿花、吕志祥、韩雪梅、刘军君）等都作出了标新立异、独具匠心，令人刮目相看的成果。

在部门法学领域，陇籍法学家在举凡宪法学基础理论（李占荣、张翔、王宏英），宪法基本权利理论（张翔），释宪理论（张翔），修宪理论（杜强强），民族法和民族区域自治法理论（虎有泽、马玉祥），社会福利法研究（韩君玲），公共规制和国家干预理论（靳文辉），警察法治研究（卢建军），犯罪理论（吴宗宪），刑法学理论（衣家奇、张建军），诉讼基础理论（贺海仁），证据法基础理论（裴苍龄），民事诉讼法学（柴发邦、邱星美），刑事诉讼法学（顾永忠），行政诉讼法学（金俊银），替代性纠纷解决理论（邱星美），经济法基础理论（张世明、周林彬、刘光华）、外国经济法（满达人），公司治理研究（甘培忠），破产法理论（陈夏红），房地产法理论（魏秀玲），民商法理论（任先行、米健、李功国、任尔昕、吴国喆），缔约过失责任理论（迟颖），海商法研究（王立志、王慧），国际法、特别是航空航天法理论（王瀚、王立志、吴双全），国际私法理论（王瀚、胡晓红），国际经济法理论（徐泉），欧盟法（李道刚、张彤），知识产权理论（李明德、刘斌斌），比较专利法（陈志刚），著作权法理论（王兰萍），非物质文化遗产法研究（李玉璧）、环境法理论（史玉成、郭武、王慧）等各个领域内几乎全面开花①。可见，除了在军事法学领域陇籍法学者尚涉足不多外，在其他各

---

① 我在这里的例举，仅限于如下三类学者：（1）原籍甘肃的学者；（2）出生、成长于甘肃的学者；（3）现在仍在、或终生工作在甘肃的学者。三者只要具备其一，就属于我在本文中所谓"陇籍法学"和"陇籍法学家"的范畴。因此，有些曾工作在甘肃、如今已经调走者一般不涉及。如马贵翔、陶广峰、蔡永民、刘晓林、隆英强等学者，就曾经在甘肃工作，且其一些重要学术成果也是在甘肃期间作出的（如马贵翔的《刑事诉讼的理想结构与现实结构》，甘肃人民出版社1994年版；"刑事诉讼的'两重结构论'质疑——与龙宗智同志商榷"，载《现代法学》1991年第3期；陶广峰与刘艺工合著的《中西法律学说发展历程》，兰州大学出版社1994年版；蔡永民的《比较担保法》，北京大学出版社2004年版；刘晓林的《唐律"七杀"研究》，商务印书馆2012年版；隆英强的"藏族赔命价习惯法对我国刑事司法的挑战及其可能贡献"，载《民间法》2009年卷；"论法文化视域下藏族传统法律文化在中国传统法律文化的价值与地位"，载《当代法学》2010年第2期；《吐蕃王朝时期的法制研究：兼论藏族法制文明的演进》，人民出版社2016年版等）。但因如上标准的限制，在此就不专门提及。我也在此特别感谢这些学者在甘肃工作期间，背井离乡、攻艰克难，给甘肃法学所作出的独特贡献！

个部门法学领域，陇籍法学者不但深入地涉足其中，而且贡献颇多、成绩斐然。

自然，对这样一个活跃的学术群体及其学术成果，能够集其菁华，总其大成，淘滤经验，总结不足，既是我个人的心愿，也是所有陇籍法学人的期待。

三

2009 年，在甘肃政法学院牵头并在全体陇籍法学人的共同努力下，"首届陇籍中青年法学家论坛"在兰州举办。这是有史以来，以"陇籍法学家"名义所举办的首次学术会议。其后又分别于 2012 年、2015 年在兰州举办了两届，并正式把这个活动定名为"陇籍法学家论坛"，拟每 2～3 年召开一次。逐渐形成论坛规则和陇籍法学家的定期会议机制。每次论坛，收获颇丰①，特别是第三次论坛，与会代表们提出了很多实质性的、可操作的建议。我也提出了多项建议。其中之一，就是筹划并编辑出版"陇籍法学家自选集"。这套拟出版的"陇籍法学家自选集"，就是对这一建议的具体落实。

或以为，在我们统一的国家里，法学家和其他所有人的贡献，都是普惠于这个国家的发展的，所谓"夫学术者，天下之公器"② 这一被普遍认可的观点就是明证。既如之，却又要画地为牢地非要研究一番湘籍法学、豫籍法学、苏籍法学、浙籍法学、鲁籍法学……真有这个必要吗？相应地，编辑不同地域法学家的自选集是不是会冲淡法学天下公器之性质？诚然，一项事业的发展，必须经得起各种各样的疑问、质问和拷问。陇籍法学、陇籍法学家、陇籍法学家自选集这样的说法和做法，以及其背后所蕴含的独特的理想和事

---

① 王存河、张雷："'第二届陇籍法学家论坛'综述（上、下）"，分别载于《甘肃政法学院学报》2012 年第 6 期、2013 年第 1 期；何明霞："第三届'陇籍法学家论坛'召开"，载《甘肃法制报》2015 年 9 月 16 日。

② 黄节：《李氏焚书跋》，见张建业主编：《李贽全集注》（第二册），社会科学文献出版社 2011 年版，第 341 页。过去学界咸以为这句话是梁启超先生讲的。黄节是梁启超先生同时代人，梁先生究竟是在什么场合讲这句话的？我翻阅《饮冰室合集》，一时未找到。所以，究竟谁最早阐明了这一观点，有待继续考证。

业也是一样，必须经得起各种质问：一方面，有质疑就应当回答质疑；另一方面，坚持不懈地走自己的路，只要路是通的，各种问题也就自然回答、迎刃而解了。

作为一个超大体量的国家，抽象的中国是由各个具体的部分构成的。我们知道，即使在一些体量较小的国家中，也对其各个不同地方的学术文化以分别对待并同等重视。如在英国，就有苏格兰哲学、英格兰哲学之分。在有些国家，学术分流问题不以地域为标准，而以大学附带其所在的地域为标准，如美国的芝加哥学派、伯克利学派等，首先说的是大学，同时因为这些大学的名称和其所在的地域名称相重叠，故外表上也就有了地域的痕迹。之所以如此，乃是近代以来大学在这些国家的高度自治，使得学术活动、学术流派常以大学为"根据地"。阐述这一节，是想说明，只要人具有地域归属性，具有各自的寻根精神和需要，那么，根据其地域生活的不同及其独特的怀乡精神气质，区别属于不同地域的文化、学术、思想就理所当然。更重要的是，在这种不同的区别中还能发现并带来更进步的平等原则和精神。

完全可以说，没有区别就不会有平等。近代以来的平等精神，就奠定在对一个个活生生的个体主体性的肯定之上。这种情形，可以类而推之。在一个人口众多、地域广大、族群复杂的国家，只有肯定作为部分的地方主体性和族群主体性，才能真正实现不同地方、不同族群间的平等，并进而实现国家的统一与共和。特别对我国而言，以省级地方为界，各个地方文化的差异和复杂程度，远甚于欧洲国与国之间的差异，这就更需要关注地方文化的差异性，以真正利于一个大国的文化互补、内部团结和整体共和。这种情形，即使在学术研究领域，照例适用。关注推进不同地方的学术发展，不仅在事实上是对不同地域学术研究的肯定，而且在功能或作用上，必然会实现一加一大于二的效果。具体说来，这套丛书的编辑出版，我寄期望于收到如下一些成果或意义。

第一，荟萃当代中国陇籍法学家的学术成果，激励陇籍新生代法学家茁壮成长。既然陇籍法学家们在近三十年间筚路蓝缕、锐意创新，从一个贫穷的省份走向全国，并让法学界刮目相看，在高手如云的当代中国法学家中能独树一帜。那么，把他们当中有代表性的学者们的成果编辑成书，汇集成丛，从中发现这些学者们的学术个性与共性，寻找他们在多灾多难的土地上如何坚守"艰难困苦、玉汝于成"的精神①，研讨他们已有的贡献和存在的不足，以便重新出发，谋图更进，这自然是十分必要的举措。与此同时，众所周知，学术研究是一项需要不断积累积淀，才能有所成就的事业。而要实现积累积淀，必须数代人举棒接力，才有所成。目前在陇籍法学家中成绩斐然的学者，毕竟受时代的严重影响和局限。他们的贡献，只是在参与我国法治建设起步阶段的学理求索中实现的。但我国的法治建设，显然还有更长的路要走，有更复杂的问题要解决。因此，如何在既有的学术贡献基础上，带动新一代陇籍法学人朝着更为卓越的方向努力，是当下业已成名的陇籍法学家们必须关注的问题。显然，这套丛书的出版，不仅仅是对那些已经作古的陇籍法学家们的怀念和纪念，也不仅仅是对目前业已身负隆誉的老中青陇籍法学家们卓越学术成果的肯定，而且是对他们以此为基础，追求卓越的法学成果的一种促动，当然，更是对向来目视前方、志存高远、心向先进的青年一代陇籍法学人的激励。相信通过这种激励，一定能使他们收到追随前辈，奋力拼搏，青出于蓝而胜于蓝的效果。

第二，抛砖引玉，促动其他各省法学家也能编辑其著名法学家代表之作、荟萃之作。近年来，我国不少省份都拢聚其法学名家，举办定期或不定期的法学联谊活动。就我所知的有河南法学家论坛、胶东人法律联谊会、湘籍法学家学术联谊会、赣籍（从第二届起改为"江西籍"）法学家联谊会②等。除此之外，上海曾专门成立了上海法学家企业家联谊会③、辽宁也曾成立了辽

---

① 对此，笔者在《法的思辨与实证》（法律出版社2001年初版，2016年二版）一书的序言——《学习者、思想者》中，就个人经历、体悟和奋斗作出了一定的描述。其实，受大自然条件制约的陇籍法学家，每个人都有其独特的苦难经历和奋斗事迹。能把这样的经历透过这套丛书展示出来，本身就很有"标本"意义。
② 胡巨成："第三届河南法学家论坛召开"，载《河南日报》2011年8月22日；英堂："胶东法律人联谊会在烟台成立"，载《中国政法大学学报》2007年第2期；蒋海松："法治湘军辉映故里——第五届湘籍法学家学术联谊会侧记"，载《人民之友》2013年第6期；"首届赣籍法学家联谊会暨卓越法律人才教育培养研讨会召开"，http://law.jxufe.cn/fazhi/NewsShow.asp? id=155，2016年10月7日访问；江西省律师协会厅直律师事务所工作委员会："第二届'江西籍法学家联谊会'暨法治江西建设高端论坛召开"，http://jx.people.com.cn/n/2015/1129/c348393-27204276.html，2016年10月7日访问。
③ "上海法学家企业家联谊会简介"，载《企业与法》2013年第3期。

宁省科技家企业家法学家联合会①。确实，在当代中国法学家的版图上，上述不少省份，再加上川渝、安徽、福建、河北、京津等地，在绝对数量上，其法学家远甚于陇籍法学家，其能够发挥作用的条件和环境也远甚于陇籍法学家。出于多种因素，他们或许对我国新时期法学的重建和初步繁荣作出了更大的贡献，因此，这样的省份谋划编辑出版其法学家的代表作或自选集，既有现实条件，也有客观动力。但目前国内还没有一个省份这样做。在此意义上，"陇籍法学家自选集"的先行编辑出版，或许能收到一举带多举的作用，收到抛砖引玉的效果。假如全国有十个左右的省份能推进这一计划，则对我国昔日法学学术的整理和总结，对当下法学学术的影响和示范，对后世法学学术的传承和发展，其意义和效果理应非同凡响。在这方面，文化学界早已出版了"中国地域文化丛书"②。而新近又出版的大型地域文化丛书"中国地域文化通览"，更是多由名家执笔、卷帙浩繁，可谓地域文化之集大成者。③ 除此之外，全国各地都热衷于整理、编辑和出版地方志，为此，国家还在中国社会科学院专门成立了"方志出版社"。这足以说明人们对地域文化的重视。法学作为学术文化，尽管和一般地域文化不具有直接的可比性，但正如前述，它也完全可以是地域文化的一部分。因此，"陇籍法学家自选集"的编辑出版，可谓生逢其时；它对激励和示范其他地域组织类似的丛书，以促进其法学研究的发展，也应不难预期。

第三，调动并激励不同地方、不同籍贯之间的法学家们竞争合作，共同推进中国法学的繁荣。学术活动，作为一种思想表达，固然是个人的事业，但进入到思想和学术交流层面，进入到思想的社会运用当中，其又必然是公共的事业，这就是学术是"天下公器"的缘由。这势必要求学术活动要做到

---

① 凤岸："辽宁省科技家企业家法学家联合会在沈成立"，载《辽宁经济》1995年第2期。

② 该丛书由辽宁教育出版社于1991年起陆续出版，目前已经出版到24部，并引起学界和知识界较大的反响，如王越男："文化发展中的'空间'因素——读'中国地域文化丛书'"，载《中国图书评论》1992年第2期等。

③ 该丛书由中华书局2014年开始出版。据介绍，这套丛书"历时八年、动员近1000名专家学者共同参与，中央文史研究馆馆长袁行霈，国务院参事室原副主任陈鹤良，中央文史研究馆馆员陈祖武、王尧、程毅中、方立天、傅璇琮、王蒙、杨天石、陈高华、樊锦诗、白少帆、薛永年、赵仁珪、程大利等主持编撰，34卷……"（金涛："中华书局出版《中国地域文化通览》"，载《中国艺术报》2014年12月22日）。

精益求精。那么，如何才能做到精益求精？我以为，其中一种方法仍然属于作者，即作者面对材料、行文和思想表达，不惮其烦，举一反三地验证材料、琢磨观点；充实材料、修正观点；总结方法、改进文章，以不断提高作文质量，精进思想表达。所谓文章不厌百回改，就是对作者的要求，也是作者对其论著负责的基本态度和方式。而另一种方法则属于学术群体及其交流。思想也罢、学术也罢，总要让人去看。一旦一种思想交给众人去阅读、去评判，作品及其思想便会获得新的生命。"一百位读者眼中就会有一百个哈姆雷特"，这句俗语所讲的就是这个道理。正因如此，在诠释学领域里，存在一个究竟作者本位还是读者本位的问题。因这无关本文话题，可以略而不谈。我想在这里强调的是，既然读者面对某一文本，站在各自视角，或者从各自的"前见"出发会得出不同结论，那么，在整体上它就预示着一加一大于二的可能。所谓"众人拾柴火焰高""三个臭皮匠，赛过诸葛亮"等等格言俗语，所表明的不正是这一道理吗？只要人们之间见解不同，结论各异，就会有不同的争鸣、争论。争鸣未必一定会带来学术的增量，但不争鸣一定会让学术裹足不前、原地踏步，甚至可能会进一步退两步。知识就是在争论中不断发现、明白和完善的，所以"知出乎争"①。

在一定意义上讲，目前我国法学研究的困顿，就是因为虽有不少单打独斗的个人研究，但缺乏严谨规范的学术争鸣。如何打破我国法学研究中的这种沉闷气氛，促动法学研究渐趋活跃？或许按照不同地域来组织、安排法学家们的学术活动，包括编辑出版不同地域法学家的代表作，是一种可以大胆尝试的举措。这些年在网络世界，只要出现某一地域的重大新闻，都会产生观点完全相反、意见明显相左的争论。撇开这种争论中的负面意义，我们也能从中发现其促使人们思考、活跃人们思维、提供多元意见的积极意义。在这一视角上，"陇籍法学家自选集"的编辑出版，也愿意成为国内法律学术界所争论的靶标，只要围绕它的争论可能调动和促进不同地方法学家之间的

---

① 庄子曾借孔子的口这样说："且若亦知夫德之所荡而知之所为出乎哉？德荡乎名，知出乎争。名也者，相轧也；知也者，争之器也。二者凶器，非所以尽行也"（《庄子·人间世》）。显然，庄子乃是借此表达其抱朴守拙的一贯主张的。但另一方面，他却歪打正着，阐释了人类知识产生的重要因由——"知出乎争"。

争鸣、争论与合作，它的作用也就凸显出来了。值得关注的是，近十多年来，我国不同地区之间的法学研究，以法学会为载体，已经展开了一些合作，如环渤海区域法治论坛、环渤海体育法学论坛、环渤海法学教育论坛、粤榕桂三省法理学研究会合作论坛、豫鲁皖三省民法学研究会合作论坛等①。但这些合作活动，目前都是学术联谊性质的。围绕着不同区域中法学的文本展开论争的情形可谓阙如。如果本丛书的编辑出版，能够收到补充目前各地法学合作中的这种不足，不亦幸夫！

"陇籍法学家自选集"的编辑出版，端赖知识产权出版社、特别是法律编辑室齐梓伊主任的热情帮助和支持。今年四月间，我和齐梓伊主任谈及我的一些学术计划。不久，她就来电话，询问"自选集"的进展情况。我告诉她，因为我心中有一定底，所以，编辑起来应不太费劲。与此同时，我也把这一计划告诉了於兴中、刘作翔、王勇等陇籍法学家，并专程赴西安拜访了老一代陇籍著名法学家裴苍龄先生和冯卓慧先生（胡留元先生的爱人），并与他们达成共识，由他们各自编辑自己的"自选集"。期间除了裴苍龄先生的论文因故尚未决定外，目前编辑成型的有《胡留元、冯卓慧自选集》《於兴中自选集》《刘作翔自选集》《王勇自选集》和《谢晖自选集》。这些已编辑的作品，算是这套自选集的第一辑。选编时在作者上，照顾目前在国内、甚至在海外有一定影响的陇籍法学家；在作品上，各位作者把自己有代表性的成果编辑成册。所谓有代表性，除了指学术成果的社会反响外，更指学术成果开拓了什么新领域、贡献了何种新方法、提供了什么新观点。当然，也适当照顾了到学术论著发表的出版社或刊物的层次。作为主编，我只能提出

---

① 王宏志："第十届环渤海区域法治论坛召开"，载《政府法制》2016年第1期；与此同时，区域法治论坛也成为中国法学会倡导、各个不同区域合作实施的一种常规性研究行为："举办区域法治论坛是近年来中国法学会推出的一个新生事物。依照国务院关于全国六大区域发展规划的指导意见，经中国法学会倡导，全国六大区域法治论坛即长三角、泛珠三角、东北、西部、环渤海和中部法治论坛先后举办。"（呼满江："把区域法治论坛办成'品牌'"，载《民主与法治》2008年第16期）；《民商法评论》（第1卷，豫鲁皖三省民商法学研究会主办），郑州大学出版社2009年版；"关于广东、广西、福建省（自治区）法学会法理学研究会联合举办2013年年会的通知"，http://www.gdzf.org.cn/gdfxh/wjytz/201309/t20130904_416984.htm，2016年10月8日访问。此外，山东省法理学研究会在本世纪初召开每年一度的学会会议时，也多次邀请陕西、河南、北京、贵州、江苏等地的学者共同研讨。

一个大概的选编标准。具体的选编标准，或者究竟哪些文章才能真正代表作者的学术水平，则悉由作者自己掌握，我只能作一些形式的审查并向作者提出反馈意见。至于这套丛书最终能否成为各位作者真正意义上的代表作，进而能否真正成为陇籍法学家的代表作，也只能留待历史和读者去检验。

与此同时，也期待更多的陇籍法学家积极支持并参与"陇籍法学家自选集"这一事业，以做好后续其他各位陇籍知名法学家"自选集"的编辑和出版工作，使这项事业成为展示和彰显陇籍法学家整体学术水平的重要平台，也为带动新一代陇籍法学家的茁壮成长提供舞台。

在本丛书即将付梓之际，再次感谢知识产权出版社对学术事业的鼎力支持，感谢齐梓伊主任对这套丛书的出版所花费的心思、耗费的心血。这种支持，自然也是我将尽力编好这套丛书的直接动力！

目　录

法治社会

第一章

- 论文化治国与制度（法律）治国

- 论法律调整与社会管理创新

- 论对话的法律全球化

论文化治国与制度（法律）治国[*]

　　一直以来，法学家和政治学家们强调以人治与法治这对范畴来关照中国古代的治理结构，或强调中国自古以来就是一个人治的国家，或主张中国古代人治法治交互作用，特别在学术思想史上，甚至也有人指出中国古人有对法律的坚定信仰。^① 依据这种分析路径的结果虽人云亦云，但这一分析路径本身业已深入人心、习以为常。但在我看来，这是种对源自古希腊人治与法治治国范畴的生搬硬套，就如当年人们生搬硬套斯大林有关"社会发展五阶段论"来分析"亚细亚社会"的情形一样，有其致命的盲点。缘由在于中国古典的"文明秩序"^②，并不全然符合古希腊经典作家有关人治和法治的基本论述。众所周知，人治和法治在柏拉图和亚里士多德那里分别被描述为：

---

　　* 该文原载《领导者》（香港）2016 年第 4 期。

　　① 前者如薛忠义等："中国历史上长期专制——人治统治的特征与根源探析"，载《辽宁大学学报》，2002 年第 4 期；中者如张晋藩等：《人治与法治的历史剖析》、高格：《中国历史上的人治与法治》，皆见于法治与人治问题讨论集编辑组：《人治与法治问题讨论集》，社会科学文献出版社 2003 年版，第 205～222 页，第 238～249 页；后者则有如下结论："这种守法的精神，就是在西洋号称法治的先进国家，也不可多得，而在我国史册数见不鲜。这可以证明我国历代不但受着现代'法'的意识的强烈支配，并且充满了现代文明国家所重视而罕有的'法律至上'的法治精神；在现代有些国家，'法治'往往只是一种口号，而在我国古代却有时为一般人实际思想行动的一部分。"（杨兆龙：《杨兆龙法学文选》，中国政法大学出版社 2000 年版，第 49 页）。

　　② "文明秩序"这个词，近些年於兴中论证甚力、倡导甚勤。他指出："为了协调人与人、人与自己、人与社会和人与自然这四种关系，人们需要一种赖以正常生活的基本框架。这个基本框架就是文明秩序"；"文明秩序是人类文明的产物，其创始者是人。因此，理解文明秩序便不能脱离开对人的理解。假定人具有三种相互关联但又界限分明的属性：心、灵、脑，与这三种属性相对应，产生了三种秩序，分别为道德秩序、宗教秩序和法律秩序。感情发自于心，信仰凭籍于灵，理智产生于脑，而道德诉诸感情，宗教诉诸信仰，法律诉诸理性。三者实为人类文明秩序建立和发达的首要条件。就理想而言，三者统一于某一文明秩序时，这个文明秩序便是完美的文明秩序，可以称之为三维文明秩序"。（於兴中：《法治东西》，法律出版社 2005 年版，第 34～35 页、第 39 页，并参见氏：《法治与文明秩序》，中国政法大学出版社 2006 年版）。

"除非哲学家成为我们这些国家的国王，或者我们目前称之为国王和统治者的那些人物，能严肃认真地追求智慧，使政治权力和聪明才智合而为一；那些得此失彼、不能兼有的庸庸碌碌之徒，必须排除出去……否则的话……对国家甚至我想对全人类都将祸害无穷，永无宁日。我们前面描述的那种法律体制，都只能是海客谈瀛，永远只能是空中楼阁而已。"①

"法治应包含两重意义：已成立的法律获得普遍的服从，而大家所服从的法律又应该本身是制定的良好的法律。"②

以之衡量，孔子强调"为政在人"；孟子坚持"唯仁者宜在高位"；而管子则主张"君臣上下贵贱皆从法"；商、韩尤鼓吹"垂法而治"③，仅就学理阐述而言，似乎古典中国与古希腊在国家治理方面上具有相若的某些思想。但如上阐述，在国史上并没有贯彻为实践二分形态的人治——贤人政治或法治——规则之治，反倒呈现出另种治理方式，这便是文化治理方式。这种事实，乃是引发本文思考的重要缘由，也是本文拟反思目前业已在我国形成某种共识的法治治理方式之基础。本文认为，一方面，文化治国和制度（法律）治国各自秉有其独特的逻辑；另一方面，它们之间又存在必然的逻辑勾连，因此，制度（法律）治国必须遵循其应有的文化逻辑。

一、文化治国和制度（法律）治国：两种不同的治国方式

本文立论的前提是：从古迄今，中国历时性地经历了两种不同的治国或国家治理方式。其一是文化治国方式；其二是制度（法律）治国方式。尽管这两种治国方式之间存有千丝万缕的联系，但两者又分别是逻辑取向明显不同的两种国家治理方式。分述如下。

所谓文化治国方式是指人们借助文人教化、道德示范、修辞比照等而规范、控制主体交往行为，并构建社会交往秩序的方式。它是通过以上方式对人们内在（心理）的影响而实现的，因此，在实质上，这是一种倾向于内心控制的统治/治理方式。

---

① ［古希腊］柏拉图：《理想国》，郭斌和等译，商务印书馆1986年版，第214~215页。

② ［古希腊］亚里士多德：《政治学》，吴寿彭译，商务印书馆1965年版，第199页。

③ 分别见《礼记·中庸》《孟子·离娄上》《管子·任法》《商君书·壹言》。

在世界各国，历史上都曾出现过内心控制方式，最典型的就是宗教的统治。无论佛教、伊斯兰教、基督教等世界性宗教的控制，还是萨满教等民间宗教的控制，其对教民（信众）控制的基本方式就是直入内心，在天人关系上，强调绝对忠诚的信仰路径。而当其或通过武力征服，或通过教义宣扬的方式，实现了政教合一的统治地位时，在其领有的土地上，无论教民还是非教民，都得接受基于宗教教义的规范。这种统治方式，毫无疑问在广义上也属于一种文化的统治。但至少从表面看，此种统治所发生的逻辑基础不是"人文化成"的那种文化，而是人们基于利益的寻求和体验，以绝对信仰和绝对顺从来构建文明秩序的方式。

"宗教解释跟世俗解释的不同，除了通过宗教解释证明可信回报的巨大价值和范围不同外，把回报延续到彼岸环境去的能力也不同。我们将会看到，宗教虽然提供很多此时此地的回报，但真正强有力的宗教资源是彼世的回报"；

"当宗教固定在稳定的社会群体中，人们能够集体最优化他们对于宗教解释的信心和对于彼世回报的安全性的信心，并有效地加强彼此的委身"。①

"由于宗教与生活不可分割地紧密相连——前者无孔不入地对后者的渗透，后者无时不在地对前者的崇拜，祭司在部落中具有极大的权力和威望。他能够上传神旨，下达民意；能呼风唤雨，消灾免咎……所以，祭司不是代表宗教世界来统治社会，而是代表社会意志来使一系列的规范得以执行"；

"……所以，历史上出现的政教合一的社会结构，可以有效地调动整个民族或部落的智慧和力量，使社会具有更团结的向心力，这种向心力可以称作是宗教的群体凝聚力。"②

与之相较，文化治国尽管倾向于内心控制，但其所发生的逻辑基础是人，而不是神；是世俗生活，而不是神圣信仰；是经验理性，而不是超验启示。被公认为中国古典政治文化奠基者的孔子，就特别强调"敬鬼神而远之"

---

① ［美］罗德尼·斯达克等：《信仰的法则——解释宗教之人的方面》，中国人民大学出版社2004年版，第108、139页。

② 马德邻等：《宗教，一种文化现象》，上海人民出版社1987年版，第76~78页。

"不语怪力乱神"；而"政治实用主义"者子产也特别强调"天道远，人道迩"①。这些明显基于生活现实立场上的政治主张和实践，把人们的政治生活、政治交往和政治秩序置于日常生活底下，置于人的世界，而不是神的世界。所以，这种基于经验理性的文化治国，尽管倾向于内心控制，但它所依赖的逻辑基础是人和"人文化成"，而不是神以及超验信仰。这就决定了即便广义上皆可称之为"文化治国"，但东、西之文化治国仍然分属两途的基本事实。

何以中国的文化治国以人及其"人文化成"为其逻辑起点，这还需要从一些常识开始。

众所周知，传统中国作为世上最早进入农耕文明的国度之一，也是世上最早关注国家控制和政治治理方式的国度之一，是一个典型的政治文化早熟的国家②。同时，中国作为列国中最早进入"封建制"的国家③，也产生了其独特地控制国民的思想和方式。之所以能够较早地形成这种有效的统治方式，就在于被固定在土地上的农民，既缺乏流动性的动力和渴望，同时也在不借助流动性的情形下，能够较好地满足其吃穿住行和生活日用。这种有效的统治方式，主要不是借助外在规范而对人们的行为予以约束和统治，而是借助文化教化来行使对心灵的统治和控制。所以，在一定意义上，这是一种籍由伦理教化而深入家庭、深入内心的伦理——文化控制：

"吾人亲切相关之情，几乎天伦骨肉，以至于一切相与之人，随其相与之深浅久暂，而莫不自然有其情分。因情而有义……伦理关系，即是情谊关

---

① 分别见《论语·雍也》《论语·述而》《左传·召公十八年》。
② 梁漱溟：《中国文化要义》，见《梁漱溟全集》（第三卷），山东人民出版社1990年版，第267~287页。
③ 周朝的天子制（地方行"封建制"）和秦汉以来的帝制（地方行"郡县制"）并不相同。柳宗元早就区分了"封建制"和"郡县制"，并贬封建而褒郡县。尽管对其观点见仁见智，但他至少厘清了"封建制"和"郡县制"的两别。后世的意识形态以及跟风学者们的人云亦云，居然把秦汉以来的统治皆谓之"封建制"，并且让诸如吕振羽、翦伯赞、杨向奎、徐中舒、王玉哲、王亚南、郭沫若、白寿彝、吴大琨、杨宽、田昌五、侯外庐、何兹全、王仲荦、王思治、赵俪生等一系列史学将才皆投入这一问题的无谓争论中（徐喜辰："关于中国古代社会分期问题"，http://www.readers365.com/zhongguotongshi/4119.htm，2016年3月1日访问。另，关于"封建"制和不同时代、文化背景下"封建"一词的详细考论，冯天瑜：《"封建"考论》，中国社会科学出版社2010年版）。

系，亦即是其相互间的一种义务关系。伦理之'理'，盖即于此情与义上见之……举整个社会各种关系而一概家庭化之，务使其情益亲，其义益重。由是乃使居此社会中者，每一个人对于其四面八方的伦理关系，各负有其相当义务；同时，其四面八方与他有伦理关系之人，亦各对他负有义务。全社会之人，不期而辗转互相连锁起来，无形中成为一种组织……中国人就家庭关系推广发挥，以伦理组织社会……此种组织与团体组织是不合的。它没有边界，不形成对抗。恰相反，它由近以及远，更引远而入近；泯忘彼此，尚何有于划界？自古相传的是'天下一家'，'四海兄弟'。"①

综上所述，中国传统的文化治国一言以蔽之，主要是以文化为主、规范（法律）为辅的统治或治理，而不是相反。这样，当我们如今业已选择、且客观上只能选择制度（法律）的治理方案时，就必然存在一个与传统的以文化为主的治理如何区别并相互关照的问题。因为严格说来，文化本来就有规范化的意蕴，所谓"人文化成"，就是把某种文化的教化或规矩植入到人们交往行为的日常生活中，从而对人们行为形成一定的规范约束效果，也让社会交往形成井然有序的统治效果。特别当文化借助语言文字等符号形式表达和展现的时候，更能凸显其规范属性。在此意义上讲，所谓文化治国的结论似乎是一个伪命题。只要一个国家以文化治国，便意味着其遵从规范治国、制度（法律）治国的基本原则。这或许正是杨兆龙强调中国古代也存有法治，且法治意识很强的缘由所在。

"现代西洋一般文明国家所实行的'法'，实际上在我国也早就实行，不过一般人专在名称上做功夫……致误解我国一向只有'刑法'之'法'而无其他部门之'法'。换句话说，我国一向所讲的'礼'以及古圣贤的遗教（尤其儒家阐扬过的遗教），在古代虽不叫做'法'，而实具有现代'法'的性质。现代的法实包括古代的'法'与'礼'及圣贤的遗教。我国一向所称的'法'与'礼'等都是现代'法'的体系中几个不同的部门，并非对立的东西。从前所说的'法治'是'刑法之治'，当然是失之偏激而行不通

---

① 梁漱溟：《中国文化要义》，见《梁漱溟全集》（第三卷），山东人民出版社1990年版，第82页。

的……现代一般文明国家所提倡的'法治'，实包括我国从前的'法治'与'礼治'……我们提倡这种'法治'，非但不违背传统的精神，并且足以发扬本位的文化。"[①]

但须指出的是，尽管文化本身具有规范的意蕴，文化即规范，从而根据文化或者以文化为主导进行社会管理、国家治理不但无可厚非，而且理所当然。但这并不意味着只要运用文化治国，就一定和现代制度（法律）治国的原理相吻合。

一方面，文化——语言、文字、道德教化、精神示范等作为一种规范，毕竟和专门用以规范人们交往行为的"行为规范"是两码事。如果把文化的规范性二分为精神规范性和行为规范性的话，那么，其作用主要在于人们的精神领域，因此，文化治国，无论是通过文人的诗情画意、吹拉弹唱、言传身教等来治国也罢，还是把文化具体化为伦理精神、伦理文化和伦理规则，让人们自觉地遵从伦理的规训和规范也罢，在根本上仍然是给自由的精神世界加诸规范的控制，从而是一种"思想的规范控制"。但现代法治强调的是"行为的规范控制"，这种规范控制即便对人们内在心理有所影响，也是因为规范控制、行为控制而由外及内、潜移默化地发生作用的。可见，两者控制的逻辑路向明显有别。因此，大而化之地强调传统的文化治国就是法治，符合现代法治的精神，仍是一个需要人们审慎对待的命题和结论。

另一方面，众所周知，现代法治的核心是一切权力受制于外在法律的规范，它不仅对基层小吏如此，而且更要求最高权力执掌者服从法律。这就是所谓"法律至上""王在法下""法赋权力"的基本原则。没有这些原则的兑现和实践，即便有发达的法律，且能有效地借助法律的社会控制，也不能称为法治。以此来衡量，古代中国的文化治国其基本特征是对民对官对下不对君。君权授之于天，尽管在一定程度上也受天意、祖宗、人民、大臣等客观因素的制约，甚至很多时候这些客观因素还被一些文化导师们作为治道的基础，如"君子有三畏，畏天命、畏大人、畏圣人之言"；"王道之三纲，可

① 杨兆龙：《杨兆龙法学文选》，中国政法大学出版社 2000 年版，第 48~49 页。

求于天";"君者，舟也；庶人者，水也。水则载舟，水则覆舟"①；等等。不仅如此，有时候在理论上、甚至在实践上，帝王权力还被置于法律之下，或者至少受法律的节制。且不说"令尊于君"的著名主张，就实践层面，汉代张释之在处理中渭桥犯跸案时，针对汉文帝对裁判的不满和质疑，提出"天子所与天下公共"的法律思想和实践原则，并被汉文帝所接受。

"释之曰：'法者天子所与天下公共也。今法如此而更重之，是法不信于民也。且方其时，上使立诛之则已。今既下廷尉，廷尉，天下之平也，一倾而天下用法皆为轻重，民安所措其手足？唯陛下察之。'良久，上曰：'廷尉当是也。'"②

不过尽管如此，上述理论主张或实践举措，也还是仅仅停留在前述文化治国和文化规训的一般宗旨之下。天意、祖宗、人民、大臣乃至法律对皇权的制约，在一定意义上是一种力量比较的必然——有作用力就势必有反作用力，而不是一种制度设计上的自觉，更不表现为制度实践中的必然。通常的情形是，法律遇明君而能通行，遇昏君而遭搁置甚至被破坏。故"前主所是著为律，后主所是疏为令，当时为是，何古之法乎？"③ 就是古典中国政治统治的一种常见形态。这种统治形态的基础乃是温情脉脉的文化——道德教化，是文化既作为法律的基础，同时又被置于法律之上的一种治国方式。此种情形，在清末以来政治变革中被文化守成者们首先强调器物可变，而制度、文化（伦纪、圣道、心术等）不可变，继而强调器物、制度可变，但文化不可变的反复中可谓昭然若揭，如张之洞就曾强调。

"夫不可变者，伦纪也，非法制也；圣道也，非器械也；心术也，非工艺也。"④

显而易见，这种对文化的刻意回护，毋宁是对千百年来的既有统治方式的回护。这种被人们经常称为"道统"的治道精神，与现代法治所追求的法律统治和治理有明显不同。如前所述，现代法治寻求的是法律至上，权力必

---

① 分别见《论语·季氏》《春秋繁露·基义》《荀子·哀公》。
② （汉）司马迁：《史记·张释之冯唐列传》，中华书局 1982 年版，第 2754～2755 页。
③ （汉）司马迁：《史记·酷吏列传》，中华书局 1982 年版，第 3153 页。
④ （清）张之洞：《劝学篇》，华夏出版社 2002 年版，第 109 页。

须服从法律的治理路数。哪怕是学富五车、才高八斗的文豪硕学，只要其所言所行，不合法律和法度，一律受制于法律，而不是因其圣言圣行而额外开恩，予以豁免。所以，在这里，不是文化、思想凌驾于法律之上，而是相反，文化的发展、思想的表达，悉被纳入既有法律规范的保护框架下。

这样的结论，似乎把法律立于一种全能的境地。但在法治理念中，众所周知，固然法律不是万能的，但没有法律却是万万不能的。这样的结论，又似乎把法律和文化，制度（法律）的治理和文化的治理推向了某种对立面，其实并不尽然。事实上，任何制度（法律）的治理，都需建立在一定的文化基础上，甚至在一定意义上，制度（法律）就是文化的产物。不同的制度（法律）乃不同文化的产物，它本身是人类文化的一个重要组成部分。

"……作为文化的一个部分，法律本质上是一种符号。它不但具有解决问题的功能，而且秉有传达意义的性质……法律是被创造出来的，而且，它是在不同的时间、地点和场合，由不同的人群根据不同的想法创造出来的。人在创造他自己的法律的时候，命定地在其中贯注了他的想象、信仰、好恶、情感和偏见。这样被创造出来的法律固然可以是某种社会需求的产物，但是它们本身却也是创造性的。着眼于前一方面，不同社会中的不同法律可能被发现履行着同样的功能，甚至分享某些共同的原则，而由后一方面我们看到，发自人心的法律同时表达了特定的文化选择和意向，它从总体上限制着法律（进而社会）的成长，规定着法律发展的方向。"①

无论法律作为人的主观创造，还是特定文化发展的产物，都表明法律与人类文化之间难以割舍的内关联性。因为作为人的创造，特别是作为人的规则创造，其目的就是通过规则打磨或规范人的行为，使其从无所拘束、狂野粗糙变得有所斟酌、能够节制，从而文质彬彬、人文化成。不同的人群、族群每每创造不同的规范，构造不同的法律文化。而作为文化的产物，文化事实上构成法律的根底，法律就是在一定文化根底上生成的。因此，把文化置于法律的规范和保护体系中，不但不意味着法律是文化的对立者，反而意味着法律襄助文化成长。

---

① 梁治平编：《法律的文化解释》，三联书店 1994 年版，第 54 页。

尽管文化与法律之间具有如此千丝万缕的联系，甚至法律自身是人类文化中高级的、精致的、得以不断打磨的文化内容，但法律一旦自立于人类文化丛林，便不仅秉有"文化一般"的属性，而且更领有"文化特殊"的属性。否则，法律便不成其为法律，反而只能混合或内嵌在文化中。法律无以自处，难以独立，故也难以独立地收获制度（法律）治国的效果。

在"文化一般"与"文化特殊"的两分中，或许不难发现文化治国与制度（法律）治国作为两种不同治国方式的各自主题。文化治国虽然不排除、甚至还需要制度（法律）治国，需要把文化的理念、主张及相关内容化作法律的具体规范，从而使法律作为文化推广的工具。但无论如何，恰如前述，文化在此做了法律的主宰，成为支配法律的关键。既然文化能够支配法律，那么，法治社会所内在的法律至上、法律信仰、一断于法等基本要求就很容易被解构。特别是在崇尚决定论和终极性的文化氛围中，更容易以"文化一般"替代"文化特殊"，以文化治国解构和替代制度（法律）治国。一直以来，法学者所从事的学术事业，在我国之所以很难得到传统的人文学科学者的欣赏和青睐，除了所谓"法学幼稚"[①]之说外，或许更在于"文化一般"对于"文化特殊"的这种居高临下和目中无人。

但是，制度（法律）治国却要求运用"文化特殊"来规范"文化一般"，即以制度（法律）的"文化特殊"来引导、规范和保障"文化一般"，因此，在限定的时空范围内，"文化一般"理应接受"文化特殊"的调整、引导、规范和保障，从而"法律至上"在这个时空范围内天经地义。举凡日常生活、科学技术、文学艺术、伦理道德、学术理论、思想观念、宗教信仰等文化现象和文化行为，都需接受法律的调整和规范，信从法律的引导和保障。从而在一定意义上，把"文化特殊"置于"文化一般"之上。这也决定了制度（法律）治国和文化治国相比较，具有更高的规范性、专门性和有效

[①]　早在1988年3月，戴逸在全国人大会议上提出了"法学幼稚""哲学贫困""史学危机""经济学混乱"等命题。尽管这是一位法学的外行（相信也是哲学和经济学的外行）所作出的评论，但直到如今，这些命题，尤其是"法学幼稚"的命题仍然影响着法学界的一些讨论。例如，苏力在前两年发表的《法律人思维？》一文中就指出："尤其是在整个1990年代，戴逸先生一句并非刻薄的评论，'法学的幼稚'，就让多少法学人多少年耿耿于怀，情何以堪？"（该文原载于《北大法律评论》第14卷第2辑）。

性。长此以往，作为"文化特殊"的法律反而在一定意义上取代了"文化一般"的文化，成为文化活动的一般前提、一般准则和一般保障。这或许正是在一个坚持实行制度（法律）治国的国度，法学家、法律家及其学术和技术对社会各界具有广泛影响的原因吧？①

二、文化治国的内在逻辑

要进一步论述文化治国的内在逻辑，还需要从治国以及文化治国的基本理念发展开去。"治国"尽管理应是一个国家从上至下都需了解的命题，但究竟何谓治国，人们则不求甚解，故每每知其然而不知其所以然。这样，在实践中必然导致基础不牢、地动山摇的结果。因为不能对治国给出一个大体确定的学理解释，必然使其不仅言人人殊，而且在实践中各取所需，任意裁剪，结果是由任性、恣意替代理论本身对实践的应有约束。

治国的对象是国，是社会，但其手段是治，其关键也在于治。因此关于治这个问题，也是自古迄今文人士子们所关注的核心命题。梁治平谈到治这个词时曾指出：

"太史公论六家要旨云：'夫阴阳、儒、墨、名、法、道德，此务治者也。'……这却是异中求同，重在说明诸子百虑而一致、殊途而同归的所在。而在这里，太史公用了一个'治'字，实在是富有深意。因为，不仅先秦诸子喜谈治乱之道，而且，两千年来，中国读书人议论最多的仍旧是这个'治'字。对于现世人事的关心，以及表现于其中的理智态度，构成我们这个民族重实践、讲理性，以入世的积极态度对待人生之传统的一个方面。历

---

① 托克维尔在谈及美国法学家和司法的地位时指出："在美国，既没有旧式贵族也没有文士，人民不信任富人。因此，法学家形成了一个高等政治阶级，他们是社会上最有知识的那部分……"；"司法的语言差不多成了普通语言；法学家精神本来产生于学校和法院，但已逐渐走出学校和法院的大墙，扩展到整个社会，渗入到最低阶层，使全体人民都沾染上了司法官的部分习性和爱好"（[法]托克维尔：《论美国的民主》，董果良译，商务印书馆1988年版，第308页、310页）。其实，随着我国制度（法律）治国的不断推进，如今法学家、律师及法官法言法语对社会、特别是对知识阶层的影响日渐增大，也是不争之事实。

代有关治乱的种种理论，也由于千百年来的反复阐释、修正和实践逐渐积淀成为一种民族心态和思考问题的方式。"①

那么，何谓治？在我国固有传统，乃至当下吾国观念中，似乎治不过是政府治理社会、当局统领民众的一种具体方式。这种想当然的理解，自觉不自觉地将治理的主体交给政府或国家，从而治理对普通民众而言，不是内生的，反倒是外加的；不是主体交往需要的必然产物，反倒是统治者强制性地加诸交往主体的。这种对治的理解，自然容易游离于公民需求之外。多年前，我在一次学术会议上，把治一分为三（三个向度），即自治、互治和他治。它们分别是指：

"所谓自治，就是在法律规制前提下，'各人自扫门前雪'（尽管在中国传统文化中，这句话具有贬义的性质，但我在这里已赋予其中性），自己的事情自己处理。按照法律规范术语，就是每个公民自己行使自己的权利，自己履行自己的义务。这是在近代以来的主体性原则下，作为个体的主体被结构在法治秩序和社会管理体系中的基本方式"；

"所谓互治，则是指人们在法律前提下，主体依据法律，通过权利义务的相互交往、相互制约、相互管理的活动。如果说人类社会本来就处于社会连带关系中的话，那么，在一个大型社会和现代复杂社会，人们更被结构在复杂的社会连带关系网络中。法治社会的互治，是通过所谓社会契约和私人契约来实现的"；

"所谓他治，则是指在公民和其他私人主体不能自治，也难以互治的场合，由国家机关或其他公共主体出面，依法解决社会交往的秩序问题。这种治理，也可以称为'公共治理'。这里的公共主体，既包含了政府等政治国家意义上的主体，也包含了社会组织等市民社会意义上的主体。"②

以此衡量，则完全可以肯定，不仅中国古代士大夫钟情于对治的深沉思考，而且自从古希腊以来的西方学术传统，无不关注这一问题。甚至更进一

---

① 梁治平："说'治'"，见氏著：《法辨——中国法的过去、现在与未来》，贵州人民出版社1992年版，第88页。

② 谢晖："自治、互治、他治"，见氏著：《法意与表达》，法律出版社2014年版，第125～129页。

步，只要人类在交往行为中，需要生活在一种有秩序的关系网络中，就必然地、不可避免地会关注治的话题。毕竟生活的、物质的力量是一切观念力量和行动力量的决定因素。只是西人所关注的治理，已然不仅囿于来自国家、政府或社会精英的他治，而是在法治的框架下，把自治、互治和他治这三种治理内容都囊括进来了。那么，在强调文化治国的传统中国，又是如何对待如上三种治的？一言以蔽之，文化治国不是不关注治理的三种分界，而是强调文化教化对三者的统合性。

以文化教化来统合上述治理的三向度，关键在于文化对于治理的先决性，即把所有制度问题都视为文化问题。而所谓文化，正如前述，所强调的是温文尔雅、文质彬彬、文雅有节、人文化成的精英文化和教化文化。它的实践形态，一定是德礼教化或者法律教化那一套，其执行主体或者导向尊贤任能、或者导向以吏为师。孔子一生强调圣人教化，主张六艺治国，但在其重要的诗书整理活动中，不仅删繁就简，把古时所遗留的数千篇诗歌大幅缩减为"诗三百篇"，而且根据其治理所好，强调"《诗》三百，一言以蔽之，曰：思无邪。"其"韦编三绝"、著作《春秋》，都无不按照此种有利于他治的教化理性而行事。

具体说来，以文化来统合如上治理的三向度，大体上呈现为下述三种情形。

（一）经由文化统合的良心发现

"心服口服"，这是我们耳熟能详的描述成功控制他人的词汇。一个人如果能让另一个人不但服从自己，而且心悦诚服地服从自己，那当然是最好的控制艺术和手段了。同样，在政治——社会治理层面，当权者倘能让普通民众不但口服，而且心服，那自是高超的统治艺术和方法了。在这方面，孔子的如下论述不但在古代被遵循，而且至今仍具有重要的现实影响：

"道之以政，齐之以刑，民免而无耻；道之以德，齐之以礼，有耻且格。"①

这种理念不仅表达为古典中国的制度实践，而且进一步泛化为古典中国

---

① 《论语·为政》。

的政治理想人格。其中在三国演义中诸葛亮对孟获"七擒七纵"的故事，最能代表这一情形：

"孔明令押过孟获来。孟获跪于帐下。孔明令去其缚，教且在别帐与酒食压惊。

却说孟获与祝融夫人并孟优、带来洞主、一切宗党在别帐饮酒，忽一人入帐谓孟获曰：'丞相面羞，不欲与公相见。特令我来放公回去，再招人马来决胜负。公今可速去。'孟获垂泪言曰：'七擒七纵，自古未尝有也。吾虽化外之人，颇知礼义，直如此无羞耻乎？'遂同兄弟妻子宗党人等皆匍匐跪于帐下，肉袒谢罪曰：'丞相天威，南人不复反矣！'孔明曰：'公今服乎？'获泣谢曰：'某子子孙孙皆感覆载生成之恩，安得不服！'孔明乃请孟获上帐，设宴庆贺，就令永为洞主；所夺之地，尽皆退还。孟获宗党及诸蛮兵，无不感戴，皆欣然跳跃而去。"①

这种情形，也经常反映在古典中国的司法裁判中，甚至产生所谓的"良心裁判"②。最典型的莫过于陆稼所制作的"兄弟争产之妙判"。面对父亲去世后兄弟争产的诉讼，判官不是弄清是非曲直，而是纯粹以情感人，以情化人，将兄弟二人背靠背绑起来，兄呼其弟，弟答应之；弟呼其兄，兄答应之。如此"未及五十下，已各泪下沾襟，自愿息讼"。而判官如此这般地裁判的理由竟然是：

"夫同气同声，莫如兄弟，而乃竟以身外之财产，伤骨肉之至情，其愚真不可及也。……所有产业，统归兄长管理，弟则助其不及，扶其不足。……"③

可见，这种统治面对具体个体的基本方式是通过德性教化，令其良心发现，促其心服口服。尽管这种对个体的统治方式，和现代法治制度下满足个体自治的治理方式相较格格不入，但在这里，仍然能呈现出通过个体内心反思、自我悔悟、自我服从的基本意识。从而在一定意义上满足了自治——服

---

① 罗贯中：《三国演义》（学生版），南京大学出版社 2008 年版，第 356～357 页。

② 谢晖：《中国古典法律解释的哲学向度》，中国政法大学出版社 2005 年版，第 136～146 页。

③ "陆稼书判牍·兄弟争产之妙判"，见韩秀桃：《司法独立与近代中国》，清华大学出版社 2003 年版，第 60 页。

从的政治治理需要。所以，可以把此种借助教化，良心发现的统治机理，权且称之为准自治机制。说是准自治，缘由在于治理者不是采取鲁莽的办法，把其意志强加给被治理者，而是以柔性的教化，感化被治理者。毫无疑问，这种治理的最终宗旨，是肯定作为主体的被治理者具有自我调节和良心发现的能力。这和赤裸裸的强令服从相比较，显然是对被治理者的一种尊重，也在最低意义上承认了被治理者的主体地位。

这种以德礼教化为先、政刑罚杀为辅的统治策略，即使在今天看来，也并无不妥。现代法治，总不能首先把刑杀镇压作为首要的治国策略来对待吧？相反，刑法和刑罚在现代法律中，总是应收敛、"谦抑"的内容①。但古代中国的问题是，它把统治的对象总是置于末位，而把统治者及其统治手腕总是置于首位，并且在这其中，永远贯穿着"唯上智与下愚不移"的精神。这样一来，文化治国中有限的自治，也不过是在圣人们的文化精神所感染、调动下的自治，是经由社会——政治精英们文化统合之下的良心发现。自然，它与现代法律统合下的主体自治以及民主的多数决定尚有明显差别。

（二）经由文化统合的礼仪教化

中国古人总是习惯于把"政"与"教"作为一个组词来使用，所以，尽管中国历史上没有宗教意义上的政教合一，但在世俗意义上，大致可以将其称之为政教合一的国家。在前一问题的论述中，我们已然得知教化与良心发现之间的关联。这里则进一步阐述教化作为治理方式，在一定程度上所秉有"互治——契约"的属性。

所有的互治，都是通过主体们在交往行为中权利义务的相互性作用而实现的。换言之，所谓权利与义务的相互性，实质上就是契约治理。一直以来，

---

① 在我国刑法学界，刑法谦抑是近二十年来人们一直探讨的一个话题。例如，陈兴良20年前就曾指出："对刑法（这里主要是指刑罚）的迷信，是各种政治迷信中最根深蒂固之一种。如果说，在智识未开的古代社会，这种观念还有一定市场的话，在当今文明社会，刑法迷信应当在破除之列。德国著名学者耶林指出：'刑罚如两刃之剑，用之不得其当，则国家与个人两受其害。'基于这种对刑法功能二重性的科学认识，谦抑性就成为现代刑法追求的价值目标。谦抑，是指缩减或者压缩。刑法的谦抑性，是指立法者应当力求以最小的支出——少用甚至不用刑罚（而用其他刑罚替代措施），获取最大的社会效益——有效地预防和控制犯罪。因此，刑法的谦抑性具有限制机能，在现代法治社会，这是刑法应有的价值意蕴。"（陈兴良："刑法谦抑的价值蕴含"，载《现代法学》1996年第3期）。

人们强调古典中国在交往中缺乏权利义务观念。在我看来，这是一种人云亦云的陋见。中国古典社会人们交往中的权利义务，尽管未表现为现代法律的那种样式，但在人们交往行为的实践中，绝非没有契约观念，反之，无论在权力治理层面、官方治理层面还是民间交往层面，都具有契约的因素。

我们大致上可以把古典中国的治理规则一分为四，即宪、政（官制）、礼和刑。

所谓宪，主要指和最高权力相关的有关治理规范。尽管它不能和现代宪政相提并论，但即便在古代中国，它也具有权力制约的一面。因此，古代中国照例存在和权力制约相关的宪制问题。近年来，我国学术界有人对中国古典的宪制问题探讨甚勤[①]，也有人在宏观理论与制度上研究皇权的制约问题，强调儒家"天命""礼教"思想，士大夫"法与天下共"的理念以及制度设计上的"谏铮制度""宰相制度"和"廷议制度"对皇权的有效制约[②]。而在我看来，除了上述制约方式之外，举凡"天人关系观念""君民关系观念""身心关系观念"以及"登基典制""封禅制度""祭祀制度""后宫制度""分权制度""地方制度"，等等，都具有一定的皇权制约意义，从而也具有权力治理上的宪制/契约意义。

所谓政，即行政管理。众所周知，自古以来我国就是一个行政大国，加之议行司诸权合一，行政的权力似乎没有什么疆界。但事实上，一种为所欲为的权力，不但无以治理社会，而且自身能否真正运行都存在问题。毕竟"没有规矩不能成方圆"，这对行使日常公权的行政而言尤其如此。古代中国的官制，无论其人员编制、机构编制、职能赋予、对象规定以及机构——官员权力责任的领有，毫无疑问都既属于通过法律限制权力的范畴，也属于借

---

① 例如，朱苏力就在近年来陆续发表了"何为宪制问题？——西方历史与古代中国"，载《华东政法大学学报》2013 年第 5 期；"宗法封建宪制变迁中的政治考量——中国古代宪制研究之二"，载《石河子大学学报》2013 年第 6 期；"宗法封建制的历史变迁及其宪制意涵"，见李秀清等主编：《法学名家讲演集：法律文化与社会变迁》，上海人民出版社 2014 年版；"宪制的军事塑造——中国古代宪制之六"，载《法学评论》2015 年第 2 期；"大国及其疆域的政制构成"，载《法学家》2016 年第 1 期；"度量衡的制度塑造力——以历史中国的经验为例"，载《"法律·政治·哲学——法治中国的历史与现实"学术研讨会论文集》（2016 年·南京）等独树一帜的学术论文或讲演稿。

② 赵燕玲："论中国古代皇权制约理论与制约机制"，载《湖北社会科学》2013 年第 3 期。

助法律推进行政管理的范畴。因此，历代典制的内容，本质上是行政活动法律化、规范化、契约化的表达。在这方面，彪炳史册的《唐六典》① 具有典型意义。在本质上，它就是一部在古代社会具有典型意义的行政法典②，作为行政法典，它自然也具有一定的约权管理的契约意义。可见，只要政被约定在规范的框架内，它对民众的管理，自然也不会背离契约太远。

在中国文教史上，礼不仅是一个贯穿文明史的重要概念③，而且也实在是一个运用广泛、内容复杂的概念。它与法的纠缠，可谓一片乱麻。但民国时期一位论者在谈及中国法制特征时，特别提到了"泛文主义"这个命题。在此命题下，他特别论及礼法关系：

"历代律法系统为成文乎为不成文乎？曰然而不然。各朝为治，皆有钜帙明文之法典以为刑赏依据，然散见流行之礼俗，又常与律文有相同之效力，是成文而不成文，不成文而成文也；无以名之，姑曰泛文主义。中国之律法广泛散见，其数量表现，亦极繁冗。法既以济礼，则向之所谓礼者，殆亦广义之法也。周之制度，统于周礼，各代立仪，归入礼志，故礼不可外于法……"④

论者所言，立基于官方订定之礼。至于人们交往行为中的礼，不仅有日常生活"礼尚往来"之礼，而且也有政治活动、国际交往、公务管理之礼。前者类似于如今之民事规范的领域，而后诸者则应属于前述宪、政的领域。可见，礼是一个多层面、多层次的概念。

"礼仪起源于原始社会的风俗习惯，在当时，人们有一系列的传统习惯，作为全体氏族成员，在生产、生活的各个领域内遵守的规范。等到阶级和国家产生后，贵族们利用其中某些习惯加以改造和发展，逐渐形成各种礼仪，作为稳定阶级秩序和加强统治的一种制度和手段……中国古代，比如商、周时代的礼，具体地说，如《乡饮酒》礼起源于氏族聚落的会'食'中，它很自然地着重于尊长和养老"；

---

① （唐）李林甫等撰：《唐六典》，陈仲夫点校，中华书局 1992 年版。

② 王超："我国古代的行政法典——《大唐六典》"，载《中国社会科学》1984 年第 1 期。

③ 这可从陈戍国所著之六卷本的《中国礼制史》（湖南教育出版社 2011 年版）中不难窥其全豹。

④ 张金鉴："中国法制特有之精神"，见何勤华等主编：《民国法学论文精萃》（第一卷），法律出版社 2003 年版，第 273 页。

"其实不仅古代的风俗习惯变为后来的礼,古代的社会生产和交换行为,有些也变成后来的礼,比如'藉礼'……"①

可见,礼与人们日常交往的紧密关联:礼对所有交往行为主体而言,都是一种约定的规范。这种规范甚至直接影响着民众之间的具体契约。如古代的乡约,基本上所表达的就是乡民社会的礼制秩序。所谓"凡乡之约四,一曰德业相劝,二曰过失相规,三曰礼俗相交,四曰患难相恤。"②而在卷帙浩繁的"徽州契约"和"清水江契约"中,更不难发现这些契约中礼的精神。如:

"立当字人本寨姜德宗,为因生理缺,无处所出,自愿将党东路边山场杉木一块,党号又杉木山场一块,又党养上田一坵,三处作当与姜芝模名下,实借过本银六两六钱六分整,亲手收回应用,其言银定照月加三行利,不拘远近相还,不得有误。今恐无凭,立此当字为据。

代笔姜开渭

外批界字,党号……

外批党东十八根老木在外。

嘉庆二十四年十月廿六日立"③

这样,我们大致上可以把文化统合下的礼仪教化,作为古典中国人们交往行为中互治的表达方式。这种互治表达方式,固然和现代法治条件下主体根据其自觉自愿所达成的互治不能同日而语,但毕竟只要有人们在交往行为中的相关规则,就可以视之为一种"契约",哪怕它是"不完全的契约"。所谓"不完全的契约",是指契约的达成未必经过所有主体的明确同意,但面对既有的规则,多数、甚至所有主体都选择了接受。即只要主体没明确反对一种规则,反而在行动中默示或明示地接受了该种规则,就可以把这种规则称为"不完全的契约"。礼教传统下的民间交往及互治,正是藉此而来。

然而,正是这种"不完全的契约",进而导致互治最终取决于文化——

---

① 杨向奎:《宗周社会与礼乐文明》,人民出版社 1997 年版,第 235 页。

② "泰泉乡约",见谢晖等主持:《民间法》(第三卷),山东人民出版社 2004 年版,第 499 页。

③ 张应强、王宗勋主编:《清水江文书》,第 1 辑第 8 册,广西师范大学出版社 2007 年版,第 195 页。

政治精英，而那些参与互治的当事人反倒成为文化——政治精英们的被决定者。譬如前文提到的古代乡约，无论倾向于官方引导的，还是明显具有民间自治色彩的，其动议、起草大多由有一定文化水平的文化——政治精英所决定，而不是交往行为主体自己通过票决的多数制来决定。民间契约也是一样，尽管契约主体可能通过其言说表达契约意向和契约内容，但在契约主要依靠"立字为凭"，才更为可靠的文字统治时代，不会书写，就意味着与文化——政治精英间隔着距离。其意思表达，还得求助于能够识字断句、挥毫泼墨的文化——政治精英们——尽管掌握识字断句、挥毫泼墨能力的人未必一定就是文化——政治精英。由此足见经由文化统合的礼仪教化，既然把教化作为人们交往行为的重要前提，就一定意味着互治不过是礼仪教化的"下位"产品。

（三）经由文化统合的刑罚制裁

前文笔者论述了文化统合与宪、政和礼的关联，但对中国古典治理规范体系中具有独特地位的刑与文化统合之间的关联，并未论及。缘由是刑在古代中国，承担着文化统合的另一种任务，那便是通过刑罚制裁的强制手段，恢复被损伤的既有的由宪、政、礼所引导的规范秩序。和它关联的，就是经由文化统合所带来的他治秩序。

众所周知，刑是中国古典法律体系中最明确、也最有实效的治理规范，因此，才导致在有些学者的心目中，"除了刑法史的法制史，便觉空洞无物"[①] 这种极端的印象。在我国法学界，谈到中华法系的特征时，"以刑为主""诸法合体""民刑不分""礼法结合"[②] 等特点，被一度所公认。尽管这些"特征"已然遭到不少学者的质疑或批评[③]，但征诸文字的、系统化的、

---

① 蔡枢衡：《中国刑法史·序》，广西人民出版社1983年版，第4页。

② 其中在"诸法合体""刑民不分"等特征的总结上，张晋藩先生居功甚伟。不过其观点随着研究之深入，也先后有变。如在"中华法系特点探源"（载《法学研究》1980年第4期）一文中，他强调"诸法合体"，而在"再论中华法系的若干问题"（载《政法论坛》1984年第2期）一文中，发展成为"民刑不分，诸法合体与民刑有分，诸法并用"。这种措辞和结论上的变化，既表明论者研究的渐次深化，也表明中华法系自身内容和特征的复杂性。因此，绝非三言两语，即可尽述的话题。

③ 如乔伟："论中华法系的基本特点"，载《文史哲》1986年第2期；杨一凡："中华法系研究中的一个重大误区——'诸法合体、民刑不分'说质疑"，载《中国社会科学》2002年第6期等。

有确凿证据证明是官方（国家）所发布的法律文本（件），却主要是包罗了诸多行为规范，并主要借助刑罚来强制实施的刑法规范。事实上，不仅古代的刑法具有"诸法合体"的特征，即便现代的刑法，从调整的社会关系之广泛视角看，也是"诸法合体"的。所谓"刑事法律关系"，不过是其他所有社会关系在刑罚这种高强度控制和制裁体系中的表现。它和民事、行政、经济、宪政等法律关系相比较，在层次上并非平行关系，而是严重违反这些关系之后，由于国家在刑法上的应对强制措施而形成的一种"高次"的法律关系①。

尽管刑是日常维系古老帝国运转的最终手段，但毕竟它是一种通过高压强制的手段来维系社会秩序的方式，是一种出自他者力量的他治举措，因此，即使在古代中国，人们对它的运用，也只是作为一种情非得已的举措而已。所以，纪昀强调：

"刑为盛世所不能废，而亦盛世所不尚。"②

而苏轼在写给其弟子由的诗中，虽指出要参与国家治理，不能不掌握"律"这种"术"："读书万卷不读律，致君尧舜知无术"③，但在这诗句的背后，则反映了古代士大夫们对读律的基本态度，其中缘由怕就在于对经由文化统合的教化为先的崇尚，同样也对文化统合下刑罚为末的认可。一言以蔽之，所谓刑罚制裁的"法统"，无论如何都要符合礼仪教化的"道统"，这就是所谓中国古典法律的儒家化。④ 由此导致了儒家士大夫们普遍对文化——政治精英们礼仪教化的怀恋，对刀笔吏们刑杀制裁的防戒。此种情形，在前述孔子反对不教而诛的主张中已启其端绪，在汉代以来"春秋决狱"的主张及其对后世的深刻影响中更见其大观。其最终必然体现为：每个朝代的刑律，

①　笔者的学士学位论文，所写的就是"论刑事法律关系"，对上述观点专门通过图表形式作了阐述。其部分内容发表于《宁夏社会科学通讯》1987 年第 5 期。

②　（清）纪昀：《四库全书总目提要·按语》。

③　（宋）苏轼：《戏子由》。对这句诗的理解，可谓歧见丛出。众所周知，在彼时新党人士看来，这是苏轼借诗歌反对新政的有力证据。所谓"乌台诗案"的主要根据也在于此。但如果从苏轼也作为一位有现实抱负的政治家和对法律有独到见解的思想家这一视角看，这句诗恐怕不仅仅是反话正说，或许也表达了其对治理国家，无法离开"律"和"术"的真看法，从而不排除其"正话正说"的一面。

④　瞿同祖："中国法律的儒家化"，见氏著：《中国法律与中国社会》，中华书局 1981 年版，第328 页以下。

即便选择具有法家情怀的人来制定，但其实际贯彻执行，则一定会选择具有儒家情怀的士大夫去实践和落实①。

客观说来，这种对高压强制法律（刑法）在实践中的软化，并不难理解，其效果对于民众利益的保护也十分有效。因此，其必然意味着：在古典的中国，刑法在和平时期是最有效力的社会治理手段，也是最后的社会治理手段。不过彼时对刑法的运用，并非赤裸裸的刑罚，而是把文化——政治精英的教化融汇于刑罚之中，让受罚者最终也心服口服地接受处罚。此种情形，甚至延宕至今。我们时常在报端、网络和视频中可见对犯罪嫌疑人的"教化处理"方式，那就是让其泪流满面地"现身说法"、心悦诚服地"认罪服刑"。尽管这种方式软化了刑法和刑罚的刚性，但不得不指出的是，这同时也增加了当事人的内心负担，从而把他治理应坚持的规范——行为治理演化为说教——心理治理！这就是经由文化统合的刑罚制裁——他治之一般特征。

如上三个方面，共同拱卫我国古代文化治国的大厦，完善文化治国的逻辑——所谓文化治国，归根结底，就是把文化作为治国的基础和前提，以文化教化来统合自治、互治和他治。而文化的创生主体和教化主体又是文化——政治精英，因此——

"君子劳心，小人劳力，先王之制也。"②

"劳心者治人，劳力者治于人；治于人者食人，治人者食于人。天下之通义也。"③

数千年前，我们的先人们已经清晰地表达了此种文化治国的基本主张和其中逻辑。

---

① 郝铁川认为，中华法系的特点之中就有"法典的法家化""法官的儒家化"（郝铁川：《中华法系研究》，复旦大学出版社1997年版，第25~86页）。尽管这一结论和前述瞿同祖先生关于中国法律儒家化的结论大异其趣，但如果着眼于"进一步"的立场的话，那么，说中国古代的法典制定者把儒家的主张塞进法家的规范框架，而法律执行者则把法家的规范框架置于日常的生活事实，或许并无不妥。

② 《左传·襄公九年》。

③ 《孟子·滕文公章句上》。

三、制度（法律）治国的内在逻辑

回过头来再看制度（法律）治国的内在逻辑。所谓制度（法律）治国，是基于对人性本恶的防范而设计的、把通过修辞拟订的规范①作为人们一切交往行为的逻辑起点和基础，进而把规范凌驾于一切自然的和拟制的主体之上，并以之统合自治、互治和他治的社会治理方式。尽管制度（法律）治国一定会遵循一定的文化基础②，可一旦形成制度（法律）治国的事实，则其本身就构成一种独特的治国理念、治国方式和文化事实。因此，法治的不同文化基础虽然决定着法治的不同样式，但这绝不意味着法治的文化基础就可以替代制度（法律）治国，毋宁说制度（法律）治国是在不同文化基础上生成，但又反过来规范并引导人们"文化的"交往行为，并以之作为对它进行治理的体系化、模式化的权威准据。又尽管制度（法律）治理作为一种文化现象，仍然会随着社会文化观念的变迁而调整、发展，但无论文化如何发展变迁，仍需把其发展变迁中的种种现象和问题置于制度（法律）规范框架之下和之内解决。这种情形，可以说是文化模式化的规范表达。所以，制度（法律）治国的内在逻辑，不但不排斥文化价值，反倒只能弘扬文化价值。只是举凡自治、互治与他治，在此都被纳入法律框架下的治理问题来对待而已，分述如下。

（一）法律统合、权利治理与原子精神主体

在不少人看来，制度（法律）治理既不涉及人们的思想意识领域，也不不涉及私人的生活领域。前者最著名的阐述，莫过于马克思的一句名言：

"我只是由于表现自己，只是由于踏入现实的领域，我才进入受立法者支配的范围。对于法律来说，除了我的行为以外，我是根本不存在的，我根本不是法律的对象，我的行为就是我同法律打交道的唯一领域。"③

---

① 有关修辞与法律制度的关系，谢晖："论法律制度的修辞之维"，载《政法论坛》2012 年第 5 期。

② 在这方面，无数学者都在努力研究，在我看来，梁治平的研究最具代表性。前揭梁治平编：《法律的文化解释》，三联书店 1994 年版。

③ 《马克思恩格斯全集》（第一卷），人民出版社 1956 年版，第 16 页。

　　笔者以为，这一观点是典型地立基于法律义务视角的结论，它明显地忽视了法律权利的自主和自治功能，从而也忽视了在公民视角，对侵犯其思想意识自由的行为，请求政府（官方）保护的权利。当然，由此进一步的推论是：如果肯定一位主体的思想意识和法律不相关联，不受法律的调整，那就意味着公民的思想意识自由也不受法律的保护，同样，政府因此也就没有出面保护思想意识自由的义务。显然，在这一理念下，公民的思想自治、行为自主就无规范上的凭籍。因此，只要强调法律统合下的自治，就不能不把包括思想、意识和行为等私人领域的事都纳入法律权利的框架中。惟其如此，这些内容也不可能不受法律之调整和保护。

　　至于后者，即法律和私人领域的关系，也需略加展述。谈到这一话题，不禁想起十多年前的一桩往事：一位出身于史学，但在法学领域也颇有影响的学者曾郑重其事地告诉笔者："不论你们法学家如何强调法律，但法律总不能管人们吃什么、穿什么吧？"听罢，笔者不禁哑然失笑，也开诚布公，但又郑重其事地告诉他："虽然你已经名满天下，但你对法律治理的理解显然还很肤浅。法律当然管人吃什么，'食品卫生法'就是专门管这个的；法律也当然管人穿什么，'产品质量法'以及有关成衣的法定标准，私人服装和公务用装的法定标准，不正是管人们穿什么的吗？"听罢，其无言以对。

　　举这个例子，是想进一步说明，即便在私人自治的领域，绝非是法律的不入之地，反之，恰恰因为法律的权利规定，才使人们的自治有所凭籍。所以，制度（法律）治理的逻辑之一是：人们的自治经由法律统合而生成。这似乎和很多人对制度（法律）治理的理解有所抵牾，似乎制度（法律）治理就是刚性的义务强加。而把公民和其他社会主体在日常权利范围内的自治行为抛出其外。如今随着人们对制度（法律）治理理解的深化，也随着"认真对待权利""认真对待人权"的深入人心，学者们已然对通过法律权利的自治治理关注有加。不过权利本身的自治性，很容易被人们纳入有些学者所称的"软法之治"①的范畴。因此有必要强调：所有在法律统合下的治理，哪怕是自治，也是"硬法之治"。被论者们时常提及的乡规民约、自治章程、习惯规范等，不过是这些主体在法律权利内的自治举措、自治方式和自治的具体表现。

法律统合下的自治，其主体来源是"原子精神主体"，或者"原子化的个体"。之所以称为"原子精神主体"，是表明这个概念能够更为恰当地表现作为"精神现象"的人的个体主体性。看到这样的概念，或许容易叫人联想到"个人主义"。且不说它与"个人主义"有无必然逻辑关联，但毫无疑问，人首先是一种个体性的精神存在。个体性构成了人存在的逻辑起点。没有这一起点，人的其他一切属性便无从谈起。个体的精神存在，投射到制度（法律）治理的规范世界中时，所导生的就是法律权利下的自治。所以，法律统合、权利自治和个体主体之间具有必然的、三位一体的内在逻辑关联。一旦抛弃对"原子精神主体"的肯定，而强调"我们不想做'原子化的个人'"②，又如何能自主地投身于社会参与？如何能在社会参与中辨识自身的社会角色？如何能以精神主体的身份投入社会参与，而不是以被动的"客

---

① 如果借用以下定义："所谓软法（soft law），是指那些不能运用国家强制力保证实施的法规范。软法是相对于硬法（hard law）而言的，后者是指那些能够依靠国家强制力保证实施的法规范"［王德强等："农村软法与软法治理——基于对浙江省金华市 W 村的个案调查"，载《华中农业大学学报》（社会科学版）2014 年第 5 期］，那么，不受国家强制力干预的权利规范，在当事人没有受到他人侵犯，政府也不能出面强迫人们行使权利的情形下，似乎也应属于所谓"软法"的范畴。但这样一来，权利和自治似乎不可能和"硬法"产生关联。显然，这是不可理喻的。所以，我一向并不太赞同运用"软法"这个提法。尽管这一提法是国内学者从西方、日本学者那里"进口"来的。在我看来，所有法律，哪怕民间规则，都必须有硬的责任机制相衔接，否则，就变成没有牙齿的老虎。事实上，在法律的世界，人们可以根据权利"自治"；根据契约"互治"，根据权力"他治"，但这三种治理，都需责任规范的强有力保障。否则，权利会被任意剥夺，从而"自治"不再；契约可被任意毁弃，从而"互治"尽失；权力能被任意伸缩，从而"他治"恣睢。那样的境界，可谓无法无天的代称。关于软法与软法治理的相关研究，罗豪才等：《软法与公共治理》，北京大学出版社2006 年版；《软法与协商民主》，北京大学出版社2007 年版；《软法亦法：公共治理呼唤软法之治》，法律出版社2009 年版；罗豪才主编：《软法的理论与实践》，北京大学出版社2010 年版；罗豪才等编：《软法的挑战》，商务印书馆2011 年版；梁剑兵等：《软法的一般原理》，法律出版社2012 年版；张清等：《社会组织的软法治理研究》，法律出版社2015 年版等。

② 这是笔者对崔卫平多年前一篇同名文章标题的借用。论者所表达的意思未必和笔者这里想表达的意思切合。运用这个标题是想说明，如果不做"原子化的个人"，也就不可能进一步参与社会——公共事务，成为有机/社会化的个人。崔卫平："我们不想做'原子化的个人'"，载《中国新闻周刊》2004 年第 37 期。

体"身份,被裹挟地投入社会"参与"？这些设问的背后,自然蕴含着法律统合下的自治,其规则源于法律权利,其根据则是作为"原子精神主体"的个体这种逻辑理念。在法律及其实践中,以所谓集体利益而压制个体利益,以所谓官方意志而取代个体意志,就既不可能确保法律权利的实现,也不可能有真正的自治。如果真是这样,就势必将社会治理的压力全部推向官方,也只能让官方承担那"出力不讨好""出工不出活"的尴尬责任。

(二)法律统合、契约治理与连带精神主体

尽管权利治理以及随之而来的自治,是制度(法律)治理的重要内容,但说其重要,并非意味着其一定就主要。重要和主要并非相当的概念,它们之间尚有区别。我对两者的基本区别是:重要意味着不可或缺,而主要意味着不但重要,而且还起决定作用。进言之,在法律统合下的治理领域,权利自治是重要的,不可或缺的,但并非主要的。因为人不仅是纯粹精神个体的存在,更是一种社会连带关系的存在,是连带的精神主体和精神存在。对此,荀况在两千多年前就通过对群、分、义三者关系的论述给出了深刻的结论:

"人有气、有生、有知,亦且有义,故最为天下贵也。力不若牛,走不若马,而牛马为用,何也？曰:人能群,彼不能群也。人何以能群？曰:分。分何以能行？曰:义。故义以分则和,和则一,一则多力,多力则强,强则胜物,故宫室可得而居也。故序四时,裁万物,兼利天下,无它故焉,得之分义也。"[1]

而在现代社会学——法学理论中,社会连带关系几乎是一切规则得以建立的基础,也是社会分工和个体自治的必然的逻辑指向——只要自治的精神个体无力自主地解决其所面临的一切问题,则只有置诸合作的社会连带关系中时,自治方有可能,也方有必要。涂尔干指出:

"分工绝对不会造成社会的支解和崩溃,它的各个部分的功能都彼此充分地联系在一起,倾向于形成一种平衡,形成一种自我调节机制。然而,这种解释也是很不充分的。这是因为,尽管各种社会功能总想共同求得相互间的适应,达成彼此固定的关系,但就另一方面而言,这种适应模式要想成为

———————

[1] 《荀子·王制》。

一种行为规范，就必须要靠某种群体的权威来维持。事实上，所谓规范不仅仅是一种习惯上的行为模式，而是一种义务上的行为模式，也就是说，它在某种程度上不允许个人任意行事。只有建构完整的社会才能拥有道德和物质的最高地位，它不可避免地要为个人立法，同样，也只有集体构成的道德实体才能凌驾于私人之上。而且，除了人们日复一日形成的短期关系以外，唯有上述那种连续性，即不断延续的特性才能维持规范的存在……集体的角色不仅仅在于在人们相互契约的普遍性中确立一种绝对命令，还在于它主动积极地涉入了每一规范的形成过程……"①

在笔者看来，这段论述，既指明了自治（社会分工）之于社会连带关系之基础地位，也强调自治（社会分工）本身只有被置诸社会连带关系中时，才有意义。这种具有实质性的社会连带关系既需要强有力的内在权威（完整的社会）以保障，也需要有效力的外在权威（法律、道德以及自治主体间的契约）以保障。因此，主体自治（社会分工）的角色只有服从社会连带关系（社会合作）的角色时，才真正具有意义。

法律统合的社会治理，既不能不面对人的个体或分工存在，但这种面对只有当人们介入到或者可能介入到社会连带的各种交往（无论私人交往还是公共交往）中时才有意义。倘若一个人生来即与世隔绝，自给自足，与他人"老死不相往来"，那么，其就只有自我行为，没有私人间的交往，更不存在公共交往。此情此境下，还需要法律来统合、调整什么吗？众所周知，老庄门所追求的秩序状态就是此种小国寡民的、"邻国相望，鸡犬之声相闻，民至老死不相往来"②的境界；而庄子绍踵其志，进一步阐述其绝圣弃智、返璞归真的所谓"法律虚无主义"③理想。然而，社会的发展毕竟没有因循老庄们的设计前行，反之，随着社会分工的愈益发展，人们相互间不是少了交往需要，反而分工生产的单面性和主体需要的全方位性，不可阻挡地把人们引向了需要、合作和相互交往的连带关系世界。只有如此，个体的人、分工

---

① ［法］埃米尔·涂尔干：《社会分工论》（第二版序言），渠东译，三联书店 2000 年版，第16~17页。

② 《老子·第十八章》。

③ 《庄子·马蹄》。

的主体才是真实的，人才把精神个体的力量和荣耀投入到社会连带关系中，转化为笔者这里所谓的连带精神主体。进言之，原子精神主体借此汇聚成合作交往的连带精神主体。

法律对社会连带关系，或连带精神主体的统合，就是提供给交往合作的主体以权利义务的相互性。所谓权利义务的相互性，归根结底，就是一种契约关系。回头来思考，尽管在传统的文化治理框架下，契约关系也给人们分配权利义务，但更重要的是以此区别身份。它并不必然强调契约正义，强调契约中权利义务的"对应性"和"适应性"。尤其在强大的利维坦——国家和弱小的社会个体之间，更是如此。而在制度（法律）治理的理念和框架下，契约被赋予或者包含了自由、正义、民主、人权、法治等诸多意义。这尤其表现在社会契约上，洛克的社会契约论强调个体自由前提下的社会合作及多数决定。

"人类天生都是自由、平等和独立的，如不得本人的同意，不能把任何人置于这种状态之外，使受制于另一个人的政治权力。任何人放弃其自然自由并受制于公民社会的种种限制的唯一的方法，是同其他人协议联合组成为一个共同体……"

"……当某些人基于每人的同意组成一个共同体时，他们就因此把这个共同体形成一个整体，具有作为一个整体而行动的权力，而这是只有经大多数的人的同意和决定才能办到的。要知道，任何共同体既然只能根据它的各个个人的同意而行动，而它作为一个整体又必须行动一致，这就有必要使整体的行动以较大的力量的意向为转移，这个较大的力量就是大多数人的同意。"①

而卢梭的社会契约则更强调自由个体基础上的公意，并使个体服从于作为公意的社会契约。这种服从，既是服从于社会契约，也是服从于被带入社会契约的每个主体自己。

"'要寻找一种结合的形式，使它能以全部共同的力量来卫护和保障每个结合者的人身和财富，并且由于这一结合而使每一个与全体相联合的个人又

_____

① ［英］洛克：《政府论》（下），叶启芳等译，商务印书馆年1964版，第59、60页。

只不过是在服从自己本人，而且仍然像以往一样地自由。'这就是社会契约所要解决的根本问题"；

"……社会公约可以简化为如下的词句：我们每个人都以其自身及其全部的力量共同置于公意的最高指导之下，并且我们在共同体中接纳每一个成员作为全体之不可分割的一部分。"①

正是社会契约，使法律统合的权利自治和原子精神主体，不仅摆脱了纯粹个体状态的孤立无援，而且使得原子精神主体有了在交往合作（互治）中更进一步寻找、关照其位置和价值的参照。这就是把每个人的个体自治置于共同体的交往合作中。其目的，既是为了保障个体自治的有效，也是为了确保交往合作的秩序。它的实现，不仅是权利单方面作用的结果，也是社会连带关系折射到法律中后，法律权利义务互动的结果。它表明，权利与义务的互动形塑了交往合作主体间双向满足和双向制约的治理状态和秩序结构。一言以蔽之，这种治理状态和秩序结构，就是法律统合下的互治。一旦契约关系产生，则决定其本质的社会连带关系及其基础——个体的权利自治便消隐其后，其表现形式——契约及其治理反倒立于顶端，或者与前述本质混合为一。这种显隐关系的错位，在一定意义上是契约及其连带精神主体对权利及其原子精神主体的"异化"，但这是必要的"异化"，是立基于重新构造基础之上"异化"，是无论对个体，还是对社会都具有生成性和增量性的"异化"。这正如涂尔干所言：

"所谓契约，惟独指那些个人之间通过自由的行动意志所达成的共识……凡是契约存在的地方，都必须服从一种支配力量，这种力量只属于社会，绝不属于个人：它越来越变得强大而又繁杂。"②

（三）法律统合、责任治理与超验的精神主体

在法律统合下的权利自治和契约互治一定能解决所有治理和秩序问题吗？这是需要进一步思考的问题。但这一问题，绝非仅是理论上的追问，同时更是一个很现实的实践问题。

---

① ［法］卢梭：《社会契约论》，何兆武译，商务印书馆1980年版，第23、25页。

② ［法］埃米尔·涂尔干：《社会分工论》，渠东译，三联书店2000年版，第169页。

如前所述，无论自治，还是互治，其基本特点是以精神主体的自主性为前提的。权利自治暂且不论，即便必须服从于社会力量支配的契约互治关系，其逻辑前提一定是建立在原子精神主体的自觉自愿基础上的。或许在实践中，一位个体的订约行为，实在是出于迫不得已，但即便如此，在现代法治条件下，这种迫不得已不应来自他者或社会对该个体的精神强制，而只能来自其权衡利弊后的精神自觉。所以，从治理的成本而言，如果一个社会（国家）能够借助制度（法律）统合，把治理永远置诸自治和互治这两种状态下，就无疑是种最良好的治理方式，但秩序构造的实践逻辑总比浪漫理想要复杂得多。这里涉及的重要问题如下。

一方面，人是一个生命有机体，不是、也不可能是被机械地程式设计的结果，因此，在自治、特别是互治的秩序构造中，并不是所有的主体都能遵循权利自治和契约互治的原则自觉行为。反之，人类的自利本性既很难安于权利自治，相反，逸出权利的框架获取更多的权利，是其好利恶害的当然追求。也很难自觉维系契约互治——人们好利恶害的追求一旦投射到契约互治领域，无疑是对契约互治秩序的破坏，也相应地威胁权利自治。在此种情形下，纠纷总是难以避免的。一旦纠纷不能凭籍当事人的"自力救济"① 而解决，换言之，只要原子的或连带的精神主体不能解决这一问题，就须安排或请求立于原子或连带精神主体之上的第三者——另一种精神主体来出面处理。

另一方面，无论是自治的原子精神主体，还是互治的连带精神主体，在秩序构造的实践中并不总是能够自治地或者互治地解决自身的问题。这时，权利（原子精神）主体或契约（连带精神）主体总需要第三方出面释疑解惑，提供救济。那么，这第三方究竟由何种主体出面才能担当？众所周知，在实践中，它可能是权利主体或契约主体都接受或约定的普通社会主体（私人权威、宗教权威、社区组织、村落机构、现代社团等），也可能是出自社

---

① "自力救济"，即"私力救济"。它是指权利自治主体或者契约互治主体不经由第三者出面，自行解决其权利保障或权利义务纠纷的机制。在外延上，它包含两个方面，其一是单个主体的自我救济；其二是契约主体的协商救济。在权利自治中，只存在前者；但在契约互治中，前述两种情形皆可出现。有关私力救济的详细论述，徐昕：《论私力救济》，中国政法大学出版社 2005 年版，第 90 ~ 129 页；桑本谦：《私人之间的监控与惩罚——一个经济学的进路》，山东人民出版社 2005 年版，第 103 ~ 199 页。

会契约，但又立于其他所有社会主体之上的国家组织。这些第三方及其权威的出场，其目的是通过其权威和强制，落实法律统合下的责任机制，实现权利治理（自治）、契约治理（互治）之外的责任治理（他治）。

首先应明确的是：笔者这里所谓责任治理中的责任，不是法理学上的积极责任，而是消极责任——即主体违反法律之后应接受的法律制裁的后果。毫无疑问，法律统合下的社会治理，在自治和互治层面，从控制程度视角看不过是种"弱的控制"，它只能应对秩序的常态，但无以应对秩序被破坏后的例外。因此，一旦一种行为影响了自治的自由空间和互治的秩序格局，就必须以"强的控制"力量予以应对和救济，否则，法律就会失去社会统合、国家治理的基本动力。这一"强的控制"机制，在法律规范内部，就是责任。经由法律责任的社会治理和控制，就是责任治理，这是一种他治的治理。

之所以是他治，其缘由在于自治和互治主体面对这种情形，既不能依权利自治、依契约互治，也不能自我地或者协商地解决自治和互治中所出现的棘手问题。在此种情形下，他们不得不求助于有能力的第三方——无论第三方是社会主体还是国家机构。第三方出面的解决一旦生效，则对自治主体和互治主体具有另一种强制的约定效力。特别是国家主体，一旦发现自治主体或契约主体有违反法律的行为，更可以按照法律规定，无需当事人请求而直接作出强制性的责任科加，且一旦生效，被科加者要无条件地接受。可见，正是在这里，法律的强制约束力才表现的更为明显；作为自治、互治救济措施的他治才能发挥其真正作用；在法律统合下的社会治理，才完成了从自治、互治到他治的所有治理环节。

倘若进一步追问：自治的原子精神主体和互治的连带精神主体为何会接受来自他者的责任强加？这种责任强加的他治是不是意味着它在一定程度上对人的主体性予以否定？谈到这一情节，就必须提及主体性本身的局限性。在我看来，无论原子精神主体，还是连带精神主体，都不可能完满地解决主体性问题。反之，像苏格拉底那样"认识你自己"，像孔子那样"吾日三省吾身"，或许是作为肉身的人类所要面对的永恒问题。人类因为肉身而富有灵性，但肉身不可能总是承载灵性无限地去天涯远足。所以，人们在自我不能的世界，需要超出原子精神主体和连带精神主体的羁绊，才可能解决自身所面对的无以自救地或协商地解决的问题。这就引出精神主体的第三个维度，即所谓超越精神主体。

超越精神主体是指当原子精神主体和连带精神主体在"自治不能"或"互治不能"的情形下，帮助其解决问题的主体。显然，他在人的个体之维和社会之维之外，开出了人的第三维度，那就是人的超验之维。在古代社会，这一维度被上天、佛陀、上帝、真主等所把握和控制，在现代民治国家，则转换成了通过社会契约所缔结的国家及其机构来控制。尽管人们对国家可能抱有完全不同的态度和看法，但国家对于所有其他主体的这种具有超验性的主体影响力，即便在主权观念已然弱化的背景下，仍然是至高无上的。在一定意义上，我不愿意把这种超越的精神主体抛出主体之外，而毋宁说是主体性在"自治不能"或"互治不能"时的超验延伸，因此，它不是对主体性的背离，而是主体性在延伸线上的表达。恰恰因为如此，法律统合下的责任治理（他治），并不是背离主体性的产物，反而是合乎主体性的产物。是主体在合乎其信仰基础之上，根据社会契约而对源出于主体，但又立于所有其他主体之上的国家的信赖。人们对国家（政治）的此种信赖，甚至连新自由主义者们都予以认可。

"通过强调政府在维护自由方面的作用，新自由主义帮助人们认识到这样一个事实，即在权利的维护和实现依赖于政治秩序这种意义上，所有的权利都是政治的。然而，权利是政治的这一论点的更深一层的意义，是它们依赖于其秩序所服务的该政治社会的价值观和信仰。"①

在我看来，这种"价值观和信仰"，其主体性的根据既在于对自治、互治及其相关根基的坚持，也在于对主体性缺陷的深刻体认，并通过一种超越性的寄托，把救济人性缺陷、通过他治而体现秩序的期望交由超验精神主体——国家及其机构去行使。由此不难想见人们为何会接受他治、并进而在最终意义上选择并接受制度（法律）治理的缘由。

---

① ［美］卡尔·J. 弗里德里希：《超验正义——宪政的宗教之维》，周勇等译，三联书店1997年版，第100～101页。

四、制度（法律）治国的文化基础

文化治理与制度（法律）治理之不同逻辑路向的比较，并不是比较两者的对立，更不是比较两者间孰优孰劣，而只是想借此说明以下观点。

一方面，文化治理和制度（法律）治理两者间尽管有诸多国别（区域）文化层面的差异，如古希腊罗马更尊重制度（法律）治国，而古代中国、乃至当代中国却崇尚文化治国。从这个意义上讲，於兴中有关分别奠基于情感、信仰、理性之上的三种人类文明秩序的区别是有道理的。借助情感的文化治理和借助理性的制度（法律）治理，不过是不同文明背景下社会秩序构造的不同材料和不同方式。

"11 世纪以后，西方法律在宗教的襁褓中羽翼渐丰，费时不久即成大气候，终于取代了宗教至高无上的地位。……至此法律被视为秩序的另一个同义词，而秩序的研究一直受到不应有的冷落。直到今天，西方人仍然言秩序必称法律，殊不知这个世界上有不少地方并不推崇法律而生活依然井然有序"；

"在中国，情形大不相同，但结果却如出一辙。自然和伦理——中国文化研究的这两大主题永远没有超脱世俗理性的支配。纯粹求知和系统论述不为警句式的教诲加顿悟的认知方式所肯定；看重修身养性，醉心于追求理想人格，以及寻求自然秩序的和谐，凡此种种最终凝聚为充满了诗意和哲理的处世智慧，代代相传，陈陈相因。中国古代大大小小的思想家无不以阐发全方位的伦理关系为己任。在这里虽然没有宗教哲学或法律哲学把秩序等同于上帝或法律，但它却被牢牢地锁在道德的阁楼里。"①

另一方面，不同的文明秩序——文化治理和制度（法律）治理之间，并非永远不相交界的两条平行线，相反，只要具备一定的条件，两者即使不能说出现完全重合，但至少会出现相交、甚至部分重合的情形，会出现一方吸纳另一方的情形。在此意义上，我宁可认为文化治国和制度（法律）治国的

---

① 於兴中：《法治东西》，法律出版社 2005 年版，第 35、36 页。

区别，毋宁是人类发展的一种历时性的区别。在共时性意义上，只要不同区域的文化能够发展到同一历时状态，则两种治理方式间的转化也会顺理成章。当然，即便如此，也不意味着两者间只是一种替代关系，而毋宁是一种包含关系：在文化治理的阐述中，人们不难发现它对制度（法律）治理在某种意义上的包含关系；在制度（法律）治理的阐述中，我们照例能够看出它对文化治理的包含关系。

这提醒我们，在包含、涵摄，而不是反对、对立的意义上反思并考量我国的国家治理问题，是我们应有的一种学术立场、现实关怀和道义寄托。

（一）我国国家治理的现状

近代以来，中国就进入了一个漫长的国家治理转型的过程。众所周知，这一转型起因于西方先进的工商文明和法制文明对中国传统的农耕文明和礼法文明的冲击和洗礼。这一转型，对中国既有的文明进路而言，不是局部手术，而是全身手术，因此，被李鸿章称之为"三千余年一大变局也"：

"臣窃惟欧洲诸国，百十年来，由印度而南洋，由南洋而中国，闯入边界腹地，凡前史所未载，亘古所未通，无不款关而求互市。我皇上如天之度，概与立约通商，以牢笼之，合地球东西南朔九万里之遥，胥聚于中国，此三千余年一大变局也……"①

但对这位先知先觉者此种尚属懵懂的现代治理理念，梁启超则作出了如下虽不无苛刻，但又相当准确的评论：

"吾敢以一言武断之曰：李鸿章实不知国务之人也。不知国家之为何物，不知国家与政府有若何之关系、不知政府与人民有若何之权限，不知大臣当尽之责任。其于西国所以富强之原，茫乎未有闻焉，以为吾中国之政教文物风俗，无一不优于他国，所不及者惟枪耳炮耳船耳铁路耳机器耳。吾但学此，而洋务之能事毕矣。此近日举国谈时务者所异口同声，而李鸿章实此一派中三十年前之先辈也。是所谓无颜效西子之颦，邯郸学武陵之步，其适形其丑，终无所得也，固宜。"②

---

① 梁启超：《饮冰室合集》（6）之《中国四十年来大事记》，中华书局1989年版，第39页。
② 梁启超：《饮冰室合集》（6）之《中国四十年来大事记》，中华书局1989年版，第39页。

其实，不仅李鸿章是如此，李鸿章的时人们，即便那些胸怀天下、心系家国的文人士子、政坛精英们，能跨越李鸿章见识和局限的又有多少？不仅李鸿章同时代的人是如此，而且其后继者们，哪怕那些彪炳史册，欲图中国从文化治理迈向制度（法律）治理格局的革命家或改革家们，又何尝不是如此？

且不说孙中山"出征未捷身先死""革命尚未成功"，其继任者蒋介石仍坚持固守所谓"一个政党、一个领袖、一个主义……"，把军政和训政作为推行其统治的主要法术，迟迟不向国民开放宪政。而所谓训政，无非是绍续传统的文化治理、精英治理的另种版本而已。

中华人民共和国的成立，照例想寻求在砸碎旧世界的基础上画出一个最新最美的画图，所以，改革开放之前以"革命"名义所展开的中国社会的大运动、大解放和大变革，接续先前军事政治领域的武装斗争、政权更替，而深入到文化领域的"文化大革命"。这些都可以视为对之前国家治理问题的反思和探索。毛泽东所提出的"论人民民主专政""无产阶级专政下的继续革命"等论断和国家建设的纲要，固然也不失为独特的国家治理论纲，不失为在转型时代对国家治理的一种独特探索。但问题是这些论纲，在实践中，一方面，被政治领袖的文化权威所架空。政治领袖的一句话、一份语录、一个指示、甚至一首诗词，都可能预示着国家治理的重大风向甚至重大变化。因此，另一方面，它并没有形成一种稳定的政治——法律预期，反倒因立基于先破后立的浪漫立场，很容易导向朝令夕改、言出法随。

正因如此，在一定意义上讲，梁启超评价李鸿章的情形至今仍还适用：我国至今还不算一个现代国家，而仍处在向现代国家艰难拓进的过程中。虽然在最近的三十多年来，我国的经济建设有了长足的发展，GDP 总量已稳居全球第二，但现代国家所应具有的自治、民治、社会契约等因素还未完全呈现，有些还完全阙如，有些甚至还是意识形态所重点对付和防范的对象。但尽管如此，在改革开放以来的近四十年间，政治领袖及执政党在决策上还是先后多次关注、甚至特别强调国家治理问题的改革。

一次是 1978 年邓小平在中共中央十一届三中全会前后所提出的改革和治理主张。其中在这个会议的预备性会议上，邓小平提出了被人所广泛关注并引用的如下著名主张：

"为了保障人民民主，必须加强法制。必须使民主制度化、法律化，使这种制度和法律不因领导人的改变而改变，不因领导人的看法和注意力的改变而改变。"①

应当说，这是时任最高政治领袖在冷静判断基础上的清醒论述，是寻求和既往的国家治理背道而驰的制度（法律）治理方式。但问题是国家一遇风吹草动，这种冷静、理性的判断和主张便被抛诸脑后。领导人的看法和想法就往往替代了法律，成为实际上的"法律"。可见，法律统合的治理虽然在理论上提出，但在实践中经常悄然流逝，我们时常所见到的，仍然是精英们根据其浪漫的文人情怀、天下意识，不惟法律，从而也不拘一格的治理方式。

另一次是1997年在中共十五大上，提出了著名的"依法治国，建设社会主义法治国家"的方略，并且在此后不久，这一方略被写入我国宪法中。

第三次，也是最新的一次，就是人们寄予厚望的中共中央十八届四中全会。在这次全会上，提出了"全面推进依法治国"的口号，并在此基础上提出了如下法治建设的宏伟目标：

"全面推进依法治国，总目标是建设中国特色社会主义法治体系，建设社会主义法治国家。这就是，在中国共产党领导下，坚持中国特色社会主义制度，贯彻中国特色社会主义法治理论，形成完备的法律规范体系、高效的法治实施体系、严密的法治监督体系、有力的法治保障体系，形成完善的党内法规体系，坚持依法治国、依法执政、依法行政共同推进，坚持法治国家、法治政府、法治社会一体建设，实现科学立法、严格执法、公正司法、全民守法，促进国家治理体系和治理能力现代化。"②

这预示着如何审慎地看待我国国家治理的方式，特别是如何在文化治理和规则治理之间寻求合理的治理解释框架，而不是因制度（法律）治理而彻底扫除曾经存在的文化治理，或者因文化治理而破坏法律的适用基础，就是需要进而关注的问题。

---

① 《邓小平文选》（一九七五——一九八二年），人民出版社1983年版，第136页。

② 《中共中央关于全面推进依法治国若干重大问题的决定》，载 http://www.cssn.cn/fx/fx_ttxw/201410/t20141030_ 1381703. shtml，2016年3月21日访问。

（二）我国法治的文化基础

这里论及我国法治的文化基础，是想既要寻求目下我国法治建设的文化支持力量，也要探索我国构建法治所面对的独特文化资源。我们知道，法律是文化的产物。在一般意义上，不同的文化一定会孕育不同的法治。但问题是文化——一个社会的精髓不可能是"天不变，道亦不变"的。倘若钟情或拘泥于"文化不变"的立场，那么，当人们面对客观上文化迅速变迁之现实时，就不禁会感叹世风日下、礼崩乐坏，并因此而闷闷不乐、郁郁寡欢，甚至生不如死、寻求短见。众所周知，我国在近代以来，就有一些文人士子殉身于既有文化，其中王国维或许最为典型。陈寅恪在《清华大学王观堂先生纪念碑铭》中就对此申明并表彰道：

"士之读书治学，盖将以脱心志于俗谛之桎梏，真理因得以发扬。思想而不自由，毋宁死耳。斯古今仁圣所同殉之精义，夫岂庸鄙之敢望。先生以一死见其独立自由之意志，非所论于一人之恩怨、一姓之兴亡。呜呼！树兹石于讲舍，系哀思而不忘。表哲人之奇节，诉真宰之茫茫。来世不可知者也，先生之著述，或有时而不章。先生之学说，或有时而可商。唯此独立之精神，自由之思想，历千万祀，与天壤而同久，共三光而永光。"①

陈寅恪不但如此解释和表彰王国维以其肉身殉祭传统的文化情怀、文化眷恋、文化心境和文化精神，而且当中华人民共和国成立后，中国科学院托人请其出任研究人员时，他奋笔疾书，在对科学院的答复中重申了其独立的学人志向和自由情怀：

"我认为王国维之死，不关与罗振玉之恩怨，不关满清之灭亡，其一死乃以见其独立自由之意志。独立精神和自由意志是必须争的，且须以生死力争。正如词文所示，'思想而不自由，毋宁死耳。斯古今仁贤所同殉之精义，其岂庸鄙之敢望'。一切都是小事，唯此是大事。碑文中所持之宗旨，至今并未改易。"②

---

①　陈寅恪："清华大学王观堂先生纪念碑铭"，载 http://www.21ccom.net/lsjd/ssjt/2013/0703/86888.html? bsh_ bid=254579806，2016 年 3 月 21 日访问。

②　陈寅恪："对科学院的答复"，见陆建东：《陈寅恪的最后二十年》（修订版），三联书店 2013 年版，第 104～107 页。

所以，陈寅恪对王国维之死的议论，毋宁是对其自身文化追求的明志。这种文化的固守精神固然是颇值人们钦佩的，但如果在社会进化、文化变革面前拘泥固执，对于和日常生活息息相关的法治建设而言，并非明智之举。反之，在人们的生活需要和规范选择之间寻求一种顺天应人的工作，从而让法治能够顺利地在一定文化基础上落地生根、开花结果，无疑也应是文人士子们文化担当的另一维度。所以，我国法治文化基础的追寻，势必有破有立，方能接驳道统和法统，真正支援法治，建立以法统合的国家治理体系。

立基于宏观轮廓，大体上可以把我国法治的文化基础描述为如下几点。

其一，现代工商文化。资本主义生产方式产生三百多年来，形成了一套奠定于现代工商文明基础上的权利文化、民主文化和科学文化。众所周知，以资本主义生产方式、生活方式为特征的现代文化，其实业基础是现代的工商业，其文明基础则是现代的工商文明。工商文明的特征既强调社会分工，也坚持社会合作，还强调主体创造。这三者在文化上分别表现为前述三者。其中权利文化就以主体自治为基础，民主文化则以主体合作为特征，而科学文化却以激发主体的创造精神为宗旨，并进而支持文化发展为使命。现代的工商文明正是在这三个方面完善人格、促进人的主体性的。所以，在法律上——

"如果一个人获得这样三种权利：宗教信仰权、选举权和工作权——体现自主的自由、参与的自由以及创造、发明和革新的自由的三种权利，他会发现，就像相应的自由一样，这些权利都旨在使人成为一个完整的自我，一个得以充分发展的人。不让人信其所信，不让人参与对其统治者的挑选和定期更换，不让人在其能够生产和创新的领域内积极主动地发挥作用——这里的任何一种剥夺都会被视为非人道的举措，就像致人以残废和妨碍其成为一个完整意义上的人。"①

当代中国毫无例外地参与到这种全球工商体系和资本体系中，尤其随着科技、信息和互联网技术的高度发达，我们的日常生活越来越多地投向工商

---

① ［美］卡尔·J. 弗里德里希：《超验正义——宪政的宗教之维》，周勇等译，三联书店 1997年版，第 97 页。

文明，以及和工商文明相关的文化追求：主体的自治、合作与创造。因此，以保障主体权利和自由为使命的法治，自然不能轻视、更不能无视这种文化要求，反而必须奠基于此种文化追求基础之上。否则，所谓法治，就只能是游离于时代之外的自说自话。可以说，现代工商文化之于中国法治，具有根本性。

其二，传统固有文化。然而，即使现代工商文化对法治的支持是根本性的，但也不是唯一的和排他的。作为一个具有悠久历史文化传统的国度，无论在日常生活中，还是在情感向心上，都不可能对传统文化弃之如履。反之，一方面，其情感生活每每受传统文化影响的因素更大。因毕竟斯土斯民浸淫其中千百年，深受其形塑、规范，也广获其利导、方便。因此，无论其亲属称谓、文字语言表达、节庆典礼、内心信仰等，无不受传统文化之规范。既然传统文化已然在相当程度上规范着人们的行为和生活，那么，只要这一文化不是现代工商文明的扼杀力量，那么，制度（法律）治理，所能做的最好是对之小心翼翼，因势利导，而不是对其大刀阔斧，移风易俗。否则，只能事倍功半，甚至南辕北辙，捡芝麻而丢西瓜。另一方面，还必须看到，即使现代工商文明的引入、培育和养成，既关联着现代的生产生活方式，同时也不得不被装置于传统文化的框架中才能获得更大的成功、更高的效益。这就是为什么同样是资本主义，在欧洲它和新教伦理[①]相结伴，而在东亚则形成所谓儒教资本主义[②]的缘由所自。因而，传统文化作为古人在生活交往基础上不断总结、不断积累起来的的伟大经验总结，毕竟不完全是制度（法律）治理的包袱，而是进一步激发和创造制度（法律）治理的条件和基础。所以，对传统精神领域的道德人格、修齐治平，治理领域的礼法体系、教化精神，工具领域的语言文字、修辞艺术等，只要运用得当，都可能成为如今我们型构法治的建设性因素，而不应、也不可能被悉数归于负面清单。试想，倘若在我国这样一个既庞大悠久、又文化灿烂的国度，放弃我们既有的语言文字，抛弃我们既有的节庆传统……而遽然悉数搬来西人的语言文字、节庆

---

① ［德］马克斯·韦伯：《新教伦理与资本主义精神》，于晓等译，三联书店 1987 年版。

② 余英时：《中国近世宗教伦理与商人精神》，台湾经联事业出版公司 1987 年版。

传统以表达规范,指导交往……那种法治,还可能被运用于中国吗?还会是通行于中国的真法治吗?法治发展的事实表明,即使在在全球化的时代,制度(法律)治理也不得不关注人类文化的族群性差异。中国的法治建设,自然也不能背离这一基本事实和基本原理。

其三,社会主义文化。不得不提及的是,我国无论在人们的思想上,还是制度上,是一个深受社会主义文化影响的国家。甚至在传统意义上看,我国自来就是一个具有儒教精神的、国家社会主义的国家。近代以来,这种基于传统而趋向于社会主义的追求就更甚。迄今为止,无论在宪法、法律上,还是在人们交往的日常生活中,社会主义文化[1]仍然在实践中居于主导地位。这种社会主义文化,绝非只是一种乌托邦式的意识形态说教,不是所谓空洞的宣传,反而在实际地影响甚至支配着人们的日常生活和交往。例如,最近经济改革中根据社会主义原则,有意无意地对中小私人资本的遏制,对属于社会主义的国有企业的国家扶助和金融支持等,不仅在影响着中国经济成长的方式,而且在影响着国民的生活和交往方式。这种情形,自然也会在相当程度上影响中国法治选择的路向。

众所周知,在近二十年的集体企业和国有企业的改革中,尽管改革者运用掌握的实际权力努力推进,但相关改革措施却遭到了一些并无实权的知识分子的高度质疑、批评甚至反对,如郎咸平、巩献田等。特别是前些年我国在制定"物权法"的过程中,巩献田就专门上书、发表公开信指陈:"物权法(草案)"是"违背宪法和背离社会主义基本原则的"[2],是背离我国现行

---

[1] 在这里,我把社会主义文化,理解为和共产主义文化可以相提并论的概念。那么什么是共产主义文化?齐泽克根据马克思的"自由人的全面发展"理论,通过对诸多相关理论主张的反思和批驳,提出了有关共产主义文化的三个要素:即"关键个体""理性自我"及其本能统治和理性思考的普遍空间。在这三者中,其中后者是"共产主义文化的关键要素"。"它们共同组成了一种黑格尔学派的普遍性、特殊性和个体性三部曲……在这个三部曲中,每种要素都能够使另外两种要素被隔离:普遍思想防止个体陷入社会实体……个人气质阻止社会实体奴役普遍思想;社会实体阻止普遍思想变成个人气质的抽象表现。"([斯洛文尼亚]斯拉沃热·齐泽克:"共产主义文化的若干问题",载《马克思主义美学研究》2010年第1期。尽管众所周知,我国实际存在的"社会主义文化",与这种"自由人的联合体"基础上的社会主义文化还相去甚远。

[2] 巩献田:"一部违背宪法和背离社会主义基本原则的《物权法(草案)》——为《宪法》第12条和86年《民法通则》第73条的废除写的公开信",载《经济管理文摘》2006年第8期。

《宪法》第 12 条和《民法通则》第 73 条之宗旨的。彼时，这一争论不仅引起了民法学界、宪法学界和法理学界的积极参与，甚至也引致了社会各界的广泛关注和讨论。这一讨论本身意味着中国法治变革中究竟应如何面对积淀日久的社会主义文化（对它究竟要不断弘扬、进行扬弃还是彻底抛弃？这一直是改革开放以来学界持论相左的话题）问题，也说明社会主义文化在理论和实践两个方面对当代中国民众，从而也对当代中国法治的可能影响。

其四，当下文化创造。如前所述，近代以来，中国面临着三千年未有之大变局。这一大变局至今仍未完成，甚至从国家治理视角看，才刚刚起步，因此，在今天，甚至在可预见的未来，这一大变局依然在这个国度处于"进行时"，距离"完成时"尚十分遥远。在这一漫长的过程中，这个世界上最大的族群——中华民族，以及其一个个具体的共和国公民，绝不能、也不可能完全匍匐于既有的工商文化，守成于传统的固有文化，受控于新近的社会主义文化。反之，在这样一场堪称波澜壮阔的、涉及世界上最大族群迈向现代社会，选择制度（法律）治理的变革中，无论其行为—实践层面的文化还是思想—观念层面的文化，保有独特的创造性是完全可以想见和期待的。上述多元的、多层次的文化并存，本身也在提示人们，在中国向现代化迈进中文化创造的必要性和可能性。在一定意义上，这种基于当下的文化创造，业已是中国变革转型中的一个基本事实——尽管既有的制度/法律环境还没有足够地保障人们的这种文化创造热情。

人生活、交往在文化中，这构成了人的条件和人的文化结构。但与此同时，人只有能动地参与文化，并在参与过程中进行卓越的创造时，才能够被真正地结构在一种文化中。因此，一切奴役都不可能提供人的文化参与和文化创造，从而也不能真正地把人结构在一种文化体系中，在此种情形下，毋宁说人是文化客体，而非文化主体。但众所周知，中国近代以来所一直面临的社会转型，归根结底是要实现人的解放、自由和参与的转型，是每个个体只有参与到集体转型的逻辑中，才可能实现个体主体性的转型，是以法律统合社会秩序，进行社会治理的转型。这就客观地赋予了参与其中的主体进行文化创造的必要和可能。中国未来法治的特质，或许就奠基于这种文化创造基础上——尽管它不可能是这一特质的唯一决定因素。

(三) 我国法治与文化包容

强调我国法治的文化基础,不是主张在这个全球追求制度治理和依法治理的时代,再回过头来温文化治国的旧梦,再回到精英政治和文化治理的老路上去,而是要强调制度(法律)治理的有效与否,效力大小、强弱、久暂等,是和文化的支持息息相关的,甚至文化的支持是其关键所系。这在另一面对法治提出了更高的要求:制度(法律)要能全方位地统合、调整社会关系,并以法律为准构造社会秩序,从而使法律作为社会治理的基本根据和最高标准,就必须做到其自身对文化的包容。所谓在法律上对文化的包容,本质上是指法律不仅不是一切文化革命的手段或工具,反之,法律倒是所有文化保守或守成的基本方式。法治的文化包容就是法治对文化的保守态度和保守机制。对文化保守越浓厚的法律,才是能够统合文化秩序的法治;反之,以阉割文化,或“革文化命”为旨的法律,不但无以实现制度(法律)治理,反而最终会被文化所革命。

法治的文化包容对于法治后发达国家而言,尤为重要,且是其创造性地运用制度(法律)治理原理来安排其秩序成长、最终融入整个国际交往秩序中的重要条件和基础。因为如果说法治发达国家所采取的制度(法律)治理,是遵从其自古希腊——罗马以来,就注重制度(法律)治理的文化之“自然发展”的逻辑,从而遵从的是哈耶克所谓自生自发的扩展秩序[①]取向的话,那么,法治后发国家的法治所面临的文化背景就要更复杂、更多元、更具有结构上的杂交优势和变迁中的脆性劣势。

结构上的杂交优势,是复杂和多元文化在交往中的必然表现。文化只要能够复杂并多元地共存,就必然在表明其相互交往、相互理解和相互包容。只要法律能够提供包容复杂、多元文化共存的条件和规范,那么,复杂、多元的文化就肯定是支持法律统合的有效力量。论述至此,我不禁想起前些年在青海调查时遇到的两个“图像”。

一次是我准备去海东化隆县德恒隆乡的一个偏僻村落里调查时,一位路

---

① 关于自生自发的“扩展秩序”的论述,[英] F. A. 哈耶克:《致命的自负》,冯克利等译,中国社会科学出版社2000年版,第7～181页。

途避近的回族企业家看到暴雨将临,正行径在深山里的我可能淋雨,热情邀请我搭乘其便车。上车后他知道我的来意,顺便把我带到该藏族村落里。村落实在边远,村中最显眼的是佛教寺院以及穿着鲜艳、蹲在寺院屋顶和墙头上的喇嘛们。一到寺院附近,这位头戴白帽的回族企业家,立马用熟悉的藏语和喇嘛们开始攀谈。那种亲切友好,会心倾谈的情形,倘若不是身临其境,真难以想象。

另一次是在西宁繁华的东关清真大寺外边,一个夏夜黄昏的傍晚,正值穆斯林们虔诚地礼拜。数位身穿朱红袈裟的喇嘛们,一边好奇地观看穆斯林的虔诚礼拜,一边认真地举起手中的相机,或拍华灯初上、雄伟壮丽的清真大寺,或拍严肃训经、虔诚祷告的礼拜人群。我作为他们的旁观者,那种独特的感觉简直无以言说,喇嘛们仰望清真寺,认真拍照的情形,永远定格在我只可意会、不可言传的美好记忆中。这一"图像",从另一视角解构了我之前听到的传言:不同的宗教和民族之间相互排挤、互不往来。反倒让我加深了对不同族群、不同宗教只要共存,就必然交往合作的更多实际感受和印象。

这种经验及感受或许能表明,除非不同文化之间难以并存,否则,只要在相同或临近的地域内不同文化能够和平共处、相安无事,就必然意味着文化间的和平与平等交流,而只要能够和平且平等地交流,就必然意味着文化之间杂交优势之可能。例如,我国历史上著名的回族学者刘智的"援儒释伊"①、王岱舆的"以儒释伊"和"以伊释儒"② 等,都通过其亲身的智慧实践,说明文化和平、平等交流中必然的杂交优势。这种杂交优势就意味着智慧的创新、知识的增量和文化的进化。众所周知,生物学上的杂交优势是指遗传基础有别的动植物种进行杂交,其后代比杂交双亲更为优良的情形。尽管在生物界,这种杂交优势能够持续的时间并不长,但人类在科学的路上一直通过不同动植物种的杂交,寻找更高的优势动植物。

而文化之间的交流绝不会停留于简单的接触,它必然会因接触而产生所谓杂交效应。这种文化,被人称之为"杂交文化"或"杂种文化"。

---

① 乌勒返·努尔兰:"刘智援儒释伊之'五典'说探析",载《回族研究》2014 年第 2 期。
② 刘贡南:"以儒释伊和以伊释儒的有机结合——对王岱舆以儒诠经思想的一种理解",载《青海民族研究》2006 年第 4 期。

"'杂种文化'的概念因墨西哥学者凯西娅·堪克里妮（Carcia Canclini）1989 年出版的名著《杂种文化——兼论进入和离开现代性的策略》而受到广泛注意。凯西娅的书描述拉美国家试图保持文化的'纯粹性'和自我特征，同时又追求现代性，结果加剧了社会不平等；在引进启蒙思想实施理性化和世俗化时，又造成既非现代、亦非传统，而是本土文化与外域文化杂陈的一种特殊的社会形态——'杂种文化'（hybrid cultures）。"[1]

这种陈述和界定，看似有些悲观，它也确实揭示了文化变迁中的脆性劣势，尤其对法治后发达国家而言，因为变迁中多元文化的共存，可能更容易呈现文化变迁中的脆性劣势。毫无疑问，这已经是全球化时代后发达国家文化发展中不容忽视的一种既成事实。对这种脆性劣势的担忧，固然可以理解，但同样基于这一既成事实，有些论者却作出了另一种评估。

"Hybridity 的观念也向我们揭示了人类文化的发展是一个不同的文化接触，互相影响和交融的过程。它同中国思想中的'和而不同'，'海纳百川，有容乃大'的思想相吻合。世界文化发展表明异域文化与本土文化的接触交流并不必然导致冲突，它在大多数情况下，是互动的，改变双方的。今天，这种文化交融观念能够使我们摆脱西方中心论所架构的西方—非西方的对立，并避免悲观的文明冲突论。"[2]

其实，这就是把文化变迁中的脆性劣势转化为多元文化间的杂交优势。笔者赞同这种乐观看法，并坚持认为，文化杂交不但可以更新文化，而且能够进一步生成优势文化，真正体现文化的杂交优势。这一点，在汉唐以来中国文化和西来的佛教文化的杂交及其文化的提升和优化中可以得见，也在近代以来资本主义商业文化的开放、包容及升华中可以得见，更在美国文化的多元性、开放性、包容性及其文化称霸全球的事实中可以得见。当下中国，已然进入文化多元化的时代，也具有明显的文化包容之条件。因此，在我国法治建设中强调在法治原则和精神下的文化包容，既可以持之以恒地推进和

① 何平等："全球化时代文化研究若干新概念简析——'文化杂交'和'杂交文化'概念的理论内涵"，载《山东社会科学》2005 年第 10 期。
② 何平等："全球化时代文化研究若干新概念简析——'文化杂交'和'杂交文化'概念的理论内涵"，载《山东社会科学》2005 年第 10 期。

保障文化多元、交流、杂交和提升，也可以进而推助一个国家之共和之路的形成、完善和不断发展。把文化发展中的脆性劣势改造为文化杂交和共和铸造中的"杂交优势"。

众所周知，自辛亥革命以来，我国就效法西方，反对专制，强调共和。不过何谓共和，我国学界虽已展开论述，可和现代政治领域的其他关键词相比，对共和的论述尚未深入。我以为，在本质上讲，所谓共和就是多元性在法治保障下的交流合作与互动共存①。这里可以用得上卢梭的一个判断：

"凡是实行法治的国家——无论他的行政形式如何——我就称之为共和国；因为唯有在这里才是公共利益在统治着，公共事物才是作数的。一切合法的政府都是共和制的……"；

"确切说来，法律只不过是社会结合的条件，服从法律的人民就是法律的创作者；规定社会条件的，只能是那些组成社会的人们。"②

法治之所以意味着共和，就在于法治对多元性的包容、宽和与尊重。多元性这个概念在社会领域中，作为衡量主体性的重要根据，不仅指经济经营的多元性、政治参与的多元性、社会交往的多元性，更指人们生活方式——文化的多元性。甚至可进一步讲，作为"文化的动物"，如果多元性不能最终呈现为人们生活方式——文化的多元性上，那么，人的主体性就难以实现和完成。可见，文化多元性在多元性和主体性方面的关键所在。

但是，仅仅停留于文化多元性还很不够，文化多元性只有进而升华为文化共和的时候，才不是分割分散、离心离德的事物，才能实现聚沙成丘、合作共赢的效果。因此主体性、文化多元性、文化合作以及文化共和这些概念之间，具有实践的内在相关性和多元一体性。要从主体性和文化多元性迈向稳健的文化合作，并实现文化共和，其中的制度/法律支持是不可或缺的。尽管制度是文化化育的结果，但制度绝非永远是被动的，它一旦产生，对社会秩序而言，又往往是能动的和塑造性的。

"一国之传统文化能塑造出一种政治制度，但政治制度也同样能培育出

---

① 笔者对于共和的论述，谢晖："论民间法作为宪制的共和基础"，载《法治研究》2016 年第 1 期。

② ［法］卢梭：《社会契约论》，何兆武译，商务印书馆 1980 年版，第 51、52 页。

一种文化来。我认为对当今中国来说，政体制度的真正转型，显然比我们的文化、观念更具有重要性。对我们现在来说，制度的转型肯定更为重要。优良的制度是更为关键的问题，正是由于这个制度不太优良，所以才败坏了我们的文化精神。"①

顺着这一逻辑，完全可以说，法治不仅是多元文化化育之结果，同时也是塑造、培育多元文化，增进宪政团结力量，促进文化共和实现的一般制度基础。如同坏的制度只能败坏文化一样，好的制度自然也能增益和完善文化。法律统合的治理方式，只有增益于文化的发展和完善，才可能有制度（法律）治理这个命题的实现，才可能让法律这个拟制人格化的规范命题，深入到具体的、活生生的生命主体世界，既资主体间的方便交往与合作，也助多元文化间的交流、互助与共和，更推那种令人们梦寐以求的"又有集中又有民主，又有纪律又有自由，又有统一意志又有个人心情舒畅、生动活泼的政治局面"的制度化现实——制度（法律）统合下的国家治理格局的实现。

论述至此，本该结束本文，但忽然间，我又回想起当年有人因"文化国家"说而反对"法治国家"的观点。这些年当局对中国传统文化的复兴尤为强调。我以为，这对一个大国的复兴而言，并无不妥，因为正如黑格尔所强调的那样，毕竟一个主权国家，不但是个政治实体，而且是个文化/精神实体②。但即便如此，也不表明文化国家与法治国家间是对立关系，反之，它所强调的是法律要能对文化发展具有包容性和适应性。对此，杨兆龙曾指出一个观点。

"也许有人要说现在西洋已有许多学者主张以所谓'文化国家'（kulturstaat）来代替'法治国家'，可见法治主义已不合现代的潮流。诚然，这种主张在德国相当流行，费希特（Fichte）、黑格尔（Hegel）及已故的新黑格尔派法学权威柯勒（Kohler）便是这种主张的提倡者。不过那些提倡'文化国家'的学者所反对者，不是法治国家的'法治'，而是从前一般人如康德等所讲的法治国家内法律之不合理，即不能适应时代的需要。大而言之，

---

① 高全喜："究竟什么是共和国"，载 http://www.21ccom.net/html/2016/zhongxi_0318/2558_3.html，2016 年 3 月 24 日访问。

② 陈炳辉："文化与国家——黑格尔国家哲学新论"，载《政治学研究》1999 年第 3 期。

康德等所提倡的法治国家的法律是偏向于个人主义的，是一成不变而不能随时间空间进化的，是缺乏积极作用的；'文化国家'是法律顾全社会利益的，是因时间及空间的需要而不断进化的，是富于积极作用的。换句话说，'文化国家'不过是一种法律性质较为改良的法治国家，仍旧少不了法治。一般提倡文化国家者之所以避用'法治国家'的名词，其目的无非在使大家不受康德等所提倡的旧法治国家观念的影响。这并不足以证明他们轻视法治。"①

　　杨先生 72 年前的这段精辟论述，对我国理解在文化复兴过程中，如何通过法治而包容多元文化、壮大中华精神，促进并巩固文化复兴，自然，是需要我们涵泳、咀嚼再三的。

---

① 杨兆龙：《杨兆龙法学文选》，中国政法大学出版社 2000 年版，第 51 页。

论法律调整与社会管理创新[*]

当富勒把法律和法治界定为"使人类行为服从规则之治的事业"① 时，法律对于社会管理和治理的功能，就不仅是遇到重大问题、严重问题时才涉及，即便那些家长里短、鸡毛蒜皮的琐碎事务，也具有法律规制的需要。在这个意义上，即使不能说法律是万能的，但至少可以说它是全面地作用于主体交往的行为的。这种观察法律功能的视界，与中国法家所谓"一断于法"② 具有异曲同工之妙。尽管法家的法治论因为在古代法律理念下，几乎被等同于"刑治"而遭人质疑、诟病，但转换一下法家的言说语境，把法治之法，理解为更为广泛的主体交往行为的准则，则一切社会治理，不过是依法而为的过程。可是，目前我国法理上对法律调整的论述，难以尽显法律对社会治理的规制。因之，结合法律实践中法律调整的实际方式，再造法律调整理论，以使其与社会管理之间榫卯相接，就是一个饶有趣味，也有意义所指的学术话题。本文即以此为旨，尝试说明法律调整与社会管理之间的逻辑关联。

一、何以社会管理不相信法律——既有法律调整论面对社会管理的难题

尽管法治理念已经被西方国家的法治实践、甚至也被非西方国家的法治

---

* 该文原载《西北大学学报》2013 年第 1 期。

① ［美］富勒：《法律的道德性》，郑戈译，商务印书馆出版社 2005 年版，第 124 ~ 125 页。

② 《史记·太史公自序》。而商鞅则强调："言不中法者，不听也；行不中法者，不高也；事不中法者，不为也。"（《商君书·君臣》）。

实践证成为一种应对复杂社会管理的最佳方式，但在我国，这一经纬社会的最佳方式，经过了十多年意识形态的渲染、法学家的笃力推动后，如今却面临着尴尬的境地：更多的人怀疑法治的社会管理效用。一方面，是当局在一系列决策和意识形态宣传中，有意无意淡化法律对社会管理的效用，强化其他规范、甚至权力控制的社会效果。另一方面，法律实践的不尽人意，权力腐败行为，特别是被视为代表法律的司法腐败行为的层出不穷，使普通公民对法律和法治产生了严重的信任危机。公民交往行为中笃信关系，而漠视法律；笃信权力，而无视法治。改革开放以来盛行的法治理念，在此时却遭遇了空前的信任危机。为什么法治着手伊始，就会遭遇如此尴尬？原因或许是多方面的。

当局面对法治的犹豫不决，是首要原因。法治固然是管理社会、组织社会的最佳方式，但同时也是让习惯了一言堂的统治者深感束手缚脚的治理措施。对每位交往主体而言，法治的功能中都有作茧自缚的效应，但对当权者而言，此种效应更甚、更切要害，因为众所周知，法治的第一要义是控制权力，让权力套上法律的笼头。只要有法律，便是对恣意的制约甚至否定。对此，身在春秋末期的叔向可谓深入就里。他反对子产制定成文法的基本理由就是"先王议事以制，不为刑辟"，并指责子产制定成文法，将会导致人们"刀锥之末，尽将争之"①。当局对法治的这种态度，自然上行下效地影响着公民对法治的看法。当公民从当局的行为中看不到厉行法治、依法而为的动作时，他们自然也会用尽心机，索寻其他手段，以谋求交往行为中的最高利益。

说到法治的这种尴尬，离不开对中国固有法律传统的反思。众所周知，把法律主要视为刑法，乃是中国自古而然、并深入人心的一种观念。尽管当代不少法学家通过种种努力，想竭力证明"民刑不分""重刑轻民"是陈陈相因、人云亦云的一个伪命题，中国古代有发达的民事规范，特别是以礼为代表的民事规范，远甚于刑的影响②。在附条件地赞同这种观点的同时，必

---

① 《左传·昭公六年》。
② 马小红：《礼与法：法的历史链接》，北京大学出版社2004年版。

须指出，不论"重刑轻民"说，还是"重礼（民）轻刑"说，实质上都是借助今人有关法的理念，而剖析古代中国秩序组织和交往行为的规范。因此，对法的理解并未深入中国传统之根底，也未认真衡度当代中国人理解的法律究竟是什么这一事实，所以，学者们的努力，没有实际地提升、变革国民的法律观念，人们观念中的法律，迄今依然主要停留在刑事法律层面，而对有关民事交往、行政管理等日常生活领域，人们并不纳入法律中进行考量，不但如此，在这些领域讲法律，说不定还会遭受人们的白眼甚至斥骂①。

这种视法为刑的传统，加之共和国成立以来宣扬的法律是阶级统治和阶级镇压的工具等观念，直接影响了人们对法治的接受程度和态度。诚然，不要说普通民众，即使一位法律学人，也不会赞同刑治的，尽管刑法是一个国家法律体系中不可或缺的内容，但在法治框架中，它只是很有限的内容。把法治理解为刑治，自然不会激发和提升人们对法治的兴趣，反倒只能遏制人们对法治的信心。相关的问题，虽然在法学理论上，在法律人那里，大体已经解决，可遗憾的是在普通公民，甚至不少知识分子那里，他们心目中的法治，仍然是一朝涉法，数年牢房的法治。正是这种法律传统，直接影响着法治在公民心目中的美誉，以及公民交往行为自觉地对法律的认同——即使他们的交往行为实际上与法律须臾不可分离。

法治遇到的尴尬，还有公民意识的欠缺。一直以来，国人很喜欢源自战国时期的那句话："肉食者谋之，又何间焉?"② 从而把公民和政府的关系推向互不关联的境地，而法律也被视为政府进行社会控制的工具，未被视为公民和政府交往的行为规则和行动边界。这种公民意识，不可能把公民结构在法律体系中，也不可能很好地把政府结构在法律体系中。从而公民和政府的关系，在观念上依然是一种被管理和管理的身份依赖关系。尽管人们对此种

---

① 笔者曾亲自遇到一例，一位先生高价在自由市场买了盆花，不到一周，花就枯死。这位先生到市场找到卖花人论理，情急之下，说卖花人的行为具有欺骗性，是违法的。卖花人一听此话，动手痛打买花人，并不断地念念有词："我没有杀人放火，我犯了什么法?"显然，买者数落卖花人"违法"这两个字，激怒了卖花人。在卖花人看来，他只要没杀人放火，触犯刑法，就不会违法（犯法）。

② 《左传·庄公十年》。

身份依赖关系心怀不满，但并没有寻求把公民和政府放在契约——法律的框架下进行考量。如此一来，法律在人们心目中不过是政府管理公民的工具，并且这种工具就如同卖身契，一旦公民置入该卖身契中，则意味着政府无所不在，公民无所自由。这种公民意识欠缺及其连带地对法律的不当认识，相互发明、相得益彰，直接影响着实践中人们对法律和法治的看法，导致法治随时面临人们观念深处的对它的矛盾情态，甚至反感和规避情态。

如上三个方面，从组织架构，到文化传统，再到现实观念，全面影响着法治这个现代社会管理的主命题被人们的接受程度。除此之外，和本文主题相关的是法律理论、特别是法律调整理论，并没有更好地提供一种人们接受法律、接受规则治理既是生活的不得不然、自然而然，也是法理的理所当然、势所必然这样一种道理，因此还有必要寻求法治遭遇尴尬的法理原因，特别是既有的法律调整理论在相关问题上未尽的责任。

尽管在当代中国的法学理论中，法律调整是人们通常会提及的重要内容，但有关法律调整的专门论述，却并不多见。而在有关教材中，专门阐述法律调整的章节也并不常见①。既有的论述，其基本观点也陈陈相因，一味停留在国家对法律调整的主动性上。如下两位论者的观点，或许具有一定代表性。王天木强调："所谓法律调整，就是统治阶级通过国家所规定的社会关系参加者的一般行为模式以及实现该模式的各种法律手段，通过赋予社会关系参加者以一定的权利并使其承担相应法律义务的方式，来调节社会关系参加者的行为，进而调整社会关系的活动。"② 公丕祥认为："所谓法律调整，乃是由国家所决定的某种社会关系的参加者的一般行为模式，以及实现该模式的各种必要的法律手段。"③

---

① 在当代中国法理学界，张（文显）版各类（张主编的相关教材不下十种）法理学教材，都没有把法律调整作为专章进行论述。甚至其代表性作品《法哲学范畴研究》（中国政法大学出版社2001年版）一书，也没有涉及法律调整问题的论述。

② 王天木主编：《法理学》，中国政法大学出版社1992年版，第175页。

③ 公丕祥："法律调整"，《江海学刊》1989年第1期。遗憾的是在我国有关法律调整的较好论述，大都是20世纪八九十年代的作品。21世纪以来，随着环境法学的发展，人和自然关系的法律调整问题日渐引起学者们的关注，因之，也产生了一些能引发思考的论著。特别是蔡守秋的《调整论——对主流法理学的反思和补充》（高等教育出版社2003年版）一书，更值得重视。

这种过分强调国家或统治阶级在法律调整中主导作用的看法，表达了来自规范主义法学理论的基本理念，也传达了受其影响，并长期盛行于苏联、进而全面影响我国的国家主义的法律观念①，同时更与自先秦以来，法家学说所主张的法律观念曲径会通、蛛丝牵连、异曲同工②。上述种种，实际地影响了中国数代人对法律的看法。这种国家主义法律观，尽管通过对国家强制性的强调，为法律调整和法律运行提供一种外在权威性的凭证，也为法律的专门化提供了一种可能，但其基本缺陷是把法律作为一种人世生活的外在力量，而没有把它作为源于生活，又融于生活的规范体系，因此，法律被理所当然地视为公民生活和交往的外在物，法律调整也只能是对人们的外在强加，因而无法结构在公民的心灵中，甚至也无法结构在公民的交往行为中。

正是这种法律调整理论及其必然蕴含的国家主义和强制主义特色，让公民无法从中感受到法律与自身的必然关联，反而只要自己不违背法律，法律就和其行为无所关联，法律对公民交往而言也无关紧要。因之，在法律调整理论中如何适度地强调国家强制保障的作用，并进而修正法律的本质和理念，或许是法律调整获得主体接受，并取得社会管理效果的重要方面，对此，笔者在后文将专门论述。

和这种国家主义法律观紧密关联，在既有的法律调整观念中，每每把法律调整方式定位在法律的强制性和制裁性上，似乎离开强制性力量和制裁性手段，法律就没有其他的调整效力和调整方式。由此引发的法律调整方式，主要是和制裁相关联的惩罚。当法学对法律的调整给出这样一个基本套路之后，法律与社会管理的关联，就只存在于某一断面上，而不可能存在于社会管理的各个方面、各个层次，乃至法律是社会管理的基本规则和权威方式。

这种法律调整方式，甚至远逊于古人对法律调整方式的认识。在法家

---

① 规范法学的观点对后人的影响，主要体现在规范分析和法律本质两方面，前者至今仍是中国法学努力的方向，后者却是值得认真检讨和反思的问题。通常认为，规范法学的实际创始人是英国人奥斯丁，其有关法律本质的观念曾深入人心：法律就是"主权者的命令"（［英］奥斯丁：《法理学的范围》，刘星译，中国法制出版社2002年版，第23～35页）。这种观点直接影响了苏联的法学理论，并进而成为中华人民共和国成立以来，我国学者界定法律问题时的核心词汇。

② 法家认为："法者，宪令著于官府，刑罚必于民心"（《韩非子·宪法》）。

那里，都还强调"壹赏、壹刑、壹教"① 呢，即通过奖励和惩罚这两种方式，来实现法律对主体交往行为的有效性。可我们过分关注强制性，并因此过分关注惩罚这一调整方式的法律调整观，封闭了人们对法律和法治的渴望②，反倒法律这种规范，是人们避之唯恐不及的现象。由此也就不难理解何以在我国"进入法院没好事，进法院的没好人"这种说法，竟长期以来，被人们所默认。因此，有了纠纷宁可私下违法地疏通（当然，私下疏通并不一概是违法的，相反，绝大多数情况下，是公民和其他法律主体自主地寻求权利义务解决纠纷的一种方式），也不轻易合法地寻求司法救济。显然，这种法律调整方式理论，也妨碍了人们对于法律和法治的亲和感受，而把其拒绝于人们日常交往行为之外，是人们日常交往行为的例外存在。

如上对目前我国法律调整理论的两点反思和批评，也意味着需要重新建立有关法律调整的理论，对此，我在有关论著中已经较为系统地阐述过自己所理解的法律调整论③。在后文中，我将结合前文对目前我国法律调整理论的反思和批评，并结合在现代市场经济、民主政治和多元文化背景下社会交往对"高级管理规范"——法律的需要，阐述一种契约论的法律观，以及和这种法律观紧密相关的法律调整理论，以便尽力为社会管理法治化寻求一种具有说服力的理论工具（"取法乎上，仅得其中"，这种理论说明实际上能否起到对社会管理的上述期许，是另一个问题，只好另当别论）。

二、法律如何关乎日常交往和生活——契约论的法律理念与调整

法律不是日常生活的外在之物，而是日常生活的结构者，这是法律有效

---

① "圣人之为国也，壹赏、壹刑、壹教。"《商君书·赏刑》。
② 对这种法律强制力观念，西方学者业已在认真反思。刘星："法律'强制力'观念的弱化——当代西方方法理学的本体论变革"，载《环球法律评论》1995 年第 3 期。
③ 谢晖：《法学范畴的矛盾辨思》，山东人民出版社 1999 年版，第 319～398 页；谢晖：《法理学》，北京师范大学出版社 2010 年版，第 189～209 页。

的观念和事实基础。有学者认为，在中国古典传统中，就通行着这样的法律理念。如梁治平就曾指出："我们从来不认为法律世界与日常生活的世界有什么不同。我们的法律既不是由专门家所创造，也不是靠他们来维持和发展的。所以，不但我们历史上没有一个法律职业，今天要我们接受一种法律职业化的思想似乎也不大容易。不分法律与生活世界，使法律融于情理的另一个结果，是民众不容易养成尊重法律的习性，法律也很难成为绝对的权威。"①

这样一个结论，究竟在多大程度上表达了中国法观念的真实，还很可疑。一方面，它究竟表达的是古代大传统视角的法律观念，还是小传统视角的法律观念，还很成问题。在大传统视角看来，确实，儒家对法律的人伦化图解，使以刑为主的法律，也成了执行道德的工具，从而似乎法律被尽量日常化、伦常化，尽量被结构在生活世界。但问题是，即使在大传统视角看，儒家伦理及其规范主张也更强调礼教而非法治，所谓法治，在儒家观念及其影响下，则主要被理解为刑治。尽管荀况主张："治之经，礼与刑，君子以修百姓宁"②，从而礼和法在国家治理中形成二元互补的格局，但儒家其他代表人物却明显地攘刑而尊礼，礼更接近于生活世界，而刑（法）相对而言，则要远离生活世界，即便刑所保障的，仍不过是情理。

在小传统中，这种把法等同于刑的主张，直接并持久地影响着民众的思想和行为，因此，法（刑）不是日常生活的结构者，反倒是对破坏日常生活结构的一种补救措施，所以也是日常生活的例外。这种关于法律的观念，经过共和国成立以来对法律的不当理解和宣传，迄今仍严重地影响着公民对法律的态度、选择和评价，即法律只是日常生活的例外，法律不但不能深入日常生活，反倒应远离日常生活。只有法律远离日常生活，才意味着有正当的日常生活，法律深入日常生活，只能是日常生活秩序破裂的预兆。而如今，这种法律理念不仅影响着普通公民，甚至也是官方对法律的基本态度。这或许是"社会主义法治"方略提出后不久，领袖们就改弦更张，强调把法治和

---

① 梁治平："再谈法律的正义"，载《南方周末》，1998 年 10 月 2 日。
② 《荀子·成相》。

德治相接合的缘由所在。这其中的基本含义是：法律之治没有道德的支持，就是远离生活的，所以，需要将两者结合。如上种种，已然使"我们从来不认为法律世界与日常生活的世界有什么不同"这一结论存疑。

至于说强调法律世界和日常生活世界的融合，导致中国人尊重法律意识不够、法律的绝对权威不立，不论在逻辑上还是生活经验上，都是令人生疑的问题。从逻辑上讲，法律和日常生活的不分，法律被融于日常生活等结论，无法推导出人们不尊重法律且法律无以成为绝对权威这一结论。从生活经验看，一种源自生活、并被结构在人们生活中的事物，不论它是规范性的，还是非规范性的，因为人们无法逃脱，所以人们只能尊重。并且一旦这种事实和人们的利益勾连起来——尊重被结构于生活的法律，就是利之所得；不尊重被结构于日常生活的法律，就是利之所失。这样，人们唯恐不遵循法律、依赖法律，怎么能因此得出不尊重法律的结论呢？所以，上述引文所陈述的事实和相关结论，是很值得再认真考察和反思的。

在古代中国，即使出现一些关注法律问题的判官和学者把法律解释得和人们的日常生活间是无缝状态、融合状态，但在百姓的日常生活中，或者对那些不太关注并看好法律问题的官员和学人而言，法律不过是修齐治平的外在之物，修齐治平的内在根据在于德，在于礼，而德礼与刑法是两套不同的治理系统，前者是根本的，后者是其次的；前者是内在的，后者是外在的；前者是本源的，后者是派生的……恰恰是在这里，法律（刑）被抛除在日常生活的外部，而不是被结构在日常生活之中。也恰恰是在这里，才能证成从古至今儒家士大夫们为何排斥法律（刑法）的缘由[1]，也才能找到为何今天公民们一提到法律，就避之而唯恐不及的根据。

这正好说明，以刑为法的法律观念，并没有将法律结构、融合在日常生活中，反倒它是日常生活的异物。也因为如此，法律调整就不涉及日常生活，只有违背或不合乎日常生活时，法律才会出场，对日常生活施以援手。所以，如果法律和日常生活有关联，也不过是一种备而不用，或者备而罕用的物什，

---

[1]　典型的如"导之以政，齐之以刑，民免而无耻"（《论语·为政》）；"读书万卷不读律，致君尧舜知无术"（苏轼：《戏子由》）；"刑为盛世所不能废，而亦盛世所不尚"（纪昀：《四库全书总目提要·政书类》）等。

而绝不是与日常生活须臾不可分离的规范。法律是对日常生活的压制和管制，而不是相反。这只能让法律及其调整远离日常生活和日常社会管理。

如何补救这种对法律的误解，真正让法律结构在日常生活中，从而让人们在法律与生活须臾不可分离的体会中，强化法律对社会的调整？并深化法律调整理论？我以为，很有必要引出（社会）契约论的法律观，因为这种法律观及其实践自始就以法律来结构社会、规划社会，结构生活世界、规划生活世界。

众所周知，社会契约理论是近现代民主政治的奠基石，尽管社会契约的基本理念在伊壁鸠鲁等希腊学者的观念中早就已经萌芽了①。但近代以来，格劳秀斯、霍布斯、卢梭等欧洲思想家接过社会契约的理念，并深化相关论述②，引发了声势浩大、蔚为壮观的思想解放运动，直接影响了英美世界民主和宪政运动的进一步发展（在英国）或展开（在欧洲大陆和美洲）。可以认为，社会契约和主权在民、代议政治、权力分置一起，奠定了现代民主宪政的四大基础性观念。在这种观念影响下，法律（特别是宪法）就被当作一种契约文本来看待，从而开启了一个明显地视法律为契约的伟大时代③。

相较而言，社会契约观念在中国似乎没有根基，因此，相关的法律理念似乎也不存在。然而，如果能在中国古典的一些只言片语中发微引申，在中国一些制度中梳理挖掘，或许会发现类似社会契约的理论和实践。例如，在孟柯看来，"君之视臣如手足，则臣视君如腹心；君之视臣如犬马，则臣视君如国人；君之视臣如土芥，则臣视君如寇仇。"④ 在一定程度上较为典型地表达了君臣之间的契约互换关系；再如荀况有关"君者，舟也；庶人者，水也；水则载舟，水则覆舟"⑤ 的论述，事实上也表达了君、民关系的某种契

---

① ［德］马克思：《博士论文》，人民出版社1961年版。

② ［荷］格劳秀斯：《战争与和平法》，何勤华等译，上海人民出版社2005年版；［英］霍布斯：《利维坦》，黎思复等译，商务印书馆1985年版；［法］卢梭：《社会契约论》，何兆武译，商务印书馆2003年版等。

③ 当然，把法律当作约，即使在被人称之为"黑暗的阴沟"的欧洲中世纪也存在，只是那里的"约"，是神对人所确立的单向度的约，而近代以来的约，随着代议制、全民公决制的发展，已然成为公民和国家之间订立的双向度的约，所以，这两种约不能相提并论。

④ 《孟子·离娄下》。

⑤ 《荀子·王制》。

约性质。而到了明清之际，李贽、黄宗羲等思想家呼唤的天下之法，更具有社会契约的属性。对这些思想加以改造和进一步深化，至少可以成为在中国有效嫁接西人社会契约观念的砧木。

而在制度上，据张传玺的研究，在周朝的时候，中国就有十分发达的契约文化，这些契约既有"邦国约"——即周天子与诸侯国、诸侯国与诸侯国之间订立的契约；也有"万民约"，即普通民众之间签订的民事契约①。在我看来，所谓"邦国约"，就是一种社会契约，是中央和地方、地方与地方之间分权与协作的契约。这里的社会契约，尽管没有民的因素，但考虑到宗法制下的民，更多依赖于各个邦，因此，可以把邦（诸侯）视为民的代表者。这种考虑，在其后中国处理家与国的关系中可以进一步证成。国有皇权和刑罚权，家有家父权和宗法权（家法惩戒权），皇权国家和宗法社会之间相互支持，也相互默许，形成了中国古代独特的契约关系。这或许是古代不少思想家和官员相信法律（哪怕是刑法）不外乎生活、并融于生活的根本原因；同时也是现、当代不少学者解释中国古代法律与日常生活实出一理、互融互惠、无所悬隔的缘由所在②。自然，对这种类似社会契约的实践加以必要的搜集、加工和整理，对于进一步营造法律契约观念，引入社会契约论的理念，构筑以社会契约为主导，而不是以斗争哲学为主导的法律，并深化对社会管理和法律间关系的认识，必有其作用。

如上对社会契约问题的论述，是要引出一种观念，即社会契约论的法律观，以及社会契约论的法律调整观。法律是什么？法律调整又是什么？可以说，法律就是社会契约，就是公民或市民社会与当局或政治国家之间所达成的契约文本。法律调整就是人们严格按照法律契约的规定进行交往行为。

把法律作为社会契约看待，并不是法律理论上的预设，而和近代以来民主宪政的实践息息相关，这主要体现在两方面。

---

① 张传玺：《契约史卖地券研究》，中华书局 2008 年版。

② 例如，梁漱溟（《中西文化及其哲学》，商务印书馆 1999 年版）、费孝通（《乡土中国》，三联书店 1985 年版）、瞿同祖（《中国的社会与法律》，中华书局 1981 年版）、梁治平（《寻求自然秩序中的和谐》，中国政法大学出版社 2002 年版）以及许章润（《法学家的智慧》，清华大学出版社 2004 年版）等学者的论述。

其一是代议制立法－议政模式。代议政治尽管不是完美的民主模式，但它是实现民主、表达民意的一种次优方案，特别对那些人口和地域大国而言，更是如此。同时，它客观上对限制专权恣肆、在一定意义上表达民意，功不可没。正是代议制模式，使近代以来民治国家的主要立法通过议会辩论、民主表决，成为国家和社会共守的契约文本。这也是近、现代法律之所以获得有效性的重要合法性基础。

其二是全民公决制模式。这种模式尽管运用还不太普遍，但自 20 世纪八九十年代以来，苏东国家的诸多立法以及国家前途，欧盟各国的立法以及入盟与否的选择，加拿大有关是否允诺魁北克独立，澳大利亚是否实行共和制的全民投票，甚至一些国家普通法律的制定等，都采取全民公决模式，从而让全民公决成为令人瞩目的民主宪政实现的新模式，并进一步深化和强化有关法律就是契约，是选民之约，也是选民与政府、社会与国家之约这样的观念。所以，把法律看作是社会契约的文本，有近代民主宪政的充足实践予以支持。

那么，把法律视为契约，而不是主权者的命令，对于法律调整理论而言，会有什么样的影响？我以为，这种影响，至少有如下两方面。

第一，法律是契约，是人们交往行为的契约文本，表明法律是主体间相互指令的规范结构模式。如果说所有法律被人接受后，都有其约束性的话[1]，那么，现代的以代议方式或者全民公决方式所产出的法律，更具有这种契约本质和约束功能。现代法律调整中所强调的法律规范和法律关系，恰恰进一步在实践层面证成了法律作为契约，从而在交往主体间发挥作用的这种相互指令的特征。法律规范理论证明，现代法律是对主体分配权利义务的规范模式，权利义务在法律规范中呈现出相互性，这种相互性源出于主体交往中利益损益的相互性。这种法律规范，又进一步规范和引导主体在反复交往行为中的利益损益活动。

而法律关系作为法律规范实践化、动态化的模式，在法律调整中直接把交往行为中的主体代入到法律规范预设的图式中。在法律关系中，更能表明交往主体间相互指令、又相互惠予的特征。这种特征，使主体直接通过法律

---

[1]　还有观点认为：只要有法律，并且只要人们服从法律，就有契约。所以，法律即使是一种主权者的指令，但被命令者一旦接受或默许了，也就是一种契约，哪怕它是一种"弱的契约"。桑本谦：《私人之间的监控与惩罚》，山东人民出版社 2006 年版，第 39～102 页。

相互获得了利益，也相互付出了成本。这既是对主体交往关系的规范摹写，也是规范主体进一步按照这种规范摹写交往行为的基本前提。正是在这个意义上，可以把依法所规范的社会关系，看作是法律对原初社会关系的异化。通过这种异化，社会关系变成了法律关系，社会交往不过是依法"作茧自缚"。法律不是"你给我的"，从而与我之间有了距离感，法律是我给我的，也是我给你的；是你给你的，也是你给我的。因此，法律才秉有了契约属性，并因此让人有了亲和感。法律调整因而也更能深入人心，深入主体交往的利益结构和内在心理中。

第二，法律是契约这一结论及其实践，诚如前述，让法律直接和主体的日常生活连接起来。法律不是主体日常交往行为的外在物，也不是主体日常交往行为的可替代物。作为契约，法律不仅伴随着主体的日常交往行为，主体不仅须臾离不开法律的调整和规范，而且主体因此在一定意义上成为法律的奴仆和客体。因为主体在法律面前被异化为规范人，从而人反倒成为规范（法律）的客体，法律反倒成为人不可或缺的支配者——并因此获得"主体"地位①。如此一来，法律便被同构在主体的日常交往和利益结构中，法律的调整在这里会被主体感同身受、切身依赖。这样一来，法律调整就不再仅仅是官家的、国家的事，反而是自家的事；不仅是违背法律才会遭遇的事，而且合法交往，更是人们和法律遭遇的活动。可见，把法律作为契约看待，对克服前述我国法律调整理论缺陷具有可能价值，对推进社会管理法治化也具有一般意义。那么，法律究竟是如何具体地实现其调整社会关系的功能？社会管理又需要、或面临哪些具体的法律调整方式？

三、社会管理需要何种法律调整理论——法律调整的"两对四维理论"

要让法律成为社会管理中最重要、最权威的规范体系，要通过法律调整

---

① 相关论述参见谢晖：《法学范畴的矛盾辨思》，山东人民出版社1999年版，第467~471页；谢晖：《法哲学讲演录》，广西师范大学出版社2007年版，第9~14页。

实现社会管理的法治化，就需要一种通过法律运行，全面地作用于社会交往关系的法律调整理论。这样的法律调整理论，既需要与法律规范的内容相牵连，也需要与主体交往的社会事实（社会关系）相切合，从而成为法律规范和社会关系相对照的结果。在这个视角，可以把法律调整方式一分为四，即指令、放任、制裁和奖励。在这四种调整方式中，指令和制裁都针对法律义务的运行，因此构成第一对调整关系；而放任和奖励一般都针对法律权利的运行，因此构成第二对调整关系。我把这称为法律调整的"两对四维理论"①，分述如下。

法律的第一对调整关系，是和法律义务相关的调整，内含指令性调整和制裁性调整。其中指令性调整对法律义务的运行而言，是一种主调整，或日常调整，而制裁性调整却对法律义务运行而言，是一种辅助的调整，或非日常调整，先看指令性调整。

指令性调整，就是指法律对主体能做什么、不能做什么的明确指令。就广义而言，法律规范中的任何内容对主体交往而言，都是一种指令，因之强调指令性调整，似乎有多此一举之嫌。但之所以还强调指令性调整，乃是指令也有多种情形，一是明确的指令，二是选择性指令。明确性指令主体不能逾越，只能遵行，而选择性指令主体可以自己决定，无需法律强制。所以，对法律的选择性指令无需用指令这个词概括，而宜用其他语言符号概括之。

可见，指令性调整，主旨在于通过法律规范，让主体在交往行为中明白并遵行"必须"和"不得"这两种相反的行为（法律义务）。所以，指令性调整的关键词或者语义指向是"必须"和"不得"。"必须"和"不得"成为理解指令性调整的要点与核心。

"必须"在法律中的要求是指令主体完成某种行为，如果主体不能按照"必须"的指令完成相关行为，则理所当然要接受法律的制裁②。如公民必须

---

① 对此，在笔者撰著的《法理学》（北京师范大学出版社 2010 年版）一书中，有系统的论述（该书第 200~204 页），因之，这里的论述，在坚持该书表述的基本原理的同时，为避免与该书的重复，耗费读者时间，尽量结合社会关系及社会管理问题而展开，从而尽量体现出某种新的视角。

② 与"必须"相关的词汇还有"应当"，对相关词汇在语义学和规范法学视角的分析，钱锦宇：《法体系的规范性根基》，山东人民出版社 2011 年版；周赟：《"应当"一词的法哲学研究》，山东人民出版社 2008 年版。

依法纳税，公民必须履行合同义务等，如果某公民不能依法纳税，不能履行合同义务，就须接受相关法律的惩罚。所以，"必须"所表达的是一种积极的法律义务，所对应的法律规范为必为性法律规范，所对应的社会事实是公民在日常生活中"对他付出"的行为要求。

所谓"对他付出"，是公民在日常交往行为中必然面临的一种行为方式，因为人总是生活在社会关系中，只要一个人和他人发生交往，就不但要考虑并实现自身在交往中的地位和利益所得，而且必须考虑对方（他人）在交往中的地位和利益所得。否则，交往行为就无以为继，交往关系也就殊难达成。这后一种考虑或者打量，就是公民在交往中的"对他付出"。可以说，不能"对他付出"，就无以与他交往，这是人类交往的通例，法律及其调整不过是对这一通例的高度概括并使这一通例更加经常化、程序化和有效化。

"不得"在法律中的指令是要求主体不能从事某种行为，如果从事某种行为，必然面临法律制裁①。凡是法律指令"不得"的行为，皆出于保护公共利益、他人利益并进而保护每个人的自身利益。如不得夺人性命、不得窃人财物、不得拦路抢劫、不得背信弃义等，都是对既有社会关系和社会秩序的必要保障措施。如果没有相关的措施或禁令，人类交往的既有秩序就被打破，人对人就只能变成狼对狼的关系。"不得"正是为了防范这种令人不齿的情形出现，而在法律上所设的禁令。在人类法律史上，最初的法律每每由禁令开始。如佛教世界的五戒、基督教世界的摩西十戒，至于伊斯兰世界，其戒律内容更多、范围更广。再如汉高祖入主中原，颁令天下的第一道法律，不过是区区三戒：戒杀人、戒伤人、戒劫盗。所以，把法律称为清规戒律，可谓形象。"不得"所引出和表达的是一种消极的法律义务，所针对法律规范，是禁止性法律规范，所对应的社会事实，则是"对他歉抑"。

与"对他付出"一样，"对他歉抑"也是公民在日常交往中必然领有的一种行为方式。它表现为公民对自身行为的节制，从而对他人利益的尊重、

———————
① 对"不得"这一词汇的研究，魏治勋：《禁止性法律规范的概念》，山东人民出版社2008年版。

保障和满足。人从其本性来讲，都期望自身利益最大化，但在利益总量约定的前提下，自身利益的最大化，必然是他人利益的减量。这种反比例关系，在实践中并不是朝一种流向发展的，即不是按照"穷者愈穷、富者愈富"的马太效应这种单向关系发展的，而是按照"三十年河东、三十年河西""风水轮流转，今日到我家"的那种似乎可预期，但又很难预期的方向发展的。正因如此，如果不在交往中既保障自我利益的满足，又保障他人利益的实现，既积极有为，又节制有度，实现那种"君子爱财，取之有道"的境界，或许结果是人人自危，人人失利。法律的禁止性规范及其"不得"要求，正是通过每个人在日常生活中的节制，保障人们交往行为的共赢，甚至保障人和对象（自然）关系的和谐。由此可见通过法律调整而"对他歉抑"的一般价值。

与上述指令性调整相关，为了防范人们对法律指令性规定的违背，法律不可避免地要设定如果有人违反法律的指令性调节规定，即违反"必须"和"不得"时，如何予以惩戒的措施。这时，就涉及法律的制裁性调整问题。

所谓制裁性调整，是指对违反法律义务的行为所依法科加的额外义务。违反法律义务，既表现为积极地破坏法律的禁令（或"不得"），也表现为消极地抵触法律的必为（或"必须"）。不论上述哪种情形，结果都是对他人利益、公共利益的侵犯，对自我利益的满足，有时甚至还损人不利己。为了遏制此种情形，实现人们在交往行为中利益的均衡成长和有序成长，法律设定了对违反法定义务行为的止损方式，那就是通过科加额外义务等方式，让行为人为自己的非法行为承担法律责任，让其在利益损失中节制或补偿其行为。

不难看出，额外义务的科加，乃是对人类古已有之的复仇方式的法定化处理。尽管在人们看来，所谓复仇，乃是一种心胸狭小的表现。"他打了你的左脸，你把右脸也伸给他打"，或者"本来无一物，何处惹尘埃"式的宽宏和放达，虽然有助于通过某人的无为，而给他人以一种启示或示范，但它只能实现一种长远的效应，而不能解决当下的纠纷，复现当下的公平。所以，在法律上规定并强调制裁的重要，绝非可有可无，也绝非纯属复仇。

　　制裁性调整的规范对应，乃是法律中的责任条款。在中文世界，法律责任这个概念有多重意义，其中有和法律权力相关的法律责任，严格说来，它是和法律权力相关的义务，它和法律权力之间是一种"一体两面"的关系。① 即法律权力必然意味着法律责任（义务），法律责任（义务）也必然意味着法律权力，因此，我宁可将其置诸法律义务的范畴解决。也有作为违法行为法律后果的法律责任，它构成一类独特的法律规范，即作为罚则的法律规范。可以认为，每种法律义务背后，必须辅之以罚则，没有罚则的法律义务，尽管不能说没有效力，但只能变成一种道德选择的效力，而不是命令必行的效力。当代中国法律运行的严重不足，就是义务背后的罚则得不到充分展示和伸张。不论公权行为的违法，还是私人行为的违法，常常得不到责任追究，这对法治以及通过法律的社会治理而言，显然不是福音。

　　制裁性调整所对应的社会事实，则是对人们报以正义要求的满足。如前所述，尽管报复或报应在具有宗教情怀的人心目中，并不是一种高尚举措，但毕竟对普罗大众而言，它是一种满足人们心理失落，并让行为人对其违法付出代价，以实现社会公平，伸张法律正义的基本方式。更重要的是，制裁性调整乃是保障义务规范得以进一步复现于社会交往，从而调整社会关系的基本措施。这一措施的失落，必使法将不法，社会关系也因之失序。也正是在这里，才体现出法律作为契约的强制性力量（而不仅是作为国家的强制性力量），才体现出法律必行的社会调整效果，并保障公民日常交往藉由这一调整而趋于安定、安全、有序和自由。

　　法律的第二对调整关系，是和法律权利相关的调整，它也内含有两个维度，即放任性调整和奖励性调整。这两种调整都是围绕着法律权利而展开的，其中，放任性调整是和法律权利相关的法律调整的主导方式和一般方式，而奖励性调整是和法律权利相关的法律调整的辅助方式和非常方式。

　　法律权利是现代法律最重要的规范内容之一，它和法律义务一起，构成

---

　　① 谢晖：《法学范畴的矛盾辨思》，山东人民出版社 1999 年版，第 303～319 页。

法律规范体系，如果说法律首先考虑的是禁令、必为等义务性规范的话①，那么，其背后的基本目的，却是为了人们权利的缘故。不论这种权利以普遍权利的面貌呈现，还是以特权的面貌呈现，法律义务一旦失却了法律权利之维，其存在的必要性就大可怀疑了。特别是资本经营方式和商品交易主导世界经济以来，权利本位更是被人们普遍接受的一种法律理念，因此，权利的缺席，就意味着法律的目的不明，方向不准，即使义务让人们有了预期，但预期背后的预期是什么，则恍恍惚惚，暧昧不明。

尽管权利如此重要，但对于有关权利在运用于社会管理和主体交往中的调整方式，人们却严重忽视了。迄今为止，在我国倡导权利本位且甚为卖力的一些学者②，并没有对权利的调整方式给出有说服力的说明。因之，即便在理论上人们对权利本位强调有加，但在实践中人们感觉不到权利究竟是如何运行，如何实现的。只有当权利受侵犯，从而需要保护时，人们才能多少感受到权利的存在（然而，这种感受却是和对侵权人的责任科处直接相关的）。一旦这种情形不存，则人们就很难感受到权利的存在。原因何在？我以为这一方面反映了权利和人们生活、需求关联更紧密；因为更紧密，所以显得更日常；因为更日常，所以也就不太在意。另一方面，则反映了法律调整理论对权利的实践运行没有特别的关注。

放任性调整方式的提出，正是为了补足长期以来法理学界对权利之调整方式的忽视。所谓放任性调整，就是按照法律权利规范的选择性特征，赋予权利主体通过自主选择，实现权利规定的一种法律规范运作方式。在一定意义上讲，主体的选择本身在法律上就是权利的调整。如房主究竟选择自住、出租、出借还是赠与，这些都是其处分房子的具体方式，也完全属于其自主选择的领域。在这里，法律调整拥有了不借助外在强制力，而仅仅通过权利

---

① 这其中的基本原因，恐怕在于对人性的防范：好利恶害的人类天性，对权利天然会取向于自觉，而对义务则天然取向于规避。因之，在法律上特别强调义务，并把义务通过某种强制保障加诸人们，是早期法律的基本特征。即便在号称权利本位的自由资本经营方式以来，人们对法律的感受，更多地来自义务的驱迫，而不是权利的自觉——因为权利对人们而言，过分日常了，因之也就显得平常。

② 张文显："从义务本位到权利本位是法的发展规律"，载《社会科学战线》1990年第3期；郑成良："权利本位论"，载《中国法学》1991年第1期等。

主体为了权利的自觉就实现的可能。这也是对以往法律调整理论中过分强调强制性力量的一种"内部纠正"（法律规范自身蕴含了人们在交往行为中自主地遵循和运用它的吸引力）。

　　放任性调整所针对的法律规范，就是权利规范，与其相关的关键词，则是"可以"①。"可以"一词，本身赋予人们既可这样，也可那样的选择自由，所以，在"可以"的框架内，法律主体获得了授权，也取得了选择。而放任性调整所关联的基本社会事实，则是主体交往中的利益选择。人的一切交往活动，总与其利益相关——不论是物质利益，抑或是精神利益，脱离利益考量的人类交往，几乎是不存在的。一位表面看来毫无利益追求的人，在交往中也不允许别人瞧不起自己，更不允许别人出言侮辱自己，从而也在维护其精神尊严和人格权利。人在交往行为中对利益的关切和考量，对自由的追求和选择，正是权利这种选择性规范以放任的方式作用于社会关系和社会交往的目的所在。没有法律的放任性调整，就没有自由、没有利益、没有选择。如果是这样，则法律调整的结果就只有强制的秩序。

　　强调放任性调整对于现代社会管理而言，尤为重要，因为现代社会管理不是首先把每个人看成管理的对象，而是让每个人首先成为管理的主体，都参与到社会管理中，从而社会管理就是社会交往和社会生活。在法律世界，是什么规范、什么调整方式实现了主体对社会管理的参与？一言以蔽之，就是具有选择功能的权利规范及其放任性调整方式帮助人们实现了对社会管理的自主参与。

　　尽管有权利，就有选择，就有放任，但当某位主体在权利选择中，一直选择了某种利他的行为，坚持舍己之财、舍己之力而救济贫穷、帮扶无助时，事实上是该主体选择了一种高尚的道德。同时实际上也是行为人给自己添附了额外的义务（尽管在他自己看来，不过是权利行使方式）。对这种行为，法律调整能否给予说明，并通过法律调整予以保护？回答是肯定的，那就是法律的奖励性调整。可见，奖励性调整是对权利行使中，选择舍己利他行为，

---

　　①　对"可以"与法律规范关联的相关研究，喻中：《论授权规则——以"可以"一词为视角》，山东人民出版社 2008 年版。

从而也是选择了高尚道德行为的一种法律调整方式。如果说制裁性调整是对减损义务的行为额外科加一种义务的话，那么，奖励性调整正好相反，它是对增加义务（道德）行为的一种额外的权利分配方式，是对自加义务行为和高尚道德行为的一种法律报偿措施。

奖励性调整所对应的法律规范，就是奖励性规范。在现代法律中，体现着更多的交换正义，而对自主选择中高尚道德行为的奖励，关注不够，即便有相关规定，人们总是从文明建设或者道德建设的视角考量，而不是自法律视角观察、分析和考量，因此，就把法律和奖励看成互不粘连的两张皮。此种情形，实在有碍奖励性调整的推行。同惩罚性调整一样，奖励性调整在社会效能上也体现的是社会的报应（偿）正义及其需要，那就是好人好报的社会需要，这就使得法律和高级道德（高尚道德）挂起钩来。那么，法律在社会管理中能否推进、调整高级道德呢？这是下文将要进一步探讨和回答的问题。

四、法律只是道德的最低要求吗——申论法律对"高级道德"的调整

作为两种调整社会交往行为的主要规范，法律和道德的关系①向来是学人争执不休的重大难题，就中国而言，从先秦儒法两家有关法律与道德关系、地位的论辩，直到新近有关法治与德治问题的争鸣，十足地说明这一问题对学者的吸引力以及对社会的影响力。

其中对人们影响至深的观念是，法律对道德的调整，仅仅涉及最基本的

---

① 通常认为，人类历史上进行社会控制的主要规范有三种，即法律、道德和宗教。庞德也对之加以首肯，并认为自从 16 世纪以来，道德和宗教的控制，就让位于法律的控制，法律成为社会控制的最高手段（庞德：《法律的任务、法律的社会控制》，沈宗灵译，商务印书馆年 1984 年版，第 131 页）。在笔者看来，法律、道德两者作为社会控制和宗教作为社会控制的参考视角是不同的，宗教乃是依赖组织、规则和人事而对社会的控制，这种控制犹如说国家对社会的控制，或者国际组织对社会的控制等，在宗教控制中，从规则视角出发，依然可分为道德的和律法的两种。但法律和道德控制，立足点都在规则上，而不是组织上。因之把法律和道德控制与宗教控制并列的家族分类方式，或许需要更正。

道德，或者最低的道德，所以，就有"法律是最低的道德，道德是最高的法律"这一观点。如果把人类的道德可以两分为"低级道德"和"高级道德"的话，这种有关法律与道德的观点，明确地把"高级道德"抛除在法律调整之外。这种观点再加之分析实证主义法学刻意对法律与道德所做的"分离运动"①，更让人以为法律要么和道德是两张皮，互不关联，要么法律只能调整最低道德。我以为，这种人云亦云的看法，是完全错误的，其症结就在于法律调整理论对放任性调整和奖励性调整的关注不够。如果能够充分关注这一对两种法律调整方式，人们对法律与道德关系的认识会完全改写。

笔者在相关的研究中，强调在一个健全的法治社会，法律不仅是底线（低级）道德的调整者，而且也是高尚（高级）道德的调整者②。诚然，法律对道德的调整，自表面看，总是最基本的底线道德。缘由何在？因为当一个人连底线道德都做不到的时候，不仅在道德上可以施加诸如谴责和强制，而且在法律上可以施加否定和制裁。这就让法律与底线道德的关系，很容易深入人心。确实，在一定意义上讲，法律有关义务的宣告，就是人们在各式各样的交往行为中所遵循的基本道德和底线道德。这些道德既关乎每位行为人利益的得失，也关乎交往行为中社会关系和社会秩序的维系。所以，对这种法律中的底线道德，只要坚持法治，人们当有共识。如果法律连底线道德都不能表达，法律所记载和规范的反倒是对底线道德的公然背弃，那么，这种法律的运行效果究竟如何，能否为人们所接受，就很值得玩味和反思。如果法学家在这个时候还秉持法律与道德的分离命题，则法学的道义担当就只能面临危机。

---

① 其中最为坚决地强调法律和道德分离的有边沁、奥斯丁和哈特。前者初步提出了道德和法律的两分以及法学对道德的规避（［英］边沁：《立法理论——刑法典原理》，李贵方等译，中国人民公安大学出版社 1993 年版，第 85 页以下；［英］边沁：《道德与立法原理导论》，时殷弘译，商务印书馆 2000 年版）；中者承接前者，强调法学研究只关注法律规范的内部问题，从而排斥价值设定（［英］奥斯丁：《法理学的范围》，刘星译，中国法制出版社 2002 年版）；后者则提出了著名的"分离命题"（［英］哈特："实证主义与法律和道德的分离（上、下）"，翟晓波译，载《环球法律评论》2001 第 2、4 期），尽管哈特也对法律开放了"最低限度的道德"。而凯尔森等实证主义者，却在一定意义上开启了法律对价值、对道德的门缝，其"基础规范命题"，就是典型论述。（［德］凯尔森：《法与国家的一般理论》，沈宗灵译，中国大百科全书出版社 1996 年版）。

② 谢晖：《法治讲演录》，广西师范大学出版社 1995 年版，第 130～196 页。

法律对"低级道德"的规范和调整，容易理解，容易接受，也容易被法律义务的相关规定所实证。困难的似乎是法律对"高级道德"的调整。行文至此，笔者不禁想到最近在我国台湾政坛闹得沸沸扬扬的苏嘉全农地风波案。苏在农地上建造豪华别墅，究竟是否违法？尽管官方得出了"并不违法"的答案，但在有些学者看来，即使苏嘉全的行为并不违法，但在道德上，尤其是可能作为未来领导人的道德要求上，还是会留下瑕疵，引致民众的怀疑和不信任。这里的道德要求，其实就是我讲的高级道德。问题是，在前面陈述中，似乎对这种高级道德，法律是无能为力的，法律调整也应当对之豁免。事实果真是如此吗？法律能否调整高级道德？如果能，又是如何调整高级道德的？如前所述，对这些问题，必须与权利相结合，并进而与放任性调整和奖励性调整相结合，才能得出更有说服力的说明。

富勒曾把道德分为"义务的道德"和"愿望的道德"①。在我看来，这种划分就是底线（低级）道德和高尚（高级）道德。如果把法律调整仅仅视为指令和强制，毫无疑问，法律只强制执行底线道德、基本道德、义务道德或者低级道德，而绝不能通过强制推行某种高尚道德（如"毫不利己、专门利人""先天下之忧而忧，后天下之乐而乐""舍己救人"等），如果法律能通过强制机制调整这种道德，那无疑既是法律的专横，也是道德的暴政！

但法律不能通过强制性力量，即通过指令性调整或者制裁性调整推行高级道德，并不意味着不能借助放任性调整和奖励性调整，引导高级道德。换言之，法律对高级道德的调整，就是通过放任性调整和奖励性调整来实现的。

就放任性调整而言，当行为人面对权利时，至少有三种选择，一种是行使权利，一种是放弃权利，还有一种是转赠权利。对行为人而言，这三种方式，都可谓享受权利。但三种行为方式所包含的道德境界和道德内容明显有别。

行使权利一般说来表达的是利己道德，或者功利主义道德。在传统观念中，功利和道德似乎风马牛不相及，因此，也不存在什么功利主义道德，但边沁却改变了传统立场，强调功利主义道德的实存及价值。事实上，这也是

---

① 张文显：《二十世纪西方法哲学思潮研究》，法律出版社 2006 年版，第 341 页。

市场经济、民主政治所通行的一般道德要求。严格说来，这种道德要求在社会交往关系中，是一种互利模式的道德。因此，这种道德也是中民的道德，普通人的道德。它既不倾向于自私自利、损人利己甚至损人不利己的斗筲之德，也不倾向于大公无私、只求奉献、损己惠人的圣人之德，它就是互利互惠、利己利人，或至少利己不损人的中民道德。所以，在放任性调整中行使权利的道德使命，就是体现这种中民的道德要求和使命。在交往实践中，它常常和法律义务一道，相互发生作用。

放弃权利可分为广义与狭义。前者包含了转赠权利，而后者仅指权利的放弃，而不问权利放弃之后的效果。这里讲的放弃权利，就是指后者。放弃权利的道德考量，严格说来，体现的仍然是一种中民道德，因为一方面，放弃权利不能以损人为前提，只能以不利己也不利人为界限。如果超越这一界限，则滑入斗筲之德中了。另一方面，放弃权利也不以利人为目的，而只是放弃了自己对权利的行使和实际享有（就精神享有而言，放弃本身就是享受）。如果放弃权利的目的，是为了让他人享有更大的权利，给他人带来更多的利益，那就升华为圣人之德了。可见，既然放弃权利也以权利人的放弃不给他人增益，也不给他人减利为界限，那么，其道德的承载，也不过反映着中民的道德要求。

而权利转赠则不然，所有权利转赠，都以权利人给自己增加义务、减损利益，并使受赠人获益为前提，所以，权利转赠行为作为权利的放任性调整方式，突出地体现了利他的倾向，反映了利他主义的道德要求。这种道德要求，也是亘古以来人们最期望的道德境界。特别对那些有能力的人而言，付出其权利，以利他人、以利天下，乃是至善至德。所以，权利转赠毫无疑问表达的是一种高尚（高级）道德，即放在法律调整的天平上，它不过是权利人行使权利的一种方式，或者是法律调整的一种方式和结果。由此足见放任性调整对高级道德的规范和调整，也表明高级道德或愿望道德，并不是和法律无涉的事，相反，它是和法律紧密相关的事。法律对它的放任，其实凸显了法律对它的首肯。

这就意味着：因为法律权利及其放任性调整，人们对权利的选择，其实深含着道德的意蕴。其中既可体现中民道德，也可体现圣人道德（但在权利选择中，绝对不允许体现斗笞道德，因为它抵触的是道德的底线，违背的是法律的义务，因之，一旦"行使"，必须受罚）。无论如何选择，法律都对其抱持允诺和首肯的态度。道德也就这样在法律的放任性调整中，在不同主体的不同权利选择中，展现其实践中的层次性和多样性。

尽管通过放任性调整和权利选择、权利转赠的论述，我们已然可以看到高级道德接受法律调整的事实，但对这种事实，在实践中人们宁可认为它是道德行为，而未必把它置诸法律的视角考量、观察和理解，甚至或许在有人看来，上述说法还牵强附会。但法律的奖励性调整，却把高尚（高级）道德的法律调整置于更加明显和现实的境地。

一般说来，法律奖励或者奖励性调整方式，所针对的大体上是在权利选择中，模范地选择了权利转赠（舍己利他）的行为，主体在行为中没有模范地选择权利转赠，就一般不得接受法律奖励，同样，主体模范地遵循了法律义务这种底线道德，哪怕他做得很模范，一般也不能接受奖励。或以为，官兵在救灾第一线，冒着万分危险，救灾抢险，实属其义务，但模范完成其义务后，就应接受奖励，从而并不是所有遵循义务的行为都被排除于法律奖励之外。对此，我完全赞同，这是法律奖励在对象上的一种类型，我将在后文论述。这里需要提醒的是对日常执法行为，即使做到了模范执法，也不是在法律上奖励的由头①。具体说来，法律奖励作为法律的一种调整方式，作为高尚（高级）道德在法律上的推进方式，所涉及的奖励范围主要有如下几个方面。

第一，对累积的模范道德行为进行奖励。常言道："一个人做一件好事不难，难的是一辈子做好事"。对一般的权利转赠行为，只需要在法律上借助放任性调整。但对选择权利转赠，从而不断累积的模范道德行为，仅仅靠法律放任，还不能弘扬这种高尚（高级）道德行为的社会价值，换言之，只有通过奖励，才能把个人的选择，导向为对公共的示范，从而把个人道德行

---

① 我们经常可见一些地方政府，因为侦破了一桩数年未曾侦破的案件，对该破案组予以隆重的嘉奖。我认为，这不应属于嘉奖的范畴，因为及时完成对一起案件的侦破，理应是公安人员的当然责任或义务。如果一种职责范围内的事都受嘉奖，那法律奖励的意义将会丧失。除非职责范围内的义务，是严重危险性义务，并且相关人员出色地完成了相关义务。

为引导为一种社会风尚，让更多的人沐浴在高尚（高级）道德的氛围中。近些年在我国每年评选的感动中国人物中，就有相当一部分是对其累积的行为的称颂。尽管这种评选，算不上法律上的奖励。对这种累积的道德行为的法律奖励，其实表达了法律对这种行为的基本态度，反映了法律对高级道德的一种报偿措施。但是对这种模范道德奖励，很难做到日常化，因为一个人是否一贯做好事，是否在一个长久的时间段上做的很模范，需要考察、了解他在这个时间段上的主要行为。显然，这不是日常可以考察的，只有在特殊情形或者条件具备的情形下才有可能。因此，法律对这种模范道德行为的奖励，往往是选择性奖励，并不是有该类模范道德行为，就必然或必须奖励。

第二，对突出的模范道德行为进行奖励。严格说来，累积的模范道德行为也具有"突出"的特性，但这种"突出"，只有置于一个时段、一个过程中时才有意义。这就让累积的模范道德性为和这里所讲的"突出的模范道德行为"有了区别。这里所讲的"突出的模范道德行为"，是基于一次事件、一次行为，因此，着眼点在一个时间点上，而不在一个时间段上。如某某人路遇歹徒行凶，勇敢与其搏斗，解救了被害人，生擒了加害人，并因此受重伤，就是发生在一个时间点上的道德事件，它以行为人自己健康权受损为代价，而让加害人获益，并进而让社会获益为结果。对这类行为，法律上应予设定日常的、必然的奖励机制予以奖励。即只要相关行为发生，法律予以随时奖励。就如只要违法行为发生，法律必须及时予以制裁一样。这是因为该类行为发生在一个时间点上，容易获得证据，同时也因为该类行为具有强烈的感觉冲击力和道德示范性，因此，只有对相关行为的法律奖励措施日常化、程序化、经常化，才能更好地获取法律奖励对高级道德的导向性和示范性。

第三，法律对义务道德的奖励及限制。如前所述，法律一般对义务道德（低级道德或底线道德）并不奖励，不过有些法律义务，尽管对相关义务人而言其必须承担的，可当这些义务和其最大的法益——生命、健康的付出相关时，或者因为其义务履行挽救了他人、社会、国家可能面临的巨大法益损失时，或者因为其义务履行给共同体带来了巨大的共同荣誉时，按照法律规定的程序和条件，就应予以奖励。就第一点而言，在一般意义上讲，对任何个人而言，其最大的法益莫过于生命和健康，当一个人尽管从事的是职业行为，履行的是法律责任，但当这一责任随时面临生命危险和健康威胁时，法律对他的奖励事实上也是对其甘愿选择风险职业，甘愿冒着生命、健康危险，而保障他人利益、社会公益的道德精神和道德选择的一种报偿措施。就第二、三点而言，法律之所以对相关职业行为或义务履行以奖励，是因为他人、社会或某一共同体全体成员因为其义务行为，获得了实际的利益和荣誉。如袁隆平的水稻杂交技术，虽然是其职务行为，义务行为，但其成果为保障国家、乃至全球的粮食安全，提供了可能。再如中国驻海地维和部队，其成员冒着生命和健康风险，维护了当地的安全和国家的荣誉，从而予以嘉奖。显然，法律对义务道德的嘉奖，或者义务道德接受法律的奖励性调整，必须具备严格的法定条件。否则，义务道德的落实、履行概不受法律的奖励性调整。从中也不难看出，事实上，法律奖励的所谓义务道德，在这种义务被设定在法律上时，就不同于其他的职责或义务，而具有高尚（高级）道德的属性，因此，接受法律奖励性调整的那些义务道德，本来已经具备高尚（高级）道德的条件。

如上对奖励性调整与高级道德关系的论述，进一步证成了法律对高级道德调整的现实（而不仅仅是可能），还需稍加分析的是，一旦在法律上设定了对高级道德的奖励措施，那么，奖励高级道德行为，对相关国家机构或其他社会组织而言，就是一种法定的国家义务或者社会组织的义务。如果相关国家机构和社会组织做不到在法律上奖励高级道德的义务，就意味着失职，也意味着接受法律的惩戒。这种理念，可更加确保高级道德在法律调整中得以弘扬、示范和推广，也确保法律对社会的调整是全方位和多层次的，从而"人们服从规则治理的事业"——法治也就有了真正的根据。

对高级道德与法律调整关系的申论，是想进一步说明社会管理和治理方式的改变，应坚决依赖法治化的原则而展开。法治化的社会管理方式创新，既是对公民义务的督促，也是对公民权利的保障，还是对高级道德行为的有力弘扬、示范和推广。这进一步说明，要真正在社会管理创新中实现"一断于法"的高级管理和常规化管理模式，就必须创新或更新法律调整理论及观念。

论对话的法律全球化[*]

2007 年以来，笔者在西南政法大学、郑州大学和英国斯旺西大学等海内外高校法学院或专门学术会议上，以"法律的全球化与法律的全球对话"或"民间法与法律的全球对话"为题，做过多场讲演①。在此之前，笔者在苏州大学举办的中国法理学研讨会的一次评论中，公开反驳了把全球化误认为是西化的观点，提出了两种全球化概念，即压制的全球化和对话的全球化。这种理念，可以推而广之，从一般文化领域进入制度领域和法律文化领域，即法律的全球化也存在一个压制的全球化和对话的全球化问题。如何理解这两种法律全球化？对话的法律全球化的基本成因是什么？如何达成法律的全球对话以及对话的法律全球化？

一、压制的法律全球化

什么是全球化？笔者认为，全球化是在工商文明持续发展中人类交往的一种方式，其基本表现是不论地球哪个角落的人群，哪怕相隔千山万水，其相互依赖性明显增加。甚至一旦相互依赖的某一环节断裂，人们的生活会受到极大的影响，以至难以为继。例如，20 世纪 90 年代的东亚金融风暴，虽发生在东亚一隅，但引起全球经济的衰退并因此引致世人的普遍恐慌；再如近些年在欧洲发生的欧债危机，尽管始作俑者在欧美，但已经给世界的经济

　＊　该文原载《政法论坛》2013 年第 4 期。
　①　该讲题在郑州大学讲演的整理稿，刊载于谢晖：《沟通理性与法治》，厦门大学出版社 2011 年版，第 35 ~ 66 页。

发展带来了明显的影响。这种在全球范围内形成的经济市场的依赖化甚至一体化，也因为文化市场化和政治市场化的影响，不仅作用于经济领域，而且作用于文化和政治领域。如今在文化领域，无论好莱坞还是互联网，都业已具有全球意义。而在政治领域，所谓普世价值、民族主义、自由主义等思想观念以及权力制约、权利保障、福利政策、全民选举等制度陈设，要么显现出日益全球交流的特征，要么成为全球性的共识。

而法律全球化是全球化进程中把全球性的交往行为模式规范化、形式化、体系化和制度化的表达方式。在本质上，它和经济、文化、政治交往的全球化是一种"词与物"的关系。它既是全球化的有机构成部分，同时也是全球化的制度性升华和理性化保障。就其作用而言，由于法律是人们经济交往、政治合作与文化交流的共同调整和保障机制①，所以，法律全球化对其他领域的全球化具有全面的调整功能。其他领域的全球化倘若不能升华为法律的全球化，则即使具有全球化的事实，也无法形成全球化可预期的统一秩序。因此，研究法律的全球化，在一定意义上是研究全球化的升华版本和浓缩版本。

回首全球化及法律全球化的历程，可以发现全球化所对应的乃是地方化或区域化。在人类全球化现象出现之前，不同族群的人们各守一隅，相安无事地生活在大自然赋予他们的独特生活环境中。所谓"树之艺、种之谷、桑之麻，万事不求人"，就深刻、真切和形象地表明了满足于区域化甚至家族化生存的人们对交往行为的理解和态度。"邻国相望，鸡犬之声相闻，民至老死不相往来"②则不仅是一种期待、愿望，甚至也在一定程度上是其写真。

然而，这种情形，随着商品交易的发展，逐渐被打破。在中国，不同时期纵横五湖四海甚至飘洋过海的商人们，打破了农业文明的沉寂，多次开拓了活跃的巨大市场。但因为法律保障和制度理性的跟进不足，根深蒂固的重农抑商国策以及实践中民众对商人行为动机的偏见，不断地打断商业文明和统一市场的进程，故每次商业文明的复兴，只能是因循历史、原地起步，而

---

① 富勒强调：法律就是"使人类行为服从规则之治的事业"（［美］富勒：《法律的道德性》，郑戈译，商务印书馆 2009 年版，第 143 页）。

② 《老子·第 80 章》。

不是继承历史、不断积累。所以，这种商业文明并没有促进全球化以及法律全球化的发展。在西方，商业活动基本是其立国之本。从古希腊开始的城邦国家已经决定了没有商业贸易，各城邦靠自给自足便难以为继的必然结果①。其后随着希腊化时期的领土及商业扩展以及古罗马商业贸易的大规模发展，已经形成了纵横欧亚非的庞大贸易网，并因之建立起了一整套用来调整当时商品经济的法律体系——罗马法。尽管那时还不存在什么全球化和法律全球化问题，但商业文明对于全球化的直接推动不言而喻。西方文明本身的商业扩张及其"扩展秩序"② 就在这种持续不断的商业行为和制度保障中铸就其性格。

当这种商业文明遭遇近代科学技术和工业文明成就时，生产规模的日益扩大、原材料供应的日渐萎缩以及市场利润的进一步扩张和延伸，都决定了如果再把商业文明限于一隅，就无以推进工商文明的进一步提升和发展。为此，殖民扩张就是一条继续推进工商文明发展，进而推动以工商文明为基调的全球体系。起初，这套全球体系显然是由拥有资本、技术和相关文化的西方世界（欧美世界）推动和主导的。这是由于工商文明被提升和结构为一套严谨的制度体系，乃是在西欧首先完成的。因此，这一套文明体系及其制度成果的外烁，就是一种输入型的活动。如果这种输入型活动征得了被输入国家的同意或默认，也算不得压制型输入，从而构不成压制的法律全球化。但问题是，众所周知，近代以来的商品输出、资本输出、人口输出、观念输出和制度输出，无不是刀与枪、血与火的输出③。

笔者把这种借助武力强制力量推动制度建设，从而也在一定程度上促成了人类全球性交往行为的历史进程称之为压制的法律全球化。可见，压制的法律全球化是西方殖民者以武力高压手段，把在西方首先健全的近现代法律

---

① 顾准："希腊城邦制度"，见《顾准文集——读希腊史笔记》，贵州人民出版社1994年版，第38～129页。

② "扩展秩序"的主张来自哈耶克。[英] F. A. 哈耶克：《致命的自负——社会主义的谬误》，冯克利等译，中国社会科学出版社2000年版，第7～38页。又可参见汪丁丁："哈耶克'扩展秩序'思想初论"（上、中、下三篇），分别见《公共论丛》第二、三、四辑，三联书店1996、1997、1998年版。

③ 许海山主编：《欧洲史》，线装书局2006年版，第99～122页。

文明推向全球各地的过程。我们知道，迄今为止，当今世界的法律主要有两种模式，一是以欧陆、特别是法德为代表的大陆法系模式。举凡欧洲大陆国家当年征服或统治的地方，大体上被移植了这种法律模式。二是以英美为代表的英美法系模式。大体上当年受英国殖民的国家和地区，也被移植了相关的法律模式。压制的法律全球化模式，一般有如下的一些特征。

第一，以武力输出为后盾。作为一种文明的推进方式，西方人也罢，东方人也罢，都一般不会把赤裸裸的武力征服作为首选方式。在人类文明史上，除了那些蛮族入侵，如日耳曼人之于罗马秩序的冲击①、匈奴人对于亚欧秩序的破坏、蒙古人对于亚洲秩序的重新安排②，以及法西斯国家对于人类秩序的"新构想"及其行动之外③，其他文明的扩展，大体上是牧师和刽子手两种职能轮番并用的过程。西方文明的输出过程，也是如此。从起初经由传教灌输西方文化，并同步推进商业贸易，到后来发动残酷的战争，强迫其他国家接受西方文明、西方贸易方式和西方制度，甚至不惜在肉体上消灭异民族④，赤裸裸地搞文化隔离和民族歧视⑤，就是显证。可见，武力输出是早年资本及其制度输出的保障力量和必要后盾，特别在异民族的制度质变阶段，每每是借助武力后盾，推助了这种质变。

直到今天为止，虽然法律全球化的模式出现了明显的变化——日益从压制的法律全球化走向了对话的法律全球化，但压制的法律全球化并没有绝迹。以美国为代表的西方国家从20世纪90年代以来或自己单独行动，或借联合

---

① 在欧洲人心目中日耳曼人的野蛮入侵，［英］爱德华·吉本：《罗马帝国衰亡史》（下册），黄宜思译，商务印书馆1997年版。
② 有关匈奴人的征服史，林幹：《匈奴史》，内蒙古人民出版社1997年版；有关蒙古人对世界的征服及其描述，［伊朗］费志尼：《世界征服者史》（上、下册），何高济译，内蒙古人民出版社1980年版；［法］雷纳·格鲁塞：《蒙古帝国史》，龚钺译，商务印书馆1989年版。
③ ［英］利德尔·哈特：《第二次世界大战史》（上、下册），上海市政协编译工作委员会译，上海译文出版社1978年版。
④ 如西方殖民者、特别是英国殖民者当年对北美印第安人的大肆动武，再加之瘟疫灾害、强迫迁徙等，导致大量的北美印第安人惨遭杀戮、或病死累死（［英］杰弗里·巴勒科拉夫主编：《泰晤士世界历史地图集》，三联书店1982年版，第221页）。
⑤ 最典型的要数英国人及英国殖民当局在南非搞的种族隔离政策。众所周知，这一持续了300年之久的政策直到1997年才因"永久宪法"的颁布得以废除。有关南非种族隔离政策的具体问题，杨兴华："试论南非种族隔离制度"，载《历史研究》1987年第2期。

国的名义在南斯拉夫、阿富汗、伊拉克、利比亚等地主导的武力推翻主权国家现任政府的战争，可谓是压制的法律全球化的当代延续和扩展①。因为这些战争的重要目的就是要终结专制政体，推行自由民主的现代法治政体。因此，压制的法律全球化并没有终结，反而以另种形式在延续和转换。

第二，以文化优越为舆论。当然，即便是武力的推进，也要有足以说服人们的理由，这就是师出有名。压制的法律全球化所推进的舆论根据，乃是为了贸易自由，为了以武力推进普世价值，为了让以自由、平等、民主、人权、博爱为价值基础的法治得以在全球落地生根、开花结果。由于这样的理念首先来自西方，因此这就精心包装了一种西方文化优越论的前见。毋庸讳言，近代以来西方人循着其文化传统（希罗文明、特别是罗马的法律文明）和现世需要（自由市场和工业文明）所开辟的制度文化（近、现代法治－宪政制度），较之之前人类任何时代的制度文明成果都具有领先性和优越性，也较之同时代其他国家、族群的制度文明，同样具有领先性和优越性。但能否把这种优越性强制地推向世界，变成压制的法律全球化的意识形态基础和理论根据？自然是值得讨论的问题。之所以需要加以讨论是因为人们在相关问题上持有完全不同的看法和主张，如一种意见认为，对落后的制度，就要用先进的制度去武力推翻，否则"扫帚不到，灰尘照例不会自己跑掉"②；另一种意见认为，即便一个国家的制度是落后的，改变落后制度的决定权要取决于该国人民的自由选择，而不要外部武力的强制干预。这一讨论更具有深刻的实践基础和现实根据，如当今世界各国对借助外来武力干预以推翻一个国家政权的所谓"新干预主义"③ 的不同态度，完全可视为讨论这一问题的鲜活的社会实践根据。笔者对压制的法律全球化的态度，在本文第二部分将展开论述，因此，这里不予赘述。

第三，以利益攫取为目的。资本统治的基本策略和目的，就是通过寻求

---

① 对此，也可能有另一视角的理解，即上述战争，都是在相关主权国家内部出现了究竟取向何种政体、何种法治的严重冲突时，西方国家顺便按照全球化的思路和上述主权国家内部其中一方的要求而支持了一方，推翻了另一方，因此，算不得是压制的法律全球化。如果有这种理解和主张，我对其持保留态度。

② 《毛泽东选集》第四卷，人民出版社1964年版，第1131页。

③ 范跃红："论新干涉主义"，载《太平洋学报》2000年第1期。

获利的途径以最终指向利益目的。资本一旦推卸利益，就走向了它的反面。压制的法律全球化一样是资本为了寻求出路、觅得利益而以和平手段推出，用武力手段推进的一种制度保障措施。以和平手段推出，一般是其在国内的举措，用武力手段推进，一般是其向国外的举措。这两手的共用，是其法律理念和制度得以推向全球的可能手段。资本统治比之道德统治的可爱之处在于，它从来不否定赤裸裸的利益，不但如此，它还张扬利益。这从美国政要随时不忘强调"美国战略利益"的言辞中可见一斑。倘若大动干戈的法律全球化不能给操戈而行者带来资本的增值和利益的丰收，则他们不会为了纯粹的道义、不会为了救民于水火而付出战争成本。

但不得不反思的是，一方利益最大化的驱动倘若不但不能给对方带来利益，反而只能使对方利益受损，就必然导致对方的反制和对抗，其结果不但无法双赢，而且一方的利益最大化诉求也可能泡汤。有鉴于此，必须把利益最大化的诉求置诸所有国家、所有民族乃至所有主体的需要结构中，并设法利用形式合理的法律以保障和推进这种利益诉求。显然，这种将心比心的利益诉求，在压制的法律全球化体系中很难实现。因为压制的法律全球化体系，其基本游戏规则和利益分配方案，总是在武力对抗中取得胜利一方的主导下进行的。人们不能期望在这种法律全球化情形下，取得不同国家、不同民族的利益共赢，就像不能指望已经叼着小羊羔的一只狼，松口把小羊羔分一半给同样准备猎杀小羊羔的那只狐狸一样。一旦把利益置于法律全球化的目的层面，那么，运用对话，而不是压制，就是法律全球化的必由之路。

二、对话的法律全球化

资本输出、殖民政策以及财富掠夺的历史，唤醒了曾经沉睡的民族和国家的自强意识，民族独立运动不断催生了国家的独立和自强。由西方人发明的主权、平等、自由、法治等观念和制度，反过来被各不同民族的国家所接受，成为"即以其人之道，还治其人之身"的重要法宝。主权独立的各国，虽然实际上无不受大国掣制，但只要大国之间有博弈、有竞争、有差异，就为小国的进一步选择提供了基础，也就为法律全球化提供了另一种可能，这种可能就是对话的法律全球化，而不是压制的法律全球化。

所谓对话的法律全球化，是在全球性的经济贸易、政治对话和文化交流已然成为不争的社会事实之背景下，世界各国在主权自主原则下，以源自西方的法律制度及其理念为基础，并结合其自身的国情特征和实际需要，参与到法律全球化进程，并进行平等对话的法律全球化模式。这事实上表现在如下两个层面。

其一是主权国家在内国立法中以开放姿态对待其法律。当今即便其文化传统再保守的国家，如伊朗、阿富汗等伊斯兰国家，在法律上也已经向西方法律文明予以开放，宗教领域的伊斯兰法和世俗领域的西方法在这些国家可以说出现了并行（尽管不能说并行不悖）①。而在我国这个运用汉语汉字，连续不断地运行了五千年之久的文明古国，也已经自觉地把对外开放作为主导国策。这种国策，除了在经济领域的商品进出口，文化领域的文化遗产、知识产权交流之外，自然更包含了法律制度领域的规范开放，因为不强调法律制度领域的开放和借鉴，经济和文化领域的开放终究不会长远。道理并不复杂：只有法律的开放、吸收和借鉴，才能同步地为经济开放和文化开放提供合理预期，并进而保障经济和文化的开放是持久的，克服以权宜之计对待之。这都足以表明在主权原则下，内国立法呼应法律全球化的趋势。

其二是在有关国际立法中，各主权国家以参与者、对话者和主权者的身份参与有关国际规则的讨论、协商和制定活动，从而不同国家的意见和诉求能尽量体现在全球通用的规则体系中。全球性的经济贸易、政治对话和文化交流，不仅需要内国法的协调和控制，更需要各国公认共守的规则加以保障。这种规则的制定权在全球化的初期，主要被西方国家控制，甚至至今在诸如产业领域、文化交流领域、人权领域的重大立法，都是一些西方国家主导的结果。但尽管如此，我们还是不难发现西方大国完全主导国际规则制定的情形在悄然发生变化。特别是世界贸易组织和其他一些国际组织对各国磋商机

---

① 高鸿钧：《伊斯兰法：传统与现代》，社会科学文献出版社 1996 年版，第 123～153 页。

制的关注和首肯，凸显了各国参与的精神①。国际法上有关"国家不论大小强弱一律平等"的规定，虽然还有理想之嫌，但也正在一步步地落实中。这样，对话的法律全球化借助国际组织和国际规则就得以展现。

在内容上，对话的法律全球化主要体现在如下三方面。

（1）对西方法律精神和规则的自主选择

尽管西方法律文化代表了近代以来人类法律文化的最高层次和最高境界，它所开创的法治模式，成为法律全球化的样板，但究竟以何种方式扩展这种源自西方世界的有效秩序，是区分压制的法律全球化和对话的法律全球化的重要分水岭。对话的法律全球化，就是后发达国家面对这种优势且优良的制度模式时，所采取的自主判断和自主选择活动。这种情形的零星表现，在19世纪已经开始。日本的"明治维新"，中国的"戊戌变法"以及"清末新政"等，都可看作彼时后发达国家主动地学习借鉴西方法治文明的典型事件。甚至为了这种学习借鉴，不惜采取革命的手段，辛亥革命就是典型。众所周知，尽管中国的宪政之路自从戊戌变法以来就举步维艰，但孙中山在领导辛亥革命前后还是认真地勾勒了未来中国的宪政蓝图②。

而在"二战"之后，随着新型民族国家的纷纷独立，战后世界格局和秩序的重新安排，以"压制/屈从"为模式的旧有的国际秩序格局已大体改变，新型的国际秩序格局在联合国的名义下得以展开。尽管联合国实际上仍然是个大国博弈的场所，但不得不承认那些弱小国家在联大重大问题的表决中一国一票的事实，完全替代了昔日人为刀俎，我为鱼肉，任人宰割的情形。除了国际政治领域的法律对话，在经济领域和文化社会领域，也成立了形形色色的全球性国际组织和区域性国际组织，并在成员国之间就国际相关规则和秩序问题展开对话。所以，对话的法律全球化无论在国际组织上，还是国际规则上都有了较为可靠的基础。特别是随着现代网络技术的高速发展，全球性的法律对话和沟通更为方便、畅通和快捷。全球性的法律对话因这种方便已经溢出官方对话的窠臼，而升华为民间的直接对话。如有关国际法律重大

---

① 赵峰：《世界贸易组织概论》，立信会计出版社2005年版。

② 孙中山："建国大纲·民权初步""五权宪法"，见《孙中山选集》，人民出版社1956年版，第383~470、485~498页。

话题的网上公开辩论，有关战争与和平关系的网络论辩等，都既表明对话的法律全球化在网络时代能够深入的程度，也表明后发达国家及其公民在法律全球对话中扮演的积极角色以及自主地吸收和借鉴西方法治文明成果的能力和条件。

（2）对固有法律文化的自主汲取

现代国家独立的成因，尽管也会受到高山大河、荒漠流沙等自然地理因素的深刻影响，但和古代国家相比，这种地理因素对国家边界的保障和影响变得越来越无关紧要。反而文化、民族等因素在现代国家的独立中占有举足轻重的地位。因此，现代国家大体上仍属于文化国家和民族国家的范畴。任何现代国家，之所以能够借特定民族而立国，主要在于其民族特性和文化特性。这种特性也就是我们念兹在兹的所谓国情。如果在世界上彻底消除了民族差别、文化差异和国情悬隔，那么，法律也就无须全球对话了，只需要直接拿来，直接推广就万事大吉了。但问题是这种假设并非现实，我们仍处在，并将继续处在文化多元化、民族多样化、利益个别化的世界，人们不得不拿着自己的文化传统、民族特性和利益需要打量法律全球化，并通过必要的对话把自身诉求带入到全球化的法律中去。如在 20 世纪 60 年代，由中国和不结盟国家所倡导的和平共处五项原则就被吸纳为国际法的主要原则。当下新兴市场国家抱团求取发展共识、借鉴各自发展经验的"金砖五国"，或许会在主流的西方经济合作和法律体系之外，为未来国际经济合作及其法律体系描绘一幅新的蓝图。至于在文化领域的立法上，无论内国法还是国际法，都特别注意到对少数族裔文化权利的平等保护甚至特别保护①。这些都无不彰显出在法律全球化中，不同国家，甚至国际组织对各国国情以及固有法律文化的关照和汲取。

当下我国一些理想论者，期望通过彻底抛弃既有的历史羁绊，寻求我国融入法律全球化的进程。这样的诉求，尽管其言凿凿，但抛弃了一个族群文化传统的法律全球化，在本质上也丧失了其民族主体性。因此，所谓融入法

---

① 如在国际法方面，就在《公民权利与政治权利国际公约》《国际劳工组织土著和部族民族公约》等文件中，规定了平等保护或特别保护的措施。

律全球化，事实上只能是被裹挟进这一进程，而不是通过本民族理性判断（既审视外来法律文化的优劣，也搜寻自己本有文化传统中和外来法律文化可沟通、可对接、可搭桥的因素）的结果。至于以自身法律文化传统中特有的内容及需要和外域法律文化对话，就更在其话题之外。这样一来，作为法治后发达国家，似乎就只有无条件地移植、引进并接受外来法律文化的份，而没有足以和外来法律文化展开对话的资源和资本。我以为，说这种主张是民族文化虚无论又未尝不可。其实只要能够被人所接受认可的法律，无外乎世道人心、生活日用的规范安排。即便在我国，数千年来之所以能大体维护一种有效运转的秩序，绝非是法律虚无论观念指导的结果，反之，在中国固有的法律智慧中不但足以寻找到可方便地沟通、对接和引进外来法律文化的桥梁，而且还能找到独有且放之四海而皆准的理论资源和纠纷处理方式①。如在"仁者，爱人"中可能开发的人权思想；在"老吾老，以及人之老；幼吾幼，以及人之幼"中可能开发的平等观念；在"兼相爱、交相利"中可能开发的和谐精神；在"非攻"中可能开发的"和平"意识；在"君臣上下贵贱皆从法""令尊于君""法不阿贵，绳不绕曲"中可能开发的法治主张等。对这些思想及其一些制度安排视而不见、必欲弃之而后快的做法，不但无助于一个国家的法律融入法律全球化，而且会因为囫囵吞枣所导致的消化不良，严重地影响移植、借鉴来的法律在一个历史绵长的国家应有的效果②。可见，一个国家如果不能汲取其固有法律文化传统中的有用内容，就没有资源和资格展开法律的全球对话，也就无法形成对话的法律全球化。

（3）对新型社会关系之法律解决方式的各自主张和全球对话

因高科技的迅猛发展，全球都在面临着全新的社会关系，对这种新型社

---

① 2007年4月22日，贺卫方、葛洪义和笔者在南京大学的一次联袂讲演中，就我国传统法律文化中是否有和现代法律文化沟通的因素展开了有针对性的激烈争论。如在谈到ADR纠纷解决方式时，笔者强调它和中国传统调解纠纷解决方式的可比较、可沟通性，贺卫方则强调它们各自独立的发展。角度不同，结论也自然有异。但这里已经说明了法律文化间对话的可能性。

② 2002年4月2日在浙江大学召开的"2002年海峡两岸法学学术研讨会"上，李双元先生强调法律的趋同化。笔者在提问中指出：过于强调趋同，而忽视不同国家、不同民族的法律独特性或交往自治性，反倒会影响法律的趋同性。笔者的这种看法，在会上得到台湾大学、东吴大学多位长期留学英美国家的著名学者的认同。这或许在一定程度上能说明法律全球化不仅是一个单向度的趋同问题，而且是一个在差异中寻求多向度的对话的问题。

会关系，不仅在后发达国家找不到理想的法律对策，而且在法治发达国家的法律中也是捉襟见肘。譬如克隆技术的成功和迅速发展，为人类的同性繁殖提供了可靠的技术保障。这也是对人类之前自然而然的生殖行为以及因之而成的生殖伦理的公然挑战。它已经并将不断引发全新的社会关系。可对此，无论法制后发达国家还是法制发达国家，在法律对策上都无行之有效的处理对策，这样，各个国家只能根据自己的实际情况提出相关的法律主张，建立相关的法律制度①。当这个问题明显地可能涉及全球、影响全球时，各国也可以根据其既有主张或制度参与国际对话，调适全球对此类行为的法律对策等。其他诸如因基因技术的发展所产生的转基因食品对不同民族、人种可能实施的基因改造；外层空间探索中所遗留的垃圾及其对人类外层空间探索行为可能的危害以及互联网的高度发达对人类交往方式和生活方式的直接影响等，都会造成新型社会关系的产生和迅速发展。面对这些全新的社会关系问题，全球化法律的建立，事实上只能是各个国家各自发表主张、共同参与对话的过程。因为毕竟这些问题对任何一个国家而言，都是相对陌生的问题，都是可以提出各自主张，并通过国际间的对话、协商来处置的问题。可见，在人类以往未曾遇到的所有新型社会关系领域，不同的国家都可以在同一平台上提出各自的主张，并进行对话、协商和交流，从而在这些领域建立对话的法律全球化体系。

三、对话的法律全球化之成因

对话的法律全球化为什么能产生？或者因为什么而产生？这里涉及有关对话的法律全球化的成因问题。由于现代法律已经全面地深入到人类交往的各个层面——不但调整群己关系，而且还调整天人关系（如环境保护法、外

---

① 如 1997 年 2 月 27 日英国《自然》杂志宣布绵羊"多利"克隆成功之后，美国总统克林顿于当年 3 月 4 日下令禁止人体克隆试验；意大利卫生部长罗萨丽娅·宾迪于当年 3 月 5 日宣布，将暂时禁止任何形式的与人体或动物克隆有关的试验；日本学术审议会于当年 3 月 9 日决定禁止用公款从事与人体相关的一切克隆试验；以色列犹太教首席拉比以色列·芬按照犹太教律令于当年 3 月 6 日宣布禁止克隆人；另外法国、巴西、英国、丹麦、阿根廷、印尼以及欧盟和世界卫生组织等都当年呼吁禁止人体克隆试验。

层空间法等）和身心关系（如思想绝对自由的法律保障）和各个领域——不但调整经济关系，而且还调整形形色色的政治关系和文化关系。在这个意义上，一个复杂社会中人们的各种交往行为，都与法律的调整须臾不可分离①。

问题还在于，当下人们的交往行为，不仅发生在内国的公民、法人之间，而且也发生在跨国的自然人、法人以及国家与国家、国际组织与国际组织间。这样，人们交往行为中对法律的需要，就进一步扩大到国际社会或者全球领域。这些全球领域的具体表现究竟何在？笔者不妨根据人们对社会关系之经济、文化和政治的三分，也把国际交往中的社会关系三分为如下领域，即经济交往关系、文化交往关系和政治交往关系。和此相应，对话的法律全球化的成因也可以在这三种社会关系及其在不同国家（或民族）中的表现中获得解答。

（1）经济领域的全球贸易及其在各国的差异性与对话的法律全球化

毫无疑问，法律的全球化首先因为全球范围内商品贸易的经济需要而开启。因此，经济的全球贸易可谓是法律全球化的首要前提。但问题是这只能解释法律全球化的成因，并不能同时解释对话的法律全球化的成因。为什么同样是全球的经济贸易，在"二战"之前、甚至在"冷战"时期，它所对应的法律全球化主要是一种压制的法律全球化？而在如今却需要面对着对话的法律全球化？这显然是一个和经济全球贸易的样式有关的话题。

我们不妨把经济全球贸易划分为两种情形，一种是单向倾销或推销型的经济全球贸易。在这种贸易中，尽管被推销国仍然以某种身份参与贸易活动，但这种身份距自主的主体身份尚远。因此，交易活动未必是以双方都自愿的原则进行的，反之，强制贸易是一种不争的事实。当年英国殖民者强制在中国推销鸦片的行为，可以视为这种贸易模式的典型表现。在这种情形下，经济贸易的规制权主要掌握在强制推销商品的一方，而被推销一方纵使不能说逆来顺受，但也只能勉强接受，因为不接受的后果往往是炮舰伺候。因此，这种经济全球贸易及其秩序，只能靠压制的法律来维系并实现。

---

① 香港大律师梁定邦先生在谈到法治社会中法律与人们日常生活密不可分的关系时指出："在一个法治社会里，人人依法行事，法律不仅规范了人们的行为，也支配了他们的处事方式和生活习惯。"李泽沛主编：《香港法律大全》，法律出版社 1992 年版，梁定邦序。

另一种是双向、甚至多向的经济全球贸易方式。各个不同的国家及其经济主体，在主权独立、经营自主的前提下，根据互利原则，自主自愿地从事经济的国际贸易活动，以便通过共同推动经济增值获得共同的经济利润。显然，这导致所有参与国际经济贸易的主体，不论是以自然人身份、法人身份、国家身份还是国际组织身份出现的，其本质上都是身份独立的主体。这已经提供了不同贸易主体间就通用的贸易规则进行对话协商的可能和要求。但这仅仅奠定了经济的全球贸易与对话的法律全球化间的一般基础。要说明这种贸易方式之与法律全球化的成因作用，还需要进一步深入经济全球贸易必然存在的一个逻辑前提：即国际贸易的主体间各有所长，因此，经济贸易活动就是要取长补短、互补余缺。

众所周知，任何主体间自主地展开的商品交换或者经济贸易活动，都须满足如下前提：其一，各交易主体的需求不一；其二；交易的双方能各自满足对方的需求；因此，其三，交易能使双方都获得利益，产生价值增值。在这三点中，其中最重要的是第二点，即交易双方能各自提供满足对方需求的商品（货币）。为什么它如此重要？因为正是有赖于此，所有交易主体之间才有了和对方谈判的筹码。当然，这种谈判不仅仅局限于个例中的交易，而且也体现在对一般交易规则的协商、谈判和制定活动中。如昔日那些富产石油的国家任人掠夺，而如今却通过石油输出国组织来控制全球石油贸易：决定市场投量、规范市场价格。这足以说明这些国家拥有了对话的物质（商品）资本。同样，一个国家加入世界贸易组织的谈判过程，也能典型地体现各国在拥有了"拿他一把"的资本基础上，以平等身份进入谈判角色的事实。可见，经济的全球贸易之所以是对话的法律全球化的成因，就在于参与经济贸易的主体拥有了在全球贸易规则制定中谈判、对话的资本或筹码。而这种规则制定一旦被主权国家接受后，内国法律相应地要跟进改造，因此也就进一步推进了对话的法律全球化。凡此种种，无不表明经济全球贸易之于对话的法律全球化的成因。

（2）文化领域的全球交流及其在各国的文化差异性与对话的法律全球化

正如梁治平所言，从一定意义上讲，人是"文化的动物"[①]。但这一结论

---

① 梁治平主编：《法律的文化解释》，三联书店 1994 年版，第 10 页。

绝不意味着不同民族、不同国家的人所拥有的文化指令是完全相同的。事实上，所谓民族，在本质上就是个文化的概念。尽管有些民族因为种族而成，有些民族因为地理环境及生活习惯而成，有些民族因为宗教信仰而成……但在这背后，都无不涉及文化问题。种族似乎纯粹是个自然血缘意义的概念，但不同种族对其自然血缘的崇拜、维护、模式化、概念化乃至理念化，已经从纯粹自然因素迈向了文化的考量。地理环境的切割和阻隔，是民族形成的重要原因，但这也成为诸如语言、文字、习惯等文化所形成的重要原因。没有这些文化因素，民族的特征就只能在自然意义上显现，在社会文化意义上难以凸显。至于宗教信仰作为民族的成因，更充满了文化的意蕴。

现代国家在实质上仍属于民族国家。即使当今世界上从主体民族生成角度讲较年轻的国家如美国、加拿大和澳大利亚等，也分别以美利坚民族、英裔加拿大人和法裔加拿大人、英裔澳大利亚人等为主体民族。所以，无视现代国家依然是民族国家的事实，把一切为民族利益而抗争的主张和行动动辄归结为狭隘民族主义，甚至把民族主义和狭隘划上等号的说法和做法，尽管有意张扬普世价值和全人类的悲悯精神，但这并未表达我们所生活的另一种普世的事实，即"个体差异的普适性"①。当国家还是民族国家时，同时也意味着每个国家也是有差异的文化国家。即便同样奉行现代民主与法治的国家，在美国和加拿大就有完全不同的文化策略。如前者强调美利坚的文化共融，而后者强调不同族裔的文化多元发展。在这个意义上，放逐了文化差异因素的作用，对一个国家而言可谓名存实亡。不存在没有文化支撑的国家，就如不存在没有文化独特性的民族一样。

但是，文化的区隔和差别，绝不意味着文化的阻断和孤立。自古以来，文化尽管有封闭性的一面，但文化更有开放性的一面。因此，文化交流构成人类发展史上一幅独特而壮丽的画卷。近代以来，在商品贸易的裹挟下，文化交流不仅具有了文化的接触和比较意义，而且文化自身也被融入到贸易活动中，成为既可用以国际交易，也可用来国际交流的重要物品。有些文化产

① 毫无疑问，自由、民主、平等、人权、博爱、法治以及主体性等这些现代普适问题的来源，恰恰建立在"个体差异的普适性"上，而不是个体之间的齐一性基础之上。所以，以所谓抽象的普世价值否定"个体差异的普适性"，只能使普世价值舍本逐末，甚至弄巧成拙。

品，如专利、版权等高科技文化领域，不仅可以交流，而且是现代国家间商品贸易的主要内容。有些文化产品，像文物、风俗等尽管不能作为商品直接交易，但也可以置于全球性贸易的某个环节中，如文物通过展览而获得收益，风俗通过表演而获得旅游收益等。还有些文化内容，如文字、语言、思想、信仰等，根本进不到任何商品交易体系中，但可以帮助人们交流或者通过交流而让更多的人们能够共享。越来越便捷的现代交通体系，越来越实用的现代网络技术，使得上述文化的全球交流已是一个不争的事实。甚至可以这样讲，当今世界，不论人们身处何地何国，几乎无时无刻不在接触来自世界各地的异文化。

文化的这种全球交流以及现代民族国家各自领有的独特文化内容，必然要求在对话中建立和完善文化交流的规则体系。因为毕竟民族国家各自的文化独特性，让其有了足以参与对话的文化资本和主体资格。像八国联军那样无规则地掠夺中国圆明园文化遗产的情形，在对话的全球化时代已经一去不返了。不但如此，而且对被掠夺或走私的文物，国际社会也通过积极协商对话、甚至制定规则促使其返还文物原所在国①。凡此种种皆表明，正是文化的全球交流及其各个民族国家文化的差异性，既为对话的法律全球化提供了文化前提，也为对话的法律全球化提供了客观资本与主体资格，从而对话的法律全球化有了文化的成因。甚至可以说全球性的文化交流，本身就是对话的法律全球化的文化之维。

（3）政治领域的全球对话及其各国的主权属性与对话的法律全球化

尽管如今的全球事务因为不时地面临种种纠纷，而处于空前的复杂状态中，但人们也不难发现，以往每每借助"武器的批判"所要解决的国际纠纷，现在常常采取对话、谈判等"批判的武器"来解决。即使在当今因为苏联解体，国际政治、军事领域里美国一枝独秀、一家独霸，从而失去对它对

---

① 如日本在 2010 年曾计划返还掠夺的韩国文物（http://news.eastday.com/w/20100721/u1a5344715.html，2013 年 3 月 24 日访问）；美国近年来曾多次返还数千件来自墨西哥的走私文物等（http://www.chinanews.com/gj/2012/10－26/4280394.shtml，2013 年 3 月 24 日访问）。在国际法上也有《关于禁止和防止非法进出口文化财产和非法转让其所有权的方法的公约》《关于被盗或者非法出口文物的公约》和《国际统一私法协会关于文物返还的公约》等法律文件。

等制衡的情形下，美国在国际事务中也不是恣意地炫耀武力，而是一般在联合国的框架下，首先通过政治对话和谈判解决问题①，即诉诸武力解决问题仍然是迫不得已的措施，且这种措施一般要经联合国授权。那么，当代的全球化为什么能产生并保持这种全球性的政治对话？这种全球性的政治对话又对对话的法律全球化意味着什么？

先来看第一个问题。如果把人类的全球化过程以"二战"为界分为前后两个时代的话，可以说之前在全球格局中，大国与小国之间、强大民族和弱小民族之间、宗主国和殖民地之间等都基本上不存在什么政治对话，原因在于主权观念及其制度并未牢固树立，尽管主权观念早已被布丹详尽论述并强调过②。但"二战"前后，一方面，随着殖民地国家的纷纷独立并享有主权，另一方面，也因为两次世界大战的惨痛教训，迫使人们考虑寻求新型的国家关系秩序。这些因素，都导致了联合国框架的形成③。在这个框架内，国家不论大小一律平等的观念深入人心，同时也获得了国际法的保障。正因如此，导致各主权国家获得了政治对话的基本政治资本和资格。

在一定意义上，完全可以说全球性的政治对话本身就是一种法律对话。在一个健全的国际法治框架和体系中，国家间的经济贸易在形式理性上就是通过法律的贸易，国家间的文化交流在形式理性上就是通过法律的交流，而国家间的政治对话，在形式理性上也是被结构在法律中的对话。政治对话既具有法律上的根据——主权国家不论大小一律平等，同时也为国际法律及其秩序谋划未来——未来一切全球性规则的制定，需要主权国家通过协商对话

---

① 在近代以来的内国政治架构中，权力分立和制衡是防止独裁的主要方式。自然，在国际社会交往中，大国之间的力量均衡也是制约一国独霸搅乱世界秩序的有效方式，这便是国际社会的权力制约。苏联解体以及华约的解散，事实上使国际社会均等力量间的权力制衡不复存在，但好在主权国家的基本框架还在保存，这是在联合国框架下解决国际社会权力制约的基本前提。同时各大国也在日益积蓄着相互制约的力量，这也为国际社会的权力制衡提供着条件。所以，对于那种在全球化进程中主权观念已经淡化、主权本身也已经弱化的论断，应保持审慎态度（金纬亘："国家主权观的变奏——西方生态主义语境中的'弱化国家主权'论辨析"，载《云南行政学院学报》2006年第6期；徐蓝："经济全球化与民族国家的主权保护"，载《世界历史》2007年第2期）。

② 曾裕华："布丹的主权论刍议"，载《湘潭师范学院学报》2003年第11期。

③ 百度百科，http://baike.baidu.com/view/3015.htm，（2013年3月24日访问）有关联合国的较为系统的介绍。

来解决和建立，而不能任由大国颐指气使、翻云覆雨。大国与小国的关系不是命令与服从的关系，而是协商与互动的关系。正因如此，全球性的政治对话直接促动了在国际交往领域对话的法律全球化。而各个主权国家对相关国际法的接受，进一步推动了内国法与国际法原则的相契，如绝大多数国家接受了《公民权利与政治权利国际公约》，并依据这一法律而修订内国法，从而使内国法的原则和精神也越来越趋近于国际法的原则。这一切，都表明政治领域的全球对话是对话的法律全球化之重要成因，是对话的法律全球化之政治之维。

四、对话的法律全球化面临的问题

尽管经济的全球贸易，文化的全球交流以及政治的全球对话业已成功地促动了对话的法律全球化，并且这种情形已经成为人类秩序建构的一种事实，但这并不意味着当下对话的法律全球化就一帆风顺，无所坎坷。反之，事实上目前对话的法律全球化仍然面临着严峻的问题和挑战。我以为，这些问题和挑战主要有如下诸方面。

第一，国际社会各成员之对话资格和对话能力的明显区别。众所周知，尽管和以往相比，当今所有国家都有资格在全球事务中发挥其应有作用，并作为平等的一员和他国进行经济贸易、文化交流和政治对话，在对话中共谋全球交往的规则，制订全球化取向的法律。但也毋庸讳言，今天的国际社会，主角仍然是大国强国，因此，大国强国的博弈状况，决定着全球对话以及对话的法律全球化发展的一般趋势。为什么会这样？这不得不涉及对话资格的大小以及对话能力的强弱问题。

前文已经提及，主权国家之所以都能够参与法律的全球对话，主要在于各个国家都拥有了以主权、资源、文化等为核心的对话资格。但不得不承认，各个国家的主权也罢，自然与文化资源也罢，在分量和体量上是完全不同的，因此，在全球对话中的资格大小也是明显有别的，能力强弱也是泾渭分明的。在主权上，尽管美国和瑙鲁都是平等的，但他们的主权分量明显不一样。身在亚洲的日本，会想方设法和美国结盟，但不会费尽心机和瑙鲁去结盟。道理很简单，因为美国在国际社会中的地位，以及借助美国进行全球对话的身价和借助瑙鲁在全球对话中的身价完全不同。这表明，在对话的法律全球化中，各个国家的对话资格和对话能力是完全不同的两个概念。正如民事权利能力并不代表民事行为能力一样，国际对话资格也不代表国际对话能力。不正视这种客观情形，不关注各国在全球事务中对话能力的差别，就不利于在对话的法律全球化进程中，主动积极地提出应对措施和对话手段。

进一步分析，则对话能力还可以细分为两种情形，其一是对话的客观能力。一个经济体量庞大、军事实力一流、文化高度繁荣的国家，客观上进行国际对话的能力肯定要强于一个经济体量微不足道、安全依赖外来保护、文化特色不甚明显的国家。美国战略西进的主张为什么能够搅动东亚乃至亚洲波澜？并影响国际战略格局？因为美国拥有超强的经济实力、军事实力和文化理念，在全球行动中的对话能力更强。承认并正视这种客观能力，才能够设计并创造这种客观能力。邓小平强调"落后就要挨打"，并告诫人们"发展是硬道理"①，在笔者看来，恰恰是基于对这种在国际交往中对话能力的考量而作出的。一般说来，大国、强国在国际事务中的对话能力总是优于小国和弱国。

其二是对话的主观能力。人们也不难发现，有些国家尽管是小国，如新加坡、以色列等，但其国际对话的能力远甚于一些大国和强国。这又是为什么？这除了其中必然含有对话的客观能力之外（如以色列的军事技术实力，遍布世界的以色列人的团结向心及其背后的强大财富基础等），也必然涉及一个国家的立国理念、领袖能力、体制设计和人民（民族）的精神状态等。这一切，都可以归类为国际对话的主观能力。在现代国际社会交往中，以同等的客观体量为前提，民主国家、法治国家的国际对话能力一般强于专制国家和权治国家，因为前者已经成为现代政治的基本理念和通行做法，更容易被国际社会所理解和接受，而后者已经是被世界绝大多数国家所淘汰和遗弃的执政方式。

---

① 邓小平："中国本世纪的目标是实现小康"，见《邓小平文选》，人民出版社 1994 年版，第 2卷，第 237 页；"在武昌、深圳、珠海、上海等地的谈话要点"，见《邓小平文选》，人民出版社 1993年版，第 3 卷，第 377 页。

在国际社会中对话资格和对话能力的区别，既是一种客观情状，但同时也意味着对话的法律全球化可能面临的重大威胁和问题。因为它必然意味着对话的法律全球化，乃是在对话能力强的国家主导下的法律全球化，那些对话能力弱的国家及其主张在全球化法律中得到重视的程度要远逊于对话能力强的国家。这势必把各主权国家平等的对话资格架空。这是在对话的法律全球化问题上理应重视的第一个大问题。

第二，国际权力格局的布置失当与制约失调。由于各个国家在国际事务中的对话能力不同，也导致国际权力格局的布置出现失调，制约出现失当的严峻情形，从而导致在当今对话的法律全球化中，不可避免地同时存在压制的情形。国际对话的一般表现是，对话能力越强的国家，在全球对话中越处于有利地位，因此，在全球化规则的制定、表决上也处于领先地位，反之，对话能力越弱的国家，就只能望风而言，很难把自己的主张和要求全面地反映在国际交往的规则中。如在对待《里约宣言》和《京都议定书》问题上，正是因为拥有超强对话能力和实力的美国之一再干扰，相关减排的规定迟迟不能签约并生效[①]。甚至在联合国经费的缴纳问题上，也是这个当世唯一的超级大国能够长期拖欠不缴[②]。从这里可以看出，一个国家的国际对话能力或影响力和其对全球化法律的影响程度之间成正比。

但也是在这里，问题就出来了。当国际社会以一个国家的对话能力或实际影响力为安排国际权力运作的基本根据时，国际社会的权力安排格局必然会失衡，国际权力的制约机制也会日渐凋零。"二战"之后，联合国架构的建立，对制约国际强权能够起到一定的作用。但联合国架构内的行动，并不能完全制约国际霸权的穷兵黩武，在这种情形下，出现了两个阵营的军事性条约组织，即"华沙条约组织"和"北大西洋公约组织"。尽管这两个组织内部存在各自的纠葛和问题，但两大组织之间的平衡、对抗和制约，一方面

---

① 美国的这种态度，这些年来有了明显变化（中央电视台新闻联播 2009 年 9 月 29 日的报道：http：//www.letv.com/ptv/vplay/326222.html，2013 年 3 月 24 日访问）。

② 如 2008 年时，美国曾拖欠联合国各项经费超过 15 亿美元；到 2000 年年底，仅拖欠联合国会费一项，就接近 12 亿美元，直到 2011 年年初，才补缴了其中三分之一（"美国拒缴会费欺负联合国拖欠已成习惯性行为"，见《北京晚报》2011 年 11 月 12 日）。

造成全球范围内"冷战"的威胁，但另一方面，也客观上制约了对方在各自势力范围之外肆意发动战争。这种情形，不妨称之为国际社会的权力分工和制约。

可众所周知，苏联解体、华约失效后，这种全球范围内的权力平衡不在，权力制约失调。我们面对着只有一个超级大国的单极世界。尽管包括中国在内的世界不少国家积极推进多元世界和新的权力平衡制约体系①，但无奈美国在全球事务中的能力过于强大。在这种情形下，世界各国究竟要唯美国马首是瞻，从而事实上丧失主权国家应有的独立主张和对话资格，还是坚持其独立对话资格，以期获得国际权力的再平衡和再制约？这是发展中的国际社会以及对话的法律全球化必须面对的问题。

一种选择是任凭单极世界的发展，各国要么言听计从、要么也无可奈何地接受一个指挥棒的指挥。但这种情形，已经让全球秩序和法律全球化重蹈覆辙，即可能走向压制的法律全球化之路。苏联的解体、南斯拉夫的崩溃、东欧的改制、独联体的颜色革命以及中东阿拉伯的阿拉伯之春等，使这些国家的内部变革需要演变为外部直接或间接的干预。这种干预企图种下龙种，并收获民主、自由和法治的硕果，但结果是在有些国家一定程度上实现了上述宗旨，但在另一些国家反倒变得更加混乱——经济凋敝、社会停滞、战乱频仍、极端势力屡屡走向前台，从而收获的不但不是龙种，反而是跳蚤。同时这种单极世界屡屡绕开联合国框架，我行我素、特立独行，也导致对话的法律全球化受到严重威胁。

另一种选择是重新缔造多元国际权力平衡和制约机制，坚持国际交往中的平等对话，并为对话的全球化尽量提供法律保障。在这里，既然面临着再平衡、再制约问题，就必然涉及再平衡和再制约的方式问题。自既有经验看，这种方式无外乎两种。

其一是后进国家加速发展，使其经济、军事和文化实力足以改变单极世界的格局，成为国际社会权力制约和对抗的另外一极或多极。这当然不失为一种在竞争中发展的较好思路，但这一思路是不可能一蹴而就的，况且后进

① http：//baike.baidu.com/view/665234.htm，（2013年3月24日访问）对多极化的论述。

国家的追赶式发展，并不能排除发达国家也在发展。后进国家在发展中的瓶颈一旦解决不好，加速发展效应就只能变成加速拖累；而发达国家既有的发展经验，即使一时遇到了问题，也一般会通过自我调控机制得到有效解决。因此，缓速前行有时比加速超越更奏效。这就使得追赶式发展及其平衡和制约单极超级大国的未来是很难准确预期的。

其二是通过结盟实现再平衡和再制约。在这方面，美国可谓是行家里手，它已经娴熟老到地运用各种结盟手段，并借助强大的对话能力，把世界的主要力量牢牢地控制在其盟国体系中，因此，其他不愿言听计从的国家即使能够结盟，也对其制约能力要大打折扣。如苏联解体后独联体面对美国体系的节节败退，再如欧洲在经济领域的结盟（特别是欧元区的建立）其实被美国娴熟地运用经济杠杆玩弄于股掌之上①——尽管美国也因此"自损三千"。可见这种通过结盟的再平衡和再制约来实现国际社会之多极发展的障碍所在。

凡此种种都表明，在对话的法律全球化进程中，因为国际权力安排和结构的不当，国际权力制约机制在一定程度上的失灵，导致对话的法律全球化也面临单极世界压制的问题。

第三，规则制定的主导权及其后果。我们所面对的，既是一个全球化的时代，也是一个网络化和高技术化的时代。就全球化而言，众所周知，它首先是从经济领域开始的。而经济领域全球化的始作俑者，是西方世界，因之，相关经济贸易领域的全球化规则，大都发端于西方国家，或者由西方国家主导而产生。在高科技领域，事实上也是如此。西方既是近代工业文明的发源地，同时也是现代高科技文明的制高点，近代以来世界每次重大技术的发现、发明、创新和跃进，几乎都从西方开始，这样，在科学技术领域的规则制定权，西方世界也是近水楼台先得月。同时，由于科学技术在商品竞争和国际贸易的大背景下，总是想法设法要运用到商品的研发、生产和交易中，因此，科学技术领域的规则制定权，进一步延伸到商品的标准制定权。一旦国际贸易中的科学技术规则和商品生产标准被纳入全球统一的贸易体系中，那么，

---

① 刘昊虹："欧元问世后国际储备货币竞争格局与欧元危机"，载《财经科学》2010 年第 8 期。

标准制定者便获得了比其他人明显的竞争优势，同时也必然会影响到对话的法律全球化之限度①。为什么这样说？

事实上，规则制定的主导权本身是一种资源优势，谁掌握了这一主导权，谁就在对话中拥有了更大、更高的话语权，从而谁的对话能力自然也更大。在这个意义上，对于拥有主导权的标准制定者而言，标准就是其获取更高利益的招牌。显然，对一方的有利必然意味着对他方的不利。这种有利与不利的对比，不正说明规则制定的主导权之于对话的法律全球化而言，并不是一种有利的因素，反而是对话的法律全球化所面对的重要问题吗？对话的法律全球化所寻求的本来是通过国际社会不同成员之间的平等对话而获得更公平、更普适、更具有全球可接受性的法律。现在既然拥有规则制定主导权的国家已然制定了规则或法律，那么，其他国家只有被动地接受任务了，从而全球化的法律明显地具有压制的特征。显然，无论如何，这是个对话的法律全球化进程中不得不面对的重要问题。放任这种情形，必然会影响全球化进程中对话主体间的对话质量，也会妨碍对话的法律全球化之进程。

五、对话的法律全球化与全球法治

上述对话的法律全球化所面临的种种问题，同时也是进一步寻求完善对话的法律全球化的动力。良好的全球秩序及其全球化法律，并不是一蹴而就的，它在实质上也是国际社会各成员间不断博弈与协商的过程。但这并不妨碍人们就对话的法律全球化根据一定情形进行必要的设计和预估。笔者以为，进一步推动对话的法律全球化，需要在全球法治框架下推进。但是，全球法治，主要体现为一种形式合理的规范框架及其实施机制，在这种规范框架下，主要应着眼于如下内容。

其一，全球民主。在我们生活的时代，存在一个明显的事实，即绝大多

---

① 韩旭东："专家：美开启'第六次世界大战'争夺规则主导权"，载 http://military. people. com. cn/GB/172467/15847950. html，2013 年 3 月 24 日访问；"美欲主导全球新一轮贸易主导权"，载《上海商报》2013 年 3 月 14 日；"日本积极参与紧固件国际标准制定争主导权"，载 http://info. wujin. hc360. com/2012/07/301018523588. shtml，2013 年 3 月 24 日访问等。

数国家在国内的治理上奉行民主原则。特别是一些大国和强国，如美、英、法、德、俄，甚至日本等国，都在国内民主建设上为世人提供了榜样或模式。但同时也存在另外一个明显的事实，即在对待国际事务时，奉行顺我者昌、逆我者亡的专横原则。笔者把这种情形称之为"内国民主与国际专横"①。这对于对话的法律全球化而言，显然是一种威胁。尽管这些国家在国际事务的专横行为，也有其冠冕堂皇的理由，如捍卫民主，保障自由等，但在这背后，充斥的主要是大国的利益需要，甚至是为了把国内的危机转嫁到国外。任由这种专横肆意作为，只能终结全球对话，并进而终止对话的法律全球化。

可见，如何把内国民主的原则和制度积极推进到国际交往，推进到对话的法律全球化进程中，是在全球法治建设中必须考量的问题。全球民主指的是在全球交往和全球事务中，各个国家通过借助联合国框架及其正当程序、公开论辩和投票机制，处理人类面临的重大问题或者全局性、区域性的重要冲突。它本身需要一些基本的条件，即一方面，它需要所有主权国家具有平等的国际交往身份和投票权；另一方面，它也需要联合国框架内的决定优先，凡是联合国框架内没有授权的全球性事务，区域组织不得擅自授权；再一方面，大国之间要积累足以相互制约的力量——包括军事力量、政治交涉、对话能力、经济实力和文化影响力等。这些基本的条件不具备，则全球民主只能被人为改变。

与此同时，全球民主需要内国民主的支撑。这意味着在民主问题上，应形成全球统一的价值观和意识形态。民主的模式可以不同，但民主的价值和基本原则，如主权在民原则、直接选举原则、正当程序原则、多数决定原则、代议政治原则等都必须坚持，否则，在一位专制者和一位民主者之间不可能实现民主，同样，在一些专制国家和另一些民主国家之间，也很难达成真正的全球民主。所以，全球民主毫无疑问要以内国民主为依托。当然，在现时代，民主国家和专制国家之间也在积极寻求国际间民主的对话，但可以预料，一旦这种对话形成全球民主的格局并升华为全球化的法律，那么，国际法律

---

① 谢晖："内国民主与国际专横"，载法律博客，http://xiehui.fyfz.cn/b/141865，2013年3月24日访问。

的强制性迟早会倒逼那些非民主国家改善内国民主，修订内国法律。从而由外及内地推进内国民主。而内国民主的发展，又进一步促动全球民主的健康发展。可见，尽管内国民主对全球民主具有先决意义，但全球民主对内国民主也有强大的反推力。

当然，全球民主更体现在主权国家之间的对话精神、协商制度和票决方式上，体现在代表全球共同利益和意愿的联合国框架的最高权威上。如果不能树立并确保联合国框架的最高权威，对话的法律全球化只能在实践中走样，全球法治也只能大打折扣。

第二，国家的结盟权。我们所面临的世界秩序是尽管联合国在重要的全球事务中具有一定权威，从而在一定范围内保障全球民主，但这种权威不时会经受一系列考验，特别是区域性国际组织，不时地架空联合国而我行我素，致使联合国的权威大受影响。事实上，这种影响，来自于一些国家的结盟策略。这种策略在本质上就是所谓蚁群策略。一只再凶悍勇猛的蚂蚁，其能耐都可以忽略不计，常言道，踩死你就像踩死一只蚂蚁一样容易！可见，要一只蚂蚁单独对付比其强大百倍的外来力量，自然会力不从心。而群蚁一旦结伙，群体行动，则任你再庞大的外在力量它们也能群起攻之、戮力克服。所以由蚁群效应示范而来的结盟活动，是不是可以称之为人类行为仿生学的重要内容？更何况人之本性，按荀况所言，就在于"人能群"①；按照亚里士多德所言，就在于其是"城邦生活的动物。"②

人本性中的合作需要赋予人以结盟权，"人能群"或者"人是城邦的动物"，都表明人的合作属性。笔者曾强调人有两大属性，即个体性和群体性。个体性必然指向自治与权利，而群体性必然指向合作与义务③。事实上，荀况在解释人为什么能群的时候，已经精辟地说明"曰分"，即人能群的逻辑前提就是人的个体性存在。人的这种合作属性，赋予人以结盟需要。它在法律上的表达，就是人的结社权。

---

① "人，力不若牛，走不若马，而牛马为用，何也？曰：人能群，彼不能群。人何以能群？曰分。"《荀子·王制》。
② "……人类自然是趋向于城邦生活的动物（人类在本性上，也正是一个政治动物）。"［古希腊］亚里士多德：《政治学》，吴寿彭译，商务印书馆1965年版，第7页。
③ 谢晖：《法学范畴的矛盾辨思》，山东人民出版社1999年版，第188～207页。

正如人有天生合作与结社的特性一样，民族和国家也有这一特征。早在部落时代，为了对抗强敌，部落之间也需要合作结盟。脍炙人口的炎黄集团，理应是一个部落间的结盟[①]。并且结盟同时，也需规则相伴，特别是所谓盟誓，就是典型的结盟规范[②]。现代国家之间的结盟，也是国家之间尝试合作共赢、共同对敌（天敌或敌人）或者国家间权力平衡制约的基本方式。所以，国家的本性不过是人之本性的放大，人的合作精神、群体特征和结社需要也必然会决定国家的合作理念、群体联动和结盟行为。

尽管在现代国家的交往中，结盟权是如此重要，但现代国家的结盟，其目的不是为了促成不同联盟间的对抗，所以，像"一战"期间的同盟国、"二战"期间的轴心国那样为了称霸全球这种邪恶的目的而缔结的同盟，在迈向全球法治的时代，不仅不予支持，而且理应在联合国法律框架中坚决抵制并制裁。因此，结盟权的提出，不是在法律全球化进程中，国际社会鼓励对抗，鼓励通过结盟称霸全球，反之要通过结盟权及自由结盟，至少实现如下两种目的：一是盟国内部各国之间相互合作，共谋利益、共担责任；二是同盟之间相互平衡、相互制约，防止一方独大地导致国际霸权。这样的目的追求，明显有利于对话的法律全球化以及全球法治的有效展开。可见，现代国家这种对结盟权及结盟行为的目的要求，必须用形式合理的法律体系及其强有力的执行力予以调整和保障，即任何国际结盟都须符合国际法的目的要求，否则，联合国及有关机构有权讨论、协商并授权干预那些目的不当的结盟活动。在这个意义上，结盟本身意味着对话的法律全球化。

进而言之，所谓结盟权，其实是在联合国框架内保障国际权力格局（或权利义务）的重新规范和布置。众所周知，法律的基本功能，就是给主体分配权利和义务，并借此调整以权利义务为经纬的社会交往关系。所以，结盟权是一个关乎在法律的动态调整中协调国际关系，修正不当的国际权力布局，创造并不断维系新型大国力量平衡与制约的制度机制，也是在法律动态调整中不断促进对话的法律全球化之重要保障体系。

[①]　徐旭生：《中国古史的传说时代》，文物出版社 1985 年版，第 37～127 页。其中特别是他对我国古代部族三集团的考证，对这里的问题更有参考价值。

[②]　牛绿花：《藏族盟誓制度研究》，中国社会科学出版社 2011 年版。

第三，全球法治。上述对全球民主及结盟权的论述，其实是想进一步说明全球法治。对话的法律全球化，归根结底要通过全球对话达致建立在共识基础上的全球法治。无论全球民主还是国家的结盟权，都需要建立在更为妥当的形式合理的框架下。这种形式合理的框架不是别的，就是现代法律[①]，无论内国法还是国际法。

所以全球法治必须关注法律的形式合理性，强调程序正义的优先价值。因为形式合理与程序正义，都把法律带入到一般正义和普遍正义之境，它可以较好地克服个别调整以及个别正义。或问，既然是"个别正义"，为什么一定要去克服？可以说，在一定意义上，个别正义往往导致普遍的不正义。所以，个别正义的相加，未必能、甚至一定不能导致普遍正义这种"总和"。因为个别正义奉行的是区别对待原则，它可能导致个别接受，可个别接受一旦置于比较的视野中，同事不同处、同案不同判的个案差异，必然使人们对正义本身抱持怀疑态度。特别是随着交通的方便和互联网的发达，提供了人们更方便地交往并比较的条件。因此，一旦发生同事异处、同案异判的情形，更容易在比较中刺激人们的眼球，伤害人们对正义的渴望。因此，寻求普遍正义和一般正义的实现方式和调控机制，并以其作为实现对话的法律全球化的基本手段，是全球法治首先应考虑的问题。

当然，全球法治关注形式理性，并不意味着它反对实质权衡。反之，它不可避免地要进行一些实质权衡，并把这种实质权衡也形式化、法律化和一般化。如对弱者人权的优先保护，不论在国际法上，还是在内国法上，都保持了大体一致的形式理性的思路。再如国际法上对弱小国家减免国际债务、提供人道主义援助，内国法上对落后地区减免税收、优先提供财政帮助的举措等，都体现了在法律前提下的实质权衡，或者法律上已经通过形式合理与程序正当的一般标准，对特殊问题作出了实质权衡的一般法律授权。可见，

① 当韦伯强调"现代法的形式品质——形式合理的规则体系"的时候（［德］马克斯·韦伯：《经济与社会》（下卷），林荣远译，商务印书馆1997年版，第199~216页），表面看似乎是低估了法律的作用，而实质上毋宁说他把法律置于最高的位置。因为一切实质合理的规定，都需置于形式合理的体系中。背弃形式合理的规范和调整，实质合理就只能体现为个别正义，而无法扩展、升华为一般正义和普遍正义。

全球法治中即使不可避免地会进行实质权衡，但它也是在形式合理前提下的实质权衡。

就外延讲，全球法治可分为内国法治和国际法治两个向度。其中内国法治往往是国际法治的基本前提。一个内国无法无天，权力恣肆的国度，势必因为权力无约而导致专横跋扈，顺我者昌、逆我者亡，并且还必然会把这种恣肆的权力引向国际领域，引发国际动荡。如伊拉克萨达姆政权悍然吞并科威特的行为就是典型。最近朝鲜不顾国际社会强烈反对，一意孤行，进行核试验的活动也可谓典型。但这并不是说内国一旦法治，在国际事务中就必然也倾向于法治。印度是个法治国家，但也有武力吞并锡金的行为。美国是最典型的法治国家，但也曾绕过联合国而对伊拉克、南斯拉夫发动战争。

这种情形，也就是国际法治的反向作用，即国际法治的强制约束功能倒逼各个国家必须完善并坚守法治原则，从而在内国和国际两个方面整体性地推进全球法治的发展。这一过程，更需要国家之间展开认真对话、持续协商、并不断推进对话的法律全球化得以在更高层面、更深层次上展开。

法律方法

作为第四规则的法律方法
及其功能[*]

因为司法在国家法治和日常生活中越来越扮演着"戏曲冲突"的角色，因此，对司法理论、特别是有关司法（法律）方法的研究在我国也渐受关注。对法律方法作用、功能或意义之类的论述也不断涌现[①]。但这些论述，都是把法律方法置于既定的规则体系中的结论。笔者拟在本文中强调，法律方法不仅是既有的国家规范体系的修补者，而且在一定意义上是和国家法律相提并论的司法的法律渊源。或以为，这种对法律方法的抬捧，是不是笔者作为一位钟情于法律方法研究的学者王婆卖瓜，自卖自夸？但笔者仍要强调，只有把法律方法置于司法的法律渊源中，并作为"第四规则"看待时，法律方法在司法中的独特功能才能进一步彰显。那么，究竟应如何理解法律方法作为"第四规则"的概念？并如何在此基础上进一步领会和理解法律方法的功能[②]？

---

[*]　该文原载《政法论丛》2013 年第 6 期。

[①]　笔者在 CNKI 数据库检索的结果是：专论法律方法作用的文章有：葛洪义："法律方法的性质与作用——兼论法律的结构及其客观性"，载《法律方法与法律思维》2005 年卷。专论法律方法意义的文章有：杨建军："法律方法对构建和谐社会的意义"，载《山东社会科学》2007 年第 4 期；陈金钊："法律方法的概念及其意义"，载《求是学刊》2008 年第 5 期；魏胜强："拯救法治：法律方法对法治的意义初探"，载《西南政法大学学报》2009 年第 2 期；周永坤："法律方法的法本体意义"，载《甘肃社会科学》2010 年第 4 期；胡玉鸿："法律方法及其在实现司法公正中的意义"，载《中山大学学报》（社会科学版）2011 年第 5 期等。

[②]　本文中所涉及的法律解释、法律推理、法律论证、效力识别、利益衡量、事实替代、类推适用、法律发现和法律续造以及法律意义模糊、法律意义冲突、法律意义空缺等概念，均参见谢晖：《法律哲学》，湖南人民出版社 2009 年版。下文涉及相关概念，不再一一说明。

一、法律方法作为"第四规则"

在法律渊源的理论和实践中，人们普遍认为能作为司法法渊的规则，除了法律，还有习惯和学理。众所周知，这是受了瑞士民法典、我国台湾民法典等现代法律的影响所致①。这种有关法源的规定，最大限度地穷尽了立法作为人类智慧的伸展向度，避免了对国家法律的过度依赖所带来的种种困境，特别是当法律空缺时所带来的困境。但即使如此，上述三类规则——法律、习惯和学理，在司法中仍不能解决案件事实和规则的"无缝对接"问题。两者有效且有力的对接方式，乃是法官以法律解释为中心而运用的法律方法②。没有法律方法，法官裁判中案件事实和法律规定间的对接往往是粗糙的、论证也只能是简单的。

正因如此，笔者把法律方法作为司法中法官理应掌握的第四规则。即法官要裁判案件，除了须掌握法律、习惯及相关法律学说之外，还须掌握如何把法律规定运用于案件事实的法律方法。换言之，法官需要在没有法律规定、也没有值得信赖的习惯和学理时，必须掌握作出裁判的法律方法和独门技巧。人们习以为常地把法律方法称之为法律技巧、手段或方法，而笔者更愿意把它纳入规则体系中，从而强调它在司法中的规范效应③。可见，把法律方法作为第四规则，须掌握几个要点。

第一，法律方法是规则。法律方法作为规则，是指每种不同的法律方法，都只能针对特定的、给定的案件事实和法律规定以解决案件。因此，对这些

---

① 瑞士民法典第 1 条规定："（1）凡本法在文字上或解释上有相应规定的任何法律问题，一律适用本法。（2）如本法没有可以适用的规定，法官应依据习惯法，无习惯法时，应依据他作为立法者所制定的规则裁判之。（3）于此情形，法官应遵循公认的学理与惯例。"；我国台湾民法典第 1 条也规定："民事，法律所未规定者，依习惯；无习惯者，依法理。"

② 法律解释毫无疑问是法律方法的核心，因之，人们通常把法律方法就误认为是法律解释。但在狭义上讲，法律解释只是法律方法的一种，法律方法作为一个体系，不是法律解释所能全部涵盖的。

③ 严格说来，法律规则和法律规范并不是同一的概念。前者是一个更为具象和特殊的概念，即适用于具体行为的特定规则；后者则是一个更为抽象和一般的概念，它指包含了法律各要素（如概念、原则、规则、政策等）的规范体系。本文在使用中对两者并未加严格区别。

特定的或给定的案件事实及其法律规定而言，法律方法也具有规范性，从而属于规则范畴。譬如针对法律在字面意义上的模糊不明，运用法律解释方法就顺理成章，而运用法律发现的方法，则不但不伦不类，而且对解决模糊不明无以发挥必要的规范功能。再如针对法律规定内容的冲突，首先运用效力识别方法合情合理，但运用类推适用的方法，则只能此路不通。可见，只有当具有规范意义的不同法律方法能够恰如其分地运用于不同的案情和法律的对接中时，才能收到法律方法的规范效果。这也从一个侧面说明，法律方法并不是法官不顾案情、罔顾法律而自由地运用的技术手段，而是法官针对不同案情及其适用的法律状况，有的放矢地运用的技术手段。这已然表明法律方法在法官司法中的规则属性。

法律方法不仅是法官裁判案件的思维路径和方式以及普通意义上的规则，而且一旦不可避免地被运用到司法中，就是具有法律效力的规则。法律方法和司法中必须面对的其他规则一样，具有法律效力。不过诸如法律、习惯和学理作为司法的三类规则，其效力来源于法律的授权，而法律方法作为司法的第四规则，其效力主要来源于实践需要，也来源于法官在裁判案件中如何把主观判断转化为可接受的客观裁判的客观情势。

把法律方法作为第四规则，前文已经言明，即它是和法律、习惯、学理相对应的法官裁判案件的规范指导。不过它作为第四规则，主要不是在规范效力的逻辑序列上讲的，而是在规范本身意义上讲的。因为法律方法作为规则，可以分别与法律、习惯和学理共同适用，并且通常情况下，法律方法很少离开法律、习惯或学理而单独适用。可见，法律方法作为第四规则，超越了上述法律渊源的效力掣肘，从而可通用于不同的法律渊源中。

或以为，法律方法在实质上也是一种学理，为何不把它放在法律渊源的"第三规则"——学理中看待，而一定要专门作为"第四规则"来对待？尽管这种看法有一定的道理，但作为"第三规则"的学理，所针对的要么是学者就具体案件的实体性问题及其所适用的规则所作的解释；要么是学者对法律在精神价值层面或原则层面所作的阐述。而作为"第四规则"的法律方法却针对的是程序性问题和技术性问题，它更具有一般性的特征，也具有对司法活动的直接技术指导特征。因此，把它单列为法律渊源的第四规则，和把其他学理主张作为第三规则看待之间不存在张力或冲突。

又或以为，在司法中法律方法作为规则，和法律、习惯、学理作为规则不是在一个层面上的问题，后者是法定的在裁判中根据不同案件必须遵守或运用的规则，而前者是司法中由法官自我掌握、自由裁断的规则，因此，不能相提并论。乍看之下，这一说法不无道理，但当人们了解任何案件的裁判，都需依赖于法官的法律方法，法官不掌握并运用法律方法，案件的裁判就难以为继时，强调法律方法作为司法裁判的第四规则，不但有必要，而且很重要。当然，法律方法作为司法的第四规则，其运用特征显然不同于作为法渊的其他规则。这是笔者要在下文中将继续展开论述的问题。

第二，法律方法作为第四规则的运用特征。法律方法的运用，并非像其他法律渊源的运用那样遵循效力先后之间的规定，即只有在法律规定不足时，才能运用习惯；只有法律规定和习惯都不足时，才能启动学理的司法适用。法律方法的运用可分为三种情形。

其一是无条件地适用的法律方法，即法律方法在司法中具有日常性。无论一例案件是日常普通的，还是疑难复杂的，只要有案件的裁判工作，就有法律方法的运用。只要把案件事实代入到法律规定中去，就需要对他们的衔接和关联予以解释。显然，法律方法的日常运用对法官而言，是自然而然，无须刻意的。这里的法律方法，几乎与法律思维具有同样的意义，即只要从事法官裁判的工作，必须娴熟地运用一定手段、技巧或方法，把案件事实和法律规范对接起来。

其二是附条件适用的法律方法。无论哪种法律方法，都可以附条件适用。但有些法律方法既可附条件适用，也可无条件适用。例如，法律解释就是典型，它在法官处理任何案件时都需要用到，因为对案件事实和法律规定之间对接的说明，本身就是无条件的。但同时，当法律规范的意义出现模糊不明时，它也会因这一条件的出现而对法律规范作出字面意义或其他意义上的解释。这就是法律解释附条件的适用。还有些法律方法，只能是附条件的法律方法，即只有一定的条件具备时，法官才能启动该法律方法的运用，否则，该法律方法只能是备而不用的。例如，"事实替代"方法，只有在法律规定与其所调整的社会事实间出现南辕北辙的情形时才可适用；再如效力识别方法，只有当既有的法律出现意义冲突时才能适用等。显然，附条件适用的法律方法更具有效力意义上"第四规则"的属性。

其三是法律方法的混合适用。即在案件事实和法律规定对接的过程中，法官不仅仅机械地适用某一种法律方法，而且会把不同的法律方法有机地运用于同一案件。这既是法律方法的复杂适用，也是其有机适用。对此，笔者曾有专论①，故不赘述。

第三，法律方法作为规则的客观性。所谓客观性，是指法律方法具有技术和内容上的确定性或明确性，因此，是法官可以学习并被不同的人所掌握的。法律方法作为第四规则，无论在技术层面还是在适用层面，都具有客观属性。

在技术层面讲，法律方法的客观性体现为它具有可操作性。所有的方法，都贵在具有可操作性，即人们运用该种方法可直达事先所设定的目的，法律方法也是如此。在法理学领域，法律方法不是抽象的价值设定，也不是伸缩性较强的概念体系，而毋宁是操作性极强的技术手段。每种法律方法在单独适用时，都具有严格的适用条件；在复杂适用时，需要理清不同法律方法间可能交叠地复杂适用的前提和具体情形；面对同类型的法律问题，在相关的法律方法中，其适用的先后顺序也须遵循一定的程序作出。例如，面对法律的意义冲突，首先需要运用的方法是看冲突的法律间有没有效力位阶的差异，如有，则运用效力识别方法；如没有，再进入下一程序，结合纠纷中的法益大小进行利益衡量……

在实用层面讲，法律方法的客观性体现为它对实际解决具体案件的规范上。无论面对简单案件还是复杂疑难案件，法律方法一出场，可以事半功倍地帮助法官破解案件事实和法律规定之间的对接难题。特别是在复杂疑难案件中，当案件事实和法律规定直接表现为冲突症状时，法律方法的运用可以让这些症状迎刃而解。例如，当法律规定空缺时，运用类推适用可以解决法律有类似规定，但没有直接规定的问题；再如运用利益衡量，可以解决在法律意义出现冲突、且法律效力处于水平状态时的相关问题。可见，法律方法的可操作性也取决于其具有规范性，取决于其客观的方法立场和技术手段。

由于法律方法的如上客观性，在一定意义上，让不可避免地存在的法律

---

① 谢晖：“论司法方法的复杂适用”，载《法律科学》2012 年第 6 期。

病症得以救治，使病态的法律能够恢复到健康状态。因之，运用它乃是对法官面对法律模糊、冲突或漏洞时可能存在的主观恣意的有效限制措施；同时也是对法官发挥其裁判能动性的必要保障机制。

第四，法律方法作为规则的能动性。司法活动既是法官严格遵循规则以适用于案件事实的活动，同时也是法官以裁判主体身份在案件事实和法律规定间目光流盼、牵肠挂肚、思前想后的能动性活动。所以，从来的司法活动，绝不是法官作为"自动售货机"① 而输入案件，输出裁判。即使在绝对的严格规则模式下，法官不是、也不可能是完全受役于法律的工具，反之，案件事实和法律对接，本身预示着预设样态的规则和实践样态的案情在对接时给法官的主观能动性留下的用武之地。更不用说法官面对的法律，本身具有不可避免的意义模糊、冲突及空缺等情形。可见，司法活动的能动性具有无可疑义的合法性。

然而，司法活动的能动性并非对法官的放任。能动性必须是有规范的能动性，或者是受规范保障和制约的能动性。在此意义上，法律方法既提供给法官能动性得以发挥的保障，同时也给法官的能动行为②以一定的制约。换言之，法律方法作为规范，事实上既给法官的能动行为以权利赋予和保障，也对其作出义务规定和制约。这样，法律方法作为第四规则可以更好地作用于司法活动，使法官以法律适用者和守护者的双重形象作用于案件事实的裁判。

特别面对疑难案件及其所对应的法律，如果法官满足于扮演"自动售货机"的角色，则只能束手无策。其结果要么是葫芦僧判葫芦案，纯粹瞎判；要么是能拖则拖、能绕则绕，放弃不得拒绝裁判的义务。但是，要让法官胜

---

① 在学术史上，不少学者主张司法和法官就像自动售货机那样，输入案情，输出裁判（对这一主张的相关考证，谢晖：《大、小传统的沟通理性》，中国政法大学出版社 2011 年版，第 313 页，注 1）。显然，这是对法律本身的规范能力过分自信的产物。这种自信恰恰违背了法律作为人类理性的有限性，不当地抬高了立法建构理性的地位，贬抑了司法的职能和经验效能。特别是在大陆法系国家，此情尤甚。英美法系国家实施判例法的经验，恰是对大陆法系国家过分张扬这种立法建构理性的一种有效纠偏措施。

② 这里的法官能动行为不是指司法能动主义视角的能动（［美］克里斯托弗·沃尔夫：《司法能动主义——自由的保障还是安全的威胁？》黄金荣译，中国政法大学出版社 2004 年版），而是指哲学上主观能动视角的能动性。

任愉快地解决这样的案件，又不能让法官发挥其能动性，只能是既要马儿跑得快，又要马儿不吃草，从而遏制司法对社会的责任——消极裁判就是司法怠责。可见，前述法律方法对法官的功能，能够有效克服司法过分的严格规则要求所带来的弊端，给司法活动提供必要可靠的能动授权和责任制约。

如上对法律方法作为第四规则的论述，已经在一定意义上预示着法律方法对于法律和法治的独特作用和功能。具体说来，笔者以为法律方法对法律和法治的功能可以总结为守成、外溢、内卷和补漏四个方面。下文笔者将对此进行详细的论述。

二、法律方法的守成功能

所谓法律方法的守成功能，是指它对于法律原旨的恪守和维护功能。倘若把法律不仅视为一种行为方式，而且视为一种教化或教义①，那么，所有的法律方法，总是要围绕着法律之教义而展开。法律方法的守成功能，更是如此。它强调对所有法律方法的运用，都需要围绕着法律的一般宗旨而展开。公然背反法律的宗旨而另起炉灶，不能谓之法律方法，而宁可说是解构法律的方法。在现实中，只要某一文本或教义陷入解释的纷争中，就必然意味着在本质上它是一种教旨之争。尤其在独断性解释②中，一旦陷入解释纷争，就更是如此。

所有教旨之争，都强调自己的解释更符合教义或原旨，即都期望携原旨而为其解释的合法性获得辩护。但我们知道，在原旨白纸黑字、大白天下时，无需解释，只需运用。问题恰恰在于原旨未必一定是白纸黑字、大白于天下的。现实情况经常是或因文意模糊、或因时过境迁、或因解释者意欲，所谓

---

① 在世俗法律中，我们知道，秦始皇就曾采纳李斯的建议，强调"以法为教"，把法律作为世俗社会教化的基本手段。事实上，现代法治国家所谓的公民教育，其本质不过是对公民权利和义务的教育。而在宗教法律中，所谓宗教的教化，除了纯粹心灵信仰层面的教化之外，更重要的是行为层面的教化。即使对心灵信仰层面的教化，也要纳入主体交往行为层面予以具体地解决。因此，律法即教义。可见，要坚持所谓法治，就不可避免地会涉及"以法为教"，并把法律作为教义看待的问题。

② 解释学把解释活动分为独断性解释和探究性解释两类，此种解释学类型的划分较早可追溯到斯宾诺莎。（［荷兰］斯宾诺莎：《神学政治学》，温锡增译，商务印书馆1996年版，第111页）。

原旨本身是个人言言殊的问题，因此符合原旨的解释，大体上是解释者的标榜，而并非解释的结果或事实就一定符合原旨。

但尽管如此，对法律这样的权威性行为规范而言，如果采行放任性解释，则法律构造秩序的职能会大打折扣，甚至法律不但不是秩序的缔造者，反而是秩序的解构者和破坏者。因此，一方面，所有的司法活动、执法活动，乃至公民的日常交往活动都需围绕着法律的基本精神和规范而展开；另一方面，当法律本身出现问题、或者当法律规定和社会事实间出现冲突时，借助法律方法尽量地把这些问题或冲突纳入法律的精神宗旨与具体规定中，就是法律方法理应肩负的基本功能。这一功能即为法律的守成功能，这也意味着对法律的解释，特别是所谓有权解释，只能是独断型解释，而不能是放任型解释或探究型解释。

法律方法的守成功能，具体地表现于两个层面：第一个层面是所有的法律方法，其基本功能都是对法律原则和规则的守成。在法律方法运用的实践中，有时候会产生某种误解：似乎有些法律方法是对法律具体规定的违反。譬如法官的法律续造或者法官以事实性的规定替代法律等方法，自表面看去，都是对法律规定本来面目的否定。但应注意的是，即便是这一类的法律方法，在本质上都需要围绕着法律的原则和精神而展开，违反相关原则和精神，不但无助于对法律的守成，反而会因为与法律精神南辕北辙而不具有法律效力。

进言之，这一类法律方法的运用，乃是法律内部本身出现问题或存在不足的需要。它们的运用，不但不是对法律一般规定性的否定，或者违背法律守成的精神，反而是通过这些技术手段修补法律的不足和问题，从而为法律守成提供更好的条件和可能。如面对死刑犯生育权请求的诉讼①，众所周知，这是我国现行法律尚没有规定的问题，属于法律漏洞问题。对此，倘若法官裁判或支持、或否定当事人的诉讼请求，都可以形成较为经典的"指导性案例"。正因如此，这样的裁判事实上可以起到法官续造法律的作用。显而易

---

① 我国浙江省就曾有当事人提起过相关诉讼（莫纪宏："死刑犯能享有生育权吗？"，载《北京青年报》2003年12月18日第8版），遗憾的是法院并未就相关请求作出司法裁判。

见，这样的法律续造对于本来有缺陷的法律而言，只能视为是对它的守成性补充，而不是对它的离经叛道。

值得指出的是，随着我国社会转型的急速发展，也随着科技发展所带来的日新月异的新型社会关系的出现，既有的法律对新型社会关系的调整常常会捉襟见肘。这时究竟要采取大陆法系模式事无巨细地制定成文法，即以成文法的方式圆润、守成法律体系，还是借鉴我国古代"混合法"①的经验，尤其是借鉴近代英美判例法的经验，通过判例法的方式予以救济，是特别值得法学界乃至政治家认真思考的问题。人们通常囿于立法模式更有益于体现人民主权一类的意识形态考量，更愿意接受通过公民选出的代表、并再由代表组成的人民代表大会制定法律，而不愿意接受由精英组成并实施的司法制定法律，哪怕是补充性的法律。

在笔者看来与其如此，还不如赋予具有职业特点的法官精英通过判例的方式对法律存在的模糊、冲突、特别是漏洞进行澄清、消解和补充，既可以有效地节约立法成本，也可以让司法产出更高的效益，还可以使法律更贴近生活，贴近案件的事实，即通过司法及其法律方法的运用，更加圆润法律、守成法律并让法律贴近于人们的日常生活。

可见，只要是法律方法，都不是以背离法律的宗旨为目的的，反而是以维护法律宗旨为目的的。这是一切法律方法的基本功能、前提功能和基础功能。

第二个层面是一些具体的法律方法，更直接地、特别地以追求对法律和法治的守成为使命。例如，文义解释就是典型。文义解释既是法律解释的基本功夫，也是其他法律方法每每需要借助，并进而展开这些法律方法的前提。因此，文义解释在法律方法中具有基础性地位。就其功能而言，文义解释主要倾向于遵循法律文字中所表达的原旨——立法者的立法意图进行解释，这正是文义解释能够更好地发挥对法律之守成功能的缘由所在。

当然，即便是文义解释，也存在一个解释者究竟是站在文本立场、作者

---

① 关于我国古代"混合法"的论述，武树臣："中国'混合法'引论"，载《河北法学》2010年第 2 期。

（立法者）立场还是读者（法律运用者）立场进行解释的问题，并且可以肯定，三种立场下的解释尽管都会声称是遵循法律的原意、宗旨、精神或本意，但解释的结果常常会大相径庭①。这种情形，容易导致对文义解释是有效地守成法律宗旨这一结论的怀疑。在此需说明的是，文义解释尽管会实现具体地守成法律的功能，但这绝不意味着相关解释活动就是抛开了解释者自我存在的"六经注我"，而是解释者参与其中的"我注六经"——即解释者是带有前见的创造性解释活动。既然是"我注六经"，就必然意味着解释者以主体身份在从事解释活动，从而解释者的活动，并非紧随法律亦步亦趋，而是一个规范知识的积累过程。在这个意义上讲，解释者在程序上是被动的，但解释的过程和结果并不是被动的。一定要强调解释者被动地遵循法律进行解释，才算是对法律的守成，那其实也就取消了解释。

不仅如此，而且众所周知，在法律解释中既有平义解释——根据法律文本客观呈现的字面意义进行解释，也有限缩解释——限缩法律规范的意义范围和射程，还有扩张解释、目的解释、历史解释、比较解释——它们大体上都是扩展法律规范的意义范围和射程。这些具体的解释方法，客观上赋予解释者能动的解释权利，不但使法律解释呈现出"只要有理解，理解便会有不同"这样一种效果，而且这些解释方法本身就要求解释者的解释具有一定的创造性和开拓性。如果法律解释没有任何创造性和开拓性，那么，就意味着有解释活动和没有解释活动并无实质不同；更是对扩展法律规范之意义和射程要求的法律解释之否定。

但这样一来，问题也就出来了："我注六经"也罢、"创造性解释"也罢、"扩展法律的意义范围和射程"也罢，不明显地是对法律原旨的超越吗？它们还能算是对法律的守成吗？笔者以为，这个问题是极为重要的，它逼迫笔者不得不返回到对"守成"功能的再解释、再反思中。法律守成尽管是对法律原旨的恪守和维护，但它并不意味着原封不动地对待法律，而必须把法律带入到动态的运用过程中去对待。因为这后一种理念，甚至生成了两类在

① 谢晖：《法律的意义追问——诠释学视野中的法哲学》，商务印书馆2003年版，第176~246页。

动态中对待法律的模式，即大陆法系对成文法的法律解释模式和英美法系的判例法模式。这两种模式的共同特点都使法律处于动态的增量中，而不是静态的衡量中。也正因为如此，法律才能不断适应对社会关系的调整以及由此出发的对社会秩序的组织和规范。

但这仍然没有令人信服地回答相关行为是守成法律的结论。因此需要继续强调的是：法律守成不是、或主要不是指对法律在规范内容（包括原则、规则、政策）方面的恪守，更是指在法律调整中，是否完成了法律目的所设定的相关任务。只要法律解释（无论是成文法的解释，还是判例法的解释）能够更好地完成法律所承担的调整社会关系、组织社会交往、构建和谐秩序的目的和任务，那么，即便法律解释在内容上和当下法律出入再大，也是对法律的守成。反之，如果法律解释尽管亦步亦趋于既有法律，可结果不但未更好地促成法律使命的完成，反而因此使社会关系更加混乱、主体交往更加无序，那么，它不仅没有守成法律，反而在败坏法律。

这样看来，文义解释是否增益于法律调整的效果，势必也是衡量其是否守成的重要方面，甚至是更重要的方面。因为毕竟法律作为社会调控的工具或技术，其目的是"善其事"，而不是摆放中庭、供人观赏的陈设。在此视角上理解文意解释对法律守成的功能，上述种种质疑就会自动释疑、迎刃而解。

以法律守成为直接使命的法律方法，除了文义解释外，还有法律推理——当法律和事实遭遇而出现法律的意义模糊时，以法律规定为逻辑大前提进行推理；效力识别——当法律出现意义冲突后直接在法律内部寻求解决的方式、根据；类推适用——当法律出现意义空缺时，把法律未曾规范的社会事实纳入法律的调整领域。凡此种种，都说明这些法律方法直接以守成法律为使命，换言之，其直接功能就是对法律原旨的守成，是在尽量不增加法律规范内容的前提下解决法律纠纷和问题——即使在这里不可避免地会存在对法律调整内容或范围的增减，但只要这种增减有利于法律更好地构造秩序，就可以断定是对法律原旨的守成。

三、法律方法的外溢功能

法律方法的外溢功能，是指借助一定的法律方法不但可以拓展法律的调整和适用领域，而且可以进一步扩张法律规范本身。严格说来，法律方法外溢功能与下述几种功能一样，按照上述对法律方法守成功能的界定，都是其守成功能的具体表现形式。不过毕竟这里的外溢功能及下述的内卷功能和补漏功能，具有独特的守成价值，或者与一般所谓守成还有区别，因此，笔者将继续结合不同的法律方法，探讨法律方法针对法律和法治的这些具体功能。

法律方法对法律的外溢功能，或取决于法律对其调整对象设定了限制，而法律的实践或当事人的诉讼请求又打破了法律对其调整对象的画地为牢，从而出现所谓法律"调整不够"的情形；或取决于法律虽然设定了其调整对象，但其客观上又不能调整这些对象，从而出现所谓法律"调整不能"的情形。

首先，看法律"调整不够"与法律方法对法律和法治的外溢功能。尽管人们可以想象法律的调整是涉及人类交往行为的一切领域、一切方面的，甚至可以想象法律不仅调整人们的交往行为，而且可以通过对权利的赋予和"认真对待"，调整人们的思想①。但实践中法律对调整对象的设定，并不是、也不可能包罗万象、事无巨细地调整人们交往行为的一切领域，反之，法律适度地给社会道德、宗教、纪律、习俗、政策等规范开放一定的空间，使多种规范齐头并进地调整社会关系，或许更能收到良好的调整效果。所以，在法律的字面意义上，无论法律义务还是法律权利的明确规定，都是有限的。实践中更为广泛的权利是在法律之外推定的；实践中更为多样的义务则是由其他规范设定的。

---

① 马克思曾强调："对于法律来说，除了我的行为以外，我是根本不存在的，我根本不是法律的对象。"（《马克思恩格斯全集》第1卷，人民出版社1956年版，第16~17页）其实这种观念是建立在法律义务唯一论立场上的一种结论。如果把权利引入法律领域，并认真对待之，毫无疑问，我们也可以说思想也是法律调整——保护性调整或"放任性调整"——的领域（谢晖：《法理学》，北京师范大学出版社2010年版，第200~205页）。

或以为，法律之外的权利推定仍是法律授权的结果，法律之外的义务设定，人们可以服从，也可以不服从。但事实上，如果按严格规则模式的法治观念来衡量，则推定权利也罢、其他规范设定的义务也罢，都不是法律直接调整的对象。其他规范的义务设定，只要公民予以遵守和服从，且没有违背法定义务，可视为公民对权利的具体行使方式，即公民在行为中自我选择了义务。显然，这一选择在法律的视角看，仍属于权利范畴，有选择，就有权利。

那么，法律如何能对上述推定权利和其他规范设定的义务进行调整，这就需要通过法律方法的外溢功能，使不具有直接法律意义的事实转换为具有法律意义的事实。譬如我国有人向法院提出了祭奠权诉讼[①]，众所周知，这是一项没有直接法律根据的权利，但无论在习俗上还是道德上，这都是一项颇受重视的权利，甚至是与当事人的心理义务密不可分的权利。面对祭奠权被侵犯的社会事实和主体的相关诉求，法院不能以法律无明文规定为借口拒绝受理、拒绝裁判，反之，法院理应积极受理，并认真对待这类在诉讼视角看明显属于"新型权利"[②] 的诉讼请求，以通过司法扩展法律对社会秩序的更进的保障和维护。

然而，毕竟类似的权利请求在法律上找不到根据，这时，法官必须依赖法律方法，寻求处理相关案件的路径依赖。这里的法律方法就是法律发现。法律发现这个概念既可以是在法律内部发现适用于当下案件的根据，即法律的内部发现，但它能否构成一种值得关注的法律方法？还需考量。笔者以为这是法官的基本技能，无须纳入法律方法体系论述之——即使一个国家的法律再复杂，也没有必要。也可以是在法律外部发现适用于当下案情的规则，即法律的外部发现。如法官面对祭奠权诉求，在法律内找不到裁判的根据时，可以直接借助习俗（民间法）或社会基本道义的规定进行裁判。显然，这种法律方法的运用，使法律外溢到对民间习俗和社会道德的调整上。对于双方

---

① 相关案情，中央电视台《今日说法》栏目"说法周刊"2007 年 3 月 3 日报道，http：//www.cctv. com/program/lawtoday/20070329/102755. shtml，2013 年 7 月 14 日访问。

② 近年来，有关新型权利的诉讼请求愈益增多，如本文中提到的死刑犯的生育权请求、祭奠权请求以及实践中出现的临终告别权请求、吉祥结婚权请求、悲伤悼念权请求、安乐死权利请求和变性权请求等。

当事人而言，法律的裁判让他们把民俗和道德的内容转化为法律的权利和义务，即法律规范得以扩张。倘这样的裁判一旦升华为指导性案例或判例法，则意味着法律外溢到对民俗和社会道德的调整上来，法律规范自身也借司法得以有效地扩张。

行文至此，笔者不得不提及这两天普遍受关注的曾成杰非法集资死刑执行案。案犯之女呼吁"父亲昨日上午被执行枪决，到现在都没有官方通知，连最后一面都没见到，剥夺临终告别权，这合情吗？"而长沙市中级人民法院的微博却对此回应道："法律没有明文规定，对犯人执行死刑时，犯人必须跟亲人见面。"对此笔者回应道："对公权力而言，尽人道和良心是不需要明文规定的，除非公权行使者退化为兽类……"① 抛开情感不说，单从理性或严格法治视角观察，法院的说法并无大错。因为《最高人民法院关于适用〈中华人民共和国刑事诉讼法〉的解释》所规定的仅仅是罪犯或其近亲属双方或一方提出要求，法院才予以安排，因此，见面不是"必须"的。但问题是法院的这一解释是否合情合理？笔者以为法院的解释本身忽略了一项我国自古以来即流行的习惯权利和道德权利，这就是曾女所说的"临终告别权"。如果法院能够借助法律发现这一法律方法，把法律的适用外溢到上述习惯权利和道德权利领域，就不会造成今天这样左支右绌的尴尬局面②。

其次再看法律"调整不能"与法律方法对法律和法治的外溢功能。所谓法律的"调整不能"，是指法律规定和它所欲调整的社会关系之间或南辕北辙、或格格不入的情形。要让法律能够顺利地调整社会关系，法律的制定必须遵从两个方面的规定性：其一是遵从社会关系的规定性。法律一旦违背社

---

① http://weibo.com/p/1005051710763511/weibo? from = page_ 100505_ home&wvr = 5.1&mod = weibomore#place，2013 年 7 月 14 日访问。

② 长沙市中级人民法院的上述微博发出后，因网民的讨伐，很快便删除，接着又解释说行刑前，法官曾告知案犯相关权利，案犯没提出会见家属的要求；后来于 7 月 13 日晚上 8 时又强调："今天由于微博管理人员对刑事法律学习钻研不够，想当然办事，面对网上舆论不淡定，导致发出了一条错误信息并在领导发现后删除。我们对一线工作人员提出了严厉批评。特此向网友和公众道歉。今后工作中我们将要求编发信息的人员加强学习，不再犯类似错误。欢迎继续监督。"（http://news.hexun.com/2013 – 07 – 15/156144540.html? fromtool = roll，2013 年 7 月 14 日访问），可 7 月 14 日上午 11 时当笔者再查阅该微博时，整个微博内容删得干干净净、空空如也！（http://e.weibo.com/1975687852/map，2013 年 7 月 14 日访问）

会关系的规定性，其不但无益于对它的调整，反而会破坏正常的社会关系和主体的正常交往。其二是遵从主体需要的客观规定性。一切法律归根结底是人们需要的产物，现代法律更强调对人们普遍需要的规范保护。否则，法律只要走向人们需要的反面，则必然意味着人们对法律的不服从、甚至反抗。所以，法律的"调整不能"具体发生于如下三种情形。

一是法律的盲目冒进。法律的制定本来是要调整社会关系的，但法律的制定一旦违反了社会关系的规定性，就让法律进入盲目的境地，从而虽然在表面上看，相关领域有法律的规定，但在实质上讲，法律所规定的内容与它所要调整的社会关系间没有关联，甚至背道而驰。

例如，当年通过类似法令的方式在广大农村地区推行的"公共食堂"制度，为了一个盲目的"一大二公"的目标，不惜严重地违背人们消费行为的私人性质，结果导致食堂分配的严重不公和公民消费的苦乐不均。遏制了人的积极性，催化了人们面对公共食堂的投机心理。把一切权力属于人民事实上变形为使一切权力属于集体。共和国成立以来急于求成的一系列制度，例如"合作社"制度、"人民公社"制度、"计划经济"制度、"革命委员会"制度、"大民主"制度等，其之所以引发一系列国民不愿回首的灾难，原因就在于相关法令的过于盲目，在一个相关条件根本没有或完全不具备的国度强制地实施一套近乎空想的法律。

二是法律的狂妄自大。法律的狂妄自大和盲目冒进之间具有一定的关联。但法律的盲目冒进主要立基于"立"，即在根本不具有条件的时间和地点强制地推行一套标新立异的法律规定。而法律的狂妄自大则立基于"破"，即立法者不惜一反公民长期以来形成的习惯和需求，而期望通过法律强行地改造社会、改变社会，从而使社会决定法律的命题发生倒转——法律决定社会、构造社会或者改变社会。

法律与社会之间究竟是何种关系，公认为是社会决定法律、法律适应社会。但对这样的结论，学术界也有不同的看法。有些人强调法律对社会的型塑功能和改造功能，但有些人坚持社会对法律的决定作用①。笔者认为，社

---

① [法] 米歇尔·克罗齐耶：《法令不能改变社会》，张月译，格致出版社、上海人民出版社2008 年版。

会决定法律也罢、经济决定法律也罢，都是一些终极性的结论，即在最终意义上的结论。也就是说在最终意义上是社会和经济决定法律，而不是相反，由法律决定社会和经济。但是这种一般性的结论，并不能说明在过程中，法律对社会和经济的深刻规范效应和型塑功能①。这一点，只要仔细研究一下自宋明以来出自我国文人的几部"乡约"对于中国、朝鲜以及越南等国家的深刻影响②，就不难获知。也只要认真研究一下宗教教法，如《圣经》《古兰经》等对信众及其交往方式的深刻影响，就不难领会。在这个意义上讲，法律塑造社会、改变文化并创造着人的面貌和精神。

然而，必须强调的是，能够塑造社会、改变文化并创造着人的面貌和精神的法律，必须是建立在人的需要基础上的法律。那种为了"破四旧、立四新"而刻意与人类一般需求作战的法律，归根结底不但无以塑造社会、改变文化并创造人的面貌和精神，反而最终会被人们无情地抛弃。在这方面，我国早年强行的"腊月三十不停工，正月初一照样干"，前些年在全国各地一股风般地制定的烟花爆竹"禁放令"以及这些规定的最终失效，就是典型的例证。

三是法律的明显滞后。即法律调整的社会关系已经完全发生变化了，法律仍原封不动，从而脱离社会发展的实际。这样，原先尚能够和其调整目的相勾连和衔接的法律规定，就因社会关系的发展出现了脱节，从而导致法律的"调整不能"。如当一国公民的参政议政能力、意识、要求已经有了长足进步的情形下，仍然推行实际上的代表荐举制度，显然不能令选民满意，也无以适应对变化了的社会关系的调整。社会因此呈现的乱象严重威胁其和谐与安全。

那么，上述法律"调整不能"的情形和法律方法的外溢功能之间是什么关系？笔者以为在法律"调整不能"时，法官在办案中需要以社会关系的规定性取代现行的法律规定，这种法律方法笔者把它称之为"事实替代"方法。这也意味着当法官以"事实替代"的方法裁判案件时，其实也把法律的

---

① 笔者的相关具体论述，谢晖：《价值重建与规范选择——中国法制现代化沉思》，山东人民出版社1998年版，第122~142页。

② 谢晖等主编：《民间法》（第3卷），山东人民出版社2004年版，第462页。

调整从"调整不能"状态位移到"能够调整"状态。显然，这不仅是司法通过法律方法对法律调整位置的一种拨正，而且是法官借助这种法律方法的运用，使法律的调整功能得以外溢——虽然未扩大法律的调整范围，但矫正并改变了法律规范的内容。这种矫正和改变，实质上是借司法对法律规范的扩张和外溢（因原规范并未因此失效或废除）。

　　总之，通过法律方法的运用，对法律和法治的外溢功能，具体主要是由两种法律方法所推进的，即一是通过法律发现（专指法律的外部发现）方法，二是对法律的事实替代方法。其他法律方法，如法律解释、法律推理和法律论证，也可以辅助这两种法律方法推进法律和法治的外溢功能，限于篇幅，不再赘述。

四、法律方法的内卷功能

　　法律方法的内卷功能，则是指通过法律方法，将法律尚未调整的既有的社会事实或新生的社会事实以及多元冲突的制度事实等建构于既有的法律中，从而受既有法律调整的功能。前文已述及，或因为法律预先设定的调整范围的限制，或因为随着时代的不断变化和变迁，会导致大量的社会事实和社会关系并不受法律的调整，从而游离于法律之外的情形。对此，可以通过专门立法的形式纳入法律调整的范围之中，也可以在司法中运用法律方法，把其建构于法律调整的范围之内。同时，在任何国家，法律作为制度事实本身不可避免地会出现冲突，而这种冲突更突出地体现法官在个案裁判时，对冲突的法律如何适用上。这也需要一定的法律方法来消除法律冲突带来的紧张，加固法律的效力。如上情形，笔者都归入法律方法的内卷功能之列。

　　行文至此，有读者或许会提出这样的问题，前述法律方法的外溢功能和这里法律方法的内卷功能，归根结底，都是把尚没有纳入法律调整范围的社会关系设法纳入之，成为法律调整的对象，从而在结果上并无实质的不同。在此情形下，别出心裁地进行外溢功能和内卷功能的区分有必要吗？这一问题确实是尖锐的，但笔者以为这种功能的划分仍然是必要的。

　　法律方法的外溢功能表明：面对法律尚未调整的社会关系，无论其是既有的社会关系还是新型的社会关系，都在目前的法律之内找不到予以调整的具体条文，但司法行为又不得拒绝对涉及相关社会关系的纠纷作出裁判。因此，相关的法律方法是外烁或外溢的。尽管其结果是把游离于法律之外的社会关系纳入到法律调整的范围。而法律方法的内卷功能表明，面对游离于法律之外的社会关系，无论它是既有的社会关系还是新型的社会关系，相关法律方法都倾向于在现行的法律范围内寻求救济的规范和方案。所以，前者是通过法律方法把法律侵入到社会关系和社会事实中；后者是通过法律方法把社会关系和社会事实纳入到既有法律中。前者不仅有时扩大法律的调整对象和范围，而且扩张了法律规范（判例法或判例）；后者虽然扩大了法律的调整对象和范围，但并不扩张法律规范，而是保守既有的法律规范。

由此可见，司法中法律方法对法律和法治的这两种功能在路向上是完全不同的，因此，对它们在学理上的分别处理，绝非心血来潮、别出心裁，而是事实如此，不得不然。那么，进一步的问题是：究竟哪些法律方法及其运用更有利于实现法律方法功能之内卷？笔者认为这些法律方法主要有类推适用、效力识别、利益衡量、法律推理和法律论证。

类推适用是指法官运用法律中最相类似的条款来处理尚未被法律调整的既有社会关系或者新型社会关系。它是处理法律漏洞的一种重要的法律方法，同时，既然法官是按照最相类似的法律条文来处理相关法律关系，就意味着法官把相关社会关系建构于具体的已有的法律规定中，从而使该法律方法呈现出功能明显内卷的特征。即这种法律方法的运用，虽然可以扩张法律的调整对象和范围，但并没有扩大法律的规范内容。

例如，某甲与某乙系邻居，某甲房子后墙的窗户正好对着某乙出入的大门，根据当地风俗，这可能对某乙带来不吉利，某乙要求某甲把窗户堵上或者在其他方位另开窗户，而某甲拒不接受。为此两造兴讼，某乙诉诸法院①。针对相关的诉讼请求，法院一方面寻求类推方式予以解决，另一方面又运用法律发现的方法，寻求把民俗结构在法律之中，从而扩张法律的规范内容。

---

① 类似例证还有某家人为了"驱妖"，把"照妖镜"挂在其墙外，恰对着别家的窗户。被照的这家人提起诉讼，要求被告停止相关行为，并赔礼道歉。"'照妖镜'引发邻里诉讼风波"，http://news. 163. com/10/0628/02/6A801K3600014AED. html，2013 年 7 月 14 日访问。

显然，这是一例法律方法在运用中既发挥内卷功能、也发挥外溢功能的案例。后者在此暂且不论，笔者想在这里结合本节的内容，主要阐述前者。

首先需说明的是，这样的纠纷，在既有的国家法律上并没有明文规定。因此，它不是那种可以直接对应于既有的法律规定就可以解决的案件，而是一例简单但疑难的案件。说其是简单案件，因为无论纠纷关系的主体、事实、情节、请求等都不复杂；说其是疑难，因为在法律上对这样的案件给不出现成的答案。因此，法官必须借法律方法寻求其他门道来解决之。一个现实可行的方法就是类推适用。那么法官究竟会选择何种最相类似的法条予以裁判？

法官选择了相邻关系的相关规定进行类推。毫无疑问，这是一例发生在邻居身上、且因为相邻关系而发生的诉讼。倘若被告不近邻原告，那么，任其如何开窗户，也轮不到原告就此诉诸法院的问题。恰恰因被告的窗户正对着原告的大门，因此，原告才以邻居身份进行起诉，要求停止对其不利的行为。显然，对此按照相邻关系进行类推，似合情合理，并无不妥。

但这里也面临着问题。一般所指的相邻关系，其内容主要有采光权关系、通行权关系、排水权关系、通风权关系等。而本案中所涉及的相邻关系，却是和习俗相关，并具有一定迷信色彩的关系。尽管法律并未明确保护此种关系，但当当事人之间因此而出现纠纷，并诉诸法院后，法院对其按照相邻关系的相关规定作出类推处理，并按照习俗传统推定邻人之间的"风水权关系"并无不可，司法的类推和推定既合乎法律方法的要求，又支持了相关风俗。

可见，类推适用这种法律方法，就是当法律出现意义空缺（漏洞）时，法官优先在现有法律之内寻求案件的解决方案。因此，这一法律方法对法律的功能，明显是内卷的。

效力识别这一法律方法，适用于法律意义冲突的场合，并且是当法律出现意义冲突时，法官所适用的第一顺位的法律方法。只有穷尽了这一方法适用的可能后，才能启用第二顺位和第三顺位的法律方法。具体说来，即当法官面对当下案情，发现可适用于当下案情的法律有多种，但相关法律所规定的内容完全不同（意义冲突）时，法官首选的法律方法，不是基于案情而进行利益衡量，然后再选择所适用的法律，更不是在法律之外直接寻求替代法

121

律的方案，而是基于法律规定，再按照法律的效力位阶，寻求在效力识别基础上选择优先适用高位阶的法律，以消解法律的意义冲突。

法律的效力位阶关系，即法律的层级效力关系所涉及的方面和层次较多，但又是受过法科训练者必须掌握的法理常识，因此，这里无须赘言。

利益衡量作为法律方法，也适用于法律意义冲突的场合，但它不同于效力识别的适用。效力识别适用于层级效力的法律之间出现的意义冲突，而利益衡量则适用于水平效力的法律之间出现的意义冲突。所谓水平效力的法律，是指法律效力处于同一级别，如刑法和刑事诉讼法、民法和民事诉讼法、物权法与合同法等，都作为基本法，具有同一级别的法律效力。在这样的法律之间出现冲突时，法官只能按照利益衡量的方法，坚持大法益优于小法益、公法益优于私法益等利益衡量的原则来裁判案件。

显然，利益衡量方法尽管首先基于案件事实中所涉及的利益的大小来有所选择地适用法律，但这种适用法律的方式仍然是在法律之内的选择，是在不扩张法律规范的前提下，进行"内涵挖掘"，而不是外延扩展，因此，其对法律的功能，依旧是内卷的，而不是外溢的。

法律推理在这里首先指作为演绎推理的三段论。它作为法律方法的单独适用，乃是在案件事实和法律规定对接时，需要以法律规定作为逻辑大前提，以案件事实作为逻辑小前提，推出案件的裁判结果。一般说来，法律推理就是要解决或消除法律规定和案件事实遭遇时可能面临的意义模糊。但即使案件事实是之前法律未调整的社会关系或新产生的社会关系，当法官确定借助类推适用的方式解决相关案件时，仍需要在裁判中运用三段论的演绎推理，以说明裁判过程和理由。这时，法律推理坚守以法律规定为逻辑大前提，其实就是通过法律推理把案件事实内卷于法律的麾下。在此意义上，法律推理一般会获得对法律的内卷功能。

而法律论证作为法官处理复杂案件和疑难案件的最重要的方法，它在本质上表现的是法官在处理案件时的推理争论和竞争①。即面对相关案件，合

---

① 学界对法律论证的观点可谓众多、且观点不一（［德］罗伯特·阿列克西：《法律论证理论》，舒国滢译，中国法制出版社 2002 年版；焦宝乾：《法律论证导论》，山东人民出版社 2006 年版等）。笔者倾向于在推理竞争的视角看待法律论证，并由此区分法律推理和法律论证。

议庭中的法官各自出具一套推理方案，究竟选择哪种推理方案，这需要法官们经过认真的论辩或论证才能解决。这里需要探讨的是：一方面，尽管法律论证是多个法律推理的论辩和竞争，但在基本原理上，每位推理方案的提出者，仍遵循的是演绎推理的基本原则；另一方面，法律论证一般解决的是法律规定遭遇复杂、疑难案情时的意义模糊问题，但当疑难案情是因为法律意义冲突或意义空缺（漏洞）而引起的时，法律论证就会和专门解决法律意义冲突、空缺的有关法律方法，如利益衡量、事实替代、法律发现等一起复杂地适用。这时，它会和法律推理一样，一般对法律发挥一种内卷的功能——因为它一般仍要引导法官选择既有的法律进行裁判①。

　　和法律方法的外溢功能相比较，法律方法的内卷功能对法律和法治而言，具有明显的优点，表现在：首先，这种功能可以保障既有法律的安定性和优先性。法律的制定，就是给交往行为中的主体提供一种可预知的安定机制。只有法律保持安定，较少变动，才能让人们在可预期中保持心理的安定，并进而保障社会秩序的安定。所以，法律的安定性是任何寻求法律之治的国家必须关注的重大问题，也是法官作为法律的守护神理应坚守的义务。因为法律不安定，意味着法律丧失预期；法律丧失预期，意味着人心惶惶不安；人心惶惶不安，又意味着社会丧失秩序。由此足见法律方法内卷功能对法律安定性的作用及其延伸的价值。

　　其次，减少裁判成本。司法裁判不能不放弃对成本的考量，反之，它必须关注司法中的"数目字"问题，即成本问题。法律方法的外溢功能，必然让法官把目标盯着法律之外的其他社会规范，因之，对相关规范的调查、考证、核实、认定等都需要付出高昂的成本。但是法律方法的内卷功能，却让法官能够在其驾轻就熟的法律内部寻求案件的解决方案，无论如何，这都可以省去法官调研的大笔经费，既减少有形的货币成本的浪费，又减少无形的法律成本的浪费，真可谓一举两得。

---

　　① 如上笔者之所以强调法律推理和法律论证对法律内卷功能的"一般"性，是因为在实践中，这两种方法也可以和具有法律外溢功能的法律方法结合使用。这时，法律推理和论证作为法律方法，对法律而言又发挥着外溢功能。所以，法律解释、推理和论证诸方法，究竟对法律发挥内卷功能还是外溢功能，不能一概而论，还需要和它们的具体运用相结合。为节省文字，前节省略了对法律推理、论证的外溢功能的论述，这两节都省略了对法律解释内卷功能或外溢功能的论述。

最后，减轻法官的论证义务。法官面对一例复杂、疑难案件，倘若选择在法律之外构造裁判规范，作出司法裁决，就必须肩负更大的论证义务。这不仅对法官而言却是一件耗时费工、劳心伤神的事，而且对法院权威、法律尊严而言，也是必须考量的重要问题。但法官面对一例复杂、疑难案件，倘若选择在法律之内构造裁判规范，尽管法官也免不了论证义务，但这样的论证对法官而言却轻车熟路。在法官普遍满负荷运转的情形下，至少可以节约更多的时间成本，使其把主要精力投注到对其他案件的关注上。

正因为如上优点，因此，关注法律方法的内卷功能，或者关注对具有内卷功能的法律方法的运用，对于法官而言理应是优先选项——尽管究竟选择运用何种法律方法，仍然只能根据案情和法律遭遇时的具体关系而决定。

五、法律方法的补漏功能

法律方法的补漏功能，一言以蔽之是指法官借助法律方法以填补法律的漏洞。众所周知，法律作为人的理性不可能是完美无缺的，反而必然是有缺陷的。立法者不可能未卜先知地对未来可能发生的事情作出规定并进行调整，如今天制定的法律就既不可能、也没必要调整未来可能发生在地球和其他星球上的婚姻关系。再如 19 世纪制定的法律既不可能、也没必要调整如今互联网时代所发生的法律关系。因此，在相对静止的法律和动态的社会关系间，就经常会出现所谓"时滞"的差距。对这样的问题，究竟如何进行补救？是继续采取成文立法的方式解决，还是借助司法个案的方式解决？若采取前者，其弊端是成文法律多如牛毛，法律间的冲突也不断呈现，立法的职能也变成应付日常事务，而不是解决重大事务。若采取后者，其弊端则是容易把法律的一般调整转化为司法的个别调整。除非司法的结果成为判例或指导性案件，才能较好地克服这一难题。然而，两害相权取其轻。在法律和社会事实间不断出现"时滞"问题时，与其动用立法既不能及时、又不能一劳永逸地解决该问题，还不如尽量运用司法的个别调整，以及时、规范地解决相关问题。

但借助司法对相关问题的解决，其实是法官进一步借助法律方法而裁判案件的活动。一般来说，专门用于解决法律漏洞的方法有三种，即类推适用、法律发现和法律续造。和这三种专门用来解决法律漏洞的法律方法相呼应，能够和上述三种专门的法律方法一起混合或复杂适用的法律方法，如法律解释、法律推理和法律论证，也可以发挥对法律的补漏功能。那么，这些法律方法又是如何具体地补充法律漏洞的？

类推适用方法在前节针对法律方法的内卷功能时笔者已经谈到，但同时，它对法律漏洞的补充作用也甚为明显。换言之，它就是通过对法律的内卷功能进一步延伸到对法律的补漏功能的，即以内卷的方式实现对法律的补漏。显然，这种补漏方式对维护法律的权威及其安定性而言，是最妥当的方式。然而，与此同时，这也是一种要求苛刻的补漏方式。它必然要求法官阐明当下的案件事实和所用来类推的法律条文之间的内在逻辑关联，说明案件事实的规定性和所运用的法律条文的规定性之间的最相类似性。否则，类推适用就容易导致法律的滥用，即所运用的法律要么不能解决相关的案件，要么不当地解决了相关的案件。

类推适用的局限性，尤其表现在有些法律领域禁止适用类推上。例如，按照罪刑法定和公开的现代刑法文明精神，当今世界绝大多数国家都反对在刑事司法中搞类推适用，以防止运用这一方法对人入罪，违背罪刑法定的基本原则。因此，类推适用一般不能对刑事法律发挥内卷的功能，从而也不能对之发挥补漏的功能。但是在民事领域、商事领域和行政领域，如果没有类推适用，法律的漏洞就不可能及时地得到补救。因为一方面，这些领域和国民的日常交往行为息息相关，所涉及的内容事无巨细、琐碎异常；也正因如此，所以另一方面，在这些领域更容易发生顾此失彼、前后失据之类的漏洞。这些漏洞会导致大量社会关系处于法律调整的真空状态，一旦当事人提出诉讼请求而不予理会，势必影响法律调整的范围和效能。因此，司法运用类推适用以补救之，既可以保障法律的尊严，也能够显示法律调整的效果，更重要的是还能够及时地保障或回应公民的权利和请求。

而法律发现作为法律方法，在前文论述法律方法的外溢功能时笔者也谈到。如前文所述，该方法作为补漏的法律方法，只能是"外部的法律发现"，否则，如果把"内部的法律发现"也纳入其中，就和"类推适用"方法重叠了。这样，法律发现是指当法律出现漏洞，而法官又无法在法律内部找到最相类似的条文以类推方式裁判当下案件时，不得不在习惯（法）、社会道德、宗教规范、社会纪律、社团章程和规则以及乡规民约中寻求构造裁判规范的资源。尽管在我国法律中，这些资源都不能构成法官直接裁判案件的依据，但它能够作为法官构造裁判规范的参照，有了这些参照，对裁判规范的构造而言可以事半功倍。

什么是裁判规范？笔者把这一概念分为两种情形：其一是法官直接援引的裁判规范，其二是法官因法律漏洞，无法在现成的法律中援引裁判规范，而加以构造的裁判规范。前者无需在此继续展开论述，因为和这里的论题没有必然关联。而后者具体来说是指："法官在处理案件纠纷中，面对复杂或疑难的案情，在不能直接援引国家法或其他社会规范、法律原理进行裁判时，法官需要按照法律的精神和原则，借助法律或其他社会规范，并依据其经验、直觉和理性，构造适用于当下案件的裁判方案和规范。在一定意义上，法官构造的此种裁判规范，是一种'法官之法'"[1]。

在本文中，笔者愿意在这一界定基础上再稍加修改来使用裁判规范一词，即纵使法官采用了"其他社会规范、法律原理进行裁判"，但当一个国家的法律没有明确赋予其法源的地位时，法官仍不过是借助它构造裁判规范，而不是直接依它作裁判规范。例如，在我国江苏泰州的姜堰市，针对彩礼纠纷所引发的讼案，近些年法院多采用当地民俗裁判。但裁判时民俗或习惯每每不是法官所直接采纳的裁判根据，而是法官构造裁判规范的材料。法官或者在事实陈述中引述相关规范，或者在理由说明中引用相关规范，而很少直接拿民俗（习惯）作为裁判的根据[2]。其缘由所在，在于国家立法没有赋予其法源地位。

法律发现的目的就是法官构造裁判规范，但显而易见，法官之所以不直接引用白纸黑字的法律作为裁判规范，而耗时费工，在法律之外的其他社会规范中寻找构造裁判规范的材料，是因为法律规定有漏洞。因此，法官的行

---

① 谢晖：《大、小传统的沟通理性》，中国政法大学出版社 2011 年版，第 316 页。
② 汤建国等编：《习惯在民事审判中的运用：江苏姜堰市人民法院的实践》，人民法院出版社 2008 年版，第 14 页。

为在此时更具有能动性、积极性和创造性。法官的裁判行为，无论是否具有判例法或者指导性案例的效力，都事实上扩展了法律规范的内容，哪怕这一内容仅仅作用于案件的双方当事人，也是如此。尽管司法对法律规范内容的这种扩展在成文法理念下，可能是对法律安定性的一种挑战，但补充法律漏洞，是法官在司法中安定法律秩序的更重要的活计。否则，不但法官失职，而且法律损效。

法律续造作为一种法律方法，可谓是法官在司法中运用的最终或最后的法律方法。它是指法官面对一例案件，不但在法律上找不到直接可引用的裁判规范（即法律有漏洞），而且穷尽了所有法律之外的社会规范，如在习惯、宗教、道德、纪律、社团章程或规则、乡规民约等中，都找不到可以构造相关案件裁判规范的材料时，不得不直面案件，在案件事实中总结、寻找其规定性，并运用法官自身长久以来办案的经验、智慧，寻求构造裁判规范。可以说：这既是法官面对法律漏洞，在穷尽了其他所有法律方法之后救济漏洞的最后招数；也是法官作为法律守护神的一种无奈之举；当然，更是法官创造性和能动性得以发挥的真正所在。

说它是法官在穷尽了其他所有法律方法之后救济漏洞的最后招数，因为面对法律和其他社会规范的法律方法，如法律解释、推理、论证、发现、效力识别、利益衡量、事实替代以及类推适用等，囿于可适用或参考的规则本身不存，因之，只能"皮之不存，毛将焉附"了，即上述法律方法的用武之地自然将不存了。即使在法律续造过程中需要对裁判的事实作出解释性说明，但那已经是对事实的说明，在严格意义上不属于法律解释的范畴。

说它是法官作为法律守护神的一种无奈之举，在于法官作为法律的守护神，严格遵循法律自身的客观规定是其分内之事、本来职责。因此，法官一般只从事在法律规范下的被动性工作。司法的被动性，不仅要求其在程序启动时需要当事人的起诉和请求，即司法不能积极地动员或要求当事人去起诉，而且要求司法活动自始至终保持对法律的高度敬畏。法官的思维在本质上乃是所谓"根据法律的思考"，而不是超越法律的思考。这也是司法的守成性所在。显而易见，前述法律续造的界定，对法官而言必须打破这种对法律或法律授权规则的亦步亦趋，冲出当下法律的调整范围，才可能裁判当下的案件。这对法官而言，虽是无奈之举，但又不得不然。此时法官不予出手，意味着任由法律漏洞危害法律秩序。目前我国法院动辄因法律无明文规定而拒绝受理一些疑难案件，让当事人有冤难伸的情形，正是法官在表面形式上过于拘泥于法条，而对法律秩序的无视和偄妄。

说它是法官创造性和能动性得以发挥的真正所在，是因为这种法律方法充分赋予了法官在个案裁判中的高度创造性、能动性和积极性。因此，在一定意义上，法律续造这种法律方法运用的场合，乃是法官得以最高地发挥其能力和创造性思维的地方。因为在本质上讲，它导致法官在尚没有规则的地方创造规则（不仅仅是发现规则），及法官是借助个案裁判的方式来创造新的法律。即使一个国家不认可司法裁判的一般效力，法官的相关裁判也足以作为其同行在处理类似案件时的参考。因此，如果说司法有什么能动性（司法能动主义意义上的能动）的话，那么，在运用法律续造的场合才能真正得以展现。

法律续造正是通过法官在司法中的能动性发挥法律方法对法律的补漏功能的。由此也可以看出，法官和司法不仅是保守法律和法治的力量，而且在一定条件下也是开拓法律和法治的力量。或许正是如此，英美国家的法治更多地发挥了法官和司法的作用。法官通过日常审判，既保守法治的原则和精神——遵循先例，又面对当下案件，进行先例识别并根据"现例"的特征进行创造，把裁判的特殊性紧紧地建构在法律的一般性中，从而法律在法官日常的造法行为中，一有漏洞，就尽量予以及时地补救。这样，法官在法律续造中既能发挥个别调整和实质正义的优点，又可保障一般调整和程序正义的要求。

上述三种具体的法律方法，是法律方法发挥补漏功能的主要方式。同时如前所述，法律解释、法律推理和法律论证作为法律方法，法官运用它不但可以独立地对法律的各类意义模糊予以消除，而且还可以与其他法律方法一道适用，以消除或补充法律的意义冲突或意义空缺。其中对补充法律的意义空缺而言，就是当法官在运用类推、法律发现或进行法律续造时，会不可避免地同时运用法律解释、法律推理或者法律论证，以说明类推适用、法律发现、法律续造的必要性、合法性或合目的性等。如此一来，这些法律方法也就连带地发挥对法律漏洞进行补充的功能。

可见，法律方法的补漏功能，并不是仅仅依赖类推适用、法律发现或法律续造这三种专门运用于补充法律漏洞的方法就能胜任的，与此同时，法律方法这一功能的实现，还有赖于这三种法律方法辅之以法律解释、法律推理或法律论证。此种结论，对法律方法之外溢功能和内卷功能的实现而言，也照例适用。

法律规范的事实还原与
司法中法律知识的生成 [*]

　　司法过程，就是把案件事实代入到法律规定中去的活动，是法官在案件事实和法律规定间目光流盼、来回穿梭、并据以判断和裁判的活动。倘若把法律规定视为概念（当然，严格说来，在法律的要素中专门有"概念"这一要素，但以文字表达的法律规范，在本质上都是对人们交往行为的规定性或交往行为的社会事实进行命名的活动），则可以把案件事实带入法律的过程看作是概念（法律规范）的事实还原。简言之，所谓概念的事实还原，就是运用案件事实来检验法律规定（概念）的恰切程度，并在此基础上进一步矫正法律（概念）、发展法律（概念）、拓展法律知识的活动。这也就是司法中法律知识的生成过程。本文以此为主题，并用社会分析、规范分析和语言分析相互结合的方法，探讨如下四个相关的问题。

一、法律系统对社会事实的一阶命名：立法与法律规范

　　法律作为社会交往的行为规范，可能通过人们反复的行为表达（交往行动的法）；也可能借助严格的歌唱、说教表达（语言说唱的法）；还可能依赖

---

　　* 该文原载《法律科学》2015 年第 4 期。

严谨的文字书写表达（文字书写的法）①。但无论运用上述何种方式表达法律，归根结底其都是对纷繁复杂的人类交往行为归类和命名的活动。所谓归类，是指对相同或类似的行为作同样的符号化处理；所谓命名，则是对归类后的不同交往行为赋予确定的意义，如买卖合同的命名是对所有买卖行为及其协议赋予确定的意义，犯罪的命名则是对所有危害社会、违反刑法、应受惩罚的行为赋予确定的意义等。而所谓确定的意义，既指命名对归类的准确表达，也指人们通过这一命名能实现对一类事物的共同理解，并最终达致在相关问题上约定俗成的效果。

事实上，对人们交往行为的归类，本身即是赋予某类行为以意义的活动，反映了人类大脑意识投射到人们交往行为的客观事实中时的思维过程。但这一思维过程如果不能用具体的词汇来命名，依然处于一种模糊的思维状态，从而归类的意义尚不是确切的。只有通过具体的反复一致的行为（初级命名工具）、话语（中级命名工具）和文字（高级命名工具）来表达某一类行为时，才能使对人类行为的归类结果——类型化实现意义确定的命名，以便帮助人们进行理解。这正是我在这里区分归类和命名的用意所在。

人类对事物命名的工具有三种，自然对人类交往行为命名的工具也不外如下三种。

（1）行为（反复一致）的符号命名体系

一个人或一个族群反复一致的行为，是其对某一或某类事物意义确定的表达，这或许是针对聋哑人的现代手语之所以行之有效的原因。在语言和文字交流有障碍，或者语言文字相对落后、尚未普及的时候和地方，人们交往中表达确定意义的基本工具就是反复一致的行为。这种反复一致的行为表现

---

① 在做这样的划分时，自然已经采用了对法律广义的理解。之所以采用广义的理解，是因为在不同的族群中，这三种法还在现实地发挥着规范人们交往行为的功能——不仅在民事交往中，甚至也在人们的政治活动中。人类学家笔下的法，更多地是交往行动的法，如霍贝尔在《初民的法律》中所描写的那种情形（［美］霍贝尔：《初民的法律》，周勇译，中国社会科学出版社1993年版）和语言歌唱的法（如有些学者对苗族"理词"的学术探讨）。但法学家笔下的法，大多是文字书写的法。上述法律，在司法因疑难案件而做创造性裁判时，都可能进入法官的"法眼"，成为司法中法律知识生成的重要的规范事实基础。相关学理区分，谢晖：《法律的意义追问——诠释学视野中的法哲学》，商务印书馆2003年版，第35~55页。

在个人身上，表现着这位个人对某件事物确定意义的认识或看法；表现在群体身上，则表现着这个群体对某件事物确定意义的认识或看法。正因如此，反复一致的行为本身就是对事物的一种命名工具。

在法律上，初民社会习惯法的长成，大多是借用反复一致的行为来实现的。换言之，反复一致的行为是初民社会命名习惯法，从而给不同交往行为确定意义的主要工具。显然，在层次上，它是人类命名（包括法律命名）的初始工具或初级工具，是人类语言文明和文字文明欠发达、甚至尚未产生语言文字时的主要命名形式。但值得一提的是，一方面，即使这种反复一致的落后工具，依然能够准确地以所谓"行为方式""生活方式"为名，命名一种文化或者传统。譬如你走在欧洲大街上，不通过其使用的语言文字，而从一个人的行为举止、举手投足就可以大体判断出其究竟是中国人、日本人还是韩国人（尽管这三个族群都属于东亚人）。另一方面，越是古老落后的命名工具，越对后世的命名活动提供强有力的佐证和支持，如当下的立法活动，就不得不参考人们在具有法律意义的交往行为中反复一致的行为内容。清末民初的《民事习惯调查录》①，大体上就是对全国不同地域具有法律意义的反复一致的行为观察、综述和整理的结果。它为后来清末"民律草案"的起草，对民国时期"民法典"的制定奠定了重要的国情基础，也为民初的司法活动提供援用习惯的条件②。在一定意义上，国家制定法一方面就是在其相关条款中对这些反复一致的行为以文字形式作了更为精致的加工和整理，使其意义更为精致、明确；另一方面，对具有法律意义的反复一致的行为给以文字化的指向，使其更为稳定、实用。

然而，毕竟反复一致的行为对需要更为精致、准确的法律命名而言还是力不从心、甚至无能为力。因为随着社会分工的精细发展，人们交往行为的越来越细密化、专门化和相互依赖化，反复一致的规范方式已无法适应之。细密化表明，粗放的反复一致行为已不足以定义、命名和规范相关行为；专门化表明，适用于区域分割的反复一致的命名体系和命名方式，需要被新的、

---

① 前南京国民政府"司法行政部"编：《民事习惯调查录》（上、下），胡旭晟等点校，中国政法大学出版社1998年版。

② 眭鸿明：《清末民初民商事习惯调查之研究》，法律出版社2005年版，第241~259页。

适用于专业分工的命名体系和命名方式所取代；而相互依赖化表明，如果说在区域分割的交往行为背景下，人们可以"鸡犬之声相闻，民至老死不相往来"，从而仅仅维系一种族内的、地方范围的熟人交往的话，那么，在分工划界的交往背景下，专业分工和互需交往是相辅相成、不能或缺的两个方面，因此，交往行为的符号命名体系和命名方式，不仅需要分工范围内的人们所理解，而且需要其他分工主体也可理解。这样，才会导致因为命名符号的交换而增惠于分工主体之间的物质交换和精神交流。

（2）话语（说唱）的符号命名体系

在我看来，在人类交往中，所谓话语就是通过人的发声而表达的符号系统。一般说来，它包括了歌唱和说话两个方面。无论哪种发声方式，都具有人类交往意义的表达功能，而这种功能是通过对事物（物质世界、精神世界和交往行为）的命名（意义）确定来实现的。正因如此，话语不仅是一种交往方式，而且是人类交往方式的命名工具，是对人类交往行为类型化和命名化处理的重要手段，这决定了话语和规则（法律）的一般关联。规范及规范行为系统可以是作出来的，也可以是写出来的，还可以是说（唱）出来的。

口耳相传时代的法律就是主要靠说唱符号来维系、传播其意义的。迄今为止，在文字不甚发达的初民社会、传统村落和偏僻所在，仍然以说唱方式来阐明法律（规则）的意义。在我国，苗族地区仍然零星存在的"议榔词"①，就是典型地以歌唱方式阐释并命名规则的立法行为。而人们耳熟能详的电影《刘三姐》《五朵金花》的故事，在一定意义上讲，就是把通过对歌的符号意义表达，以实现某种规范目的。因此，口耳相传的意义命名方式及其规范结果，并不是昨日的皇历，反而仍存在于当下对交往行为的归类和命名中。

当然，话语作为对事物的命名符号，具有明显的不稳定性和不确定性。尽管和反复的行为相比，它是一种进步，但它的不易保存、不稳定、欠规范、过于灵活等特征，都决定了它并不是一种对事物的高级命名手段，所以，在文明时代的立法中，纯粹话语的规范方式已经很难得见，因此我们权可把这

---

① 谢晖等主编：《民间法》（第八卷），山东人民出版社 2009 年版，第 394～401 页。

种命名系统在层次上称之为"中级命名工具"。或以为,随着录音录像技术的发展,无论反复的行为体系,还是话语符号体系,都具有可保存的手段,因此其规范性大大加强。但我要说的是,即便录音和录像,除非它们出自根据文字文本的排练或讲演,否则,都具有明显的逻辑不周、随意以及规范不强等特征。

当然,与反复的行为符号系统一样,话语符号的命名系统对高级规范体系——文字符号的命名体系,仍是明显的支持。一方面,文字符号的命名每每所采集的就是话语符号的内容,甚至连文字符号本身都是话语符号拟声的结果,这就是影响甚大的拼音文字的产生及其规范功能。我们知道,即便汉字,也是象形文字和拼音文字有机结合的产物①。另一方面,话语本身作为一种行为方式,会延展文字法律的意义,促使文字法律从"纸面上的法律"转化为"行动中的法律"。最典型的,莫过于在宗教世界对于教法的传播方式,要么通过讲经的方式以传播,要么通过歌唱的方式以传播,以便于法律从纸上深入人脑,规范人行,在耳濡目染的口诵中帮助浓缩的文字规范伸展其实践意义。可见,话语符号系统作为对人们交往行为方式的规范命名,尽管是较低层次的,但没有它的功用,文字的法律就可能失之于僵死。

(3)文字(书写)的符号命名体系

众所周知,迄今为止文字是人类最伟大的发明和创造。文字的创生,是人类从野蛮时代进入文明时代的基本标志②。僵硬而欠灵活的文字,为什么对人类文明发展却有这么大的功能?在我看来,它无非是人类找到了对其交往行为更具有规范功能的工具。即文字工具,更有利于人类对其行为方式的规范性记载和保存,更有利于唤起人们对其交往行为的集体记忆,更有利于人们确定分工与合作的基础。一言以蔽之,更有利于人们对其交往行为的准确命名,从而承载人类对事物所赋予的确定意义。

无论如何,确定性对一切皆流、变动不居的事物和人类行为而言,给人类准确的行为预期提供了一种根据,从此,人类摆脱精神的游牧状态,找到

---

① 王显春:《汉字的起源》,学林出版社 2002 年版,第 4 页。

② [美] 路易斯·亨利·摩尔根:《古代社会》(上),商务印书馆 1977 年版,第 3～17 页。

精神定居的家园。尽管这一家园对精神自由而言，可能是一种限制，一种拘束，因为人类的精神世界和行为方式，总是言有尽而意无穷的，但倘若没有这种限制和拘束，人类将永远处于精神放逐或精神流浪的状态。这或许可以给人带来吉普赛人一般的浪漫，但毕竟无法创造出像非洲、亚洲、欧洲那种华丽、瑰丽而令人不得不慨叹的文明，也不可能创生让人们行为有预期、有安全的规范体系。

文字以其强有力的命名功能、规范功能、预知功能成为人类迈向文明社会的主要规范符号，但人类的规范化交往，纯粹停留在一个个具体的文字上还远远不够。这样，经由人们对自然事物、社会事实和交往行为的类型化处理，并对这些事物、事实和行为作出规范化的再命名，乃是进一步创造预期、规范行为、使人类行为有的放矢，避免胡子眉毛一把抓的模糊或者东一榔头、西一棒槌的盲目，并减少高昂成本支出，获得实际收益的重要措施——这就是借助文字的立法而把大千世界的丰富多彩规范在可举一反三的文字符号体系中。

但是，文字在秉有这些无与伦比的优点的同时，也具有明显的缺陷：当它对纷繁复杂且变幻莫测的事物进行类型化处理并给予确定的命名时，本身意味着它是对事物流动性和变动性一种遏制，更兼之所谓概念的意义确定，诚如维特根斯坦所言，"一个词的意义就是它在语言中的用法"，无不表达着人对事物的客观认识和主观期望，从而也无不表现出"人类一思考、上帝就发笑"所带来的困扰和烦难。因此，如何把概念系统代入到事实系统，进行本文所谓法律规范（概念）的事实还原，既是以概念来规范事实，特别是人们的交往行为事实之必需，同时也是以事实来校正概念，并在既有的概念和事实基础上修正概念、创生新概念，并最终增进法律知识成长的不二法门。

论述至此，读者不难发现我仍然主要停留在对符号规范和事实关系的一般原理的理解和处理上，还没深入对社会事实的一阶命名以及立法和一阶命名的关系问题。这里想进一步说明的是：立法活动，就是借助上述符号对和人类一般交往行为相关的自然对象、社会事实以及交往关系进行规范和命名的活动。而进入文明时代以来的人类立法活动，特别是现代立法活动，更是主要借助文字符号系统对上述事实的规范和命名。尽管在法律的一般要素中，存在着概念、原则和规则的区分①，并且在一般人的印象中只有概念才担负着命名的功能，而原则和规则，似乎最多可以说是"规范"活动，而不构成命名。

但我的观点如前所述，文字本身与人类所创生、并广泛运用的其他符号一样，本身肩负着对自然对象、社会事实和主体交往的命名功能。而由文字的加工、组合进一步升华为法律的文字体系，不但禀有文字本身的规范和命名功能，而且具有专门的、更高层次的规范和命名功能。正因如此，它能够成为文明社会、更是现代社会进行社会控制的基础规范和一般规范，也能够以它为基础实现一种被称为"法治"——人从于法的社会治理方式。

到此为止，我们大体上可以把立法或法律规范的创制活动，统称为法律系统对社会事实的一阶命名。所谓一阶命名，也可称之为一阶命题，系指一个法律系统（从法律规范形成到法律规范对社会事实的规范化调整和治理）对社会事实系统的规范化的初始归类、规范和命名的活动，是立法借助文字等符号赋予和人类交往相关的客观对象、社会事实以及交往关系以意义的活动。尤需强调的是，这个界定中所谓的"初始"，并不是发生学意义上的"初始"，而是以一个国家、或一个国家组织系统地推进法治过程之逻辑起点为标准所确定的"初始"。譬如在过去我国的法制宣传中，就有所谓"有法可依、有法必依、执法必严、违法必究"的十六字方针。在这个法制的表述中，"有法可依"——立法就是推行法制的前提，因此在这个系统中，它是在"初始"就需完成的意义体系②。可见，立法活动既创造着规范人们现实交往的前提要素——法律，同时这一过程也是法律系统对客观对象、社会事实和主体交往的初始命名和一般命名。

---

① 如哈特，[英]哈特：《法律的概念》，郑成良等译，中国大百科全书出版社 1996 年版，第81~100页；德沃金，[美]罗纳德·德沃金：《认真对待权利》，信春鹰等译，中国大百科全书出版社 1996 年版，第 30~114 页。

② 而笔者对制度的论述，强调其五个要素，有时也是五个阶段，即规范要素（前提）、观念（理念）要素（保障）、组织（自然人、法人）要素（主体）、行为要素（动力）以及反馈要素（监督）。在这五种要素或五个环节中，规范要素（立法）必须优先完成，成为后四者的初始者。没有前者，后四者就失去了凭据和意义。

二、法律运行（尤其司法）中法律规范的事实还原：一阶法律命名的事实检验

无论是议会立法为主的成文法国家，还是议会立法与司法判例兼而有之、共同担当立法功能的判例法国家，立法的基本目的不是供人们欣赏法律的文笔讲究、逻辑严谨和规范合理①，而是供人们在日常交往的实践中运用之，并实现社会交往的和谐有序。换言之，立法的结果必须被代入到主体的日常交往实践中去，否则，立法徒具人类规范创作的意义，但并不具有以此为据，推进社会交往实践的意义。故说这样的立法是"毫无意义的空气振动"虽然言过其实，但对于社会交往的秩序而言，其可有可无，无须挂齿。

所以，以文字符号表达的意义相对确定但又不无僵化的立法，必须被代入到多元复杂的、日常流动的社会交往行为中去。换言之，以法律命题出现的法律规范，必须经由交往行为的实践，进行事实还原，或者进行法律规范的事实还原。所谓事实还原，一言以蔽之，即把立法所产生的法律规范或法律命题代入到人们交往的社会现实和日常生活中去，从而使主体交往的现实和日常生活获得法律意义视角的观照与考量，也使法律获得主体交往和日常生活的检验。这一过程，既可以经由公民交往行为、行政行为和公权监督行为而实现，更可以通过司法行为来实现。其中司法活动对法律规范的事实还原更具有典型性，分述如下。

（1）主体用法守法与法律规范的事实还原

法律是一定时空范围内主体交往行为的准则，是公民和其他社会主体的交往行为规范。所以法律制定后，对公民等的交往行为而言，具有普遍的、一般的、强制的规范功能。普遍的是说法律对公民交往行为规范的广泛性，举凡公民的民事行为、家事行为、公共参与行为、政治行为等等，无论公民

---

① 一项立法成果的流传，绝不是因为其文学或思维上的意义而流传的（即使被巴尔扎克在文字运用范本意义上赞扬的《拿破仑法典》，倘若不能发挥对法国人民民事交往的保障和协调功能，也就很难以文字样本的意义被人们所关注），反之，它的流传和受人关注，一定是因其在社会交往中实际地支配并塑造了社会严谨有致的秩序、并对后世以有益启示而实现的。

自身认识到还是没认识到，都被赋予了法律上的意义，都客观地具有法律效力（合法）或被法律所否定（违法）。在人们印象中似乎只有公民的行为不规范或违法，才受法律的强制性调整，这显然是对法律调整的不求甚解，是对法律之导向性调整和放任性调整的明显忽略①。它也表明我国建成法治国家亟需法理念的进一步改造和提升。

一般的是指法律一旦制定，就适用于特定时空内所有的主体，而不是对一些主体有适用性，对另一些主体没有适用性。此一特征，亦可谓法律是平等地适用于被其所调整的所有主体的。古人就知晓法律对特定时空之主体统一适用的这一特征，所以，西方古人云："法是公正善良的艺术"；我国古人云："法不阿贵，绳不绕曲。法之所加，智者弗能辞，勇者弗敢争，刑过不避大夫，赏善不遗匹夫""君臣、上下、贵贱皆从法，此谓为大治""令尊于君"②。即使古人所谓法律的一般或公平适用，总是和法律自身的特权性有一定的关联，但也不减弱如上法律公平适用观念本身的价值。而民治时代的法律，虽也不乏一定的特权性，但这种特权一般是以平等预设为前提的，如对弱者权利的优先保护和救济，就建立在人人都可能成为弱者这一假设基础上；外交特权和豁免权的设立，也建立在这一特权的主体具有流动性、特别是经由民主选举的流动性基础之上的③。正是这一属性，奠定了公民行为本是最广泛、最普遍地勾连法律和社会事实，并在一定意义上对法律规范进行事实还原的活动。

至于强制的，公认为是法律运行的最有特色的属性，它有两方面的含义。其一是强制力作为一种对违法行为的预防机制，日常地发挥其作用，以一方面，习惯成自然地养成人们依法行为的观念和选择；另一方面，给全体公民输送一种信号：法必信。其二则意味着当主体不按既定的法律要求行为时，通过启动直接强制程序矫正违法行为。尽管随着法律与公民日常生活须臾不

---

① 有关法律调整、特别是放任型法律调整和导向性法律调整的论述，谢晖：《法理学》，北京师范大学出版社 2010 年版，第 189~209 页。

② 《韩非子·有度》《管子·任法》《管子·法法》。

③ 这一结论，当然不否定在专制国家，其元首和外交人员亦享有外交特权和豁免权，但这本身在另一层意义上，这种规定照例体现了现代法律所预设的公平原则。

可分离的关系，导致法律的强制力观念在西方世界出现了普遍弱化的情形，但这一情形，决不意味着强制这一因素就不重要，更不意味着强制地把法律规定代入到社会事实，或者把社会事实代入到法律的活动就无意义。换言之，并不意味着对社会事实进行法律命名，并反过来对法律规范进行事实还原的活动就无意义。

尽管公民依法维权、遵循法律本身是把法律还原于事实的一种方式，也是借助事实还原及其反馈功能进一步解决法律规范和事实关系的一种方式，从而也为法律知识的成长准备和积累了一定的条件。但此过程并不直接生产法律知识，这和司法中法律规范的事实还原具有明显的不同。

（2）行政行为和公权监督行为与法律规范的事实还原

行政行为和公权监督行为作为在两个方向上实施或保障实施国家法律的行为，照例是把国家法律代入到社会事实中的活动。其中行政行为按照法律规定的正方向把法律规定代入到社会事实中，而公权监督行为则从反方向检讨法律实施的客观情状，并对相关情况作出肯定的正反馈或否定的负反馈，从而作为评估法律实施、矫正非法执法的依据。因之，这两种公权行为都是把国家法律规定还原到社会事实中的重要活动。同其他公权行为一样，它们也是国家行政主体和法律监督主体根据其职责、权限和程序所从事的活动。

行政行为和公权监督行为的提起方式可分两种情况，其一是依据职权自动或主动提起，即行政或监督主体的行为，是其职责所在，亦责无旁贷。无论其他社会主体申请与否，它都必须被提起并推进，因此是法律运行的日常行为。惟其日常，便不易被人们在法律运行视角去观察和理解，但其所作所为都是法律运行的日常表现。因此，在健全的法治国家，一切公权行为都属于法律行为。背离法律的行政行为和监督行为，皆无法律效力。

其二是应请求而提起的行政行为和公权监督行为。公民或其他社会主体因为私益或公益的需要，向行政机关、监督机关提起请求，相关机关必须受理并依法作出处理。这是公权主体勾连法律规定和社会事实，把法律规定代入社会事实，进行事实还原的重要方面。在一定意义上，请求是区分公权和私权的重要边界。对国家机关和公权主体而言，有请求，就有回应，这是公民和公权主体之间有关法律运行的一种互动方式，是两类不同主体把法律规定代入到社会事实中，从而实现法律的事实还原，并经由社会事实而进一步检验法律规定合理与否的重要方式。这样一来，法律代入事实的方式就更进了一步。

然而，尽管通过行政行为和公权监督行为可以把法律代入到事实中，但是，这种情形和公民运用法律、遵守法律的行为一样，并不创生法律知识，即使在法律执行和监督中发现法律与其所规范的社会事实间存在张力、冲突或其他问题，但其职责所在，也无法创造法律知识。因为他们既不具有法律知识的创制职能，也不具有法律知识创生的最终效力。或以为，行政机关和监督机关各自在行政执法、监督活动中总结出来的执法、监督经验和办事方法，难道不构成法律知识吗？在我看来，它或许确实具有法律知识的因子，但未必就是整全的法律知识，毋宁称其为管理知识更妥当。这些知识可以为法律知识的创生积累条件，但本身并不是法律知识。这就是行政活动和公权监督活动所从事的法律规范的事实还原和后文将要论述的司法活动所从事的法律规范的事实还原之基本区别。

（3）司法与法律规范的事实还原

接着，我要集中探讨司法中法律规范的事实还原以及通过司法的一阶法律命名的事实检验问题。尽管在一个法律治理的社会里，所有私人或公共的交往行为，在实质上是法律行为或者具有法律意义的行为，但无论前述私权主体的行为还是公权主体的行为，都不是典型的法律行为，这是因为它们一方面太日常，人们在观念上并不将其与法律联系起来；另一方面太平常，因为这些行为及其所涉的事情司空见惯，即便其是涉及法律、或具有法律意义的行为，但人们在平时的操作中并不按照刻板严肃的法律程序推开，所以，一般感觉不到其和法律的内在关联，更不认为它是在法律调整下的行为。因此，它们尽管具有法律规范的事实还原功能，但也不具有典型性，法律规范事实还原最典型的场域只能是司法活动。

司法是指法律秩序遭遇紊乱、主体交往关系遇到纷争时，应纷争当事人的诉讼请求，法官或法院出面依法予以判断和裁处的公权活动。可见，首先司法所面对的问题必然是引人关注的社会问题。如果把社会交往关系比作一出戏，那么，司法所面对的就是这出戏的冲突和高潮部分。人们每天都处在权利义务关系的交往行为中，但并非所有的交往行为都会引发一定时空中人们的普遍关注。很多日常的交往行为，除了当事人对其历历在目外，局外人往往印象淡薄。但社会纠纷却不同，它不但对纠纷当事人会产生很大的影响，而且对一定时空内的所有主体都具有吸引力，从而会引发人们对相关纠纷的深切关注。

而当一例纠纷诉诸法院后，一定时空内的主体对该事件的关注更加用神，印象更形深刻，因为它意味着相关纠纷已经溢出私人范围，而"见官"了。每发生一例纠纷，旁观者总会以自己的"证据"、好恶进行判断，而纠纷一旦"见官"，这些主体又会自觉不自觉地把法院的处理和自己事先对案件中是非曲直的看法联系起来。所以，纠纷一旦诉诸司法，尽管其判决的直接结果一般只及于双方当事人，但其间接后果会涉及特定时空内所有的好奇者、关注者和利害相关人。这正是司法解决的纠纷往往会成为一定时空内公共事件的缘由所在，也是最近数年来在不断开放且日益复杂的中国，司法倍受人们关注的缘由所在。

更要者还在于面对纠纷中当事人诉求各异、理由相反、证据冲突的主张，作为法官必须以法律为标准来衡量当事人的是非曲直，即必须把法律规定代入到案件事实中去，在案件事实中关照、解读和适用法律规定，检验法律规定和社会事实之间的相适性，发现法律规定和社会事实之间的抵牾、冲突所在。在此意义上，只有司法活动才是法律的专门活动，也只有法官，才是公权体系中最典型的法律职业者[①]。因为对法官而言，离开法律而断案，便不知从何入手。即便迫不得已一定要断案，也必然是对没有法律根据或者法律根据不足的纠纷事实，作出有利于法律本来意义或者立法宗旨的解释。因此，"法官是法律世界的国王，除了法律就没有别的上司"。这也决定了只有司法，才是把法律规范还原到社会事实中，以检验法律妥适、发现法律不足的真正场域。

---

① 最典型的法律职业者在公权系统，是法官，在自由职业者系统，是律师。检察官虽然也是法律职业者，但其直接负责对象是政府，而不是法律；律师则是通过对当事人所承担的合同责任而对法律负责的，故相较而言，只有法官才是直接对法律负责的职业主体（谢晖：《法理学》，北京师范大学出版社 2010 年版，第 103~122 页）。因此，也只有法官才是最典型的法律职业者。

那么，司法是借助什么机制把法律规范还原到社会事实中去的？这种还原的结果又会如何？这两个问题，事实上既提出了法律规范事实还原的可能性问题，也提出了这一还原的必要性或其效果问题。是认识司法中法律规范的事实还原所必须面对的问题。

先来探讨第一个问题。如前所述，所有法律规范都是对诸多相近社会事实的类型化命名和处理。而法官所面对的所有案件事实，哪怕它属于某种法律规范的调整领域，也会和该规范所调整的其他社会事实间除了具有家族相似性之外，还存在其个体独特性，因此，法官把案件事实代入法律规范的活动，其实是把多样性代入到单一性中去的活动。"法官不是在真空中开始寻找一个成文法规则或者原则的正确解释。实际情况是，他们的任务是把具有机动性的词语形式运用到一组相当确定的事实构成的主题当中。"如果法官所从事的活动，仅仅是把单一的案件代入到单一的法律规范，那么，法官不过从事了一种简单的、甚至低级的职业，从事了一种"自动售货机"角色的职业。问题是，法官面对的个案是否自动识别法律？没有法官从中进行加工、裁减、解释和说明，能否自动生成司法裁判？这正是把法官复杂的案件代入到简单、单一的法律中进行法律规范的事实还原时，所必然面对的棘手问题。

事实上，法官的司法活动，哪怕是简单案件的裁判过程，就是把法律代入充满个性的案件事实中，并以之来检视抽象的法律对具象的事实之适应程度，发现法律面对案件事实时的适用或者不适用的过程。法律只能包容每个个案之个性，但不能包办和取代每个个案的个性。所以，在法律前提下针对个案的个性进行裁判、并对法律进行事实还原的任务，只能是法官的任务。特别在复杂、疑难案件中，法官更需透过具体案情和细节来检验法律，更具体地把法律规定还原于案件事实，以或证明法律对其调整的社会事实之妥适性，或发现法律与其所调整的社会事实之内在冲突。

法官在案件处理时把事实代入到法律的过程中，无论出现哪种情形，都须裁判案件，只是在妥适性前提下，法官裁判案件的逻辑也相对简单，法官只需要简单地运用三段论，把案件事实代入到法律规定中进行裁判就行。尽管法律规定是常量，案件事实是变量，且作为法律规定的常量对作为案件事实的变量具有通约性。但是一旦遇到案件事实和法律之间出现了紧张，即法律规定不能妥适地调整案件事实，则意味着法官需要更细致的思维、方法和逻辑来处理案件。这时，司法就不是简单地理解、消化和运用立法已经给予人们的法律规定和法律知识，而是需要自身在立法和法律精神基础上创生法律知识，并对案件事实进行（或提出）二阶命名。

三、法律系统对社会（案件）事实的二阶命名：司法创制法律规范

面对当事人提出的诉讼请求，司法机关不得拒绝受理，且不得拒绝对所受理的案件进行裁判，这是现代司法的通例。尽管在当下中国，这一通例面临着各方面的挑战，拒绝受理诉讼，对已受理的诉讼案件拒绝裁判等现象即便不是普遍存在，但至少也是司空见惯[①]。这也是我国司法之所以难以创生法律知识，难以创造经典案例的基本缘由。当然，在这背后，是体制性因素使然。尽管如此，一个日渐向市场化、民主化和法治化推进的国家，对司法按照国际通例推进的基本走向是可以期待的。司法不得拒绝裁判应是未来我国司法改革的重要内容。调解结案只能是双方当事人自愿选择的结果，从而既不能像古代判官那样强制性地采取一切可能以调解结案，也不能像先前我国的法院系统那样规定调解结案的强制性指标。司法不得拒绝裁判的期待，也预示着司法创造法律知识的可能。

如前所述，司法中法律规范被还原到案件事实中时，只要案件事实和法律之间是妥适的，也就意味着司法接受了立法的知识输送，法律针对案件的妥适性得以证立，司法自身的知识创造可以忽略不计。司法过程中的程序运用、证据甄别、案件裁定等等技术手段，要么是立法的既有规定，要么是已有的知识（包括法律知识）完全能够支持的活动。因此，所有探讨司法问

---

① 形成此种情况的原因一方面是既有诉讼制度对司法的受案范围作出了严格限制，因此，司法不得拒绝诉讼请求的原则在这里就落空。另一方面，片面强调和谐司法和调解结案的古今司法"传统"，导致即使对已经受理的案件，也要人为地以非裁判的方式予以解决，导致司法判断是非的决疑职能难以呈现，只剩下以平息矛盾为目标的解纷职能。这样，司法的既有属性就必然被冲淡。

题、尤其是探讨司法中法律知识创生问题的论著，都不以这种直接采纳立法输送的知识进行判决的例证作为样本。因为这些样本不能说明论题本身所关联的相关问题。

因此，司法中法律知识创生的场域，自然就面向了在法律规范的事实还原中，法律不能妥适地解决当下案件的情形，即法律规范难以容纳案件事实的情形。这表明，司法没能完成法律规范的事实还原任务，相反，在事实还原过程中，却出现了必须创生立法之外的法律知识才能"案结事了"的司法任务。那么，在何种情形下，才会出现法律规范不能还原于社会事实（案件）的情形？一言以蔽之，是复杂或疑难案件。

复杂案件和疑难案件是两个有别的概念，疑难案件一般是复杂的，在这个意义上，疑难案件是复杂案件的子概念。但通常所谓复杂案件，并不是在此广义上使用的，因而是和疑难案件并列的概念。复杂案件主要是指案件事实所表现的法律关系复杂，因而所涉及的法律适用问题自然也连带地复杂。但疑难案件则主要指把案件事实代入法律规定中时，法律规定本身的模糊、冲突和缺漏。前种情形并不必然导致法律规范事实还原上的困难，因为即使再复杂的案件，只要法官能从中索隐探颐，一定能发现抽象的法律规定和具象的案件事实之间的逻辑关联，从而把案件事实和法律规定条分缕析地勾连起来。尽管在这一过程中，法官可以发现并创生有关疑难案件办理的法律知识，并构建起相关的法律方法，但和疑难案件裁判中法官的创造相比，这些都可谓案件办理的常规，故本文不展开论述。

而所谓疑难案件，是指案件事实与法律规定之间出现了模糊、冲突或失据（法律空缺）的情形，从而使法官对案件事实的处理或者有法难依，或者无法可依。尽管疑难案件也存在事实疑难和法律疑难两种情形，但事实疑难对于司法裁判而言并不是关键所在，因为无论如何，一例案件要付诸裁判，必然意味着疑难的案件事实和证据已经被办案法官所克服并掌握。尽管这一过程的复杂程度是可想而知的，甚至其复杂性所困扰和影响的不仅是法院和法官，对刑事疑难案件而言，也会直接影响到案件的专门侦查机关。但同样可以肯定的是，一例案件事实再疑难复杂的案件，只要案件事实还没有分析理顺，证据还没有清楚明晰，则必然意味着案件无法进入裁判程序。因此，纯粹停留于事实疑难复杂阶段的案件，因无法付诸裁判，故不可能直接生成法律知识——纯粹案件事实不构成知识，尽管可能蕴含着知识。

所以，对司法和法官而言，所谓疑难案件主要是指在裁判中案件事实没有对应的法律规定或者尽管有相关法律规定，但法律规定模糊或冲突的情形。即使法官面对了这样尴尬且棘手的问题，不得拒绝裁判的原则也必须让法官提出裁判结果，从而法官面对这样的案件，就不再是运用一般的逻辑三段论可以解决的，而必须调动其创造性思维作用于疑难案件的裁判。这种创造性思维，有些时候可以在模糊、冲突或空缺的法律中找到蛛丝马迹，作为裁判规范①构建的根据，但有些时候则在法律上根本找不到据以构造裁判规范的任何规范踪迹，这时，只能借助法律的一般原则、精神、法理、其他社会规范和法官经验来构造裁判规范。

如前所述，按照我的观点，疑难案件主要是指法律疑难，而导致疑难案件产生的原因又有三种，即法律还原到案件事实中时，法律出现了意义模糊、意义冲突和意义空缺三种情形（法律的三种病症）。这三种情形对法官构造裁判规范的影响是各不相同的，分述如下。

（1）法律意义模糊下司法裁判规范的构造

在法律出现意义模糊的情形下，法官可以选择三种方式处理相关模糊，构造裁判规范。

其一是法律解释，这是针对法律自身的意义模糊而言的。如年满 16 周岁的完全负刑事责任年龄，法律的规定似乎是明晰的，但对周岁这个概念究竟从一个人生日的前一天起算还是从生日当天起算？如果不进行解释，它明显又是模糊的。在立法尚未明了时，法官可以在其中发挥创造性解释，构造裁判规范。这种解释本身具有普遍的参照性，可以成为一种法律知识。

其二是法律推理，它是指尽管法律规定在字面意义上是明确的，但当案件事实与法律规定遭遇时，法律规定却出现了意义模糊。这时，法官要把法律规定作为司法裁判的逻辑大前提来运用，就必须弄清相关法律规定

---

① 有关裁判规范的论述，谢晖：《大、小传统的沟通理性》，中国政法大学出版社 2011 年版，第 313～341 页。

能否涵盖法律事实？或者逻辑大前提面对案件事实，是否具有周延性？在此，法官就是通过这样的推理工作来构造裁判规范的。显然，这样的工作具有一定的创造性。它也是法官面对疑难案件，在裁判中创生法律知识的重要方式。

其三是法律论证。我对法律论证的界定，是建立在司法裁判中法官的裁判方案多元基础之上的。既然裁判方案多元，必然意味着在合议庭内部，对案件事实以及如何适用法律产生了争议，并因此使案件处于疑难状态。或以为，几乎所有通过合议制审判的案件，都存在合议庭成员之间裁判意见的纷争，从而都存在如何裁判案件的法律论证。对此，可能的追问是：难道通过合议制审判的案件都是疑难案件？难道它们所面对的法律都是模糊的？

这是个很好的提问。我要继续说的是在此应划分两种不同的法律论证。第一种法律论证是针对案件事实的分歧而形成的，即只要人们对案件事实、情节等本身有分歧，则其所持的相关裁判方案肯定会有歧见，就需要针对这些不同的裁判方案在法官间进行辩驳、对话和权衡，从而在司法中借用法律论证而对法律意义模糊的解决，一定是一个争鸣和辩驳过程，"可辩驳性是法教义学中的中心问题，可辩驳性关涉所有的法律规范，这包括法律主张、法律原则、法律规则，尤其是法律渊源、推论规则和先例等，在重要性上可辩驳性是与可衡量性密切相关的"。这是一种常规论证，它与疑难案件无关，与法律意义模糊也无关。第二种法律论证则是针对法律适用的分歧而展开的，这时，即便法律本身不存在模糊，但案件事实遭遇法律时却出现了意义模糊①。法官对究竟适用什么法律，如何适用法律解决当下案件产生的分歧，必须从明晰法律意义视角入手。明晰的基本手段，就是在法官之间展开论证和争鸣。法官论证和争鸣的目的无非是寻求一个合议庭成员都能接受的裁判方案。因此，无论就论证技术、还是论证结果而言，都会产生通过司法的法律知识。

---

① 当然，这两种论证内容，往往是叠加适用的，这种情况和法律方法的复杂适用是紧密相关的。有关司法中法律方法的复杂适用，谢晖："论司法法律方法的复杂适用"，载《法律科学》2012年第6期；"论法律方法及其复杂适用的顺位"，载《山东大学学报》2015年第3期。

（2）法律意义冲突下司法裁判规范的构造

在法律规范的事实还原中，当法律出现意义冲突时，法官构造裁判规范的基本方式也有如下三种。

其一是效力识别，即在级别效力的法律之间发现其效力的高低，在水平效力的法律之间发现其效力的新旧等，以构造裁判规范。在一定意义上，这基本是按照法律规定按部就班的裁判规范构造活动，因为现代国家的法律中都赋予了诸如上位法优于下位法、新法优于旧法、特别法优于普通法等法律适用的一般原则，因此，以之作为裁判规范构造的司法活动，并没有创造新的法律知识。或者即便有创造，也无须在此特别论述。

其二是利益－价值衡量。当对法律规范进行事实还原后，发现法律本身出现意义冲突，且无法通过效力识别来判别冲突的法律间效力之高下时，法官则转向对当事人利益、社会利益和国家利益的考量——适用何种法律更能够保障当事人利益、社会利益和国家利益？这就是所谓利益－价值衡量。显然，法官在利益衡量中具有较大的自由裁量权，也能较多地发挥其主观能动性（这里能动性并不是所谓"能动司法"，更不是"司法能动主义"[1]）。因此，在我看来，它是司法中法律知识生成的重要场域之一。无论法官对利益衡量的理由说明，还是经由利益衡量所产生的裁判规范和裁判后果，都可能生成新的法律知识。

其三是事实替代。事实替代是指在对法律规范进行事实还原时，发现法律规范不但不能调整其所欲调整的案件事实，而且与案件事实本身的规定性南辕北辙。强行适用该规范，只能改变案件事实的规定性，往大里说，则是以法律破坏规律[2]。随着法律所调整的社会事务越来越广泛，立法所要规制的对象越来越多，这种情形的存在也将不可避免。法官在面临这种情形时，

---

① ［美］克里斯托弗·沃尔夫：《司法能动主义》，黄金荣译，中国政法大学出版社2004年版，第1页以下。

② 如江苏省姜堰市法院曾经以国家有关法律规定为标准裁判彩礼纠纷案件，结果往往是两造皆不服判。而法院改用当地习惯裁判相关案件，当事人都服判（汤建国等主编：《习惯在民事司法中的运用——江苏省姜堰市人民法院的实践》，人民法院出版社2008年版，第251~253页）。这表明既有法律与当地公民普遍接受的规范是南辕北辙的。此时，运用既有习俗裁判以取代运用现有法律裁判，能收获更好的裁判效果。因之事实替代理所当然。

究竟要强行落实法律的规定，还是以案件事实的规定性替代法律的规定？这既反映两种不同的思维，也表现着法官对法律变革、乃至社会变革的担当程度。[①] 因此，运用事实替代的法律方法以解决法律规定和社会事实的冲突，乃是司法中法律知识生成的最重要的途径之一。因为它充分激发了法官的创造性，同时也启动了法官真正的"能动司法"。

（3）法律意义空缺下司法裁判规范的构造

在法律规范的事实还原中，倘若发现法律出现意义空缺时，又该怎么办？事实上，这时法官构造裁判规范也存在三种基本的方式，分别为以下三种。

其一是类推适用。众所周知，类推适用是针对法律意义的空缺，在既有的法律中发现并选择和当前案件事实最相类似、或者最贴切的法律规定来构造裁判规范。这种构造裁判规范的方式，在实质上和前述法律意义出现冲突时，以效力识别来构造裁判规范的理念大致相同，即法官都是在法律出现"病症"时，尽量围绕现有的法律规范体系来寻求个案的裁判方案，以促进法律规范在事实还原时呈现出逻辑上的相对周延。但是，这一方法并不是总能奏效的，也不能借此生成法律知识。一旦法官在现有法律体系中找不到和当前案件最相类似的法律规定，而法官又必须裁判案件，不得拒绝裁判时，法官就必须转换裁判规范的构造思路。

其二是法律发现。法律发现就是当法官在现有的法律规范中找不到和当前案件最相类似的条款进行裁判时，在法律之外的其他社会规范体系，诸如地方习惯、宗教规范、社会道德、组织纪律以及其他非正式制度中寻求构造裁判方案的规范。尽管在我看来，一个健全的法治社会，法律理应全能地分配私人交往和公共交往中的权利义务问题。但在人们交往的社会现实中却并不尽然。社会习惯等社会规范体系有些同构于法律的精神体系中，有些则和法律的精神分庭抗礼，有些甚至在法律调整的缝隙中，有效地填充社会规范

---

① 如被人们所津津乐道的美国里格斯诉帕默尔一案，按法律规定，即使继承人故意杀死了被继承人，也能获得继承权。这与人类的良知和道德传统完全相反，因此，当法官裁判"任何人不能因其过错而获益"时，本身可看作是对通过法律推进社会变革的历史责任的担当（相关案件及其裁判参见"里格斯诉帕默尔案判决书（中英文对照）"，赵玉增译，http://www.xhfm.com/2006/1114/1421.html，2015 年 5 月 2 日访问）。

对主体交往的调整功能，使主体交往能够有序进行。因此，把那些和法律规范并不矛盾的社会规范引入司法过程，作为司法中裁判规范建构的重要资源就顺理成章。法律发现与前述事实替代一样，是司法中法律知识生成的最重要的场域。在这一场域，法官尽管需要关注法律发现中的法律宗旨和精神，但法官的创造性思维或能动司法理念在这里可以得到更好的发扬。

其三是法律续造。我所理解的法律续造，是指当法官穷尽了法律，也穷尽了其他社会规范而找不到与当前案件比较恰切的规范，并用来构造裁判规范时，法官直接结合案情和办案经验，在案件事实中寻找"事物的规定性"，并据之构造裁判规范。就字面而言，这种对法律续造的表述略嫌抽象。在实践中，它就是法官直接根据案情和办案经验"造法"的活动。这是最典型的"法官造法"。其造法的结果是在判例法国家，形成典型的司法判例（判例法），在制定法国家，只要存在判例制度，一例典型的具有示范价值的法律续造，往往会被推为判例。可见，法律续造也是司法中法律知识生成的最重要的场域①。

由此可见，在前述解决疑难案件的九种场域中，法律解释、法律推理、法律论证、效力识别以及类推适用尽管都能帮助法官构造裁判规范，并因之生产司法中的法律知识，但它们都不是典型的司法中法律知识的生产场域。利益衡量和上述六种场域相比较，明显可以发挥法官的主动性、能动性和积极性，向法官造法靠近了一步，因此，是司法中法律知识容易产生的场所。但和事实替代、法律发现、法律续造这三种场域法官的能动性、积极性、创造性相比又明显逊色一等。这也意味着后三种情形才是司法中法律知识生成的最重要的场所。

司法中法律知识的生成，从形式上看是透过司法的创造性活动，运用法律的规范功能对社会（案件）事实的又一次命名，即二阶命名。从实质上看

---

① 对前文有关法律意义模糊及其解决方法法律解释、法律推理、法律论证；法律意义冲突及其解决方法效力识别、利益衡量、事实替代；法律意义空缺及其解决方法类推适用、法律发现、法律续造等的具体论述，谢晖：《法律哲学》，湖南人民出版社 2009 年版，第 1 页以下。本文对相关概念的运用，不是为了说明这些概念和问题本身，而是由这些概念引申出在法律规范的事实还原出现问题（法律规范和其所欲调整的社会事实不睦时），法官根据这些规范及其方法指引，如何构造裁判规范，并生成经由司法的法律知识。

则是司法创制法律规范的活动。尽管这一创制活动在不同法律体制（判例法体制和成文法体制）的国家，其规范效力大相径庭，甚至完全不同，但它们都能说明司法在对立法进行事实还原中，发现其不足时，通过对案件事实的二阶命名，可以创制规范，创生新的法律知识。

四、司法创制法律规范与法律知识的生成

通过如上三方面的论述可以发现，从立法到法律运行的过程，绝不是法律运行单方面地、被动地接受法律规制的过程。严格规则模式的法治观所钟情的是这种机械的法律运作过程，但法律运行并不完全遵循这种机械的设定和程式，反而会形成有机的法律运用形式。因此，如果立法是运用法律规范对社会事实的一阶命名，而司法等法律运用活动是把法律规范代入社会事实进行事实还原，接受事实检验的话，那么，在司法中，当法官在对法律规范进行事实还原中发现问题、检出"病症"时，法官采取一定的法律方法构建裁判规范，矫正法律问题，能动地解决案件的活动，可谓之（司法创制的）法律规范对社会事实的二阶（再次）命名，是通过司法生产法律知识。这也意味着司法能够使法律知识增量。司法中法律知识的增量在不同的法律体制中以不同的方式和面貌体现出来。

（1）判例法制度下的司法创制和法律知识的生成

在判例法体制下，法官造法的基本模式是生产一个个具有法律效力的判例①。在该体制下，尽管议会立法及其作用不可小觑，但法官造法的结果对法律体系的形成和运行更为关键。因为在日常的司法裁判活动中，是判例法，而不是议会立法才是法官据以判断当下案件的裁判准据。而议会立法的基本功能是对政治行为（包括公权主体的政治行为和私权主体的政治行为）提供

---

① 原则上在判例法国家，无论哪个审级的法院及其法官，其所生产的判决都具有法律效力，都可以作为后来法官审判类似案件的先例。但事实上，不同的先例之间其实际效力区别甚大。绝大多数按部就班、缺乏裁判新意的先例，即便有效力，也没实效。只有那些因为疑难、复杂案件的处理，凝聚了法官心智，具有明显创新或提供了法律示范意义的判例，才在实际上既生法律效力，又有法律实效（［美］卡尔·N. 卢埃林：《普通法传统》，陈绪刚等译，中国政法大学出版社2002年版）。

一种行为规范①。可见，法官造法及其结果——判例法在判例法国家的实际功能。

因此，在判例法国家，判例法的产出其实质是当法官把案件事实（现例）代入既有先例（法律规范）中②，即法官通过司法对先例进行事实还原后，发现先例和现例（当下案件）之间的妥适性，同时也发现两者之间冲突性的过程。对法官而言，面对先例和现例间的妥适性部分，其应遵循的裁判规范就是先例。这就是法官的遵循先例原则。

但是，如果套用一句俗语，几乎可以说有一百个现例，就有一百个现例的独特所在。因此，完全套用先例来处理现例，其机械性可想而知。正因如此，面对先例和现例之间在事实上以及法律适用上的冲突部分，法官可以就现例的裁判充分发挥其创造心智，在先例基础之上，根据现例的特征，创造出足以为其后案件的裁判提供经典依据的判例，并因此而跻身于可能发生实际效力的新先例中。

可见，如果说遵循先例原则大体上是法官以既有先例作为裁判准据，或者直接以先例为裁判规范，从而法官的司法活动主要是把先例规范代入当下案件事实，并予以事实还原的话，那么，通过先例识别而发现先例与现例之间的冲突时，法官就不能完全以先例作为现例的裁判规范，反而必须以现例的规定性为基础，构建新的裁判规范。这新的裁判规范，才是法官在司法中创造性的体现，表明法官此刻的裁判不是对先例的亦步亦趋、照搬照抄，而是融会了该案

① 在埃里希笔下，对裁判规范和行为规范作了一定的区分（［美］欧根·埃里希：《法社会学原理》，舒国滢译，中国大百科全书出版社 2009 年版，第 9~10 页）。在笔者看来，判例法既是法官法，又是典型的裁判规范。判例法有没有行为规范的效力？笔者曾请教过对美国法素有研究的孙新强教授。他认为自然有行为规范的效力。笔者继续追问判例法的行为规范功能是通过什么机制实现的？汗牛充栋的判例法以及被法官们的专业思维修饰得更为精致的裁判结果，如何普遍化为公民和其他主体的行为规范？法官针对个案的裁判方案和结论，如何被一般化？如果先例之间打架，法官固然可以通过先例识别技术进行选择以裁判案件，那么，对在日常生活中要依照法律交往行为的公民和其他主体呢？这些问题在我国法学界目前并没有被深入追究和探索，但其理论上理应受到重视。

② 我用先例和现例这两个概念来区分判例法的规范问题和事实问题。先例概念突出的是先前裁判所形成的规范问题，但这并不意味着这一概念不关注事实。其实先前的裁判根据就是事实，所以，案件事实在这里已隐含在作为先例的规范中。而现例则主要强调其案件事实部分，因为针对现例，法官侧重要解决的是裁判它的规范问题（谢晖："判例规则与法官职业——兼论法官判案的创造"，《金陵法律评论》2002 年第 2 期）。

中法官智慧在其中的创造性活动，也意味着在司法中法官以其严谨的逻辑、严格的思维和严肃的裁判，使法律知识在法官的司法裁判中得以增量。

对于判例法的这样一种生成逻辑，笔者以前主要归之于经验理性的熏陶和作用①。进一步的思索和探讨，尽管没有改变笔者先前的基本观点，但在此要修正一下先前的观点：判例法是把经验理性和建构理性巧妙地结合在一起的一种司法制度。其中建构理性的典型表现就是司法中遵循先例的原则，而经验理性的典型表现则是先例识别技术，以及在先例识别基础上的"现例创造"。进言之，遵循先例让判例法获得了历史合法性，并经由这种历史合法性而构筑了一种建构理性（法律的效力来自于古老的历史）；而先例识别与"现例创造"则让判例法获得了现实（经验）合法性，并因此形成了一种经验理性（法律的效力同时也来自于对现实的观照）。这两种理性的交叉互动，巧妙地完成了法官造法的使命，也更顺利地使法律知识在日复一日的司法活动中不断增量，从而法律知识在司法的理性建构和经验积累中完善。

这样一来，在判例法世界，司法中法律知识的成长是日常并常见的。法官的每一例裁判要取得先例的实效，就必须发现同类但不同个案中细微的内容差异，从而在裁判规范的构建中，既直接选取已有的先例作为裁判规范，又根据法官对现例的观察和分析，构造裁判规范。其结果是既遵循先例的原则、精神、甚至规范，又克服法律的僵化和呆板，使法律通过司法的微调和矫正功能，根据案情或社会事实处于一定范围的流动中。从而使法律更加贴近于社会现实，更好地调整和规范社会生活。

显然，对通过法律规范的事实还原，并在司法中创生法律知识而言，判例法制度更为有效。这正是那些成文法国家也对判例制度日渐关注的原因所在，也是中国古代在严格的成文法下，"律例并行"的缘由所在②。因这种制度不但不否定法官造法，而且以法官造法相号召，所以无论对法官在司法中的创造性而言，还是对司法中法律知识的成长而言，都是更为有利且有效的

---

① 谢晖："判例法与经验主义哲学"，载《中国法学》2003年第3期；"经验哲学之兴衰与中国判例法的命运"，载《法律科学》2000年第4期。

② 在有些学者笔下，中国古代乃至民国时期的法律主要呈现为成文法和判例法并用的"混合法"（武树臣等：《中国传统法律文化》，北京大学出版社1994年版，第411~436页、659~688页）。

制度。问题在于这种制度的司法成本或许更大，司法对法官素质的要求肯定更高，政治体制对司法的保障要求更严。在这样的体制下，法官在司法中的知识产出结果，就是呈现为先例或判例的法律规范，就是"法官造法"，就是法官通过司法裁判，运用法律概念的对社会事实的二阶命名，并且这种二阶命名是以最初先例的一阶命名作为基础的，其二阶命名因为先例的不断递增而具有连续递进的特征。

（2）成文法制度下的司法创制和法律知识的生成

再来看在成文法体制下的国家，法官是如何进行法律规范的事实还原，并在这一还原中创生法律知识的。

在民治体制中，凡是成文法国家都崇尚由议会按照建构理性的原则，在预设的基本前提下，制定放之四海而皆准的普遍规范体系。这一预设的前提是什么？它便是人民主权。其实对人民主权原则，在判例法国家并非漠视，相反，司法陪审团制度就表达了司法活动中的人民主权原则，所以，在这样的国家，人民主权原则的集中行使除了表现为议会主权之外，也表现为司法主权[①]。但是在成文法国家，人民主权的集中行使只能表现在议会主权上。司法并不行使人民主权，而不过是对议会主权表决结果的执行和落实。

虽然在历史上看，两大法系、两种法律体制下司法创生法律知识的差异主要和其法律文化传统相关，但上述对人民主权理解的不同以及执行人民主权之方式的差异，也是导致两种不同体制的国家法官地位不同，从而在司法中创生法律知识的作用有别不可忽视的现实因素。在人民主权的集中行使只能由议会掌控，议会是人民代表机构的理念下，只有议会的立法，才具有道德合法性和至上性，其他机构的行为，都是对议会立法的展开，而不能直接立法。议会才是人民意志的表达者，而行政和司法，不过是人民意志的执行者。这样，法官及其司法就只能机械地执行议会的立法，而不能越雷池一步，搞什么法官立法。也只有在这样的文化传统和政体模式下，才能产生法官是"法律的自动售货机"这样的设想和理论。

---

① 李栋："英国宪政的精髓：议会主权与司法独立相结合的宪政体制"，载《法学论坛》2012年第2期。

然而，这样的设想，不仅要以议会是人民主权的行使者和代言人这一理念作为基础，而且还必须以议会在技术能力上的全能作为前提。当议会虽然代表人民，但这个代表机构一旦沦为"空架子、大牌子、老头子"的情境时，不但不能真正行使人民主权，而且只能是政治强人的傀儡。即便议会是强有力的人民主权的代言者和行使者，但只要议会及其立法不能事无巨细、全知全能地解决人民方方面面的需要，只要议会立法还有不可避免的缺陷和漏洞，只要议会立法需要通过司法把其规范成果代入到具体的案件（事实）中进行事实还原，并在还原中发现法律和事实间存在着明显的冲突和问题，只要司法面对个案不能拒绝裁判……那么，要禁锢司法在个案裁判中的创造性，阻止在司法中发现、创造立法之外的法律规范和知识，几乎是没有可能的。这表明，再严谨有致的立法，也会为司法中的法律知识创造留有空间。

那么，在议会立法背景下，法官在司法中创生法律知识的机理是什么，其所创造的法律知识具体表现为什么？这是下文需要进一步探究的问题。

如前所述，无论在何种法律体制下，法官在司法中都肩负着把案件事实代入到法律规定中去的使命，在严谨的、事无巨细的议会立法体制下，法官所肩负的这一使命更为严明。这一过程，就是本文所谓法律规范的事实还原过程。但是，法律规范在事实还原中，除非和案件事实之间没有任何出入，除非法律规范的抽象性能够完全涵盖案件事实的具体内容，否则，只要法律规范在事实还原中与案件事实有出入，或不能完全涵盖案件事实的具体内容，那么，就必然给法官在司法中重构裁判规范留下了空间和条件。这一情形与前述法官不得拒绝（对个案）裁判的原则相结合，就形成了在成文法国家，法官在司法中照例可以创造法律知识的基本机理。

在成文法体制下，法官在司法中生产的知识大体有如下两种样式。

第一，司法方法和技术。司法方法和技术，一般也称为法律方法和技术，是法官在司法中把案件事实代入法律规定中的技术手段。作为规范系统的法律和作为事实系统的纠纷（案件）并不自然地发生关联，这正如法律作为人们交往行为的规范系统，并不自然地和人们的日常交往行为发生关联一样。一个国家虽然有健全的法律系统，但对一个社区、一个族群、一个家庭、一位公民而言，他们可能会认为其行为从来与法律没有关联，从而没有和法律打交道（尽管事实上，他们都和法律在打交道），因为只要遵循日常经验、常识和习惯，他们足以相互交往。同样，对于日常交往中的社会纠纷而言，当事人未必一定会选择法律和司法的途径以解决问题，他们照例会通过其他各种方法以解决冲突。

所以，把案件事实代入法律规范的过程，乃是经由当事人的起诉，法官通过自觉的行为代入的。在这里，已然隐含着法官行为的方法或技术向度——这种技术向度可以一分为三。

其一是法定的方法和技术。例如，诉讼程序本身作为一种司法活动的方法、技术和工具，就是法定的。法官在司法中对这些程序几乎没有灵活处置的裁量权，因此也没有发展程序技术及相关法律知识的权力和条件①，但法官在司法中一旦发现法定程序的不足，发现程序规定经不起事实还原，则为程序通过立法的修正、改造和更迭提供着经验。

其二是约定的方法和技术。这就是本文前面提到的法律解释等九种具体的法律（司法）方法以及司法中事实认定的一系列技术。值得说明的是，前述的法律方法和技术，有些也可能是法定的，例如，效力识别方法、类推适用方法等。有些国家甚至还专门规定了法律解释法或法律解释的规则。但更多的法律方法，如法律推理、法律论证、利益衡量、法律发现等，是法官在长期的裁判案件中总结出来，并约定俗成地被运用的②。

其三是个案中创生的法律方法和技术。即法官在处理个案（一般是疑难

---

① 在我国前些年地方自主的司法改革经验中，不少法院也作了一些程序上的努力或者知识贡献。例如，全国不少法院所采用的"判后答疑"制度（《广东省高级人民法院关于加强判后答疑工作的若干意见》，http://www.9ask.cn/Blog/user/xingzi156/archives/2012/299875.html），山东德州中级人民法院所发明的"判前评断"［牛庆华："论判前评断"，见谢晖等主编：《民间法》（第二卷），山东人民出版社2003年版］。江苏省有些法院对民俗裁判的一些程序性规定（汤建国等编：《习惯在民事审判中的运用——江苏省姜堰市人民法院的实践》，人民法院出版社2008年版，第8～13页）等，都可看作是这一类的探索。固然在程序上，这都是很有意思的探索，且对完善国家法律的诉讼程序制度不无参考价值，也可以说是一种法律知识的生产活动，但在一个诉讼程序健全的国家，还会不会有这类程序上的创举？是很值得继续思考和研究的问题。

② 应说明的是：这些约定的法律（司法）方法未必是法官所系统总结的，如在法学史上，反倒是那些专门的律学家（如王明德）或法学家（如萨维尼）们在系统地总结法律（司法）方法。但可以肯定，律学家或法学家的总结，并不是书斋中苦思冥想的结果，而是基于对司法深入观察、了解基础上的结果。

案件或复杂案件）中创生了独特的法律适用方法。这种方法未必像约定的法律方法那么受人关注，但它凝结着法官在处理个案中的智慧和努力，即使它不产生普遍的方法示范效应，但也可能对周围的法官产生示范效应，特别在法官间存在以老带新的传承关系时，法官的个别经验会化作一定范围内法官群体的逻辑思维定势和裁判行为方案。此种方法和技术，纵然达不到这种一般示范效应，至少对法官本人办案的日常实践，也是一种自我示范。而那种具有一般示范意义的个案裁判，则理应被升华为判例（只要一个国家存在判例制度）。

第二，判例。在成文法国家，尽管没有判例法体系，但并非没有判例和判例制度。相反，当今绝大多数成文法国家都存在判例制度，即使古代中国，也存在严谨的判例制度。当代中国在司法改革中正拟建立案例指导制度。这说明在成文法国家并不排斥判例，反而需要判例。

自然，判例制度和判例法是两个范畴。后者肯定每位法官在判案中必然存在的知识创造，因此，判例法对所有司法裁判都开放。但判例制度及其判例只寻求那些典型性的裁判以指导其他裁判。而所谓典型性的裁判，只能当法官在面对复杂、疑难的个案时才可能形成。当法官所面对的是寻常案件时，既有的法律规定足以解决相关案件，从而不需要法官刻意在个案裁判中寻求创新，因此，也就不可能升华为判例。

所以，判例制度虽然可以激励法官在个案裁判中的创造性和积极性，但它不可能，也不需要法官在每个个案中都发挥创造性和积极性（因成文法对如何处理案件有系统规定）。正因如此，判例的创造并不是对每个法官的要求，而只是对法官面对复杂案件、特别是疑难案件时的裁判要求。如果一位法官在其职业生涯中遇不到一例疑难、复杂案件，则意味着其也就不可能生产出判例，贡献出基于司法的法律知识。

综上所述，在成文法国家，当司法无法实现对法律规范的事实还原时，法官理应运用规范语言对案件事实进行重新命名，即法官的二阶命名，从而形成成文法国家在司法中生产的法律知识。这种法律知识的存在方式有二，即法律方法与技术和司法判例。

论法律方法及其复杂适用的顺位[*]

　　法律方法作为一个体系或系列，其司法适用既可能是某一种法律方法的单独适用，也可能是多种法律方法的复杂适用。法律方法的单独适用不存在什么顺位问题，但其复杂适用有没有适用顺位的规定性问题？很值得专门研究。对此，笔者在《论司法法律方法的复杂适用》一文中，已经原则性地提出了法律方法在司法中复杂适用的顺位问题，即"在法律意义模糊时，相关司法方法的适用程序或顺序是：法律解释、法律推理、法律论证；在法律意义冲突时，相关司法方法的适用程序或顺序是：效力识别、利益衡量、事实替代；在法律意义空缺时，相关司法方法的适用程序或顺序是：类推适用、法律发现和法律续造"[①]，但并没有认真展开论述。其实在这一原则之下，至少还有如下问题需要继续追问：在案件事实和法律方法的适用之间，存在不存在不同法律方法适用的顺位问题？换言之，当一例案件面临多个法律方法时，法律方法有没有适用顺位的规定性？如果在法律方法的复杂适用上存在着顺位关系，那么，这种顺位关系是比较稳定的、具有规律性的适用顺位吗？这样的追问与探究，其实关系到多种法律方法在具体的司法活动中究竟如何适用，从而也关联着司法裁判的效力问题，因此是本文拟解决的主要问题[②]。

---

　　[*]　该文原载《山东大学学报（人文社会科学版）》2015 年第 4 期。

　　[①]　有关法律方法的复杂适用参见谢晖："论司法法律方法的复杂适用"，载《法律科学》2012 年第 6 期。

　　[②]　应说明的是，本文有关法律方法体系的论述，基本上是根据拙作《法律哲学》一书中提出的有关法律方法的体系及内容而展开的。具体而言，它有三组共九种法律方法。第一组针对的是法律的意义模糊及其救济方法，包括法律解释、法律推理和法律论证；第二组针对的是法律的意义冲突及其救济方法，包括效力识别、利益衡量和事实替代；第三组针对的是法律的意义空缺（法律漏洞）及其救济方法，包括类推适用、法律发现和法律续造（谢晖：《法律哲学》，湖南人民出版社 2009 年版）。

为了更深入地论述法律方法在司法中复杂适用时的顺位问题，本文拟通过对法律方法研究之问题意识及其反思的论述，进而对通用法律方法和特用法律方法的分类论述，最后集中尝试探讨两类法律方法各自或相互在司法中复杂适用时，错综复杂的适用顺位问题。

一、法律方法研究的问题意识及其反思

在近十余年我国的法学研究中，法律方法研究可谓显学之一，这表现在如下多个方面。

首先，从法律方法研究的成果和相关学术会议看。在国内陆续出版了以书代刊的系列学术刊物①和学术丛书②，而学者个人以单本方式出版或发表的法律方法论著与论文更是不计其数。自 2003 年起每年一度的全国法律方法研究学术报告③，大体能反映近十年来相关学术研究的基本面貌。不但如此，而且相关研究者有组织地以此为专题开展了系列学术交流活动，除了已成规模，并在一定程度上形成学术定制的"全国法律方法论坛"④，"全国法律修辞学论坛"⑤ 之外，由中国逻辑学会法律逻辑学研究分会和中国语言学会法律语言学研究分会举办的相关学术会议，主题往往和法律方法关联甚紧。

---

① 主要有《法律方法与法律思维》，由葛洪义主编，从 2002 年开始，分别由中国政法大学出版社和法律出版社等不定期出版，已出版 8 辑；《法律方法》，由陈金钊、谢晖主编，从 2002 年开始，由山东人民出版社出版，已经出版 14 卷。

② 学术丛书主要有舒国滢主编："法学方法论丛书"，中国政法大学出版社；陈金钊主编："法律方法丛书"，山东人民出版社；"法律方法文丛"，北京大学出版社；孔祥俊主编："法律方法与应用法学文库"，人民法院出版社；张斌峰主编："法哲学与法学方法论丛书"，中国政法大学出版社。另外，在谢晖等主编的"法理文库"（山东人民出版社）、"公法研究"（山东人民出版社）、"民间法文丛"（中国政法大学出版社）、"法意文丛"（厦门大学出版社）等系列学术丛书中，也收入了三十余本关涉法律方法或规范法学的学术著作。

③ 该报告由焦宝乾、陈金钊撰写，已结集出版，陈金钊、焦宝乾主编：《中国法律方法论研究报告》，北京大学出版社 2012 年版。

④ 该论坛由谢晖、舒国滢、陈金钊、葛洪义、孙笑侠等学者发起，已连续分别在北京、广州、日照、上海、黑河、上海、重庆、郑州、张掖召开了 9 届，第 10 届会议也将于今年夏天由中山大学和遵义师范学院主办，在遵义召开。

⑤ 该论坛由陈金钊、刘风景、熊明辉等学者发起，已分别在山东大学威海分校、南开大学、中山大学、华东政法大学举办了 4 届，第 5 届将由北京第二外国语大学主办。

其次，从法律方法研究的学术主体看，一方面，在国内不少著名的法学院涌现出了以法律方法为业的学术团队，如中国政法大学以舒国滢、郑永流为带头人的学术团队，山东大学威海分校以陈金钊、谢晖为代表的学术团队①，华南理工大学以葛洪义为代表的学术团队，中山大学以熊明辉为代表的学术团队，浙江大学以孙笑侠、陈琳琳为代表的学术团队等②。另一方面，在法学界，法律方法研究的主体不仅限于法理学领域，而且在宪法学、民法学、刑法学、诉讼法学等学科领域，结合各部门法学的特点，都自觉地触及法律方法的研究。不但如此，而且法律方法的研究已经溢出了法学界，越来越多地受到其他学科的关注，特别是语言学界、逻辑学界对法律方法的关注③，提升了法律方法研究的学术品位，拓展了法律方法研究的跨学科对话，并增进了整个法学和其他学科的对话。

法律方法研究为何在最近十多年来有如狂飙突进、迅猛发展？笔者以为大体有如下原因。

其一，我国法律体系愈益完善背景下法律运行问题的突出，使法律方法研究的需求日益凸显。尽管按照建设一个法治国家的要求而言，我们还有诸多的法律付之阙如，如社团法、新闻法等，但在既有的制度框架下，保障政治运转、经济经营和公民日常交往的法律已经日益健全。但吊诡的是，法律越多，秩序越乱的情形弥漫在近二十年来中国的社会交往中。如何真正让法律成为社会秩序构造的权威根据？从而据之构造一个秩序井然、生机盎然的法治国家？这既是吾国上下共同关注的公共话题，更是法学研究理应关注的重要话题。有法不依，莫若无法；法之不行，国之不幸。正是这种使命感，令法学界在立法及法律的价值探究之外，更深入到法律运行之维，这既包括

① 该学术团队的代表人谢晖、陈金钊及重要研究骨干范进学、桑本谦、于改之等虽然先后调到其他高校任教，但在该研究领域，以焦宝乾、吴丙新为代表的研究力量还很活跃。

② 孙笑侠教授的调走，与山东大学威海分校的学术团队一样，并不影响陈琳琳等很有实力的新一代学术团队带头人的工作。另外，随着陈金钊、刘风景、于改之等调入华东政法大学，如果组织得当，经费到位，我国法律方法研究的新基地在该校崛起大致可以期待。

③ 在逻辑学界，有些学者就在法学院工作，如张继成、张斌峰、刘成敏、王洪等。特别是吴家麟等先生高瞻远瞩地在法学院系推广了法律逻辑学这门课程，使法律逻辑学成为我国逻辑学研究中的重要一支，也使法律逻辑学研究和教学得以蓬勃开展。有些学者尽管不在法学院工作，但其研究成果对法学很有裨益，其学术活动也和法学界联系甚紧，如延安大学的武宏志和中山大学的熊明辉等。

对法律运行社会环境与社会接受予以探究的法律社会学研究，也包括对法律运行在法律内部予以探究的规范法学研究。这两者也开启了中国法学自恢复学科以来全新的气象。而法律方法研究，尽管主要归属于规范法学的范畴，但又介乎如上这些学问之间，它需要同时汲取价值法学、社会法学和规范法学的营养①，因为法律运行毕竟要投射到社会的方方面面，既是根据法律对社会价值的遵循、改造或重塑，也是根据社会事实来嫁接法律规范，同时更是法律规范——特别是命令性法律规范和禁止性法律规范强行戳进社会生活的活动。可见，要根据既有法律推进依法治国，乃是根据法律重构社会的过程。不过，倘若纯粹根据法律的刚性而蛮力地规制，法律很难收获和风细雨、润物无声般构造社会秩序的效果。反之，在法律运行中自觉地借助作为技术的法律方法，可更好地实现法律规制。因此，如何通过更加符合技巧或者符合社会艺术的方式，把法律代入公共生活中？如何让法官在处理社会纠纷时更加充分理性地说理？如何让法官的说理获得两造和其他社会主体的广泛接受？如何通过法律方法的运用和有效裁判的功能，使人们的交往和生活越来越倚赖于法律的规制？这种种问题，都让法律方法研究获得了非常大的学术空间。

其二，我国社会矛盾的急剧突出与司法地位的凸显。在法律体系越来越迈向完整的同时，人们也不难发现，随着市场竞争的发展、多元观念的深入人心以及国家治理方式从命令模式逐渐向管理模式发展，我国的社会矛盾和纠纷也越来越多且越来越复杂。对如此繁杂的矛盾，倘若再运用既往说服教育的手法，显然是去年的皇历，不但无济于事，而且只能误事。尽管前十年间，当局出于某种惯性而安排了以调解为主的说服教育模式，其结果不但未能较好地处理社会纠纷，反而全面激化了社会矛盾和纠纷。因为当下中国社会矛盾和纠纷的一个重要特点是：政府、甚至法院往往成为纠纷的一方主体。在此情形下，如何化解矛盾，决疑解纷？可行的手段不是政府出面的安抚、说教，而是通过公开、公平和遵循法律正当程序的司法来解决——尽管法院也不可避免地也会陷入社会纠纷中，但在我国，和其他一切公权主体相比较，

---

① 有关对法律方法学理基础的论述参见谢晖："论诸法学流派对法律方法的理论支援"，载《法律科学》2014 年第 2 期。

法院的工作毕竟还能够以遵行法律为宗旨。事实上，在我国当人们遇到纠纷时，已然越来越多地借助诉讼程序和司法去解决，更兼之法院的基本职能，就是依法决疑解纷。

　　社会矛盾急剧突出和法院职能之间的这种内在关联，加之社会纠纷及其解决过程，对一个正常运转的社会而言，总会呈现出某种戏剧冲突的强烈效果，因而身处戏剧冲突中的司法和法院，备受人们关注并不稀奇。而法院仅仅靠法律并不能完全完成说理，它只有借助一定的技巧和方法，才能更好地完成穿梭于案件事实和法律之间的任务。法院的此种地位、功能和需要，给法学家展开学术研究提供了灵感。法律方法研究的迅速开展，正是在社会矛盾及其司法解决越来越重要的时代，法学家应和法院之身份、地位和社会对司法之需求的产物。这也映证了"法学理论是被夹在'忠于法律'和'自由发现'之间并根据当时的哲学、科学理论和社会的文化史及司法政策性的经验影响下展开"的结论。不但如此，而且法学家通过相关研究，对法学研究对象予以纠偏和矫正，并借用法律方法的学理更深入地作用于社会的变迁和法律施展其功能的真正领域——司法领域，以既贡献于司法，也借司法的地位和作用彰显法学的经世济用功能，彰显法治、司法和法学学理之间的内在关系。

　　其三，国外法学学术思潮的深刻影响。与此同时，还可注意的是在国外法学界，研究的核心问题是规范法学，即法律方法位处其中的法学流派[①]。这种情形，在 20 世纪初叶以来就已成型。"二战"以来，因为对战争的深入反思，致使各法学流派、特别是价值法学派有了很大的发展，但与此同时还必须关注，"二战"以来各个法学流派的发展，都深受规范分析的深刻影响，并且对法律的研究具有独特的启示意义。例如，德沃金通过诠释性概念的论述，就典型地通过价值、规范、语言等多个视角的分析，展示了一幅法律整全性的画卷[②]。而社会法学照例给人们提供了深入的规范分析的范例，这无

[①]　尽管在学理和事实上，法律方法几乎会受到所有法学流派的支持，换言之，所有法学流派都对法律方法具有支持作用，但毫无疑问，规范法学是法律方法的主要学术支援（谢晖："论诸法学流派对法律方法的理论支援"，载《法律科学》2014 年第 2 期）。

[②]　［美］R. 德沃金：《法律帝国》，李常青译，中国大百科全书出版社 1996 年版，第 42 页以下。

论在之前埃利希的作品中，还是在"二战"以来如布莱克等人的作品中，都不难觅其踪迹①。甚至连法人类学、法律经济学等学科，绝不仅是人类学方法和经济分析方法在法律问题上的运用，而且也在一定程度上展示着规范分析手段对相关学科的影响。而在具有广泛国际影响的国际法哲学－社会哲学会议上，近几届的论文多以规范分析法学学者的作品居多。国外法学界研究的这种情势，一方面契合了规范分析之于法学本来应有的地位，另一方面则启发了中国法学学者的研究方向。法律方法研究的蓬勃开展，在一定意义上就是受国外法学界、特别是欧美法学界这种研究趋势的影响而展开并深化的。在这方面，只要关注相关研究者对欧美规范分析法学学者学术观点的引证，以说明相关法律方法的事实就能验明。至于国外学者、特别是德国学者直接撰著的有关法律方法问题研究的论著，对我国法律方法研究的启示和深入，更是直接且深入的②。其中缘由，不仅在于其所提供的理论的精致，而且还在于我国作为一个成文法国家，其法律在司法适用中的问题和德国等成文法国家的相像性。

尽管因为上述原因，我国的法律方法研究有了长足的进步，但这一研究直到到目前为止还没有切合其问题意识，较为妥适地解决法律方法本身的实用性问题。记得在多个学术会议上，司法实务部门的学者或法官质疑法学家的努力与司法实践的脱节问题。而法学界的一般回应是：如果法学（或法律方法）解决了司法实践中的所有问题，那还要司法实践干什么？笔者之前对这一回应也大体持肯定态度，甚至强调"实际联系理论"的重要性和迫切性。但具体到法律方法研究中，却又深感对上述意见及其回答需要分而析之。

一方面，我国目前的司法活动，困惑于体制的因素，对具有严谨逻辑意

---

① ［奥］欧根·埃里希：《法社会学原理》，舒国滢译，中国大百科全书出版社2009年版，第126页以下；［美］唐纳德·布莱克：《正义的纯粹社会学》，徐昕、田璐译，浙江人民出版社2009年版，第7页以下。

② 在这方面，其中［德］卡尔·拉伦茨：《法学方法论》，陈爱娥译，商务印书馆2003年版，［德］罗伯特·阿列克西：《法律论证理论》，舒国滢译，中国法制出版社2002年版等，对我国法律方法研究的影响之大，可谓冠绝。

味的法律方法关注确实很不够。众所周知，我国目前的司法在很大程度上是党国体制中的一个环节，非规范政治对司法的影响甚大，甚至司法活动、尤其那些影响性案件的审理，往往不是根据法律的裁判，而是法律外因素影响下的裁判。在这种情况下倘有法律方法，也不过是在司法中如何把当下执政者的精神意志、政策主张和形势需要代入法律解释框架中。司法实践所需要的法律方法，就是这种过分带有功利色彩的"法律方法"，是能立竿见影地对当下案件的处理发挥效用的"法律方法"，因之，与其称之为法律方法，不如称其为法律个案对策更妥适。显然，这种对法律方法的期待和要求，乃是把法律方法研究者的职业担当混同于司法者的职业担当。诚然，法律方法研究者有义务提供其关于司法中案件事实和法律规定遭遇时的解决方法，但其不能包办司法活动，也不能事无巨细地解决司法所面临的具体问题，更不能服务于一种尚不健全、难以预期的司法体制。毋宁这样说：法律方法只能服务于相对健全的法治和司法体制。法治不健全背景下的司法活动，连法律都可以轻慢，还需要尊重法律方法吗？

但不得不指出的是，就法律方法研究者而言，其研究内容、研究手段和研究结论并没有温情关切一般司法实践的需要也是一个不争的事实。当我们抛开当下并不理想的法治和司法体制，而把我国法学界目前有关法律方法的研究，运用于法治和司法体制健全的地方又如何？是否能较好地指导司法实践？这也是值得反思的问题。仅以目前我国法学界有关法律方法体系的论述为例，尽管学者们殚精竭虑，在体系视角提出了很多法律方法[①]，但不同的法律方法究竟在何种具体情形下适用？换言之，不同法律方法在司法中适用的条件是什么？对这些问题，论者常常关注不够，致使法律方法研究虽然拥有应用研究的名号，但在司法事务中真正应用起来，仍然隔着千山万水。这种情形，不惟我国的法律方法研究如此，我们只要看看阿列克西的《法律论证理论》或拉伦茨的《法学方法论》，法律方法研究与司法适用之间若即若

[①]　例如郑永流、陈金钊等都提出了法律方法的体系问题，郑永流：《法律方法阶梯》，北京大学出版社 2008 年版；陈金钊等：《法律方法论研究》，山东人民出版社 2010 年版，第 162 页以下。

离、甚至关联困难的情形都客观存在①。在一定意义上，相关理论与司法的关联程度，甚至远不如英美分析法学者的一般学术理论与司法的关联。尽管理论研究者事先专门设定其研究成果的运用前景，不免有些多此一举，但对研究成果的运用问题不闻不顾、漠不关心，这也完全不符合社会学科的适用要求，也不能让学者庄敬地对待司法实践生活本来的要求，甚至还可能是相关研究者自大心态的一种表现。"如果法律理论不能从经验层面上对解释者的能力以及其所选择的解释方法产生的系统性影响给予充分考虑，这种法律理论就不可能为法官、立法者以及执法者如何解释法律文本这一问题提供富有操作性的解答。"因此庄敬、温情地对待司法实践，并经由司法实践完善法律方法理论，寻求法律方法在司法中的妥适和一般适用效力，关注法律方法和司法实务之间的内在关联，绝非相关学者的越界行为，反而是法律方法研究内容深化、功能实现、从纸上到实践的题中应有之义。法律方法的适用顺位，就是在该思想指导下，在法律方法适用顺位上的一份初步思考。

二、通用法律方法和特用法律方法

对于法律方法，人们完全可以从不同视角进行分类，但以法律方法被司法适用的范围为视角，似乎可以把法律方法分为两类，即通用的法律方法和特用的法律方法。所谓通用的法律方法，顾名思义，是指在司法中能够被普遍运用、一般运用的法律方法。即无论什么样的案件，只要通过司法方式解决，都可以运用的法律方法。这一界定，或许只有解决如下问题后，才具有更强的说服力。

第一个问题是，通用法律方法可适用于低级司法吗？在我国，根据目前

---

① 2005年以来，笔者在西班牙、台北等地多次巧遇我国台湾高雄法院对法律方法、特别是法律论证理论的研究颇有心得的李佩娟女士，并和她多次言及阿列克西法律论证理论在司法适用时面临的困境。她对相关意见深表赞同。她的18万余言的硕士学位论文，就是借此而给法律论证理论的司法适用寻求一种理论渠道（李佩娟：《司法裁判中法律论证的理性基础与评价论证的正确性》，台湾大学2005年硕士学位论文）。

法律的相关规定，司法可二分为低级司法（调解）和高级司法（裁判）两类①，因之，调解作为我国司法活动的重要组成部分，不能不在考察我国的司法概念时予以关注。这样一来，就会有相应的问题产生：通用法律方法也可运用于低级司法吗？诚然，在调解这种低级司法中，依据经验和两造的自愿来处理案件是通常做法。这种情形，似乎排除了适用法律方法的必要和可能。但在我看来，这种对低级司法的理解，未免太小看低级司法了。即便司法调解活动，也是建立在案件事实、司法程序和法律实体规定基础上的。作为一种国家行为和权威法律活动，它完全有别于两造之间的私了或者两造通过民间第三人调解下的私了。两者的根本区别，在于前者主要是以情感人的活动，而司法调解尽管不乏以情感人的因素，但因为以情感人而放弃了以理服人，那就不是司法——哪怕它是低级司法。可见，它仍然要强调司法的事实根据和法律准绳这些基本要求，因此，面对案件事实并对其依法作出解释或者推理，是法官展开司法调解的基本前提。这也决定了通用法律方法在低级司法活动中的适用性，从而不能否证或证伪笔者对通用法律方法的界定。

　　第二个问题是：通用法律方法是否说明所有司法活动都须法律方法？法律方法研究的重点有时给人形成一种错觉，似乎并非所有的案件处理或司法活动都用得着法律方法。这种情形，是法律方法研究者更多地关注于复杂案件或疑难案件所致②。毫无疑问，复杂案件和疑难案件对于法律方法的学术研究而言，更具有典型性或者标本意义。法官面对复杂和疑难案件，特别是

---

　　① 把调解称为低级司法，而把裁判称为高级司法，并不存在对两类司法工作效果的评判，而只是强调一方面，司法调解活动较少运用专门的法律思维，而司法裁判主要是一个法律思维作用的过程。另一方面，司法调解主要是依据经验从事的活动，因之，无须特别的专业训练，只须一定的经验积累就可能胜任，而严格的司法裁判，则不仅需要一定的经验积累，也需要经过系统的专业训练才堪胜任。再一方面，司法调解必须和两造的自愿相结合，因此，难度自然降低，获得当事人接受也较容易；但司法裁判却一定是在两造不愿妥协、坚持对抗的情形下进行的，要获得当事人接受，则殊不易，故更需逻辑和论证的征服力量。

　　② 笔者目前所接触到的法律方法研究论著，大都围绕着对复杂案件和疑难案件的司法处理方法而展开。检索发现，专门就简单案件、明晰案件的法律方法研究成果甚少。原因或在于：一方面，诸如法律思维、法律解释、法律推理研究的一般成果，不言自明可适用于简单案件和明晰案件的处理，不需要专门说明。另一方面，对这些案件在法律方法视角专门研究的样本意义不是很典型，因此学者研究的劲头就不是很足。

疑难案件，更需要独特的手段或方法予以补救。缘由何在？这里需要稍微对复杂案件和疑难案件做些交待，才能够更深地理解。复杂案件指向案件的事实领域，而疑难案件指向案件事实和法律遭遇的场合。如果说复杂案件主要指向一例案件之事实或法律关系的复杂（即它主要指向事实领域）的话，那么，疑难案件则指向案件事实和法律规定遭遇时的复杂。当然，这两者之间有时还可以出现竞合状况，即一例案件可以是复杂并疑难的案件。这表明，疑难案件和复杂案件在逻辑上是一种交叉关系：疑难案件可以是复杂案件，也可以是简单案件；同样，复杂案件可以是疑难案件，也可以是非疑难案件。

这表明，简单案件和明晰案件不需要法官在通用法律方法之外，运用其他特别的法律方法，即法官只需要把法律规定代入到案件事实中就可以解决问题，所以，对学者深入和创新性的学术研究而言，启示意义不大。但复杂案件和疑难案件却不同，这样的案件法官直接运用法律规定并不能一蹴而就，即法律规定没有提供给法官解决相关案件的现成答案，还需要法官更复杂的心智才能更妥帖地解决案件，并以理说服当事人。因此，对学者而言，专门研究的学术意义和实践意义明显要更强些。尽管如此，但正如前文业已表明的那样：即使简单案件和明晰案件不适用特用的法律方法，或者即使法官办理简单和明晰案件的活动，就是执行所谓"自动售货机"的过程，也意味着通用法律方法，如对案件的事实解释、法律推理等在这一过程中的运用。因之，可以肯定地说：所有案件的解决，都须法律方法。

通过如上对通用法律方法的阐述说明，所有司法活动，都不可避免地是法律方法作用于其间的活动，因此，强调有些案件需要运用法律方法，有些案件不需要运用之，乃是对法律方法司法适用的一知半解和明显误解，同时，也显然低估了法律方法在司法中的一般作用。笔者以为，这种观念上的收获，本身是法律方法温情地关注司法实践的一种表现：它会让所有法官在办案中自觉体识法律方法的实践价值，理解理论与实践的关联所在，从而更表明法学者的法律方法研究之于司法实践的一般意义。

笔者以为，通用法律方法大体上有法律解释和法律推理两种①，因为这两种法律方法适用于所有的司法活动——无论是低级司法，还是高级司法，也无论是简单、明晰案件的裁判，还是复杂、疑难案件的裁判。但论述至此，还需说明的是：通用法律方法在司法适用中不仅是通用的，而且在特定的复杂、疑难案件中也可以作为特用法律方法来适用，即前述通用法律方法，不仅可通用于所有司法活动，而且也能在一个案件遭遇法律而出现问题时，予以"特用"，成为特用的法律方法。那么，什么是特用的法律方法呢？

所谓特用的法律方法，是指或者当案件事实复杂，在法官之间难以形成统一的处理意见，或者当案件事实和法律规定遭遇后，两者的对接不可能出现无缝对接的情形，反而出现适用疑难的问题时，所适用的法律方法。简言之，特用法律方法即法官在办理复杂案件和疑难案件时所适用的法律方法。其中在复杂案件和疑难案件所适用的法律方法还有所不同。

笔者认为，如果是纯粹的复杂案件，则适用于它的特用法律方法主要是法律论证。为什么呢？因为一般说来，复杂案件的处理方案也通常是复杂的，不同的法官经常会有不同的处理方案，因之，不同推理之间的竞争就是复杂案件处理过程中最常见的现象。当然，在这一过程中，常用法律方法，如法律解释（特别是对相关案件事实的法律解释）、法律推理等的运用自是理所当然，不过法律解释和推理等在这里只能担当通用法律方法之角色，而不同于后文将论及的它们所担当的特用法律方法的角色。与此同时，还需说明的是法律论证在复杂案件中的角色究竟应归类为通用法律方法还是特用法律方法的问题。在前文的注释中，笔者把法律论证归类到附条件的通用法律方法之列。所谓附条件具体是指什么？在笔者看来，它就是案件处理意见的分歧。无论一例案件是简单案件、复杂案件还是疑难案件，只要法官在司法中提供

---

① 除此之外，法律论证是否为通用的法律方法？这要看如何界定法律论证。如果把法律论证界定为法官在司法裁判中面对不同裁判方案的反复权衡和推敲，则可视为通用的法律方法，因为在解决简单案件的独任制审判中，法官也可以做到这一点：自设自证地进行"论证"，但这种情形，笔者宁可视之为法律推理。如果按照笔者的界定，把法律论证界定为多个主体针对同一案件提出不同处理方案，并在不同的主体之间进行论辩，最后达成妥协的案件解决方案的活动（谢晖：《法律哲学》，湖南人民出版社2009年版，第117页以下），则法律论证最多只能是附条件的通用的法律方法。这里所谓附条件，就是指在司法中，法官对具体案件的处理意见有分歧，并都能提出分歧意见的逻辑根据。

了不同的处理意见和方案，或者存在处理方案的分歧，就需要展开不同意见（推理）之间的竞争，换言之，也就需要法律论证。因之，只要存在案件处理意见分歧及其论争的场合，法律论证就是相关案件处理中的通用法律方法。

那么，又为什么说在复杂案件中，法律论证又是特用的法律方法？这里涉及紧密相关的两个问题，一个是通用法律方法向特用法律方法的转化问题。前已述及，通用法律方法可以在特定条件下转化为特用法律方法。那么，这里的特定条件是什么？它所指的就是某种或某几种法律方法对于解决特定的案件具有特殊适用性。以此来衡量，则法律论证对于解决复杂案件而言，就具有此种特殊适用的特征。当然，这还要与另一个问题，即复杂案件审判过程之特质相联系来思考。复杂案件在审判中的基本特质，就在于前述处理意见的多样性。如果把复杂案件继续划分为法律关系复杂（事实复杂）、适用法律复杂（法律复杂）和案件背景复杂等多种情形的话，那么，适用法律的复杂问题同时可以归类于后文将要论及的疑难案件中。这表明，纯粹的复杂案件只有两种，即法律关系复杂（包括法律主体复杂、法律客体复杂和权利义务内容复杂等）的案件和社会背景复杂的案件。

无论对于法律关系复杂的案件，还是对于社会背景复杂的案件，法官在处理中一般都会形成不同的处理意见，因此，处理意见分歧，并进而因为分歧的处理意见进行论辩或论证（竞争）就理所当然。越是复杂的案件，越容易形成有关案件处理的意见分歧，从而也越能够发挥法律论证在其中的作用。对法律关系复杂的案件而言，无论复杂主体、复杂客体还是复杂的权利义务，都可能提供法官在不同视角、不同向度构造裁判意见的可能。而对于背景复杂的案件，就更容易形成处理方案的冲突。所谓背景复杂，在法治健全，或者业已实现了法治的国家，主要是指案件背后的政治选择和政治权衡，但这又事实上涉及法律和社会事实的冲突问题，因此，涉及政治价值衡量（不是一般利益衡量）问题。正如伯顿所言："为了实现秩序和正义的价值，法律信念之网应把法律经验和法律目的整合为一个和谐有效的整体。给予规则和判例以协调性的原则和政策应该是法律共同体作为法律惯例性正当理由而接受的那些东西。设定了秩序和正义的核心地位，面对疑难案件的审慎的法官应该得出为维持或加强法律的协调性而要求作最少调整的那个判决。①"而对于法治尚不健全的国家而言,所谓背景复杂,可谓五花八门,难以尽述。其中案件背后的权力、种族、宗教、历史、宗族、名望等因素,在这样的国家法官不得不特别关注。不仅如此,即使在那些法治健全的国家,也不可避免地存在着对复杂案件在法律论证上的特别关注②。恰恰是复杂案件在审判中往往存在法官裁判意见的分歧和因这些分歧而展开的法律论辩和论证,因此,对复杂案件的处理而言,法律论证作为法律方法,就有了一定程度的专属性。从而法律论证在这里也就有了特用性。

如下想重点探讨的是疑难案件和特用法律方法之间的关系。前已述及,所谓疑难案件,就是指和法律遭遇后,不能无缝地把其和法律规定勾连起来的那些案件。一例案件再复杂,但只要能在法律中寻到清晰地解决该案件的规范,就不能称之为疑难案件。因此,疑难案件的症结一般在法律规定上,而不在案件事实上。就此而言,疑难案件因如下几种情况而发生。

第一种情形是因为法律规定的意义模糊不明。所谓法律意义的模糊不明,是指法律文字的表达因为诸多原因,如一词多义、一义多词或者表述不当等因素的影响,给相关案件的裁判带来不便。在成文法国家,造成这种情形的基本缘由,是立法中语言的推敲不够。但这为司法中法官运用特用的法律方法创造了条件,也为司法中法官的能动智慧发挥作用提供了可能。在司法中,因为法律意义的模糊不明而使用的法律方法,主要有三种。

其一是法律解释。即通过语言文字的解释阐明法律的字面意义,无论它进行了意义限缩,还是意义扩张,也无论其借助历史意义,还是目的意义,其基本功能,都是为了阐释法律文字的字面意义。当然,这样的解释或许忽视了法官对案件事实的解释,但需要说明的是,如果对案件事实的解释不是设法代入到法律规定中去,则事实解释就不具有司法意义。

---

① 伯顿在此所讲的尽管是"疑难案件",但其论述也可以说明这里所讲的价值衡量问题。

② 例如众所周知的美国辛普森案及其裁判(林顿编:《世纪审判:令新大陆痴狂的辛普森杀妻案》,吉林人民出版社 1996 年版)和正在审判中的南非"刀锋战士案"(周磊:"刀锋战士案警探涉嫌谋杀",载《京华时报》2013 年 2 月 22 日)等,之所以裁判过程如此艰难,裁判后社会反响如此之大,就在于这些案件作为复杂案件,从法官到社会对这些复杂案件的特别关注和处理意见极端分歧上。

其二是法律推理。法律推理的一般意义是通过三段论把案件事实的内容建构到法律规定中，从而得出具有权威性的裁判结论。所以，尽管归纳推理在司法中，特别是在证据的排查和采信中，从而也在事实认定中具有不容忽视的方法意义，但作为法律方法的法律推理，主要是三段论。对于法律意义模糊的释明而言，法律推理主要用来解决当案件事实和法律规定遭遇后法律的模糊不明问题（这意味着法律的字面意义本身不存在问题）。

其三是法律论证。即当法律的意义出现模糊不明时，在司法中究竟如何理解法律的字面意义，在不同法官之间形成了争点，并为此寻求论辩和妥协方案，以完成司法裁判的方法。可见，在司法中借用法律论证而对法律意义模糊的解决，一定是一个争鸣和辩驳过程。法律论证总是和可辩驳性相关。"可辩驳性是法教义学中的中心问题，可辩驳性关涉所有的法律规范，这包括法律主张、法律原则、法律规则，尤其是法律渊源、推论规则和先例等，在重要性上可辩驳性是与可衡量性密切相关的"。其结果奉行的不是绝对的真理，而是法官之间能够妥协的真理。

紧接着相关的问题是，如上三种法律方法，根据前文的论述，本来或者是通用法律方法，或者是附条件的通用法律方法。那么在此为何被称为特用法律方法？一言以蔽之，其原因就在于对法律意义的模糊而言，如上方法具有专门性和特殊效果。所以其适用不同于不存在法律意义模糊时法官裁判案件中所使用的法律解释、法律推理、甚至法律论证。

第二种情形是因为法律产生了意义冲突。所谓法律意义的冲突，是指两种或两种以上的法律条文对同一种社会事项规定了不同的规范内容。就广义而言，法律的意义冲突也是法律意义模糊不明的一种表现，但它与前述法律意义模糊不明又有明显的不同。法律意义模糊不明体现在特定法律的文字表达上，而法律的意义冲突却就某条法律的具体规定而言意义都是明确的，但就相关数条法律的规定作比较的话，则其意义是模糊（冲突）的。法律意义冲突的救济机制也有三种，分别是效力识别、利益衡量和事实替代。效力识别通过低效力位阶的法律服从于高效力位阶的法律这个基本原则来消解法律意义的冲突；利益衡量①借助小法益服从大法益这一基本原则来消解法律意义的冲突；而事实替代则依从事实永远是法律的社会源泉这一原理来消解法律意义的冲突（在结果意义上，它具有"法官造法"，或者法官直接在事实中发现法律的能动性）。对于法律意义冲突的消解而言，尽管通用法律方法的适用是不可避免的，但如上特用法律方法是直接消解法律意义冲突的法律方法。除此之外，司法中法官再找不到更合适的方法来直接克服法律意义之冲突了。

　　第三种情形是因为法律出现了意义空缺。所谓法律意义的空缺，是指面对业已存在的社会关系和社会纠纷，在法律上没有相关规定足以作为裁判案件的根据，例如最近在我国引起广泛关注的互联网金融——余额宝问题，到目前为止，几乎无任何正式法律规范可言，如果在相关领域产生纠纷而诉诸法院，法院就面临着巧妇难为无米之炊的困境，就只能通过补救意义空缺的法律方法来解决相关问题。补救法律意义空缺的基本方法有三种，即类推适用、法律发现和法律续造。众所周知，类推适用是法官在案件裁判中面临法律意义空缺时，在现行法律体系中寻找最相类似的条款以解决案件的法律方法；法律发现，则是在法官穷尽了现行法律体系，找不到解决当下案件的类似规则时，在非正式法律渊源，如社会习惯、道德、社团章程、政党纪律等规范中寻求类似规则，以解决案件的法律方法；而法律续造则是法官不但穷尽了现行法律体系（正式法律渊源），而且穷尽了非正式法律渊源后，仍未找到合适的裁判当下案件的规则时，运用法官的基本良心、内心确信和娴熟经验，直接创制裁判规范据以裁判案件的法律方法，即"法官造法"（所谓司法能动）的法律方法。上述三种法律方法，尽管也不可避免地会和通用法律方法之间产生司法中复杂适用的问题，但就三种法律方法本身的职能或作

---

　　①　应说明的是，利益衡量不同于价值衡量。尽管笔者在有的场合把这两种法律方法通用（谢晖：《法律哲学》，湖南人民出版社 2009 年版，第 200 页以下），但严格说来，一个国家如果不存在"法官造法"，则最多只有利益衡量，而不会有价值衡量。这也预示着，在法律方法中，价值衡量是"法官造法"的产物。或许这和事实替代以及后文将要提及的法律续造有所抵牾，但我想继续说的是：事实替代、法律续造以及价值衡量等，都具有"法官造法"的性质，只是价值衡量更侧重于法官对现行法律合法性（价值）缺陷的矫正，而前两者更侧重于法官对现行法律技术性缺陷的矫正。

用而言，它们主要是用来救济法律之意义空缺、填补法律漏洞的专门的、特用的法律方法①。

通用法律方法和特用法律方法的界定，为下文进一步探究法律方法司法适用的顺位提供了前提条件。

三、通用法律方法司法适用的顺位

所谓法律方法司法适用的顺位，是指法律方法在司法中复杂适用时的出场顺序。可见，法律方法的司法适用顺位，只是在法律方法出现了复杂适用的时候，才有分析的必要。当某种法律方法在司法中单独适用时，则不存在所谓法律方法司法适用顺位的问题②。而法律方法的复杂适用，大体上可以作如下三分：其一是通用法律方法在司法中的复杂适用；其二是通用法律方法与特用法律方法在司法中的复杂适用；其三是特用法律方法在司法中的复杂适用。其中在第二、三种情形下，必然存在着通用法律方法和特用法律方法的复杂适用问题，对此，将在本文第四部分中加以介绍。这里只就通用法律方法司法适用的顺位问题予以分析。

通用法律方法司法适用顺位的确定，应当依据司法活动中法官的思维逻辑和法定的程序过程来确定。司法活动，既是一个对争议纠纷的事实查明和阐释活动，也是一个在查明了案件事实之后，继续寻找既有的相关法律规定，并将案件事实代入到相关法律规定，以裁判案件的活动，即根据案件事实，寻求处理它的法律准绳的活动。可见，司法的思维过程，就是在案件事实和法律规定之间的目光流盼，并借此而得出恰当的、可被法律认可、也可被当事人接受的裁判结论的过程。在这一过程中，通用法律方法——法律解释、

---

① 有关如上特用法律方法及其适用的条件和场域，谢晖：《法律哲学》，湖南人民出版社2009年版，第283页以下。

② 事实上，在"高级司法"实践中，抛开通用法律方法的特用法律方法，虽然有单独适用的可能，可一旦其和通用法律方法相关联，则特用法律方法也就不存在单独适用的问题了。在这个意义上讲，存在不存在法律方法的单独适用？这几乎是个伪问题——哪怕再简单的司法活动，都意味着法律方法的复杂适用，至少是通用法律方法（如法律解释、法律推理）的复杂适用。这样看来，法律方法的单独司法适用问题，只能存在于"低级司法"中了。

法律推理和附条件通用法律方法——法律论证，不论在它们之间发生复杂司法适用的情形，还是它们与特用法律方法之间发生复杂司法适用的情形，都须遵循一个基本的司法适用顺位，即从法律解释到法律推理，再从法律推理到法律论证。换言之，在这里，法律解释是通用法律方法在司法中复杂适用时第一顺位的法律方法；法律推理是通用法律方法在司法中复杂适用时第二顺位的法律方法；法律论证是通用法律方法（附条件）在司法中复杂适用时第三顺位的法律方法。那么，为什么在司法中，要遵循通用法律方法司法复杂适用的如上顺位呢？

　　法律解释之所以在通用法律方法的司法复杂适用中作为第一顺位适用，源于法律解释在整个法律方法体系中的基础地位。正如有人所言："在过去的 15 年里，解释已成为法律学者的主要知识范式之一。就如 20 世纪 60 年代对规则的兴趣和 70 年代对原则的兴趣，在过去 10 年里，很多法律理论的建构是围绕着解释的概念展开的。"诠释学强调人们理解和解释的普遍性①。如果把这个原理运用到司法活动，则可以认为，所有司法活动就是围绕着法律而展开的一场理解和解释活动。原告的诉讼请求就是以其持有的证据为基础，并以对法律的理解为前提而提出的；同样，被告的诉讼请求也是以其持有的证据为基础，并以自己对法律的理解为前提应诉的。至于法院和法官，更是从诉讼伊始，就结合个案，进入到对法律的理解和解释中。被建构在诉讼中的法律解释，当然不是当事人的，而是法院和法官的解释。无论是其对案件事实的理解和分析，还是其对法律规定的解释和说明，也无论是其对案件事实和法律对接的阐述与论证，都是法院或法官进行法律解释的活动②。司法中自始至终都伴随着法律解释，司法裁判的结果，就是法官对个案进行法律

---

　　①　[德] 汉斯－格奥尔格·伽达默尔：《真理与方法》，洪汉鼎译，商务印书馆 2010 年版，第 377 页以下。

　　②　按照一般原理，法律解释的主体是参与到司法个案中的法官，而不是法院。但在我国的司法体制中，独特的司法解释体制否定了法官的法律解释，或者法官尽管在个案中作法律解释，也只有个案妥适性，而不具有一般性。只有最高人民法院的机关（法院）解释（张志铭：《法律解释操作分析》，中国政法大学出版社 1999 年版，第 224 页以下；魏胜强：《法律解释权研究》，法律出版社 2009 年版，第 71 页以下）才具有一般性，这种对法律解释的机关化处理，是妨碍法官司法中主动精神的重要原因所在。

解释的最终成果。因此，"只有在法律文字特别'模糊''不明确'或'相互矛盾'时，才需要解释，那就是一种误解，全部的法律文字原则上都可以，并且也需要解释。需要解释本身并不是一种——最后应借助尽可能精确的措辞来排除的——'缺陷'，只要法律、法院的判决、决议或契约不能全然以象征性的符号语言来表达，解释就始终必要。"可见，法律解释这种方法与司法的内在关联。

正因如此，在实践上，人们才强调法官一言九鼎。在学理上，法律方法论的不少学者，干脆把法律方法和法律解释等同起来①。所有法律方法，归根结底都是法律解释。离开法律解释的法律方法似乎空洞无物。尽管这种对法律解释夸大其辞的论述笔者并不赞同，但这种现象足以说明法律解释在整个司法活动中的基础地位。

法律解释的此种基础地位，不仅使得特用法律方法的展开和运用须要借助法律解释才能展开，即必须和法律解释一起复杂适用，才能施展其功能（后文专门展开），而且使得同属于通用法律方法或附条件通用的法律方法——法律推理与法律论证，也必须借助法律解释才能发挥作用，否则，其功能就难以发挥。何以如此？

就法律推理而言，作为演绎推理，无论法律推理的大前提还是小前提必须是清晰明确的。而在司法活动中，代入到法律推理中的法律规定（大前提）和案件事实（小前提）都是法官理解和解释的结果。如果法官不能就大前提和小前提进行深入可信的解释，则司法裁判本身会面临说理不足、推理不能和不被接受的尴尬。可见，司法中法官必须的、充足的法律解释活动，必然是法律推理的前提。没有法律解释，就不能法律推理。

就法律论证而言，如前所述，在笔者看来，法律论证就是司法中法律推理的竞争，或者就是多个有关个案裁判的不同推理方案在符合法律论证规则下的竞争。因此，如果说司法中法律推理需要把法律解释前置的话，那么，法律论证就更需要以法律解释的前置为论证的直接基础。因此，这里就无须专门对法律解释和法律论证在司法适用中的顺位关系继续饶舌。

---

① 改革开放以来，在法学恢复过程中，我国关注法律方法研究的一些先行者所作的法律方法著述，辄起名为××解释学，最典型者如梁慧星的《民法解释学》（中国政法大学出版社 1995 年版）。

如上论述表明，司法中对通用法律方法的复杂适用，必须以法律解释为前置，换言之，必须以法律解释为通用法律方法复杂适用的第一顺位。

法律推理之所以在通用法律方法的司法复杂适用中作为第二顺位而出场，一方面，取决于前述法律解释已经当然地占据了通用法律方法司法适用的第一顺位，既然如此，在逻辑上和事实上法律推理就不可能再在第一顺位上被司法适用了。另一方面，也取决于法律推理与法律论证之间的关系，尤其是在推理"成了一种说服或反驳对手，并根据一个决定的正当性与对手达成一致的讨论技术"时。

在前文中，笔者已经对法律推理与法律解释的关系作了论述，这里想进一步引出的是：除了低级司法之外，任何高级司法活动都存在着至少两种法律方法的复杂适用，即法律解释和法律推理在司法中的复杂适用。高级司法，哪怕它是最简单的高级司法，都无可例外地是把法律规定代入到案件事实中，并以三段论的逻辑推理进行裁判案件的活动，因此，一起最简单的高级司法，即使不会涉及法律论证方法，也不会涉及特用法律方法，但至少会涉及两种通用法律方法的复杂适用，即法律解释和法律推理方法的复杂适用。

这种情形表明，在高级司法活动中，法律解释和法律推理是命运攸关、休戚与共的两种方法。法律解释为法律推理功能的展开和运用提供逻辑前提，而法律推理须依据法律解释的结果，进一步把司法活动由过程推向结果。在此意义上，完全可以说没有法律解释的高级司法是不能想象的，同样，没有法律推理的高级司法也是不能想象的。一起看上去最简单的高级司法，哪怕它是独任制审判的高级司法，都是法律解释和法律推理两种法律方法紧密合作的产物。它们两者之间不能实现此种合作，则可判定高级司法的任务尚未完成。当然，这一论述也进一步证成了在司法中法律解释和法律推理的复杂适用，在逻辑上只能以法律解释为第一顺位，以法律推理为第二顺位。

至于法律推理和法律论证的关系，一方面，需要说明法律推理和法律论证在司法中并存在当然地复杂适用的情形。在此基础上，另一方面，需要理清这样的理念：法律论证是多个法律推理的竞争形式。据此笔者认为，法律论证的基本特征是：当面对一个案件，不同法官持有完全不同的裁判方案、裁判理由和裁判结论——即持有不同的对案件的推理时，在公正的、可以最终妥协的制度环境保障下，法官就不同法律推理进行论辩或论证的活动。这正如爱默伦对论证的界定，"它是一种言语性和社会性的说理行为，旨在通过提出一系列的主张，在每一个理性的'法官'面前，对有争议的观点进行辩驳，以增强或减弱他者对该观点的接受程度。"因此，如果不从一起司法活动的最终结果意义上，而是从其过程意义上观察，则法律论证是法律推理的后续行为，当然，这一后续行为又为最终的司法裁判活动——最终的法律推理奠定前提。

这样看来，司法中法律推理和法律论证复杂适用时的顺位问题就不像这里论述的那样简单：法律推理一定是前置的，而法律论证一定是后置的。诚然，就整个司法过程来看，确实存在着法律推理和法律论证相互地前置和后置的关系问题，即法律论证一定要以数个法律推理的提出为前置，而只要存在法律论证方法出场的案件，又最终必须归结到作为裁判结果的法律推理上，因此，法律论证又成为裁判推理的前置。但是，这种复杂的情形，并不影响笔者在这里的一般结论：在通用法律方法的复杂适用中，法律推理是第二顺位的法律方法。为什么？

因为笔者在这里所论述的顺位，正如前文所言，是指法律方法在司法中复杂适用时，其一般的出场顺序。按照这个解释，则尽管在法律推理和法律论证之间存在着前述互为前置，又互为后置的情形，但在一例司法的程序运行中，一定是先出现法律推理，并且是出现数个互不相同的法律推理时，才会引出法律论证的必要。倘若没有多个法律推理的提出，没有多个法律推理的冲突，就没有必要展开法律论证，从而也没有法律论证方法出场的机会。在一定意义上讲，司法制度中对合议庭成员的多人单数之设定，目的就是为了法律论证活动的有效开展。在这一视角看，法律论证方法在司法中出场的机会是常见的，换言之，法官对一起案件秉有完全不同的处理方案，是司空见惯的。这也进一步说明在学理上理清法律推理和法律论证复杂适用时，两者的出场顺位所具有的一般意义——如果一起案件的处理是法律论证先出场，而所有法官又没有各自对其主张提出扎实有效的推理，就必然意味着司法出了问题。

以上论述皆表明：法律推理在通用法律方法的复杂适用中，应以第二顺位出场。

　　法律论证之所以在通用法律方法的司法复杂适用中作为第三顺位（最后一个顺位）出场，在前面对法律解释和法律推理分别作为通用法律方法复杂适用之第一、二顺位出场理由的论述中已经不难见端倪。这里须在另外的三个角度进一步说明作为通用法律方法（附条件）的法律论证在复杂适用时为何按第三顺位出场的原因。

　　第一个角度是：法律论证不能在司法中单独适用。由于法律论证并非是必然通用的法律方法，因此，它不能在司法中单独适用。不过不能单独适用这一特征似乎和法律论证在司法中复杂适用时为何按第三顺位出场没有必然的逻辑关联，因为法律方法的单独适用本来只指涉低级司法。诚然，如果法律论证只能和某一通用法律方法，如法律解释或法律推理复杂适用，那就意味着它在复杂适用时未必一定是按第三顺位出场的。但问题恰恰不是如此，这需要转到第二个角度的观察。

　　第二个角度是：凡是法律论证出场的场合，一定同时也是法律解释和法律推理出场的场合。尽管法律解释和法律推理共同适用时，法律论证未必出场，但法律论证出场时，必然意味着法律解释和法律推理的出场。为什么？正如前述，这是因为法律解释和法律推理是法律论证的逻辑前提。如果把法律推理作为法律论证的直接前提的话，那么，法律解释则是前提的前提，因为法律推理必须根据法律解释的结果而展开。这样一来，则意味着一方面，如果没有法律解释和法律推理的前置出场，法律论证就不可能独自出场；另一方面，法律论证只能按第三顺位出场，因为在高级司法中，法律论证既不能单独适用，也不能直接和法律解释一起复杂适用，还不能和法律推理一起复杂适用，而只能和法律解释、法律推理三者一起复杂适用。法律论证在司法适用中的这种特点，逻辑地决定了其复杂适用的第三顺位。

　　第三个角度是：法律论证是一种附条件的通用法律方法。作为附条件的通用法律方法，也意味着法律论证只有在条件具备时才能运用于法律方法的复杂适用中。这一条件便是面对案情，法官之间具有不同的处理方案和各自推理，从而需要在法官之间展开推理论辩和竞争。它表明，法律论证不具备相关条件，就不能和其他通用法律方法一起复杂适用。尽管合议制的构造原理，充分考虑了法官之间因为裁判意见不同、预演推理各异而可能展开的推理竞争和论辩，但这并不意味着在所有高级司法中，法律论证就必然会出场。法律论证在高级司法中出场的这种情形，与法律解释和法律推理出场的情形大异其趣，这决定了法律论证即便在司法中出场，一是必须和法律解释、法律推理等更基础的法律方法一起出场，二是其只能以第三顺位作用于通用法律方法的司法适用。

上述三个角度都证成了法律论证在通用法律方法的复杂适用中，只能按第三顺位出场。

透过通用法律方法在司法中复杂适用的上述顺位，可发现一个近乎规律性的结论：越是居于基础性地位的通用法律方法，其出场顺位越靠前；而越是需要基础性法律方法支撑，换言之，作为基础性法律方法必然延伸的法律方法，则在出场顺位上必然要靠后些。这正是通用或附条件通用法律方法复杂适用顺序的基本逻辑。

厘清上述三种通用或附条件通用法律方法在复杂适用时法官应把握的适用顺位，其理论意义在于总结法律方法在司法适用中的一般规定性，以在一定程度上克服前文指出的我国当下法律方法研究中普遍存在的司法适用程度不高的问题[1]；与此同时，通过一些概念的提纯和论述，既拓展法律方法研究的内容，也架构法律方法研究的新空间或新框架。其实践意义则在于既总结通用法律方法在司法的复杂适用中实际存在的适用顺位[2]；同时，也为司法实践中自觉地运用通用的法律方法，改进司法裁判，增强司法裁判说理提供一份可能的参照。

弄清楚通用法律方法在司法中复杂适用时的顺位问题，也为下文进一步探讨特用法律方法在司法中复杂适用的顺位问题提供了重要条件。

---

[1] 当然，可以肯定的是即便有了上述通用法律方法在司法中复杂适用的顺序排位，在目前我国不尽人意的司法体制下未必能得到真正运用。但无论如何，有相关总结和论述比没有相关总结和论述，对司法实践可能运用法律方法理论而言，毕竟是更靠近了一步。更何况法学理论，包括法律方法理论的研究还要有未雨绸缪的理论准备性和理论预测性。

[2] 可以想见，即便没有上述通用法律方法在司法中复杂适用顺位的理论总结和阐述，司法实践中只要复杂地运用到三种法律方法，一定会按上述顺位有意或无意地安排三种法律方法的出场。在这个意义上讲，这里的总结，或许和其他所有学术理论一样，只是对司法实践的一种观照和总结，而不是什么别出心裁、独具匠心的学术"创新"。

四、特用法律方法司法适用的顺位

特用法律方法只适用于案件遭遇法律规定时出现了"有病"的情形①。如前所述，这种病症具体可分为法律意义模糊、法律意义冲突和法律意义空缺三种。处理或救济这三种病症的具体方法（特用法律方法）共有九种。当这些法律方法在司法中复杂适用时（无论其自身的复杂适用，还是和通用法律方法一起的复杂适用），有没有适用的具体顺位问题？如果有，其具体顺位又是什么？这是此处需要解决的问题。笔者在此把特用法律法律方法在司法中复杂适用时的顺位分为三种情形。

（1）如何解决特用法律方法和通用法律方法在司法中复杂适用的顺位问题？笔者在《论司法方法的复杂适用》一文中，已经指出特用法律方法不能离开通用法律方法而单独适用②。和法律论证类似，特用法律方法必须以通用法律方法，尤其法律解释和法律推理作为基础才能适用。在这个视角看，特用法律方法只能和通用法律方法一起复杂适用，而不能抛开通用法律方法单独适用。在这一前提理念基础上，如何解决特用法律方法和通用法律方法在司法中复杂适用时的顺位问题？笔者以为，这又可分为如下几种情形。

其一，从总的情形看，特用法律方法的出场顺位一定在通用法律方法之后，以救济法律意义冲突的法律方法和通用法律方法的复杂适用为例，按照前述通用法律方法出场的顺位，法律解释是第一顺位，法律推理是第二顺位，法律论证是第三顺位③。即通用法律方法是特用法律方法的前置，特用法律方法的出场顺位只能在通用法律方法之后。

对此，或许有人会提出反驳，以效力识别为例，当法官把个案带入到具

---

① 谢晖："法律的病理与医理"，见谢晖《沟通理性与法治》，厦门大学出版社 2010 年版，第 76 页以下。

② 谢晖："论司法法律方法的复杂适用"，载《法律科学》2012 年第 6 期。

③ 法律出现病症时的相关案件，即是疑难案件。凡是疑难案件，同时又往往是在办案法官间争议较大，从而容易形成不同解决方案，并在不同方案间竞争和论证的案件。因此，法律出现病症时特用法律方法与通用法律方法的复杂适用，不仅需要法律解释和法律推理的出场，而且一般也需要法律论证的出场。

体法律后，一旦发现法律存在意义冲突的情形，一般会立马进入到意义冲突的法律条文之间比较法律效力的高低，即进行效力识别。因此，效力识别这种特用法律方法就至少被置于法律推理之前，更被置于法律论证之前，既然如此，怎么能不分青红皂白地讲通用法律方法一定是特用法律方法复杂适用的前置呢？毫无疑问，这一反驳是在理的，这也说明要机械地、硬性地对一种富有实践理性的活动进行顺位排序不得不面临的顾此失彼。但尽管如此，笔者还是想就此作进一步的解释和说明。

在笔者看来，法官在个案遭遇法律时发现法律出现意义冲突的情形，本身是法官对法律的理解和解释，因此，法律解释和特用法律方法在司法中复杂适用时，法律解释的前置性毋庸置疑。那么，法律推理呢？事实上，在意义冲突的法律之间进行选择，构造案件的裁判根据，或者在法律之外寻求解决案件的裁判根据，并形成不同法官关于处理案件的裁判方案，已经是法官所进行的推理活动，因此，无论效力识别、利益衡量还是事实替代等用以救济法律意义冲突的特用法律方法，和通用法律方法在司法中复杂适用时，应当是被置于法律推理之后的。至于法律论证，它本来是法官裁判意见分歧和推理竞争的必然产物，只要有裁判意见分歧的情形，就有推理竞争的法律论证。因此，当肯定法律推理和特用法律方法复杂适用时前者应被前置，就等于肯定了法律论证和特用法律方法复杂适用时前者也应被前置。

其二，特用法律方法和通用法律方法在司法中的复杂适用的顺位情形较为复杂，具体分析如下。

第一，当通用法律方法与某种特用法律方法的复杂适用时，如通用法律方法和类推适用的复杂适用时，它们之间的适用顺位悉照前文通用法律方法前置的原理。

第二，通用法律方法和数个特用法律方法的复杂适用，这又包括两种情形：一是通用法律方法和用来救济法律之某类病症的数个特用法律方法之复杂适用，这时其适用顺位也应依照通用法律方法前置的原理。另一是通用法律方法和用来救济法律之数类病症的数个特用法律方法之复杂适用，如在一个案件的解决中，既涉及通用法律方法和效力识别等用来救济法律意义冲突的特用法律方法之间的复杂适用，也涉及通用法律方法和类推适用等用来救济法律意义空缺的特用法律方法之间的复杂适用。尽管这时前述通用法律方法前置的原理不变，但在这里如何解决不同特用法律方法之间的适用顺位问题？这会涉及下文将要提及的特用法律方法复杂适用的第三种情形，故这里存而不论。

第三，通用法律方法和所有特用法律方法在司法中整体地复杂适用的顺位问题。尽管在司法实践中，这种情形出现的可能性较小，但作为理论分析，应当尽量设法穷尽各种可能性。至于这种复杂适用的情形一旦出现后不同法律方法出场的顺位问题，也需要和下文特用法律方法复杂适用的第三种情形相结合来考察，故这里也存而不论。

（2）用来解决某一具体病症的不同特用法律方法在司法中复杂适用时如何解决其顺位问题？一例案件所遇到的法律疑难，往往是法律的三种病症出现了其中一种。这时用来救济该法律病症的特用法律方法，不论是其中某个方法单独出场还是多个方法共同出场，与通用法律方法之间肯定形成复杂适用的局面。但如果是某个特用法律方法单独出场，则在特用法律方法之间不构成复杂适用关系，因此也就不存在特用法律方法之间的出场顺位问题。但是，一旦数种救济方法共同出场，就必然涉及这数种法律方法复杂适用的顺位问题。对此，不妨从法律的三种病症及其救济方法出发进行各自分析。

如前所述，法律意义模糊的救济方法，有法律解释、法律推理和法律论证。这三种法律方法，既可以是通用法律方法，也可以在法律意义模糊时作为特用法律方法。司法中在法律意义模糊时，首先面临的是法官对法律意义的明晰化（法律解释），接着再把法律解释的结果代入案件事实中（法律推理），如果法官的法律解释出现不同的结果，并因之也出现法官有关案件处理的不同裁判方案和推理，则意味着法律论证的必然出场。显然，救济法律意义模糊的这三种特用法律方法，一方面在司法活动中会经常（但并非必然）出现复杂适用的情形，另一方面，它们一旦出现复杂适用的情形，其出场顺位和通用法律方法复杂适用时的出场顺位大体一致。即在这里，法律解释按第一顺位出场；法律推理按第二顺位出场；而法律论证按第三顺位出场。如果只是其中两种特用法律方法在司法中的复杂适用，则按前述顺位进行加减即可。这里遵循的是法律自身意义的阐明优先，法

律和案件事实对接时的意义阐明其次，法律与案件事实对接后法官的主观
见解置后的一般原理。

法律意义冲突的救济方法有效力识别、利益衡量和事实替代。效力识别
用来解决层级效力的法律间所出现的意义冲突；而利益衡量用来解决水平效
力的法律间所出现的意义冲突；事实替代则解决法律规定和其所调整的社会
事实间出现的意义冲突。可见，这三种特用法律方法在司法中各自的分工是
十分明显的，在同一案件中同时被运用的可能性很小。这完全不同于法律意
义模糊时的三种特有的救济方法。后者具有纵向推论的逻辑关联，而前者仅
有横向排列的逻辑关联。后者并不存在一个方法的运用必然排斥另一个方法
的复杂适用，而前者除非有多个复杂的法律关系，否则就不可能复杂适用。
倘若一个案件是疑难案件，但当其只有一个法律关系时，则必然意味着其中
一种特用法律方法的运用，是对其他特用法律方法适用的排除。这都决定了
用来救济法律意义冲突的三种特用法律方法在司法中复杂适用的可能性很小。

但尽管如此，还是不能排除在疑难且复杂的案件中，当一例案件中不同
的法律关系和法律遭遇时，层级效力法律间的意义冲突、水平效力法律间的
意义冲突和法律规定与其所调整的社会事实间的意义冲突有可能两种、甚至
三种共同适用于一个案子中的情形。这时也就意味着用来救济法律意义冲突
的三种特用法律方法在司法中的复杂适用成为可能。无论出现其中两种或者
三种方法的同时运用，都构成这里的复杂适用。那么，这时究竟应如何解决
其适用的顺位问题？笔者认为在这种情形下，三者的适用顺位没有逻辑的必
然性，只有法官根据不同法律关系予以酌情考量的或然性。即在司法中面临
这种疑难且复杂的案件时，法官优先考察的是案件中那个法律关系，和该纠
纷关系解决相关的法律方法就优先出场。

不过尽管如此，笔者还是倾向于如下一般的思维过程：面对相关的案件，
法官首先要考虑的是意义冲突的法律之间是不是层级关系，因为一旦有这层
关系，就更容易形成裁判——哪怕法官针对的是水平效力法律之间的冲突，
但只要尚不明确两种法律是水平效力之前，依然要从追究冲突的法律间有无
层级关系入手。这重关系理清之后，法官才会关注水平效力的法律之间出现
意义冲突时如何取舍、如何进行利益衡量的问题，因为毕竟利益衡量和法律

的直接规定相比较，掺杂了法官对于法律的取舍。这两者都解决之后，法官才能进入对当下法律能否调整它所欲规范的事实进行考量，决定是否以事实的规定性取代法律的规定。显然，这是距离法律直接规定更远的一种法律方法，对法官而言，除非迫不得已，不得采用这种法律方法。由此可以推出这样的结论，当法律意义冲突的三种特用法律方法在司法中同时复杂适用时，其基本顺位是：效力识别是第一顺位；利益衡量是第二顺位；事实替代是第三顺位。如果只是其中两种特用法律方法在司法中的复杂适用，则按前述顺位进行加减即可。

法律意义空缺的救济方法有类推适用、法律发现和法律续造三种。和法律意义冲突相比较，法律意义空缺就不存在所谓层级效力和水平效力之间的比较性，因此，上述三种特用法律方法所针对的是同一问题，且这一问题不存在分类可能。这就决定了这三种特用法律方法在解决法律意义空缺时是一种递进关系：面对一例法律意义空缺的案件，在找不到类推适用的条件时，才考虑法律发现；在既找不到类推适用的条件，也难以通过法律发现找到可适用于个案的合适规则时，才考虑法律续造。这三种特用法律方法效力关系的递进性，就决定了尽管一例案件因法律意义空缺而构成了疑难案件，但只要其法律关系是单纯的时，就不存在上述三种特用法律法律方法的复杂适用问题。

但话说回来，如果一例案件不仅是疑难的，而且存在多重复杂的法律关系，并且这些法律关系在和法律遭遇时，都存在法律意义空缺的问题，其中有些法律关系可以通过类推适用解决，有些法律关系可以通过法律发现解决，有些法律关系只能通过法律续造解决时，用来救济法律意义空缺的上述三种法律方法就有了同时出场的必要和可能。这时也就存在着三种特用法律方法出场的顺位问题。它们的出场顺位，也取决于法官在具体案件处理时究竟优先考虑处理哪个具体法律关系。但即使如此，法官对具体法律关系剖析的思维过程，也会遵循先正式法源再非正式法源，最后没办法时才能动创造的规律。

这样的分析，让我们也不难得出如下基本的结论：当法律意义空缺而导致救济它的三种特用法律方法需要同时在司法中复杂出场时，第一顺位出场的是类推适用，因它更符合依法裁判的基本理念；第二顺位出场的是法律发现，因它符合正式法源供给不足时，法官在非正式法源中寻求裁判根据的原理；第三顺位出场的是法律续造，因它更多地突出的是法官的主观能动性，而不是法律的确定性，所以，即使在法官迫不得已运用之，也需慎之又慎。当然，在此如果只是其中两种特用法律方法在司法中的复杂适用，则按前述顺位进行加减即可。

（3）当一个案件遭遇法律时出现了多种病症，即用于救济不同法律病症的特用法律方法共同复杂适用时，如何解决其适用的顺位问题？在阐述相关问题之前需要说明：在解决不同法律病症的法律方法之间，一般不存在适用顺位的问题，因为一个案件所面临的法律意义模糊、意义冲突和意义空缺同时出现的可能性很小。但这并不排除两种或两种以上病症同时出现的可能。例如在复杂且疑难的具有多个法律关系的案件中，一个法律关系所面对的法律是意义模糊的，另一个法律关系所面对的法律意义是冲突的，还有一个法律关系干脆找不到相对应的法律，即法律出现了意义空缺。一旦这种情形出现，就需要更详尽地考量特用法律方法司法适用的顺位问题。这一问题，可以理解为特用法律方法跨界地复杂适用时的顺位问题。

具体说来，要理解特用法律方法跨界地复杂适用的顺位问题，需要首先弄清什么是特用法律方法的跨界适用。它是指在一例案件和法律遭遇后，同时出现了涉及法律意义模糊、法律意义冲突或者法律意义空缺的不同法律关系（无论是三种情形都存在，还是只存在其中两种情形）时，用来救济这三种不同的法律病症之特用法律方法在司法中的复杂适用。这种复杂适用，也存在一个不同特用法律方法的出场顺位问题，如果能确定这样的顺位，毫无疑问可以在特用法律方法跨界适用时，为法官的相关审判活动提供参照和方便。

这里首先涉及的问题是：存在不存在当一例司法活动同时面对法律意义模糊、法律意义冲突和法律意义空缺，而用来治理不同病症的法律方法同时出场时的当然顺位？这确实是个很难回答的假设。因为一是实践中这样的个案或许很少，这样的假设也主要体现在其理论价值上。二是即便实践中果真出现这种复杂的情形，法官的处理顺位也可能会大相径庭，甚至有多少个法庭组成成员，或许就有多少个处理的具体流程和顺位。

　　大体设想一下，一般有如下三种处理方案。其一、法官遵循由易到难的顺位，那便是先解决法律意义模糊，次解决法律意义冲突，最后解决法律意义空缺。其二、法官遵循先难后易的顺位，那便是先解决法律意义空缺，次解决法律意义冲突，最后法律意义模糊。其三、法官遵循先中间，后两头的解决顺位，那便是先解决法律意义冲突，次法律意义模糊，最后解决法律意义空缺，或者次解决法律意义空缺，最后解决法律意义模糊。在如上三种可能的顺位中，笔者认为，第二、三种顺位不合乎法官尽量依法裁判的思维原理，也不符合人们先处理容易的，再集中精力攻克困难的一般处事顺序。因此，在理论上，笔者倾向于应按照先易后难的处理原则解决相关问题，即当一例司法活动同时面对法律意义模糊、法律意义冲突和法律意义空缺时，法官按照先解决法律意义模糊，次解决法律意义冲突，最后解决法律意义空缺处理顺位。

　　上述顺位关系如果能够成立，那么，假设特用法律方法在一例案件中悉数出场、复杂适用，那么其基本的出场顺位是：法律解释、法律推理、法律论证、效力识别、利益衡量、事实替代、类推适用、法律发现和法律续造①。当然，在司法实践中，特用法律方法的跨界适用，不可能或者至少很难如此齐列地悉数出场，或者仅仅是其中几种特用法律方法在司法中跨界地复杂适用。这时它们出场的顺位问题，应根据前述由易到难的法律病症解决顺位和特用法律方法根据法律病症解决顺位而出场的顺位进行减位即可得出其具体适用顺位。

　　如上问题的解决，使前文提出的特用法律方法在跨界适用条件下，和通用法律方法复杂适用时的出场顺位问题的解决，可谓水到渠成、迎刃而解。对此，读者完全可以在如上论述基础上，逻辑地得出结论，故笔者不再赘述。

---

　　① 当然，假设法官真的在司法实践中选择了先难后易，或者先中间，后两端的适用顺位，则意味着不同特用法律方法的适用顺位会发生如下的改变，在前种情形下是：类推适用、法律发现、法律续造、效力识别、利益衡量、事实替代、法律解释、法律推理和法律论证；在后种情形下是：效力识别、利益衡量、事实替代、类推适用、法律发现、法律续造、法律解释、法律推理和法律论证，或者效力识别、利益衡量、事实替代、法律解释、法律推理、法律论证、类推适用、法律发现和法律续造。

"应当参照"否议*

"应当参照"作为实在法的一个规范概念，之前尽管在我国法律和行政法规中多有出现①，但并没有引起人们多大的重视，更没有引起学者在法理层面思考这一问题。但自从最高人民法院 2010 年 11 月 1 日出台《案例指导工作的规定》，并在第 7 条有关"指导性案例"的效力中明确规定："最高人民法院发布的指导性案例，各级人民法院在审判类似案件时应当参照"以来，这一概念受到了司法界和学术界一定程度的重视②。不过相关研究皆着眼于对这一用法的肯定，并在此基础上阐述"应当参照"的理论内涵与实践逻辑。本文认为，"应当参照"这个概念本身是一个可疑的、尚需要继续推

---

* 该文原载《现代法学》2014 年第 2 期。

① 据初步检索，我国全国人大的立法中，有两部运用了"应当参照"一词，分别是《中华人民共和国刑事诉讼法（2012 年修订）》第 229 条和《中华人民共和国物权法》第 195 条、第 219 条、第 236 条。全国人大常委会的立法中，运用该词的有四部，分别是《中华人民共和国非物质文化遗产法》第 29 条；《中华人民共和国食品安全法》第 24 条；《中华人民共和国禁毒法》第 49 条和《中华人民共和国担保法》第 94 条。在国务院颁布的行政法规中，该词在 13 部行政法规中共出现了 13 次，即各出现 1 次。分别是《机动车交通事故责任强制保险条例（2012 第二次修订）》第 32 条；《戒毒条例》第 42 条；《证券公司监督管理条例》第 50 条；《中华人民共和国防治海岸工程建设项目污染损害海洋环境管理条例（2007 年修订）》第 8 条；《国务院关于修改〈中华人民共和国公司登记管理条例〉的决定》（六）；《中华人民共和国公司登记管理条例（2005 修订）》第 15 条；《重新组建仲裁机构方案》（四）；《国有资产评估管理办法》第 26 条；《普通高等学校设置暂行条例》第 26 条；《中共中央、国务院关于加强和改革农村学校教育若干问题的通知》（三）；《国务院关于下达〈机械工业技术改造试行条例〉的通知》第 5 条；《国务院批转国家计委等部门关于实行基本建设拨款改贷款的报告的通知》（三）；《国务院关于工商业联合会机关干部的评级、医疗、福利、学习和工商业联合会经费问题通知》（一）。除此之外，在国务院的有关行政法规和规范性法律文件中，还运用了同义词"应该参照"；在最高人民法院的司法解释中，"应当参照"出现的频率更高，不再一一列举。

② 在公开发表的论著中，就有冯文生："审判案例指导中的'参照'问题研究"，载《清华法学》2011 年第 3 期；刘树德："'应当参照'的诠释及展开"，见氏著：《司法改革：小问题与大方向》，法律出版社 2012 年版，第 48~63 页。

敲的用法。在尚未弄清这一用法是否妥当之前，用这种似是而非的概念，无论对立法的确定性也罢，还是对司法的公正性也罢，可能都会带来妨害。下面我将从如下五个方面阐述并探讨相关问题。

一、"应当"：一种弱强行性规范

什么是应当？或许这个词过于日常，在 1979 和 2009 年版《辞海》中居然没有作为词汇单列并专门解释，该辞典只是在解释应、该、当等词汇时做了些互释。这不禁令人联想：是不是越和人们日常生活关联紧密的事物，就越引不起人们的关注？即便词的运用，也是如此？由此进而联想：所谓"百姓日用而不知"，可否在另一个视角获得理解？好在 1999 年版《辞海》则对该词作出了如下解释："谓理所当然"；"亦称'应该'。在伦理学上指由道德规律所要求的规定。英国休谟早把事实（是、实然）与价值（应当、应然）领域区分开来。德国康德继而把必然（是）和应然（应当）视为自然规律与道德规律相区别的本质特征。"① 另一部权威汉语词典对它也有简短解释：作为一个助动词，应当被解释为"表示理所当然"②。

当然，作为一种大众工具书，《辞海》和《现代汉语词典》的如上解释或许也可接受，但从学术探讨的角度看，这种解释可能有欠严谨。事实上，早在 20 多年前，王润生曾在伦理意义上对"应当"一词作出了精辟且独到的阐释，他强调对于人格的划分，不能非此即彼，非好即坏，而需要在此"两分法"之外，再加上一重分类，即"三分法"。他以失当、正当、应当这三个词汇分别表了他的人格三分法。前者是对"落后人格"的规范表达；中者是对"普遍人格"的规范表达；而后者是对"先进人格"的规范表达③。尽管在董仲舒的有关斗筲、中民、圣人之"性三品"④ 学说中，已然可见这

① 《辞海》，上海辞书出版社 1999 年版，第 2295 页。
② 《现代汉语词典》（第五版），商务印书馆 2005 年版，第 1631 页。
③ 王润生："失当·正当·应当"，载《学习与探索》，1987 年第 6 期。
④ 董仲舒云："圣人之性，不可以名性；斗筲之性，又不可以名性；名性者，中民之性。"（《春秋繁露·实性》）。

种"三分法"，但王润生的论述更赋予应当以当代意义。当然，王润生对应当这个词的论述，是置于伦理视角所作的论述，在一定意义上是一种"定性"的论述。这说明，这个词汇似乎更富有某种评价的含义。但在法律规范中运用这一词汇，就不止具有评价的意蕴，因为法律借助它是需要引导人们交往行为的，因此，人们在法律中必然要寻求的是它的实践意义。

通常，"应当"和"应该"在同一意义上使用。在我国法律规定中，一般运用应当这个词汇，只是在国务院的有关行政法规和规范性文件中，偶尔也运用"应该"一词。这凸现了所谓一义多词的情形。好在这两个词汇都是日用词，人们对其作为同义词的属性不会有歧义或怀疑，因此，本文就采取运用较多的应当这个词展开相关探讨。

同时，本文对"应当"一词的论述，仅限于法律规范体系领域。所有法律规范，都是为规范人们的交往行为而设置的，因之，对类似应当这种"法律关键词"（或者"法眼"[①]）的研究，其基本目的是为了说明相关词汇所引导的法律规范模式，以及和该模式相关的人们行为模式[②]。众所周知，在法学理论中，条件预设、行为导向、处置后果是公认的法律规范构成的逻辑三要素[③]，而在这三要素中，最关键的是行为导向这一要素。因为该要素直接安排给人们在交往行为中能做什么、禁做什么、可做什么、必做什么、应做

[①]　目下我国法学界或媒体界也喜欢用"法眼"这样的词汇，但用者主要是从法律实词或法律对社会的重要作用、对人们行为的规范视角讲的。而笔者在本文所用的"法眼"一词，尽管也涉及法律中的实词，但更多情形下是指担当引导法律规范中行为模式的那一类关键词，在性质上，它们是虚词，一般不独立具有法律行为的意义，但在功能上，没有它们的引导，法律中的权利义务等实词就失去了作用的方向和目标。

[②]　为此，笔者曾专门指导博士研究生关注法律关键词的研究，对可以、应当、不得、必须、是等关键词分别撰写了博士论文。这些博士论文分别是：喻中：《论授权规则》，山东大学 2006 年博士学位论文；周赟：《"应当"的法哲学分析》，山东大学 2006 年博士学位论文；魏治勋：《禁止性法律规范的概念》，山东大学 2007 年博士学位论文；钱锦宇：《论法律的基本必为性规范》，山东大学 2008 年博士学位论文；刘东升：《实证法学的反思及规范解读》，山东大学 2006 年博士学位论文等。

[③]　对此，我国法理学界有不同的表达，如传统教材中的假定、处理、制裁三要素说（孙国华、朱景文主编：《法理学》，中国人民大学出版社 2004 年版，第 202～294 页）；假定、行为模式、法律后果新三要素说（李龙主编：《法理学》，人民法院出版社、中国社会科学出版社 2003 年版，第 62 页）；假定条件、行为模式、法律后果说（付子堂主编：《法理学初阶》，法律出版社 2009 年版，第 136 页）。笔者则主张用条件预设、行为导向、处置措施这样的表述概念更准确、更妥当些（谢晖：《法理学》，北京师范大学出版社 2010 年版，第 93～97 页）。

什么等不同的行为选项。有了这样的行为选项，法律在实践中才能构造以权利义务为经纬的秩序体系。所以，在法律规范中如果不能布设人们对法律行为的不同选项，它用以构造法律秩序的职能就荡然无存。

那么，在法律规范中，用以构造行为导向的词究竟是什么？它们就是法律规范中的关键词，我把他们称之为法律中的"法眼"。这些词既有实词，也有虚词。其中能担当关键词的虚词诸如"是""但是""能""不能""有""没有""可以""应当""必须""不得"等。法律规范一旦离开这样的虚词引导，一方面，具体的权利义务等实词的规定就没有了作用的方向，即相关词汇只有和上述词汇相结合时，才能产生实体的行为导向。另一方面，法律规范也因此缺乏行为导向，从而难以为法律秩序的构造提供规范基础。在此意义上，看似虚词的上述关键词汇，却真正担当着法律规范中关键词或"法眼"的功能，成为所有关注法律的人必须认真去"抠"、严谨对待的字眼。

应当这个词就属于法律中的虚词关键词。它所引导的规范模式属于强行性法律规范的范畴。所谓强行性法律规范，针对任意性法律规范而言，它是指规定主体只能做某种行为，而不能放弃该行为的法律规范。在法律权利义务体系中，由强行性规范所引导的行为，都属于法律义务的范畴。这样，由应当所引致的法律规范模式，是法律对作为性义务的要求，以区别于法律对不作为义务的要求。在行为模式上，则由应当所引发的，是法律主体按照法律安排去做某种义务行为。如果违反相关的义务，在处置后果上只能是受罚。

但在强行性法律规范中，我以为因引导词的不同，还可以细分为两种：其一是"强强行性规范"；其二是"弱强行性规范"。这里的强弱，既是个法律效力视角的概念，也是个和引导词的语气相关联的概念。自法律效力视角看，强强行性规范的强制程度或其效力更大，而弱强行性规范的强制程度或效力相对要弱。从引导词的语气看，强行性规范分别由两个引导词引起，一个是必须，另一个是应当。尽管必须和应当这两个词都引导着强行性规范，但从语气看，必须这个词着重于外在的命令，而应当这个词侧重于外在的教示。必须这样或必须那样，给人一种无可抗辩的命令安排，在语气上，它有些把外在的强制力量作为迫使主体履行强行性规范的优先考量因素。而应当这样、应当那样，则在语气上让人明显感觉到立法者把主体自觉地履行强行性规范作为优先的考量因素①。

正是这种语气上的差别，使强行性规范也有了强、弱之分。在这个视角界定，则由必须引导的是强强行性规范，而由应当引导的是弱强行性规范。为什么由应当引导的强行性规范对主体具有这样的效力感？这需要结合立法的国家主义取向和"社会主义"取向来说明。

立法的国家主义取向在更多情形下把法律作为国家的命令。奥斯丁所谓"法律是命令②"的结论，至少可以看作是在"自治型法"和"回应型法"出现之前，在"压制型法"时代人类实在法最主要的精神和事实③。因此，法律对人们而言，主要是外加的，而不是自我选择的。这样，强行性规范运用"必须"更能表达其意涵。而在"自治型法"和"回应型法"时代，法律大体上是一种社会契约，因此，法律不再仅仅是国家的命令，而是社会和国家之间达成的契约。按照契约，所有契约当事方都须自觉履行法定义务。这种"社会主义"的背景因素，决定了履行义务是人们对法律的道德自觉，因之，运用应当这个词汇，以彰显弱强行性，突出主体自觉，消弭过度的强制性所带来的"词的暴政"④。

或许读者会问，那为什么在当下的法律中仍然存在必须和应当这两个词汇分别引导强行性规范的情形？这或许只能从"有力"和"有理"⑤这两个视角出发而研究。有力指国家的强制性，法律一旦离开国家的强制性保障，

① 周赟强调在法律中"应当以'应当'取代'必须'"（周赟：《立法用规范词研究》，法律出版社 2011 年版，第 90 页以下），或许是对两个词之间的这种强制程度关注不够，并对其实践效应的原因。这正是钱锦宇为什么专门研究法律中的"必须"的缘由所在（钱锦宇：《法体系的规范根基——基本必为性规范研究》，山东人民出版社 2011 年版）。

② 奥斯丁强调："人们所说的准确意义上的法或规则，都是一类命令。"［英］约翰·奥斯丁：《法理学的范围》，刘星译，中国法制出版社 2002 年版，第 17 页。

③ 有关"压制型法""自治型法"和"回应型法"的具体论述，［美］诺内特、塞尔茨尼克：《转变中的法律与社会》，张志铭译，中国政法大学出版社 1994 年版，第 31 页以下。

④ 郑成良："法律的阶级性：理论的建构与词的暴证——对法学思维的语言学疗治"，载《天津社会科学》1995 年第 4 期。

⑤ 孙国华有一个结论："法是'理'与'力'的结合，理是基本的，力是必要的。"（孙国华、黄金华："法是'理'与'力'的结合"，载《法学家》2001 年第 3 期；孙国华："再论法是'理'与'力'的结合"，载《河南政法干部管理学院学报》2001 年第 1 期）。

不可避免会带来其效力的疲软①。但仅仅"有力"而"无理"，则法律缺乏合法性支撑，因此，其实践中雷厉风行的效果也会大打折扣。而"有理"指的是法律产生的社会基础和根据。法律只能奠基于人们的生活基础上，从而进一步保障生活，而不是颠覆了人们的生活日用后另起炉灶，重塑生活。所以，法律自来主要是社会生活的守成性因素，而不是社会生活的革命性因素，尽管法律和革命之间，绝非毫不关联②。所以，我们时代的法律，无论是近代"自治型"的还是现代"回应型"的，都是"有力"和"有理"的契约。"有力"少不了运用必须以引导强强制性规范；而"有理"更免不了运用应当以引导弱强制性规范。

但无论何种强制性规范，只要具有强制性，就属于法律义务的范畴。对法律主体而言，面对相关的义务时，只能履行，不能回避。即使面对弱强行性规范，一旦法律主体规避、逃避或者公然违背相关义务，在健全的法治环境下，所招致的只能是法律的强制性后果。可见，由应当这个词引导的法律规范，尽管是弱强行性规范，但它具有强制执行的必然秉性。那么，这一具有强行性的引导词能否与"参照"一词结合，而称"应当参照"？它们的组合会不会产生逻辑瑕疵？对此，还需要进一步深入到对"参照"这个词汇的分析和研究中。

二、"参照"：一种限制任意规范

什么是"参照"？我查了多部辞典，对其要么未予解释，要么解释极为

---

① 尽管在西方法学及法律实践中，法律的强制力逐渐在弱化（刘星："法律'强制力'观念的弱化——当代西方方法理学的本体论变革"，载《外国法译评》1995 年第 3 期），理论上虽如此，但任何国家或地区的法律都不可能放弃法律的外在强制力，否则，法律只能是没有牙齿的老虎。最近香港政府针对奶粉而制定的法案，规定了在我们看来不近人情的行为限制和匪夷所思的严厉罚则（香港《2013 年进出口（一般）（修订）规例》规定，离境人士所带奶粉不得超过两罐，违者处以 50 万元罚款和两年监禁）并坚决予以执行（限禁第一天就有 10 人因违禁而被捕），可见"有力"对法律之不可或缺。

② 我们知道，伯尔曼就以《法律与革命》为题，对西方方法传统与革命的关系作出了系统梳理和阐释，尽管伯尔曼笔下的"革命"和我们日常所理解的革命有很大的区别。［美］伯尔曼：《法律与革命——西方法律传统的形成》，贺卫方等译，中国大百科全书出版社 1993 年版。

简单。如 1980 年版《辞海》及其增补本都没有收录这个词，2009 年最新版《辞海》对参照作出了十分简明的解释："参考并仿照"①。而 2005 年最新修订版《现代汉语词典》也作出了几乎同样的解释：参照，即"参考并仿照（方法、经验等）"。再根据该词典按图索骥，进一步查阅参考、仿照两词，给出的解释分别是，参考的含义有二：一是"为了学习和研究而查阅有关资料"；二是"在处理事物时借鉴、利用有关资料"。仿照则是"按照已有的方法和式样去做。"再进一步查阅按照，该词典给出的解释是："根据、依照"②。我不厌其烦地引述该词典对"参照"及其关联词汇的解释，目的是想追根溯源，寻求对"参照"一词较为准确的理解。

由上述引文推论，似乎能够把参照这个词作为一种强制性行为规范对待。本文权且把透过如上相关词汇的界定，所作出的对参照的推论作为参照这个词的第一种含义③。对此，有些律师和法官也持同样的看法。如网友"八品法曹"认为："倘规范中有明确规定，某种情形参照其他条款，则是一种强行性行为，是应当照办。倘法条没有规定，审判实践中遇到了，则是一种选择性行为。比如今年最高法公报第二期某财产损害案例参照了人身损害司法解释的规定"④；网友"朱祖飞律师"认为："如何理解，司法实践争议不少，法官们两种理解都有。窃以为，具体个别理解应结合法律目的作具体分析。

---

① 《辞海》，上海辞书出版社 2009 年版，第 0218 页。

② 如上引文，分别见《现代汉语词典》，商务印书馆 2005 年版，第 129、128、388、10 页。

③ 值得关注的是冯文生对目前我国力推的"指导性案例制度"中的"参照"作出了十分独特的论述，强调理解该问题应从"例"与"案"两个方面入手。在"参照"的效力问题上强调：（1）"先例式参照的效力内容仅限于生效裁判文书所记载的诉讼争点及其裁判理由和裁判结果，而不是从中抽取的裁判规范"；（2）"先例式参照的效力实质是司法技术的有效性和可靠性，而不是制度的直接强制"；（3）"先例式参照的效力来源于逻辑、伦理、智识、利益和诉讼制度辐射的综合效应，而不是法律的正式安排"；（4）"先例式参照的效力类型既不是'法'的普遍效力，也不是'判'的强制效力，而是一种区别于规范与命令的独特效力形态"；（5）"先例式参照的效力范围不仅及于审判活动，也及于诉讼活动，甚至扩展到社会矛盾纠纷预防和化解过程"。冯文生："审判案例指导中的'参照'问题研究"，载《清华法学》2011 年第 3 期。这种对"参照"效力的理解，即便在"案例指导制度"中有一定说服力，但无法说明法律中所有"参照"的含义。

④ 由于人们对法律中的"参照"理解甚为混乱，笔者在新浪微博上就该词"究竟属于强行性规范还是任意性规范"征求了一些学者、律师和法官的意见。其中律师和法官参与较积极且讨论很认真。本引文及下文或注释中将提到的涉及"网友"的引文，均来自这次调查和对话。http：//weibo. com/1710763511/zncYB4LqL，2013 年 3 月 15 日访问。

一般情形下，实践中都倾向于作强行性规范的解释"；① "前十多年最高法院对新旧《医疗事故处理条例》的态度都是'参照'，旧的'参照'是任意性态度，新的'参照'是强行性态度。而且各地法院解释也很乱，两种理解都有。"即便如此，他还是倾向于把"参照"作强行性理解。

但对"参照"的上述第一种含义，我并不持赞同态度，这需要以上述辞典对"参照"的直接界定为路径依赖说明。我以为，从相关辞典或词典对参照本身所下的定义——"参考并仿照"中，无论如何也看不出这是一个和强行性行为相关联的词汇。因为参考某一事物仅仅是为了人们生活、学习或工作的方便，而不是为了替代生活、学习和工作；仿照也仅仅是把某一对象作为摹本，供人们模仿，而不是完全照搬照抄，或者"根据、按照"。正如一位书法家参考二王书法，并仿照其间架结构所书写的文字，不可能还原二王书法的原味一样，在司法中，"参照"——"参考并仿照"某一规定，绝不像"根据、按照"某一规定那样，具有强制的必行特征，在我看来，毋宁只具有选择的任意特征。网友"力套医疗评估"认为："参照一词用于处理行政权与司法权之间的关系，法工委的说法是：参照的基本含义是参考并仿照，对符合法律、行政法规规定的规章，人民法院在审理行政案件时应承认规章的效力，对不符合或不完全符合的，人民法院不承认其效力。这也反应了司法权的终局性。"网友宋中清律师也强调："法律中的参照，本来有选择性比照的含义"，尽管他同时否定了"参照"具有对法院或法官授予自由裁量权的含义。在具体司法实践中，通常法院在司法裁判书中把有关"参照"的规定不写在主文中，而只写在"本院认为"中，这是不是能够表明"参照"规定的选择性、任意性特征？因为"认为"所反映的只能是一家之言，而非绝对肯定的强行性规范。如果这样理解"参照"一词，则法律中的"参照"就是一个放任性规范，而不是强行性规范。本文权且把这种对"参照"的理解作为"参照"的第二种含义。

事实上，在对"参照"一词的上述梳理中，我们不难隐约发现其中的另

---

① 网友"斯伟江律师""毛建华律师"也赞同这一观点。后者甚至认为："如果不参照，就是一种违反规范的行为"。

一层含义，即"参照"只是人们从事某种活动的一种辅助力量，而不是决定性支配力量。作为一种辅助性力量，它必须服从并服务于主导性力量。因此，它提供给人们的，绝不是"只能参照""必须参照"或者"应当参照"，而是"可以参照"。如果和辅助性力量相对照的主导性力量存在，则"参照"也就失去或减弱其意义。据此我认为，在法律中，作为辅助性规定的"参照"之对应词（或主导性规定），应是"根据""按照"等。即"根据""按照"等词汇的规范内容，本身就具有强行性特征，也必然是"参照"条款的主导性条款。而"参照"的规范内容，并不具有这种强行性特征，反倒具有选择性和任意性特征①。它不能带给人们必须如此或应当如此的法律义务，而毋宁提供给主体以法律授权（权力）②。

这样一来，能否大体上给法律中的"参照"一个较为合理的规范归结？笔者认为，法律中的"参照"一词，一般表明一个授权结果。这种授权结果具有选择性特征，因此，在授权范围内，它属于任意性规范。一般所谓任意性规范，是指规范给人们提供了某种选择权，依据该选择权，法律主体能够选择、变更或排除适用相关规范。可以认为，所有权利规范都是选择性或任意性规范，因为权利规范本身给人们提供了既可行使（如支持、反对等），也可放弃行使的选择空间。而权力规范在权力主体拥有的自由裁量权范围之内，它也是一种任意性规范。我的理解是，当"参照"这个词建构在法律规范中时，其规范特征决定了主要是给公权主体以法律授权，并且相关授权本身对

---

① 如网友"Judgezqg"认为："在实践中，参照性规范很多，如最高院关于审判业务的会议纪要、量刑指导意见、指导性案例，高、中级法院的量刑指导意见。所谓参照，在理论上是可选择的，而实际上如无很特殊的情形，司法机关均遵照执行。"网友"知识产权律师吕甲木"认为："参照的字面含义就是参考照办，遵循先例就是典型的参照。参照在法学方法论上，可以视为一种法律漏洞的补充方法，当现行法律无明文规定而找不到适用依据时，可以参照其他规定……所以，参照其实是一种法律适用方法上的建议行为，当法官可以依照其他规定而裁判时有权不参照；而对于大多数法官而言，参照建议等同于通说，适用起来比较方便，无须过多论述，实践中偏好适用参照。"网友"徐利平律师"认为："'参照'即意味选择性和条件性，不是必须适用。另，这并不意味法院可任意不'参照'。"

② 对此，在网友之间有不同的看法，网友陈尧律师认为："个人理解为仍属法官行使个人（自由）裁量权的范畴"；但网友宋中清律师强调："但是作为上级对下级的命令，正如最高法参照已经意识到不合法的《医疗事故处理条例》的'通知'，几乎等于'依照'。法律条文中的'参照''推定'，表明立法中已经参照和推定，而不是赋予法官（自由）裁量权。"

权力主体具有参考作用，而不具有强行作用。退一步讲，由"参照"所引发的授权规范，即便具有某种强行性特征，也局限于某种可选择的框架、范围或空间之内。所以，权力主体在该框架、范围或空间内，仍然具有任意选择权。

我们知道，权力规范有两种，一种是自由裁量权规范，另一种是严格羁束权规范。后者和普通义务规范一样，只能被归结为强行性规范之列，即凡是公权主体，面对严格羁束性的权力，只能按照授权不折不扣地实施，不能有任何自由裁量。在这里，权力和责任（职权和职责）不但具有一体两面的特征①，而且完全是合二为一、融为一体，甚至在实践中难分彼此。把它们在概念上勉强地分开，也仅仅是为了更深入地认识问题和研究问题的需要。在实践中要硬性划分，只能是出力不讨好。因此，严格羁束权只能属于强行性规范的范畴。

但自由裁量权则不是如此，公权主体的行为在自由裁量权范围之内，虽然也应当遵循合理地行使和运用自由裁量权的要求（即行政或司法合理性原则），但只要其行为不超越自由裁量权的法定范围，就具有合法性，因而权力主体一般不能因此承担法律上的不利后果。显然，对涉及自由裁量权的法律规范可以纳入到任意性规范的视野中观察。在这个意义上，和"参照"相关的法律规范，理应属于任意性规范。

如果说强行性规范具有规范效力的强弱之分的话，那么，任意性规范也有两种，即非限制任意性规范和限制任意性规范。所谓非限制任意性规范，也可称为绝对任意性规范、或无条件任意性规范，是指对任意性规范没有或很少附加条件的法律规范。即人们对相关规范的运用和行使，除了受法律的一般限制之外（如权利的适当行使原则——不能违背、损害他人、集体或国家利益等），不受其他任何限制。如选举权，可以在选举中投赞成票，也可以投反对票，赞成或反对的对象不限，还可以放弃选举权等。显然，权利规范作为任意性规范更具有非限制性和绝对性的特征。所谓限制性任意规范，

---

① 关于权力和责任之一体两面特征的论述，谢晖：《法学范畴的矛盾辨思》，山东人民出版社1999年版，第303页以下。

也可称为相对任意性规范或附条件任意规范。是指对任意性规范附加了严格的限制条件的规范。在相关规范的运用和实施中，法律主体必须严守这些条件的制约，否则，行为不但无效，而且应承担相应的违法责任。一般说来，和自由裁量权相关的法律规范就属于限制任意性规范。如前所述，由于和"参照"相关的法律规范，大都是给执法者或司法者授予自由裁量权，因此，因"参照"而致的法律规范，在我看来是一种"限制任意规范"①，这就像在大学给学生的课程安排中有限选课一样。

对"参照"及其相关规范之性质的理解不同，会导致"参照"一旦和"应当"这个引起弱强行性规范的概念相遭遇、相搭配时，在逻辑上就可能存在一个能否成立、有无瑕疵的重要问题。因而由此出发进一步探讨"应当参照"可能存在的逻辑上瑕疵和实践悖论，对否论"应当/参照"的语词搭配就不无意义。

三、"应当参照"：强行规范与任意规范的悖论

两个词义相反的词汇间能否通过某种搭配和修饰，形成统一、圆润、无歧义的逻辑效果？这是颇值得认真探讨的问题。尤其法律作为由语言文字构成的规范体系，更应讲究词与词之间的搭配、修饰和安排得没有逻辑瑕疵，否则，就不但不能产生应有的实践效力，而且还会因之导致人们对法律的无所适从，或者人们因为法律的瑕疵、歧义和冲突而各自主张、各行其是。本文中所引用的律师、法官们对"参照"一词的不同看法，一旦落实在实践中，就必然会导致同案异判的情形。怪不得网友"周永坤微博"这样回答我的问题："参照者，参考一下，好就照办，不好就滚蛋"，并且强调"我相信这是最符合原意的界定。"尽管其说法有些玩世不恭，或者是激愤之词，但他的留言对揭示法律词汇中的问题还是有一定帮助的。

事实上，两个含义相反的词汇组合不可能产生统一的逻辑效果，因之，

①　或许，"限制任意规范"这种提法听起来很别扭，推敲起来也无不矛盾，似乎完全可以用附条件任意规范或者相对任意规范取代之。笔者以为，这三种用法都可以，未必一种用法一定比另一种用法好。无论哪种用法，只要能说明问题就行。

也不可能产生统一的实践效果，否则违背逻辑的同一律。如"违法/合法""平等/特权""纳税/逃税"等词汇的组合，不但无法产生逻辑上和实践上的统一效力，反而只能破坏人们判断是非的标准。如此，则借助逻辑的排中律①，假如它们出现在肯定的判断句式中，就只能保留其中一个概念作为判断准据，从而排除另一个概念作为判断准据。因为它们不能是亦此亦彼的关系，而只能是非此即彼的关系。在这一前提基础上，可以把法律中词语的意义搭配或修饰关系，按照词语的规范意义，划分为如下几种。

其一，法律中的两个词都是虚词或实词（动词），且其规范意义相同或相近时，它们之间是不能相互修饰，否则，会造成法律规定的同义反复，势必造成词语的浪费和无用。例如，"应当/必须"这两个词，其规范意义都属于强行性规范的范畴，尽管其各自所引导的法律规范强行性程度不一，但一方面，它们各自有能力引导法律规范，给人们以行为方向；另一方面，因为它们各自所表达的规范意义相同，因此，应当和必须之间没有相互的修饰功能。把它们搭配在一起，在形式上不伦不类，在内容上多此一举。而法律中的两个词既有虚词，也有实词（动词）时，尽管其规范意义相同或相近，法律虚词对法律实词仍具有修饰功能。例如"必须/根据""应当/按照"等，都可以形成修饰关系。尽管在这种情形下，"根据"或"按照"作为动词，本身具有强行性规范特征，即本身具有"必须"和"应当"的行为规范指向。但在它们前面搭配上"必须"或"应当"加以修饰，不但不是多余，反而更能准确、稳定、突出或强调"根据"和"按照"的强行性特征。

其二，法律中的两个词都是虚词或实词（动词），且其规范意义相反时，它们之间是不能搭配，即便硬性搭配，也无法在实践中产生规范效果，或者即便有效果，只能是负面效果。例如"必须/可以"分别作为两个法律中常用的虚词，就不具有相互修饰的效果，硬性搭配的结果只能引起行为模式的混乱。因为它们分别指向的行为规范是强行性规范和任意性规范。同样，在法律中，"应当/不得"这两个虚词也不能搭配，更不能修饰，因为它们分别

---

① 所谓同一律是指："任何思想如果反映某客观对象，那么，它就反映这个客观对象"；所谓排中律则是指："任何思想或者反映某客观对象，或者不反映这个客观对象……任何思想或者是真实的，或者是虚假的"，金岳霖主编：《形式逻辑》，人民出版社1979年版，第265页以下。

指向的规范模式是必行规范和禁止规范。那么，法律中的两个词分别是虚词和实词（动词），且其规范意义相反时能否搭配，并产生修饰效果？这要分不同情况而论。当虚词的搭配和修饰能够改变实词（动词）的规范属性时，可以搭配。如"不得/参照"，尽管"不得"和"参照"两词的规范性质不同，甚至相反，但"不得"可以改变"参照"的规范性质。反之，如果虚词和实词（动词）的规范性质相反，且两者的搭配使用无法改变实词（动词）的规范性质时，就不能搭配使用，因为一旦这样的词汇间搭配使用，只能因为语词意义的矛盾及其搭配后的歧义，给人们的行为带来无所适从的效果。如"可以/按照""必须/参照"等，表面看上去搭配使用似乎也无妨，但在严谨的法律中搭配使用，必然会造成人们判断的失误。因为在这种搭配结构中，虚词的规范功能不但无法改变实词（动词）的固有规范意义，甚至还能产生相反的规范意义。所以，立法中应避免使用这样的搭配。

其三，法律中的两个词分别是虚词和实词（动词），但动词的规范意义并不明确一般指向时，虚词和实词（动词）的搭配使用能否产生修饰效果？对此，应予作出肯定的回答，不但如此，而且在法律中，这种搭配最常用。因为虚词在这里的重要功用是能够直接改变规范意义不明确的实词（动词）的规范性质。如"办理"这一词汇，其规范性质不具有独立性，如果离开虚词的修饰，办理的规范指向究竟是什么，人们会堕入云里雾里。即使一个人"办理/身份证"，从而借助名词"身份证"限制了办理的规范范围，也只能说明办理在这里完成了一个"个别规范"，而不能说明这里的办理就是"普遍规范"。只有办理这个词和虚词搭配时，才能通过虚词的修饰作用，改变"办理"的规范性质，并把"办理"结构在普遍规范体系中。如"可以办理""应当办理""不得办理""必须办理"等。

按照如上几种情形再来检讨"应当参照"的搭配逻辑效果。可以提出如下几个问题。

问题一："应当"和"参照"的规范性质是相同的还是相反的？

尽管在前文中我也指出了对"参照"一词可能会形成不同的理解，甚至根据一些词典的解释寻根溯源，可以把它的规范性质理解为强行性的。但本文倾向于它是"限制任意规范"，而不是强行性规范。因此，"应当"和"参照"两个词的规范性质是相反的。"应当"所引导的必然是弱强行性规范，而"参照"本身却是一个"限制任意规范"。这样，"应当参照"就是规范意义相反的两个词搭配在一起。

问题二："应当"和"参照"的搭配能否对后者产生递进的修辞效果？

因为两个词在规范的逻辑路向上，不但不是相向而行，反而是相背而行，因此，前者对后者不但不能产生递进的修辞效果，反而只能产生理解的歧义，并进而导致人们行为的冲突。特别对司法活动而言，依据"应当"的导引，"参照"似乎是强制性的。法官只能"参照"，不能不"参照"。但依循"参照"的本义，法官可以"参照"，也可以不"参照"。显然，这种语词搭配上的困惑所带来的理解歧义，对法律实践可能带来的危害。

问题三："应当参照"的搭配结构能否使"应当"改变"参照"的规范路向？

这其实也是说一个强行性规范和一个任意性规范搭配时前者能否改变后者的规范性质？尽管在法律中有些虚词和其规范意义相反的实词（动词）搭配后会产生后者规范意义的改变，但"应当"和"参照"的搭配却不能产生这样的效果。因为只要是"参照"，就只能意味着选择。应当参照的逻辑搭配显然是有些驴头不对马嘴的。

为了进一步理解相关问题，不妨对我国规定"应当参照"的两部基本法中的相关规定试作分析。

先来分析我国"刑诉法"有关"应当参照"的具体规定，该法第229条规定："人民法院对不服第一审裁定的上诉或者抗诉，经过审查后，应当参照本法第225条、第227条和第228条的规定，分别情形用裁定驳回上诉、抗诉，或者撤销、变更原裁定。"其实，当第229条的上述规定赋予法院"分别情形"的时候，法院本身就拥有了对上诉和抗诉行为在225条、第227条和第228条之间的酌情选择权。但这种酌情选择权只能限定在上述条文中。可第229条中规定的"应当参照"，还是让人容易误解为既然是"参照"，就可以"参照"一下，也可以干脆不"参照"，因为"应当"在此并没有改变"参照"的规范性质。因此，把该条中的"应当参照"改为"应当根据"或许更为妥当。因为只有这样，规范内部的逻辑关系才能自洽。

再来分析我国"物权法"有关"应当参照"的具体规定，该法第 195 条规定："抵押财产折价或者变卖的，应当参照市场价格。"第 219 条规定："质押财产折价或者变卖的，应当参照市场价格。"第 236 条规定："留置财产折价或者变卖的，应当参照市场价格。"在这里，"参照"一词和"应当"搭配在一起，似乎都具有了强行性属性，但是事实上，法律规定中所指向的参照事物（条文、市场价格等），都明显地具有选择性因素，因此"参照"就具有授权性质，不具有强行性质。至于"物权法"中的参照"市场价格"，因为"市场价格"本身的多元性、地域性，就更是一个明显具有选择性的授权规范，而不是强制性的义务规范。因此，把这样多元的"参照"意义和"应当"搭配起来，就显得很不合拍。"应当"在此不但不能改变"参照"的规范性质，而且庶几让"参照"的选择性架空了"应当"的强行性。与其如此，不如把这里的"应当参照"改为"可以参照"，或者直接用"参照"，岂不更好？

如上分析皆表明，我国立法中有关"应当参照"的语词搭配结构，因为面临着两个词所分别指向的规范意义的明显冲突，因此，其在实践中必然会隐含多样的风险。最大的风险是他提供了公权主体根据对其是否有利而规避法律的条件。例如，该是法律强行性地发挥作用的地方，因为"参照"的可选择性和任意性，公权主体可以人为地改变它，从而使强行性规范选择性地失效；而该是按照法律可以任意性行为的地方，因为"应当"的强行性，公权主体也可以人为改变它，从而使任意性规范选择性地失效。无论上述哪种情形，对于法律的统一性和严肃性而言，都不是什么福音，而只能是糟践。那么，面对这样的问题，究竟在法律中应如何处理相关词语的搭配问题？这需要具体地回到有关词语的搭配结构中去。

四、或者"应当依照"，或者"可以参照"

"应当参照"的逻辑困境和实践危害，必然提示我们在立法中，需要特别关注词语之间的意义搭配。立法活动理应是运用最精确的文字，并在文字之间作出最准确的逻辑搭配。因为立法毕竟是为"为生民立命""为万世开太平"① 的事业。一部法律为什么对数亿、甚至数十亿在它调整下的人们发生效力？诚如前述，最关键的在于有理，法律有理总是其有力的前提。法律无理时也可能会在一时有力，但那一定是暴力的结果，而不是国民普遍自觉遵循的结果。那么，法律的有理究竟应体现在什么地方？我以为，它至少应体现为两点。

其一，法律和它要调整的社会事实的吻合。法律作为一套系统的行为符号模式②，尽管源自人们的生活，但并不意味着它本身就是人们的生活，也不意味着人们的生活就可以直接取代法律，由生活本身作为法律给人们发号施令。尽管在法律发展的历史长河中，作为生活符号体系的法律，既有借助行为符号表达的，也有借助语言（歌唱）形式表达的③。但自从文字符号形式作为最严谨、最准确、最稳定、也最具有传播扩张性的符号表达形式以来，人类的法律越来越青睐通过文字符号作表达。这就势必出现文字符号如何与社会事实相衔接的问题。毕竟人们的生活世界是无限多样的，而文字能够表达的则是概括含混的。法律既要求高度概括生活，还要求准确表达生活，这让承载法律的文字有时候捉襟见肘。但无论如何，法律需要关照生活、提炼生活、概括生活，并反过来规范生活。所以，法律如何与生活世界本身的规定性高度吻合，是法律在实体上有理的基本根据。倘若法律内容和人们的生活世界离题万里、南辕北辙，就不可能更好地规范生活世界，因为它不是有理的。

其二，从以上论述更不难发现，法律的有理，如果在实体上是法律内容

---

① 尽管不能指望法律对张载"四句"中的"为天地立心""为往圣继绝学"有什么贡献，但"为生民立命""为万世开太平"理应是法律的基本宗旨。

② 关于法律与符号的关系，谢晖：《法律的意义追问——诠释学视野中的法哲学》，商务印书馆2003年版，第36页以下。

③ 至今在我国一些农村地区，特别是西南少数民族地区，通用于一个族群、一个地区或一个村庄的规范体系——民间法，往往是通过代代相传的行为示范（如瑶族的"石牌制度"、苗族的"草标制度"等，周世中："论瑶族石牌的性质及其现实影响"，载《河北法学》2006第11期；徐晓光："芭茅草与草标——苗族口承习惯法中的文化符号"，载《贵州民族研究》2008年第2期），还有的是通过声音（特别是歌声）的传递表达的。如在贵州一些苗族村寨，法律（民间法）被用威严又不失严谨的歌声唱出来（谢晖等主编：《民间法》（第八卷），山东人民出版社2009年版，第394页以下；徐晓光：《原生的法——黔东南苗族侗族地区的法人类学调查》，中国政法大学出版社2010年版，第63页以下）。

对应生活事实的话，那么，在形式上，则是法律文字间如何搭配、如何表达的问题。所有的文字都是人类对具体事实世界的概括和规范的表达，如"树"这个字，就概括并规范地表达世间所有类型的作为物质存在、乃至精神想象（如画面中的树）的树，从而该文字领有了对树这一客观事实的概括性和规范性。当一个人非要把草说成是树的时候，人们可以嘲笑他草树不分。"指鹿为马"之所以臭名昭著，不在于这几个字本身，而在于这几个字颠覆了鹿和马本来的规范文字，从而导致是非颠倒、随意构陷。这样，人们的日常生活在一定程度上，就处在文字的世界，形式合理性取代了事情本身而成为"事情本身"。但问题还不止于此，由于文字作为独立于客观事实世界的精神产物，其本身在发展中也变得越来越复杂，诚如卡西尔所言，符号（当然包括文字）"不仅是普遍的，而且是极其多变的"①。因此，何种文字更能准确地表达客观生活世界？文字的何种组合更能表现客观事物的理，从而更有理地展示它的规范功能？这对制定法律而言实在不应是被忽略的问题。在一定意义上甚至可以说，恰恰是文字之间的合理配置状况，才决定了法律有理的程度和层次。在现实生活中，人们对生活事实的理解可谓大同小异，但对生活事实的表达可谓大相径庭。法律作为人们普遍有效的规范体系，必须寻求对生活事实的统一理解、统一概括和统一规范。因此，它是人们对生活事实的理解底线或基本理解。进而言之，由此导致的必然结果是：法律的制定，不仅是法律对生活的关照、概括、模拟和规范，更是文字之间的博弈、组合、配置和游戏。在这个意义上，法律可以是纯粹精神领域的作业。这一作业就是法律的词语配置要符合逻辑。正因如此，法律表达的是工具合理性问题，或者是形式合理性问题。在法治社会，法律提供给人们何种事情，我们的交往行为就呈现为这种事情。法律在形式上的有理及其效用，在此可见一斑。

以如上的理论言说回过头来再看"应当参照"这样的词语组合，不难发现因为"参照"这个词本身已经具有了"可以"的选择属性，因此，它自身的规范向度十分明显，那就是按照该词本来的规范向度，人们可以选择参照，

---

① ［德］卡西尔：《人论》，甘阳译，上海译文出版社1985年版，第46页。

也可以选择不参照。究竟在何种情形下选择参照，何种情形下选择不参照，这应由选择者作出决定，而不是由他人予以命令，也不能由立法者通过"应当""必须"一类的规范词，强制性地改变"参照"一词本来的规范属性，即通过法律的命令迫使人们"参照"①，更何况即便立法要借助"应当""必须"等规范词强制性地改变它，还存在一个不能改变的问题，即"应当参照"依然是"参照"，而不是"依照"或"根据"。既然不能改变，那么，强制性改变的必然结果是扰乱人们对法律规定的一般理解，并最终影响法律对社会秩序的经纬和规范。

以引发本文思考灵感的"指导性案例制度"为例，当人民法院判决类似案件时究竟如何"参照"？如果遵循"应当"的规定，那么，指导性案例就变成法院判决类似案件的实际法律根据，即使类似案件有白纸黑字的法律规定，人民法院审理时依然要参照指导性案例，否则，就违背了规定中"应当"的强行性指令。如果放弃"应当"，而仅仅遵循"参照"的一般词义和规定，人民法院则可以选择参照，也可以选择不参照。至于什么时候选择参照，什么时候选择不参照，尽管取决于法院和法官。但站在法治的基本要求视角，至少可以作出如下设想：当国家法律对相关案件更能形成明确的解决方案时，可以不参照，否则，只有说理价值，没有裁判根据的价值。甚至当国务院的行政法规、部门规章、地方性法规以及司法解释等都业已对解决相关案件作出了明晰安排的时候，也无须参照，因为再参照效力位阶不明晰的指导性案例，显然是对效力位阶已明确的上述法规、规章的僭越。可见，只有当国家法律、行政法规、部门规章、地方性法规对某类案件的审理没有具体规定，或者具体规定模糊不明时，才是参照指导性案例的真正场域。

或以为，"应当参照"指导性案例，不仅是在裁判根据意义上参照之，

---

① 关于"参照"的效力究竟应被理解为"可以"还是"应当"，网友"政法小组"作出了分别对待的陈述："分事情区分对待，理解不尽相同。一是看领域，比如民法领域有名合同参照无名合同的规定。二是看相关事项是否属于硬性的。三是看立法有无空白。四是看同级参照，还是下级参照上级。"尽管它没有进一步说明哪种情况下"参照"属于"可以"范畴，哪种情况下"参照"属于"应当"范畴，但他认为对"参照"的效力应在不同的语境中区别对待的意思甚为明了。而我在本文中更想论述的是只要"参照"自身不能解释为强行性的，那么，它就不能被"应当""必须"这类具有强行性规范指令的虚词所修饰或规范。

更是在理由说明意义上参照之。甚至只能是在理由说明意义上参照之①。但一般说来，指导性案例的指导价值主要是法官在个案中构造的"裁判规范"②，而不是理由说明（更何况裁判理由中本身包含了裁判根据这个理由）。这正如判例法国家的判例对法官而言，其规范作用主要在于判例中的规范部分③（尽管事实和理由的异同对比是择取规范的前提）一样。所以，倘将指导性案例的作用仅限于帮助法官在类似案件中说明理由，而对裁判本身规范作用不大，那么，这一制度设立的初衷就很可怀疑。这里的"应当参照"对案件裁判的实际意义也可以忽略不计。

既然"应当参照"的词语搭配因为"应当"和"参照"两词无法形成修饰关系，或者作为虚词的"应当"无法改变作为实词（动词）的"参照"，所以，两者的搭配逻辑不通，那么，对这样的不足，究竟应采取何种办法予以救济？

还以"指导性案例制度"的有关规定为例，可以设想如下两种情形。

第一种情形是对于"指导性案例"，法官在办理类似案件时只能照办，不能对其视而不见，那么，和其相关的语词搭配可以选择"应当依照""应当根据"或者"应当按照"等。尽管"依照""根据"或"按照"这些词汇都是具有强行性特征的动词，但在其前面加上"应当"这个具有一般强制性规范引导的虚词，不但可以加强其语气，而且能够确保相关规范的实践效果，防止因为理解上的歧义而导致规范效力的流失。

或许有读者会问，既然如此，那么为什么不抛开"应当"的修饰，而直接运用"依照""根据"或"按照"这些具有强行性规范特征的词汇？这样不是既能避免立法中词的浪费，也能达成强行性规范的效果，从而维护指导

---

① 如冯文生就强调："先例式参照的实质根据是'裁判理由'。一'案'（实为一个生效裁判）之所以能够成为'例'，是因为它解决了前人没有遇到或没有解决过的诉讼难题，其中的裁判理由能够为解答当事人或法官在待决案件诉讼中遇到的法律适用疑问提供实质依据。"即通过技术上的"异同比对"、程序上的"归类取舍"，得出"裁判理由"（前引，冯文生文）。

② 笔者关于裁判规范的论述，谢晖：《大、小传统的沟通理性》，中国政法大学出版社 2011 年版，第 314 页以下。

③ 谢晖："判例规则与法律职业——兼论法官判案的创造"，载《金陵法律评论》2002 年秋季卷。

性案例的效力吗？对于这样的疑问，笔者要持肯定的立场。除了考虑立法习惯以及使上述动词在"应当"修饰之下更具有确定性这两点原因之外，一定要抛开"应当"一类虚词的修饰，我以为并无不可。不过尽管如此，我还是主张能用"应当"等强制规范效力引导词（规范词）修饰，就尽量运用。因为毕竟"应当"等词汇具有一般的强制引导性，而"依照""根据"或"按照"等只具有特殊的强制规范性。

第二种情形是对于"指导性案例"，法官在办理类似案件的时候仅作为"参照"，法官在诸多规范中有选择适用某种或某些规范于特定案件的权力，那么，与其搭配的词汇最好是可以，即"可以参照"。因为"可以"和"参照"一样，都具有任意性特征。区别仅在于前者是虚词，并能够一般性地引导其他实词，甚至改变某些实词的规范性质。而后者是实词（动词），它只能保障该词本身的规范属性，并可限制或作用于名词，而不能引导、更不能改变其他词（无论动词，还是名词）的规范属性。这样，具有任意性规范特征、并具有一般引导性功能的"可以"对同样具有任意性特征的"参照"加以修饰，可以起到加强"参照"的规范属性，并避免歧义，更能凸显"参照"的规范特征和效力的效果。

当然，和前文预设的第一种情形中的问题一样，为了立法文字的节省，也可以在立法中抛开"可以"这样的一般规范词或引导词，而直接运用"参照"，我以为这也未尝不可。只是立法习惯、"可以"所具有的对于实词的修饰和普遍（一般）规范功能以及"可以"对"参照"规范特征的进一步强化和稳定化，是"参照"本身的规范性所无法实现的，因此，立法中运用"参照"的地方，加上"可以"这个修饰词，并非多余。

总之，"应当参照"的搭配在规范逻辑上是种难以体现规范自洽性的搭配，它只能损伤相关规范的实践效力，而不能增进其实践效力。如果某一规范是用来照办的，不妨用"应当依照"，如果某一规范是用来参照的，不妨用"可以参照"。所以，相关词汇的搭配只能是要么"应当依照"，要么"可以参照"，而不能是"应当参照"，也不能是"可以依照"。

五、认真对待法律虚词中的"法眼"及其运用

"法眼"作为一个形容词，用来说明某个词汇在法律中的重要性。作为"法眼"的词汇，既可以是实词，也可以是虚词。前者如权利、义务、责任、职权、职责、公民、法人、物、财产、合同、根据、参照、依据等，涉及内容较多，既有名词性的"法眼"，也有动词性的"法眼"，名词性的"法眼"一般表示法律主体或法律客体，动词性的"法眼"只能指向法律行为。如果把法律分类为概念、规则和原则的话，则在法律中无论名词，还是动词，都需要概念化，都属于法律概念体系。但对法律规则而言，动词的作用更大。因为动词决定着法律规则三要素中的行为导向。当然，每部法律中有不同的"法眼"，如在刑法中，犯罪与刑罚就是当仁不让的"法眼"；在民法中，债、合同、物权、侵权等则是当仁不让的"法眼"。除了名词和动词之外的实词，像形容词，如"严重""较轻"；量词，如"元""轻伤"；数词，如"四十五周岁""无期"；代词等，在法律中很难成为"法眼"。

和实词作为"法眼"相比较，虚词一旦作为"法眼"，对法律规范更具有普遍的意义①，因此，也更为重要。能够作为"法眼"的虚词，通常对法律的规范性质具有引导功能和决定意义。在法律中，最常见的作为"法眼"的虚词有应当、可以、不得、得、必须、是、能、不能、但是、有、没有等。特别是其中的应当、可以、必须、不得、是、但是六个词，更是虚词"法眼"中更应关注者②，因为这些词通常决定着法律规范的具体运作方向乃至性质。正因如此，有些学者把这些词径称为法律中的"规范性语词"或"规

---

① 当然，并不是所有的虚词都能够作为"法眼"，甚至有些虚词，如叹词就根本不入立法者的法眼，因为它不能对理性地、准确地理解法律有所帮助，反而会把感性情感因素带入法律中，影响法律的准确性和理性。连词和介词尽管在法律中经常会出现，但一般也不能成为法律的关键词或"法眼"，因为它们不能决定某一法律规范的性质，只能帮助完善某一规范的严谨程度。所以，能够成为"法眼"的副词，就只能落到助词的肩上了。即便如此，并非法律中所有的助词都能构成"法眼"，而只有一般规范引导性的"规范词"才能成为"法眼"。

② 这些词是否都属于虚词的范畴，至少针对某些词，如"应当"，在不同时期人们还有完全不同的看法。前引，周赟书，第 2 页以下。

范词"。钱锦宇对规范性语词的界定是："在规范逻辑结构中，建构规范性语言，并赋予其以规范性和行为指示性的规范性语词（如'必须''应当''禁止'和'可以'），又称价值词或道义语词。"① 而魏治勋在研究"不得"及其引导的禁止性法律规范时，就用规范词来归结"不得"这个词的属性②。事实上，对法律中虚词关键词（"法眼"）的关注，在我国古代的一些律学家那里已经开始了③，这表明法律中虚词关键词或规范词在古今法律中都具有一样的特殊意义。

遗憾的是，我国的法学研究尽管在近三十年间取得了明显的成就和进步，但深入法律规范内部而对法律语言的研究，特别是对能够担当"法眼"的法律虚词之研究，虽然已经开了头，但由此引起的学术关注度还很不够，实践关注度更加不堪④。至于这些词如何与法律中的实词搭配使用，在何种条件下某虚词关键词可以和实词搭配，何种条件下不能搭配，与何种实词能够搭配，与何种诗词不能搭配等，更是研究不足，甚至还没有研究。这或许正是人们不求甚解、人云亦云地首肯"应当参照"这类规定的缘由。这对实践的危害是在立法上，人们对相关词汇的搭配抱持粗放型的态度，那种精益求精的立法精神无以彰显；而在执法上，立法在某些方面的粗放型必然导致司法和行政活动有时无所适从、各行其是，类似案件得不到类似处理，类似问题得不到类似解决，从而对普通公民的法律感造成严重的误导。这种情形，

---

① 前引，钱锦宇书，第21页。
② 魏治勋：《禁止性法律规范的概念》，山东人民出版社2008年版，第38页以下。
③ 如在《读律佩觿》中，清代律学家王明德就已经极富见地地提出了"律母"和"律眼"这样的概念。他所讲的"律母"即当时刑律中通常能决定规范性质的八个词，分别为："以""准""皆""各""其""及""即""若"；而他所谓"律眼"则指当时刑律中常出现的另外一些词，如"例""杂""但""并""依""从"等。为什么这些词是读律、用律的基础？王明德是这样阐述的："盖律有律之母，律有律之眼，不知母，故不可以读律，而不知眼，更不可以用律。"（（清）王明德：《读律佩觿》，法律出版社2001年版，第2页）。由上可见，王明德所谓"律母"，全部属于虚词范畴，而其所谓"律眼"，既有虚词，也有实词。由此足见在王明德心目中，法律虚词关键词（规范词）的重要性。事实上，这种重要性不是来自某位学者的发现或者主张，而是以法律来规范人们的交往行为时，作为规范词的虚词对人们行为明确、一般的指向或引导功能，不得不促使人们去认真对待它、关注它。
④ 据笔者所知，在一些立法或者人大制定规范性文件的活动中，相关工作人员也会不时询问有关专家一些虚词关键词在法律中的用法，我本人也曾被某省人大征求过相关意见，但这种情形并没受到普遍重视。相关情形的实践危害，同时也可参见前引，周赟书的相关论述。

在前述脚注中我就法律中"参照"一词的网上调查及网友们截然不同的结论中就可显而易见地看出来。

凡此种种，势必要求认真对待、必须关注法律中具有一般规范属性，或者能够导出人们行为模式的法律虚词及其运用。那么，为什么要认真对待之？又如何必须关注之？

其实，认真对待是指学术研究、立法活动以及执法活动中对法律虚词中的"法眼"所应有的态度问题。在一定意义上，态度决定行动。当人们认为相关的研究不过是小题大做、无关宏旨时，就不可能产生对它们的必须关注。同样，当人们对相关词汇的误用、滥用听之任之，甚至当有人提出应认真对待时，不无讥讽地说这不过是鸡蛋里头挑骨头时，无论在理论层面，还是在实践层面，都不可能引起人们对相关词汇的高度关注。因此认真对待的态度，是深入研究、并仔细推敲相关词汇实践用法的主观思想基础。

为什么要认真对待法律虚词中的"法眼"及其运用？我想其基本缘由是这些"法眼"及其运用决定着法律规范的运作方向，即在法律规范的逻辑结构中，是它们提供并引导着法律规范的行为导向，从而连接着法律规范的另外两个要素——条件预设和处置后果。在实践中，主体依照法律能做什么、不能做什么、应做什么、可做什么等等日常行为，都有赖于这些词汇在法律中的准确运用和安排。一旦它们运用不准确，法律必然会出现歧义，人们的交往行为也必然会出现混乱。所以，理论上不弄清这些词汇的语义价值以及它们与其他词汇搭配使用的逻辑价值，立法上不能正确运用这些词汇，那么，法律的实践效果可想而知。可见。认真对待法律虚词中的"法眼"，关键取决于这些词汇在法律中对其他词汇（实词）的一般规范导向作用。没有它们的规范导向作用，其他词汇的规范功能就是"个别的"，而非"一般的"，进而法律秩序就无法在立法层面得以设计，也很难在实践层面得以保障。

而必须关注是指学术研究、立法活动以及执法活动中对法律虚词中的"法眼"及其运用所应有的行为取向问题。法学学术研究中应当把相关问题作为核心问题之一而努力攻坚。尽管法学学术研究的领域和命题甚多，但能够扭住法律规范最重要的概念和问题进行研究，无疑更能获得法律的要津所在。我国近三十年法学研究的每一进步，都从诸如权利、义务、物权、侵权行为、诉权、注意义务、无罪推定、羁押等基础性概念的探讨入手。但既往的研究，更关注的是法律中的实词。法学研究的进一步深入，必须突出对法律虚词中的关键词及其运用研究，特别是法律中有关虚词和实词的搭配结构、搭配条件、搭配方式及其一般规律的研究。而立法和执法活动对相关问题的关注，乃是在深入的学术研究基础上，谨慎、理性并恰当地安排和运用法律虚词中的关键词（规范词），特别是这些法律虚词和实词的合理搭配、合理解释和运用，尤为重要。

其实，这两个方面的关注，都需要借助研究。或者是一般的学理研究，或者是实践运用研究。在这里，对研究方法的关切或许更值得一提。我以为要真正做好有关法律虚词关键词及其运用的研究，掌握规范研究方法，语法、语义和语用研究方法是最基本的要求。

规范研究方法的核心是既要坚持以法律规范作为研究的对象，也要在法律规范内部寻求规范本身所应有的知识内涵、结构规律以及运作方式等。在这其中，由于法律虚词关键词在法律规范的结构中不仅具有粘合剂的功能，更具有法律引导实词之运作方向、从而确定人们在实践中如何行为的功能，因此对这些词汇的规范功能进行深入研究，特别是对这些词汇与法律实词的结构方式、搭配条件、修饰功能等进行系统化的研究，是真正深化规范研究，并在研究中进一步积累规范分析方法的一条捷径，当然，这也是一条充满艰辛的探索路径。

语法、语义和语用研究方法是研究法律虚词中的关键词及其运用时无法回避的分析思路。尽管这些方法不是法学研究本有的方法，而是其借助语言学的研究方法，但正如前文所言，自从文字取得了知识储备、传播和表达的优势地位以来，人类的法律基本上以文字的方式表达出来，甚至在严格法治条件下，人类的日常行为，不过表现为法律的"事情本身"。因此，对法律规范内部知识的研究，如果不借助语义学和语用学的研究方法，就显得手足无措。甚至规范研究本身，就是一种语言研究——对"法言法语"的语义、语用、语法进行研究①。众所周知，法律语言尽管源自普通语言，但又是普通语言的加工、提炼和升华。因此，对法律规范以及法律中虚词关键词（"法眼"）的研究，语法学、语义学和语用学研究总是随时用得着的工具。

综上所述，认真对待并关注法律中的虚词关键词及其运用，关注对这些关键词研究时的规范研究方法、语法、语义和语用研究方法，不仅是深化法学研究的需要和门径，更是构建规则治理事业——法治的基础性作业。

---

① 对法律话语的精彩且深入的研究，由廖美珍主编的《法律语言学译丛》5 部（包括［美］约翰吉·本斯：《法律语言学导论》，程朝阳等译，法律出版社 2007 年版；［美］约翰·M. 康利：《法律、语言与权力》，程朝阳译，法律出版社 2007 年版；［美］彼得·古德里奇：《法律话语》赵洪芳等译，法律出版社 2007 年版；［美］劳伦斯·M. 索兰：《法官话语》，张清等译，法律出版社 2007 年版；［美］布赖恩比·克斯：《法律、语言与法律的确定性》邱昭继译，法律出版社 2007 年版）。

制度修辞

第三章

- ⊸ 论法律制度的修辞之维

- ⊸ 诗性、修辞与法律价值预设

- ⊸ 法律拟制、法律虚拟与制度修辞

论法律制度的修辞之维[*]

　　一般认为，以法律为核心的制度体系，是一个理性逻辑的建构，从而在研究法律制度问题时，更需要关注逻辑的强大效力，而无须把感性的修辞问题牵扯进来。夸张、排比、比喻、对比、比拟、反复、移情等修辞手法，不过是人们在经验世界中用来征服人心、说服他人，取得交往先机或优势地位的基本方式，把它一旦运用到理性的法律世界，或许会冲淡法律的理性特征，让法律臣服于某种经验诱惑或者修辞鼓动，对保障法律的严谨和严明是一种威胁。但本文却试图展开对如下命题的作业：逻辑的起点是修辞；法律作为一套逻辑体系，其逻辑起点也是修辞；法治其实是一个在修辞前提下的宏大叙事；无罪推定是修辞的制度展开样本。在展开如上问题的论述之前，简略地交代一下本文对"制度性修辞"的理解：所谓制度性修辞，就是指在制度选择和博弈过程中，人们通过比较手段，把业已选择的内容安排为法律制度，并以此为基础，通过种种修辞方式，强调该制度的合理、理性、正义、利益……终然叫人信以为真并服膺制度，且按照制度规定行动的情形。

一、形式逻辑的起点是修辞

　　传统的以形式逻辑为核心的逻辑，乃是包含了从概念到判断、再从判断到推理的一个系统的认知工具体系，所以，无论亚里士多德的演绎逻辑，还

＊ 该文原载《政法论坛》2012 年第 5 期。

是培根的归纳逻辑，都被借"工具"而命名之。^①迄今为止的形式逻辑，在概念层面依然是界定词和物的关系，从而以此来命名对象的作业。概念及其所涉及的物，都是静态的，尽管除了单称概念之外，几乎所有的概念，都集合了不特定的一系列对象。因此，虽然是集合概念，但是，毕竟这些集合的对象由于特征的相像性，一般不会令人们节外生枝，把概念位移到其他对象上去。例如，作为集合概念的树木，其指涉的对象尽管千奇百怪、形形色色，但无论如何，人们不会把作为对象的土地认作树木，缘由无他，树木和土地是通过词，通过概念人们就大体能够确定的对象^②。

即使在概念和对象、词与物的关系上，也无不呈现着修辞的前置，从而概念逻辑的起点就是修辞。词，要么通过声音现象表达，要么通过书写文字表达。无论以声音现象表达的词还是以书写文字表达的词，都不过是对对象的一种象征性表达。在古代，有所谓象形文字，今天不少民族的文字，仍延续了这种象形文字。汉语世界通行的方块汉字，尽管具有拼音文字的特征，但在主要形态上，是一种象形文字。所谓象形，只能是对词所要表达和概括的对象的一种形象说明，或者说修辞方式。任何词汇都不可能复写所要表达的社会事实，象形词，或者象形文字，就是把词作为修辞工具，来概括、隐含、涵摄和说明指称对象的意义的，就是把形象的对象世界，纳入到抽象的、概括的、喻设的文字－符号世界的修辞过程。

如果说象形文字是有关符号的象形，从而是直接从对象的外形特征来概括性、抽象性地喻指相关对象的话，那么，拼音文字则是通过人们对对象的声音概括、抽象和加工，用以表征对象的符号系统。如人们根据婴儿普遍面对自己母亲时"mama"的发音，拼出对妈妈的一般性称呼这一拼音文字。人

---

① 亚里士多德把他的逻辑学论著起名为《工具论》（亚里士多德：《工具论》，余纪元译，中国人民大学出版社 2003 年版）；而培根把他的逻辑学论著命名为《新工具》（培根：《新工具》，许宝骙译，商务印书馆 1984 年版）。这突出地表达了逻辑学的认知意义和工具价值。

② 当然，这并不意味着人们在日常交往中不会就词（概念）与物（对象）的关系产生歧见，并因此产生争议。我小时候曾抓到一只小斑鸠，并给小伙伴说它是鸟，引致一位小伙伴的坚决反对。在他看来，"鸟"这个概念在鸟类中有专指，它所指向的就是家乡司空见惯的麻雀。因此，只有麻雀才是"鸟"，斑鸠、喜鹊、乌鸦、老鹰等在他看来都不属于鸟。这种争论，显然是对"鸟"这个概念的所指分歧所致。

类对对象世界的认知，经过大脑神经系统的加工后，在外在表现上，首先通过声音说出来，所以，在实践中，声音现象比文字现象更具有优先性，这也决定了拼音文字的客观地位。但无论如何，拼音文字和象形文字一样，都是对所要表达的对象的抽象概括、总结和象喻。如果把人们对某件事或某件物的声音表达看成是其对对象的第一重抽象、总结和概括的话，那么，把声音现象拼写为符号（文字）现象，则是对对象的第二重抽象、总结和概括。或者是把声音现象更加固定化的抽象、概括和总结。

如此耗费笔墨地陈述词对物、概念对对象的抽象、总结和概括，是要继续说明，无论词对对象的抽象、概括和总结多么用心、多么精确，但有限的语词世界和概念定位同无限并多变的对象世界相比较，和人们交往行为的意义世界相比较，都永远只能是一种修辞，而不可能是一种确指。正因如此，才有"词不达意""言有尽而意无穷"这样的说法；才有"因言害意""因词害物"这样的感慨。所以，所谓词，永远是并且只能首先是修辞意义上的词，任何词和词汇都不过是对丰富多彩的物质世界、行为世界、精神世界和规范世界的概括性修辞。明了这一层结论，对人类精神现象的了解，就可以从词、从概念这种修辞出发去思考了。并且自从以文字表达的概念产生以来，尽管词和概念不过是对象或物的一种象喻性表达，但无比有趣的是，从此往后，人类便越来越生活在由语言词汇所规范的意义世界，无论这些词汇是否真正表达了其所指的客观世界的全部意义，人们都宁可从词、从概念出发理解问题，而无暇、甚至不愿意继续深入到客观真实的事实世界、物质世界。

所以，词或者概念既提供给人类以理解的方便，也提供给人类以误解和偏见的可能。这一切，都使词或概念的意义世界，归根结底是一个修辞的意义世界，而不是写真的意义世界。虽然，因为词或概念所代表的修辞常常出现问题，故古人教诲人们"纸上得来终觉浅，绝知此事要躬行"[①]、感叹"尽

---

① 陆游：《冬夜读书示子聿》，见刘乃昌选注：《宋诗三百首评注》，齐鲁书社 2004 年版，第218 页。

信书不如无书"①、批判"党八股""教条主义""本本主义"② 等等，但一旦人类被诱导到这种概念或词的意义世界，词或概念本身就替代、甚至遮蔽了物、行为和意义。我们生活的意义世界，就主要是由词或概念的修辞导生的意义世界，而未必一定是事实所呈现的意义世界。面对此情此景，即使你进行现象学还原③，也无法彻底抛开词或概念的意义羁绊而直入事实的意义堂奥。从此，我们不得不依赖词、概念或修辞所规范、编织的意义之网，并信以为真地观察、理解和解释词或概念所指向的对象世界。不论这种情形是词或概念对人的异化也罢，还是词或概念对人的提升也罢，人们摆脱不了逻辑概念的约定，也就意味着人无可奈何地变成了"符号的动物""文化的动物"④ 或"修辞的动物"。而词或概念的修辞反倒成了人类交往行为的基本规范约定。

但即便如此，即便词或概念在客观对象、社会事实面前总体看是一种象喻、一种修辞，但毕竟它有一定的意义确定性，否则，人们的交往行为就无所适从了。和逻辑概念的这种相对确定性相比较，在逻辑世界，判断的意义确定性一般要更弱一些。因为在形式上，一切判断，都必须借助词或概念的修辞前提所作出。无论是事实性判断还是价值性判断，归根结底，都无可例外地需要借助词或概念的意义约定。任何人在判断中都无法悬置词或概念，无法把词或概念彻底打入括弧，让他们和判断所要彰显的意义世界相脱钩。从而在一定意义上讲，没有词或概念，就没有逻辑判断。如"权利是人类自由的法律界定"这一判断，其中涉及到权利、人类、自由、法律等名词和概

---

① 《孟子全集》卷 14《尽心下》，海潮出版社 2008 年版，第 392 页。

② 毛泽东著名的论文《反对本本主义》（毛泽东：《反对本本主义》，见《毛泽东选集》第 1 卷，人民出版社 1966 年版）和《反对党八股》，（毛泽东：《反对党八股》，见《毛泽东选集》第 3 卷，人民出版社 1966 年版）等，至今仍在相关问题上，是深刻的洞见。

③ "现象学还原"这个胡塞尔现象学的核心概念，突出表达了胡塞尔的方法论，它强调只有摆脱任何经验和假设，凭直觉深入"纯粹的自我意识"世界，强调利用括号，把一切历史观点和存在观点悬置起来，并进而发现"自我意识"的真我。他指出："现象学的还原就是说，所有超越之物（没有内在地给予我的东西）都必须给以无效的标志，即：它们的存在，它们的有效性不能作为存在和有效性本身，至多只能作为有效性现象。"（胡塞尔：《现象学的观念》，倪梁康译，上海译文出版社 1986 年版，第 11 页）。

④ 人是"符号的动物"，乃是哲学家卡西尔对人本质的基本界定，卡西尔：《人论》，甘阳译，上海译文出版社 1985 年版，第 37 页。而"人是文化的动物"，则是梁治平在卡西尔学说基础上的引申。梁治平编：《法律的文化解释》，三联书店 1994 年版，第 10 页。

念，也涉及到是、的、界定等助词或动词。如果没有这些既有词汇的约定，面对相关事实作出如上的判断，而把上述概念和词汇悬置起来，再找新词，重新界定权利、人类、自由、法律等所指的事实问题，那岂不是一种词或概念的浪费？岂不是对人类文化积累的一种鄙弃？岂不是对词或概念基本作用的抹杀？

　　然而，当逻辑判断无法逃离词或概念的制约时，也就意味着判断的逻辑思维过程，往往是从概念到概念，从而从某一主观规定性到另一主观规定性的过程。判断无法绕过词或概念的纠缠，也就无法绕过词或概念约定的主观规定性。判断对客观规定性的逼近，端在于词或概念所表达的客观规定性的程度。词或者概念越逼近事物的客观规定性，运用这些词或概念所作出的判断也就越能彰显相关事物的客观规定性；相反，词或者概念越远离事物的客观规定性，运用相关词或概念作出的判断也就越遮蔽事物的客观规定性。在这里已经预示着判断对词或概念的依赖，事实上所依赖的是一种修辞。概念修辞的确当与否，或者概念对事物的命名确当与否，直接关涉依赖这些概念所作出的判断之确当与否。这也意味着，人类文明发展到如此程度，虽然离不开通过"尝梨子"以品"梨子的味道"这种直接经验，但即使这种经由直接经验获取的知识，也一定要被带入到既有的语言、文字、公式等框架中进行表达。不如此，直接经验就无法转化并积累为知识。如果对这些直接经验另辟蹊径，寻找新词来表达并重新命名，其结果无非是狗熊掰包谷，掰了一穗，丢了一穗，人类文化将无所积累、无所作为、原地踏步。所以，逻辑判断须依赖逻辑概念，乃是人类文化积累和认识深化的必然要求，也是人类知识进化的一种事实写照。

　　应说明的是，逻辑判断对逻辑概念的这种依赖，不仅说明词和概念提供给人们一种作出判断的符号方便，而且也说明概念对于其所指涉的事实的概括力、涵摄力和命名力。或者在于词和概念本身所具有的客观性、如果没有这种客观性，判断对词或概念的依赖，就只能视为盲目了。

　　当然，还需要指出的是：判断绝不是概念的意义叠加，绝不是一加一等于二的数学等式。判断往往会在既有的概念基础上，生成新的意义，从而产生一加一大于二的逻辑效果。这就说明，判断尽管依赖于既有的概念，但这种依赖不是对相关概念的复写，因而导致人类知识无所增量、保持常量。相反，它应是在相关概念基础上的创造，它肩负着在概念基础上，增量人类知识的使命。这一切，既意味着逻辑判断对概念修辞的依赖，也意味着判断本身具有了修辞的属性。这是因为，一方面，判断所依赖的词和概念，正如前述，只能是对物或事实的象喻性、比较性描述，词或概念本身的这一修辞特征，势必反转来影响以概念为基础的判断的修辞特征。另一方面，判断本身也只是对所描述事实的一种符号模拟，而不是复写。既然如此，对事实本身而言，一切判断不过是对它的修辞。这种修辞，以判断者认知的限度为界，框定了人们对某一事物或某类事物的普遍印象。如果某一判断广获人们接受，则会定格人们对某一事物的认知。把这一结论运用到法律领域，则以法律为前提的一系列判断的形成，恰恰是对其他判断的封堵，从而树立了一种法律权威性的架构，让人们在"信法为真"① 的前提下，拓展法律秩序。

那么，这是不是意味着按照上述逻辑，就只存在修辞，不存在逻辑？或者即便有逻辑，逻辑也变成了修辞？回答当然是否定的！如上论述仅仅是说修辞的力量让人在情感上、甚至信仰上接受词或概念为真，进而接受判断为真。有了这种对逻辑概念、逻辑判断心悦诚服服从的精神和意识，也就有了逻辑进一步展开，实行逻辑推理的前提。

众所周知，在逻辑关系体系中概念是基础，判断是概念基础上的延伸。概念和判断，一般都是对已知事物的命名或确定。但逻辑不能停留于此，不能止步于对已知事物的命名或确定。逻辑还必须面对未知世界，并从已知世界——对已知事物的命名和判断中——推论或综合得出未知的事物。这时候，就必须在概念和判断基础上，引入推理这个逻辑工具。而推理又分为演绎推理和归纳推理。不论哪种推理，只要推理的前提或基础是概念基础上的判断，那么，作为修辞的概念和判断就必然是推理的基本前提，从而，逻辑推理以修辞为前提。

先看演绎推理。演绎推理是一种运用历史悠久、空间广泛的逻辑工具。在所谓"轴心时代"，不论古希腊的亚里士多德，还是古代中国的墨子、惠

---

① 自从韩非提出"以法为教"（《韩非子·五蠹》）以来，秦朝李斯给秦始皇的重要策论之一就是"以法为教，以吏为师"（《史记》卷6《秦始皇本纪》，线装书局2006年版，第29页）。范忠信则把他的一部随笔集命名为《信法为真》（范忠信：《信法为真》，中国法制出版社2000年版）。这些说法或命题，对理解我正文中提出的问题，或许会有帮助。

施、公孙龙等，都对演绎逻辑的基本理念有巧妙而深入的论述。在演绎逻辑中，大前提由一个判断构成，小前提也由一个判断构成，结论仍然是一个判断。所以，一个演绎推理，其实由三个判断所结构，但这三个判断与修辞的关系却各有不同。严格说来，所有演绎推理的大前提，都是一个修辞。从表面上看，这好像是一个过于绝对化的结论，但只要大前提能被证伪，就表明大前提未必然是对对象恰如其分、没有瑕疵的判断。在很多情形下，特别是在社会交往领域、社会价值领域，大前提之所以是大前提，并不在于它一定是正确的，或者并不在于它一定是真理，而在于人们对它的接受或确信。并不在于它一定就是真的，而在于我们一定要假定它是真的。

既然假定作为大前提的某一判断是真的，就已经表明大前提和修辞的关联。大前提的真，或者是确切表达事物之规定性意义上的真，或者是人们接受、服从意义上的真，或者是假设意义上的真。只有在第一种情形下，大前提作为判断，才不受修辞的制约，而在第二、三种情形下，大前提都不过是因获得了人们的内心确信而服从，这种内心确信是修辞的结果，而非实证的结果。大前提的如上修辞特征，必然决定着演绎逻辑的起点——大前提是修辞。它只是某一判断通过修辞说服，获得了人们的接受，因此，它并不意味着一定与所描述的事实间能达到严丝合缝、无所冲突的境地。正因如此，随着时过境迁，随着人们认识的深化等等，它往往会被事实所证伪。从而大前提修辞的失效，也导致演绎推理的坍塌。

所以，逻辑大前提的功用，尽管在于表达事物的真相，但并不总是寻求表达事物的真相，有时首先寻求的是获得人们的接受。特别是在社会领域中，人们理解和认识中"前见"① 的在场，人们交往行为中"主体间性"② 的复

---

① "前见"或"前理解"这个概念，是伽达默尔解释学的基础性概念之一，它强调，只要有理解，理解便会有不同。为什么如此？因为每个人的理解都是带有"前见"因素的，即打上了理解者的烙印，前见是人们理解的条件。伽达默尔：《真理与方法》，洪汉鼎译，上海译文出版社 1999 年版，第 355 页。

② "主体间性"是哈贝马斯商谈或交往行为学说的基础性概念之一，它涉及主体社会交往间的关系及价值观念的统一性问题。哈贝马斯：《交往与社会进化》，张博树译，重庆出版社 1992 年版。当然，这个概念在胡塞尔、梅洛·庞蒂、海德格尔、马丁·布伯、雅斯贝尔斯等学者那里，都获得了青睐，不过已不是社会哲学意义上的主体间性了。这个概念对规范研究是如此重要，以致童世骏的一篇论文用了这样的标题《没有"主体间性"，就没有"规则"——论哈贝马斯的规则观》（童世骏："没有'主体间性'，就没有'规则'——论哈贝马斯的规则观"，载《复旦学报》2002 年第 5 期）。

杂，都让绝对真实反倒变得不真实，让所谓真相反倒常常不过是虚构。真正的真实，在于人们的理解和接受，在于通过对话、商谈而达成的"视域交融"般的理解，即所谓"同情的理解"。所以，大前提得以成立的重要基础，是修辞的说服，而不是逻辑的说服；是雄辩巧辩的力量，而不是"事实"的力量。当绝对真实只是海市蜃楼时，人们的接受和服从，不靠修辞，还能靠什么呢？

至于小前提和结论，因为是在已经得到确信和接受基础上的大前提下的推论条件，因此，至少在演绎推理的逻辑框架内，它们属于逻辑事实范畴，而不属于修辞范畴。

而归纳推理，只能是一种无法穷尽事实基础上的推理形式。所以，如果说演绎推理的大前提往往是一个和判断相关的修辞的话，那么，也同样可以说，归纳推理的最终结论，往往是一种修辞结果或者和判断相关的修辞。原因无它，就在于任何归纳推理，都毫无例外地是在对对象的有限归纳基础上的结论，而不是穷尽了所有对象基础上的结论。既然如此，被选择的归纳样本也罢，在既选项基础上所形成的归纳结论也罢，实质上是用以说服人的一种修辞，是借助逻辑形式所表达的修辞。其目的也仅仅是为了取得人们的确信和接受，而不是打破沙锅问到底，从而达到对真相的追寻和追求。

综上所述，在逻辑体系中，无论概念、判断还是推理，都与修辞息息相关，甚至可以说形式逻辑的起点（特别对三段论而言）就是修辞。这种对逻辑和修辞之关系的陈述，是为了进一步论证如下的命题：作为逻辑体系的法律，本身是种制度性修辞。

二、法律与制度修辞

法律从来被称为理性的产物，无论是神的理性，还是人的理性，无论是国家理性，还是民众理性①，都不过是法律被纳入理性视界的不同表达。而

---

① 有关法律与理性、实践理性关系的解读，葛洪义：《法律与理性——法的现代性问题解读》，法律出版社 2011 年版；葛洪义：《法与实践理性》，中国政法大学出版社 2002 年版；颜厥安：《法与实践理性》，中国政法大学出版社 2003 年版等。

法律的理性，在工具视角体现为法律是一套严谨的逻辑规范体系。无论法律概念、法律判断还是法律推理，都以逻辑形式展示着法律异于其他事物的严谨特征。不但如此，因为法律自身的理性和逻辑性，导致法律的展开——行政、司法和公民日常交往，只要纳入权利义务、权力责任的法律规范体系，就释放出其理性和逻辑性的特征。法律及法律思维的理性和逻辑性，使国家机关，乃至普通公民都沾染了理性行动和逻辑思考的特征。例如，法律要求行车在红灯亮时必须停车，一位再没文化的司机只要其遇见红灯就刹车停车，表明其行为受到了法律的理性和逻辑规训；同理，法律赋予选举是公民权利，当几位公民面对某一候选人，或投赞同票，或投弃权票，或投反对票时，也表明权利人的行为选择受到了法律的理性和逻辑规训。所以，在法律主治的时代，至少表面上也是一个理性和逻辑主治的时代，从而在一定意义上是排斥激情的时代。

但事实果真如此吗？法律主治就必然意味着激情的偃旗息鼓吗？进而言之，法律对理性、对逻辑的青睐，是否意味着激情以及修辞在法律的世界就没有再发挥作用的余地？是否意味着理性就是唯一的行为选择，逻辑就是唯一的思维交往工具？本文的思考将要得出的结论，只能是对上述质疑的否定式回答。深入的阐述，必须从法律制度的修辞特征谈起。

首先拟设计的问题是：说法律是理性的产物，它究竟是一种修辞性判断，还是一种逻辑性判断？一般所谓理性，在分类上有二，即前述神的理性和人的理性。如果把法律界定为神的理性，那么，神究竟是什么？在实践中如何实证？如果在实践中根本就无法实证，那么，在逻辑上又如何证成？这些问题，一下子就把"神的理性"这一先决性的问题推向了另一种理性——理性怀疑的视域，使法律本身面临怀疑的考验。如果人们能够圆满地证实神究竟是什么，神又是如何达到理性境地，并以理性规范命令人类的，那么，说法律是神的理性在逻辑上便能够自圆其说。反之，如果人们无法证实神的身份，说明神如何理性地给人类布道，并规范人类的行为，那么，说法律是神的理性无疑不过是一种修辞性判断，其目的是为了借助信仰的力量，叫人们对法律信以为真，并服膺其下罢了。

在人类历史上，有无数的智慧投入到对神灵的探索和论证中。在古代中国，"君权神授"说的思想导师们，积终身力量论证并维护神授的事实，其结果不过是虚拟的宣教，而非实证的结论①。而企图让人长生不老的炼丹术，也可以视为是一种在神灵信仰之下的求证行为。尤其这种行为和道教的结合，更彰显了先人们对神灵的求证过程。尽管在这个过程中阴差阳错地产生了很多科学成果②，但神灵究竟是什么，始终未能借助这些求证而作出令人心悦诚服的回答。中世纪西方的学术大家们，如奥古斯丁、如阿奎那等，耗用终身的智慧，为上帝的理性铺设道路，但中世纪末期的怀疑精神，却把上帝和神灵推下了神坛，觉醒了的西欧民众，打出了人权的旗号，以颠覆似乎颠扑不破的神权。其后尽管卢梭仍强调"天赋人权"，牛顿等科学家仍然在强烈的宗教信仰情怀下求证"上帝的第一次推动"，并因此阴差阳错地获得了一系列震撼世界、颠覆既有思维、撬动全球发展的科学成果，但上帝的第一次推动和对上帝本身的证明，仍不过是有心者的梦呓。此情此景，让我不禁想到了伊斯兰教义的率真和伟大：真主不是偶像，而是无形无像，因此，对真主的崇拜，只能非偶像崇拜，而不是偶像崇拜。求证真主是愚蠢的，或者让真主（神灵）偶像化，是人类理性的僭妄。

既然神本身是不可实证的，那么，所谓神的理性又如何能够实证呢？这在客观上只能提示人们一个事实，人们对法律的遵从，在很大情形下，并不是因为法律是理性，也不是因为法律符合逻辑。而是一方面，法律符合人们的某种精神信仰，"神的理性论"正是通过编排一套有关神的理性的修辞，让人们借助信仰吸纳规范，并使其深入人心，进而推导人根据规范交往行为。因此，人们服从法律的前提首先是信仰、是情感、是修辞，而不是实证、不是理性、不是逻辑。另一方面，是人们服从法律能够带给其方便、利益甚至快乐，并因为这种方便、利益和快乐，让人们最终接受法律。这些都说明，

---

① 如董仲舒就强调"唯天子受命于天"（《春秋繁露·为人者天》）；"王道之三纲，可求于天"（《春秋繁露·基义》）但这种强调不过是虚拟的宣教，而非实证的结论，因此，根本不具有逻辑说服力，而只具有某种修辞说服力。

② 李约瑟：《中国科学技术史》第二卷，何兆武等译，科学出版社、上海古籍出版社1990年版，第35~180页；姜生等主编：《中国道教科学技术史》（汉魏两晋卷），科学出版社2002年版；《中国道教科学技术史》（南北朝隋唐五代卷），科学出版社2010年版；盖建民：《道教科学思想发凡》，社会科学文献出版社2005年版等。

在"法律是神的理性"这一判断下，人们对法律的信任和接受，并不完全是理性逻辑证成的结果，反而更是信仰修辞的结果，是情感经验的结果。人们遵循法律，不仅是遵循一种逻辑，在更多的时候，反倒是遵循一种修辞。这说明，法律不止是一种理性逻辑，而且是一种制度修辞。

如果把法律界定为"人的理性"，那么，相关的问题也会产生：说法律是"人的理性"，那么，这里的人究竟是什么样的人？是所有人，还是部分人？如果是所有的人，为什么有些人能够直接起草法律，而有些人只能接受法律？如果是部分人，那这部分人又是什么样的人？这些质疑和问题，在更深的层面上拷问着"法律是人的理性"这一结论究竟是一种理性逻辑还是一种教化修辞的问题，拷问着人们遵守法律的基础问题究竟是因为理性、因为逻辑，还是因为权衡、因为利益、因为修辞。

什么是法律的问题，是个和法律的制定息息相关的问题。在人的理性前提下，有关法律的制定，大体有三种说法或制度。其一是君权立法说（制度）："夫生法者君也，守法者臣也，法于法者民也。"① 可谓典型写照。其二是代议立法说（制度），即先由人民选出代表，再由代表替人民立法。众所周知，这是近代以来民治社会和大型社会通行的立法理念和制度。② 其三是全民公决说（制度），即由一个国家的全体选民公投某种法律是否通过。这是最近数十年来，在有些国家渐受青睐的一种立法模式③。

如果置诸"法律是人的理性"这一判断下，那么，无论上述哪种模式，都会受到进一步的质疑。在君主立法背景下，所谓"法律是人的理性"这一结论，必须接受君主为何是理性的这一质疑和拷问。而一旦接受这一拷问，则只能把问题再次推向"神的理性"的视角，只能用所谓"天之骄子""君权神授"一类的修饰，让人们在信仰层面上获得接受，这就又回到了前文对"神的理性"的质疑上了，因此，不去进一步追究它也罢。所以，君主是理

---

① 《管子校注》卷45《任法》，中华书局2004年版，第900页。

② 相关学术论证，密尔：《代议制政府》，汪瑄译，商务印书馆1982年版，第37～100页。

③ 例如俄罗斯的"叶利钦宪法"、白俄罗斯的"卢卡申科宪法"、北爱尔兰的"堕胎法"、欧盟的"马斯特里赫特条约""里斯本条约"等法律，就是全民公决的；与此同时，独联体国家的独立、魁北克要否独立、澳大利亚要否实行共和制等，都是通过一定范围内的全民公投所决定的。这一系列全民公决的事实，也极大地推动了全民公决在当代政治和法律中的独特地位。

性的这一结论，往往既不能靠演绎推理获得逻辑实证，也不能靠归纳推理获得经验实证，而只能借助超验的信仰，从而只能借助修辞来解决问题。

在代议制立法背景下，所谓"法律是人的理性"这一结论，也要接受议会和议员为何是理性的这一质疑和拷问，或者需要接受议会和议员会不会是非理性的质疑和拷问。如果不能妥帖地、令人信服地说明或回答议会和议员为何是理性的、而不是非理性的这样的问题，那么，代议制立法下所谓"法律是人的理性"的结论，就会沦为一种说教。不过事实上，它本来就是一种说教，而不是真理，不是理性和逻辑！众所周知，在近代代议制中，所有议员都是代表一定的区域、阶层或利益集团说话、议政的，所谓议员振臂一呼、大笔一挥，代万民说话，替天下立言的情形，也不过是一种美妙的虚构。代议制的立法裁断，归根结底是议员们代表不同利益集团所进行的博弈、商谈或者投票表决的结果。博弈、商谈说明过程，而投票表决则直奔结果。其中对投票表决而言，最关键的是在每次投票中，必须"少数服从多数"。这"少数服从多数"本身，就是一种对正义的修辞性预设和宣告。由此所决定的一切立法和法律，毫无例外，都受这条有关正义的修辞性预设的影响。我们信以为真的法律制度，就是这样在一种修辞的氛围中形成并发挥多用的。"大多数人的拥护"，成为人们服膺一种制度制约的基本前提，也成为人们承认和肯定制度合法性的最好修辞。代议制立法和君主制立法相比较的进步特征，就体现在这种修辞的变化中。不过法律因此依然是受修辞约束的法律，而不是摆脱了修辞约束的法律。"法律是人的理性"这个修辞性结论，在此可以更改为法律是"议会中多数人的理性"。就议员和全民的数量比较而言，"法律是人的理性"的修辞，甚至可更改为"法律是作为议员的少数人的理性"这一修辞。

不过这种对"法律是人的理性"的修订，或许会遭到读者的质疑和批评，可以想见的批评来自两个方面。

其一是作为"少数人"的议员，乃是接受了一个国家不同利益集团的成员授权的产物，他们尽管人数少，但他们所代表的人数并不是少数。因此，不能把法律修辞为"议会中多数人的理性"，更不能修辞为"法律是作为议员的少数人的理性"。这一批评，所说的确实是一种事实，不过值得进一步申论的应是尽管每位议员都获得了一定选民的信任和授权，代表选民进行投票，但再严格的代议制也无法促成议员一定代表选民而不代表自己。另一方面，再广泛的授权，都不能自动说明被授权者及其行为一定就是理性的，而不是非理性的。这些都只能让人符合逻辑地把"法律是人的理性"这一修辞，进一步定位为"法律是议会中多数人的理性"，甚至"法律是作为议员的少数人的理性"。

其二是"少数服从多数"规则本身是获得了全体议员（或选民）同意的规范。因此，在议会投票中出现多数对少数的胜出，按照大家都同意的"少数服从多数"的原则，法律就不能被描述成是"议会中多数人的理性"，少数人的服从本身表明了相关法律也体现了少数人的理性。笔者也承认，这是一个在逻辑上完全可以自圆其说的批评意见。然而当少数人服从了这一规则时，服从的原因不是因为它揭示了真理，从而是一个逻辑上自足的规定，而仅仅是因为它表达了一种修辞，这种修辞让人们懂得了"多数的力量"，从而也懂得了对这种"多数的力量"之服从。所以，在修辞上，它仍然不是所谓一般意义上"法律是人的理性"，而是"法律是议会中多数议员的理性"，甚至是"法律是作为议员的少数人的理性"。

全民公决制立法模式，作为直接民主的一种试验，尽管被人们运用和看重不过是新近的事，但它是迄今为止最能全面地表达"法律是人的理性"这一结论的制度机制，因为它绕过了代议制框架下的民意间接性特征，而直接让选民进行投票，并决定一个法律草案能否变成全体国民交往行为的规范指南。因此，这是一个重大的立法机制的转型，这一方式也有条件在外延上进一步扩展"法律是人的理性"这一修辞，把法律是"议会中多数人的理性"进一步变成"法律是投票中多数选民的理性"，从而至少可以在主体数量上对"法律是人的理性"这一修辞进行圆润，使其更符合事实，更能作为逻辑推演的根据和前提。但即使如此，也仍不能说明"法律是人的理性"就从修辞状态完全脱离出来，变成铁定的逻辑结论，从而也有继续反思和证明"法律是人的理性"不过是一个修辞的必要。

全民公决法律的基本目的，是寻求所谓"全民意志"，并把全民意志表达在法律中。但这种目的首先面临一个无法克服的难题，那就是投票中的选民，其投票意志是自由的，因此，其投不投票？如何投票？投何种票？给谁投票等等，往往是冲突的。面对冲突的选民意向和投票结果，如何证成某些选民的投票是理性的，而另一些选民的投票是非理性的？这既是一个重大的难题，也是一个必须考量的重要因素。所以，在这种情形下，在任何一个国家，也只能无可奈何地选择"少数服从多数"的修辞，这就让"法律是人的理性"这一命题或判断，面临着与在代议制立法背景下，议员们投票时也需要尊重"少数服从多数"原则一样的难题和尴尬。既然如此，这种共识和选择，只能被置于"流动着的少数－多数关系"① 中时，才可能是真理，在既定的选择面前，不过是一种修辞。少数人的服从，就是受这条修辞的制约。所以，在这里唯一"正确的"是修辞，而不是"理性"和逻辑。

与此相关的进一步问题是，即便一部法律是投票人中大多数人的选择，就一定能说该"法律是人的理性"吗？大多数人表决通过的法律就必然能代表"人的理性"吗？如果这样，我们如何理解被广泛运用的那句名言："真理往往掌握在少数人手中"②？如果不能合理地解释这些问题，则只能说即使在全民公决的背景下所通过的法律，当人们说它是"人的理性"的时候，仍然是站在修辞立场所进行的陈述，而不构成铁板钉钉、不可被证伪的真理或逻辑大前提。即使人们运用这样的结论作为大前提进行推论，也不过是把"法律是人的理性"这种修辞当作了逻辑大前提而已。它给人的效力，是一种叫人信以为真、并予以服膺的修辞效力，而不是人们面对事实和真理，不得不服、不得不然的理性效力和逻辑效力。

如上所论，一言以蔽之，要证明法律制度作为一种逻辑体系，其建立的前提是一系列假设，这些假设固然因为其逻辑性而获得人们的遵从，从而获

---

① 这里所讲的"流动着的少数－多数关系"的含义，乃是指就某次投票而言，哪些人代表了多数，哪些人代表了少数，是一个定量；但是就过程中无数次的投票而言，曾经代表多数的，时过境迁或许会变成少数，曾经代表少数的，时过境迁则可能会变成多数。现代法治政治（宪政）的价值，就在于对过程设置了一种流动性的观察、认知和调控态度，从而避免"天不变、道亦不变"一类的僵化。

② 一般认为，这是列宁的一句名言（但柏拉图也曾表达过类似的意思："真理可能在少数人一边"），也是被国人广泛运用的一句名言。这句名言深刻地寓意了多数人决定的民主制度，不过是无可奈何的修辞选择，而未必一定是坚守真理的逻辑选择。

得效力，但更重要的是，在终极层面，它不过是人们对作为逻辑大前提的修辞之"交涉性认可"和遵从。从而任何法律制度，不过是一种作为制度的修辞。在此基础上，下文我将进一步说明法治这一概念的诗性预设特征和制度修辞特征。

三、法治的诗性与修辞——制度性修辞的宏观解读

法治是法律制度的近、现代时态，是"君臣上下贵贱皆从法"的规范至上主义修辞。按照富勒的对法律和法治的经典说法，"法律是使人类的行为服从于规则之治的事业"[①]。在这里，法治传达着一种人们对规范的充分自信，传达着一种人类对规范的具有诗性浪漫主义意味的追求——天底下形形色色、奇奇怪怪的交往事件，人世间纷繁复杂、揪心牵魂的交往行为，都要被编织进横竖交错的规范之网中，从而实现人间交往杂而不乱、繁而有序，自由有保、秩序有度的情形。但就是在这种诗性的追求中，相应的问题也产生了：为什么人们的行为要服从规则治理？（法律）规则果真能治理人们的行为吗？如果能，法律又是在何种意义上使人们的行为服从规则治理的？对这一类的问题，如果站在纯粹逻辑的视角看，或许很难立得住脚，因为再严密的法律及其法治，也会有对事实的调整不及或逻辑漏洞，因此，如果不从修辞意义上入手，法治的很多问题就难以得到妥善的理解和回应。

数年前，因为北大法学院招收博士生中出现了轰动一时的"甘德怀事件"。为此，院长朱苏力在接受采访时说了一句捅马蜂窝的"狂言"："制度给了我这样的权力"。却不管言者能否找出相关的制度规定，但抛开该言论的具体语境，把其升华到一般意义上理解，则当人的行为一旦满足了某种制度的规定或约定时，任何人都必须服从该制度，否则，制度不过是美好的虚设，有名无实，甚至因名害实！不论该制度的规定是否符合客观真理，它都以修辞的方式成为人们逻辑思维的大前提。如果一个国家的人们在实践中放弃了这一修辞性逻辑前提，就意味着法将不法，混乱无序；反之，如果一个

---

① 富勒：《法律的道德性》，郑戈译，商务印书馆 2005 年版，第 124～125 页。

国家的人们在交往实践中遵循了这一修辞性逻辑前提，则意味着人们的交往井然有序。

例如，在我国，人们对涉法上访①问题议论颇多，其中站在法律立场的更多的是非议之声，站在同情上访者立场的则更多的是肯定之声。非议之声强调上访不能突破制度规范和法律规定，而肯定之声则在"大制度"之外，设立"小制度"。在国家诉讼法律之外，设立所谓信访条例，在实际效果上，"小制度"的效力盖过了"大制度"。援诸法理，则凡是已经生效的司法裁判，除非在审判监督程序中被认为是错判或错案，则当事人必须服从。到了这份田地，司法的生效判决就是最后的理性，最终的逻辑，即使当事人认为其既不理性，也非逻辑，但至少它是一种值得依赖的修辞。倘若一个国家连这种修辞都摒弃了，则剩下的只能是"公说公有理，婆说婆有理，两造都有理，只有法无理"了。果真如此，法律与司法，就失去了基本的逻辑前提，尽管这一逻辑前提的本质是修辞。可以认为，目前我国法律越多，秩序越糟，裁判越多，权威越差的情形，恰恰凸显了一个基本事实：法律并未被确立为人们交往行为的逻辑大前提，或者即便它应是逻辑大前提，但仍未获得征服人心的修辞效果，因此，"制度给了我这样的权力"，在这种制度语境下，就听起来格外武断、刺耳。

进而分析，所谓"制度给了我这样的权力"，不止是一种逻辑，更是一种修辞。它以人们对制度的坚信为基础，强调制度所确定的内容，是人们交往行为中所无法抗拒的②。当"制度就是这样规定的"作为一种信念、一种坚守和一种承诺，并进而成为社会管理、公民交往中之所以如此，而不是如彼的基本理由时，制度的规定就以一种修辞的强大力量，保障着人们的

---

① 所谓"涉法上访"的说法，主要是一个和司法审判相关联的概念，所以有时候在法院内部又被称为"涉讼上访"。其所指的就是当事人因对法院已经生效的判决不服而引发的上访行为。

② 行文至此，笔者不禁想起一位曾赴日访学者的经历。作为一位烟民，他赴日时在国内捎了四条烟，在日本入关时，为了避免走私的嫌疑，他事先做了申报。但申报后，日本海关人员强调只能带两条（以根计算），剩下的两条要么扣留，要么按照日本相关法律缴纳一定的费用才能入关。他以烟民有特别需要为理由进行抗辩，对方则强调这是制度，任何人也无法更改。经权衡再三，他按规定缴纳了日元现金，海关才放他入关。他由此深感日本人对法律规则的尊重，也感叹国人对规则的权变和蔑视！

确信。这种修辞甚至在一定意义上成为一种信仰，一种道德坚守——守法的道德！

学界很多人曾煞费心思地探讨过"法律为什么有力量（或有效力）"这样的话题：有些人强调因为法律是人民的意志，所以有力量；另有些人则强调因为法律是利益、规律和理性，所以有力量；还有些人强调法律借助于国家的强制，所以有力量；更有人强调，法律是"理与力的结合"，所以有力量。如此等等，真可谓众说纷纭，不一而足①。但在我看来，法律的事实有效性，往往并不是基于某种理——不论这种理是正义、理性、规律、利益还是力量，而是基于某种信念，基于人们对法律是正义的、理性的、符合规律的、反映人们权利和利益的以及具有强制力后盾保障的等修辞的依赖。至于如何证明汗牛充栋、多如牛毛的法律一定是正义的、理性的、合乎规律的、合乎人们的利益要求的，在实践中被国家强制力量强制执行的等，反倒在理论上是多此一举。谁如果一定要执拗地证明法律的正义、理性、规律等属性与特征，不过被人们视为是钻牛角尖。因之，所谓法律有力量，就是靠种种修辞带给人们的基本信念、甚至信仰来维系的。逻辑的力量，只是修辞之后的附带产物。

由此进一步反思的是，法治这个人们服从规则治理的事业，之所以把千千万万的男女所进行的形形色色的交往行为，都能构织到法定的蛛网世界，既在于法律规范对它所调整的对象（主体交往的社会关系，以及与此相关的主体与对象的关系）之规定性的尽力模拟、描述和接近，也在于人们因循法律而为的利益获取和行为方便，更在于人们对法律所抱有的坚定信念、甚至信仰。所以，法治的有效性，或者芸芸众生能够服膺法治，既在于理性逻辑，也在于情感修辞。有人在谈到法律对香港居民的日常影响时说：对香港人而

---

① 相关观点，张根大：《法律效力论》，法律出版社 1999 年版；梁中前："法效力的逻辑探寻——法律效力的文化辨析"，载《法律科学》1998 年第 1 期；陈世荣："法律效力论"，载《法学研究》1994 年第 4 期；李琦："法律效力：合法行为发生法律上效果之保障力"，载《法学研究》1995 年第 2 期；李琦："论法律效力——关于法律上的力的一般原理"，载《中外法学》1998 年第 4 期；刘瀚、谢鹏程："法律为什么有力量——从知识和经验角度对法律内在力量的若干分析"，载《中国社会科学院研究生院学报》1992 年第 6 期；孙国华、许旭："法是'理'与'力'的结合"，载《法学家》2001 年第 3 期；谢晖：《法理学》，北京师范大学出版社 2000 年版，第 236～256 页等。

言，法律就如同阳光、空气和水一样不可或缺，没有了法律，人们反倒无所适从。这种对法律的依赖，既是一种事实，同时还夹杂了对法律的深刻情感，从而既是一种理性，也是一种修辞。

反之，如果一个社会中的主体对法律抱着无所谓的态度，任何人都借口说法律不是人民的，而排斥法律对自己的管辖，或为逃避法律的规制而找冠冕堂皇的借口，那么，即使法律制定的再科学、再符合规律，制定过程再民主、再符合程序正义，权利义务分配再合理，再尊重每个人的利益……法律仍不过是一堆写满权利义务分配的废纸，因为在人们的借口中，在人们对法律的规避中，已经放弃了对法治的修辞依赖，转而寻求关系依赖、权势依赖等。可见，一旦在理念上抛弃对法律的修辞依赖，再正义、理性、民主、科学……的法律，都会被人们弃之如敝屣，更遑论把人们的交往行为置诸法治框架中。

法治的诗性精神和修辞特征，意味着法治首先是一种价值性的预设。任何价值性的问题，都是在价值权衡和博弈中的产物，而不是所谓价值"普世"或"普适"的产物。所谓价值"普世"或"普适"，在我看来，至少有两个层面，第一个层面是被人们在心理层面上认同并接受，第二个层面是一种价值在人们交往层面一视同仁地得到贯彻落实。就这两个层面的具体关系而言，心理层面的认同是决定性的，行为层面的接受是附随性的。倘若某种价值，没有人们在心理层面的普遍认同，而仅仅在行为层面被普遍推行，说明它并不是一种"普世"或"普适"价值，而最多只是一种在价值博弈结束后有关价值普适（世）性的修辞。

那么，究竟有没有什么"普世"或"普适"的价值呢？近代以来，在政法社会领域，自由、平等、民主、人权、博爱、法治构成了最基础的六大价值[①]，同时也被很多人宣传并认同为是"普世"或"普适"价值。事实果真如此吗？众所周知，这六大价值都是在历史博弈和对抗中产生的，是历史对抗和博弈的结果，而不是"普世"或"普适"的结果。自由对抗奴役、平等

---

① 对相关问题的具体阐述，谢晖：《法治讲演录》，广西师范大学出版社2005年版，第292～306页。

对抗特权、民主对抗君主、人权对抗神权、博爱对抗偏爱、法治对抗人治……这种价值对抗，恰恰是对上述价值普适说的一种否证。进言之，凡是有价值对抗的所在，必然意味着对价值普适说的否证。退而言之，价值"普世"或"普适"，只是价值博弈后取得优胜的一方所做的人为布道或修辞。

既然法治及其价值不是普适的，而是博弈的结果，与此同时又要求人们信服法治，信服与法治相关的一系列价值，这是不是一种价值的暴政？在笔者看来，用暴政这个词或许有些言过其实，笔者更喜欢用权衡这个词，它只不过是人们利弊权衡的结果，既不存在高尚，也不存在卑下，只是人们在无法获取最优方案的前提下，选择了一种次优方案①。而人们对这种次优方案的选择和接受，也意味着在价值上接受了一种修辞。不论这种修辞把法治说成是高尚的、最符合人类价值的选择，还是描述为被迫的、无可奈何的接受，人们都在这种价值修辞的引导下，成为受法律支配的"客体"，法律反而成为法治的"主体"②。不但如此，因修辞产生的法律及法治因之也成为人们信以为真的事物，并顺理成章成为逻辑推理的前提。原来人们对法治的接受，法律对人的统治，不过是修辞征服人心的后果！

对法治作为一种诗性存在和价值选择的上述总结，只能在价值层面上说明法治这种诗性设想的修辞效果。然而，法治从来不仅仅是一种理想设计，不仅仅是一种价值选择，在一定价值选择基础上，法治从来以其技术特征实现着法律对社会的规则治理。法治的经纬，把杂乱无章的社会关系和社会事实，捋出了清晰的脉络，从而法治变成一种经由技术化处理而实现的社会秩序状态。这种技术化处理的基本特征，就在于法治处处显现着逻辑的力量和特征。立法要讲求体系，讲求一部法律或者一个国家法律体系内部的逻辑和谐，否则，只能变成法律和法律打架，法律否定法律。这对法治而言，是一种来自内部的损耗，因之，在逻辑上避免法律自相矛盾、相互打架，就是立

---

① 这在柏拉图从《理想国》的理想设计到《法律篇》的现实选择中已可看出。柏拉图：《理想国》，郭斌和等译，商务印书馆1986年版，第177~227页；柏拉图：《法律篇》，张智仁等译，上海人民出版社1992年版。

② 这是一种典型的法治对人的"异化"，不过在价值上，这或许是一种"良性异化"。相关论述参见谢晖：《法学范畴的矛盾辨思》，山东人民出版社1999年版，第478~485页。

法在技术上必须掌握的基本尺度。然而，这一技术尺度在表面上看是逻辑的，是技术的，但其前提是价值在先的，是诗性的和修辞的。没有诗性和修辞的价值在先，逻辑技术上的删削、圆润就失去了基本的逻辑前提。所以，立法上对法律内部和谐技术的讲究，离不开价值预设和诗性修辞。

完成了如上立法上的技术处理，对法治而言，仅仅是完成了一个产出法治的规范前提。法治作为制度，尽管以法律规范为前提，但法律只是法治的最重要的必要条件，而不是充要条件。法治的充要条件，必须是法律规范、法律观念、法律组织（主体）、法律行为和法律监督（反馈）的统一体。如果法律制定后，不能在技术上确保把法律规范化为人们的法律观念，根据法律规范整合主体及其行为，不用法律要求检阅法律的运行效果，那么，无论法律的价值预设多么高尚，技术手段多么合理，法律仍不过是口惠而实不至的宣告、甚至炫耀，对社会秩序的法律治理而言，不但不利，反而有弊①。但是，如果说立法是一个必须突出技术手段，使法律能够产生实效的活动的话，那么，从立法到法律观念、法律组织（主体）、法律行为和法律监督的过程，更是一个以精细的技术力量支持的过程，否则，法律徒有其名。

以司法为例，作为最典型地运用技术手段，实现法律治理的活动，司法最能彰显法律的运用过程及其技术要求。这是因为司法所处理的问题，不是法律运行中的日常问题，而是"反日常"问题，是由于人们在交往行为中权利义务发生了纠纷，从而引致社会关系和社会秩序发生紊乱时的救济措施。如果说日常生活中人们对法律的运用和遵守太显日常，反而不能突出法治的技术性，并引起人们对法律和法治的关注的话，那么，司法所面对的"反日常"问题，本身就能唤起人们对法治的好奇，并凸显法律秩序恢复中的技术手段。司法中案件当事人的诉讼主张对立、所持证据对立、事实描述对立，从而如何把这种对立的主张、证据、"事实"代入到既定的法律框架，以判断是非、恢复秩序、弘扬正义？毫无疑问，这必须依靠法官的技术能

---

① 对此，董必武认为法律得不到执行等于没有法律，而吴家麟在此基础上更进一步，强调法律制定后得不到执行，"甚至还不如无法"。因为没有法律，人们还有指望和盼头，有了法律而得不到执行，人们的希望和盼头就像肥皂泡般破灭了！（吴家麟：《吴家麟自选集》，宁夏人民出版社1996年版，第252页）。

力和水平，法官必须拥有一套逻辑智慧和技巧，法官也必须学会施展说服论证技术。所以，它首先是一个借助逻辑技术以征服人心，叫人不得不接受的过程。

但即使如此，我仍然要说它不仅仅是一个逻辑技术过程，同时也是一个诗性的价值修辞活动。因为一方面，法官在司法裁判中据以推理的大前提——法律规定，本身是人们交涉、权衡和博弈的其中一种结果，这种结果仅仅在规范视角上具有真实性，而在价值视角上，只是人们博弈的一个结果。另一方面，法官在司法裁判中据以推理的小前提——案件事实，不过是法官所采信和认定的证据事实，未必一定是"客观真实"。在迫不得已的情形下，法官甚至拿"自由心证"的结果作为司法推理的逻辑小前提，可见这一前提本身的修辞特征。再一方面，即便法官运用了如上具有价值预设的、事实裁选的诗性修辞完成了司法推理，要真正让司法裁判俘获人心，取得两造、利益相关人以及其他社会主体的接受，还需要点缀修辞于其间①，实现修辞与逻辑的双修、情感与理性的并用。

从立法逻辑对修辞的依赖和司法逻辑同样对修辞的依赖中，读者更不难看出作为一种诗性预设的法治，在关注逻辑的同时，无法逃避与修辞的关联。在这个意义上，当我们强调法治是一套严密的逻辑体系时，几乎也可以说法治是一种诗性的修辞预设。法之治，既需要逻辑般铜墙铁壁的刚性展现，也需要修辞般诗情画意的柔性进入。

四、无罪推定的浪漫与修辞——制度性修辞的微观解读

在当今各国的刑事诉讼法律中，有一个几乎公认的原则，那就是无罪推定原则。对这一原则，人们一般是这样表述的："未经审判证明有罪确定前，

---

① 对此，我国法学界已经展开了相关研究，如杨贝："法律论证的修辞学传统"，见《法律方法与法律思维》第 4 辑，法律出版社 2007 年版；苏力："修辞学的政法家门"，载《开放时代》2011 年第 2 期；彭中礼："论法律事实的修辞论证——以'崔英杰案'为例"，载《西部法律评论》2010 年第 1 期；彭中礼："中国古代判词中的修辞论证"，载《时代法学》2010 年第 6 期；徐亚文等："法律修辞、语言游戏与判决合法化"，载《河南政法管理干部学院学报》2011 年第 1 期等。特别是后两位作者对判决书中修辞的研究，对说明这里的问题更有帮助。

推定被控告者无罪。"① 这一来自于贝卡利亚的原则②，如今不但被英国证据法、美国联邦宪法、中华人民共和国刑事诉讼法等国内法确定为基本的人权保障原则，而且被《联合国刑事司法准则》《公民权利与政治权利国际公约》规定为一项国际人权保障原则。这一原则，曾经是在人权问题上不同意识形态的国家间展开斗争的一个晴雨表，尤其在我国，主张这一原则，曾经被激烈地批评为鼓吹资产阶级自由化。但只要人们对之稍加分析，就不难发现，它照例是一条价值上的修辞假定。

曾经在我国的法学理论中，谈及这一原则，与有罪推定原则一道，被称之为"唯心主义"的奇谈怪论。原因不在于其他，就在于它不能全面地假定某种未知事物存在的多种可能性。从逻辑周延性上看，一位作为犯罪嫌疑人的被告，在法院宣判之前，既不能做无罪推定，也不能做有罪推定，或者无论做有罪推定，还是做无罪推定，都涉嫌以主观替代客观，以假定代替事实，从而或者导致冤枉无辜，或者导致放纵罪犯。在我们熟知的历史上，曾出现过"宁可枉杀千人，不可使一人漏网"的腥风血雨，也出现过明明知道他犯罪，但证据不足不能裁判他犯罪（如"辛普森案"）的无可奈何。显然，自表面看，这两种情形都是对"实事求是"的悖反和不尊，但人类刑事追诉的事实，恰恰就违背了这种滴水不漏、在逻辑和事实上都无比正确的"实事求是"原则，要么选择有罪推定，要么选择无罪推定。为什么？

如果依从"实事求是"的原则，当犯罪嫌疑人有无数犯罪疑点，但就是找不到最关键的证据证明其犯罪时，究竟该如何处理？仍然坚持既不能推定其有罪，又不能推定其无罪吗？这种周延的逻辑却给案件处理的实践带来了无尽的麻烦：一例案件受理了，总要在法定的期限内给当事人，也给全体公民一个最终的结论吧？如果不能给出最后的结论，意味着司法的无能，也意味着司法必然堕落为非法。但司法要作出最后的结论，总不能说本院判决如下：在没有证据充分说明被告×××有罪的情形下，既不能说明其有罪，也不

---

① 维基百科："无罪推定原则"，http：//zh. wikipedia. org/wiki/% E6% 97% A0% E7% BD% AA% E6% 8E% A8% E5% AE% 9A，2011 年 10 月 16 日访问。

② 贝卡利亚：《论犯罪与刑罚》，黄风译，中国大百科全书出版社 1993 年版，第 19～21 页。

能说明其无罪吧？如果法院真能作出这种完全符合"唯物辩证法"的判决，或许这个法院将被永远记载在人类审判之史册。所以，在认识论上讲，"唯物辩证法"的深刻自不待言，但在实践论上看，它有时候很有利于推进人们的实践，但并不总是能推进人们的实践。前述面对犯罪嫌疑人既不能证其有罪，也不能证其无罪的困顿，就是典型例证。

当"唯物辩证法"不能有效地解决上述问题时，法院总要选择一种能说服人的方式，把案件解决在权威的法律裁判中，而不是停留、困顿在如上骑墙式的说教中。司法必须是"循法取效"的活动，如果人们申告到法院，法院不但不能得出当事人间是非曲直的结论，反倒"乔太守乱点鸳鸯谱"，虽然会产生某种喜剧效果，但更多的时候只能给人间带来悲剧。如在我国，曾出现对同一个案件，法院判决原告胜诉，被告也胜诉，这也意味着针对同一案件，法院煞费苦心地作出了两份完全相反的判决书！① 这恐怕是人类司法史上绝无仅有的奇闻吧？它背后的动机，除了我们没有材料实证的猜测之外，是否还有法官为了另一种"取效"，不得不作出这种令人啼笑皆非的骑墙裁判？与此同时，当人们嘲笑这种典型的骑墙裁判时，那种非典型的骑墙裁判，或者那种刻意强调调解的"低级司法"，又在客观上制造者多少骑墙裁判？这种骑墙裁判给司法权威所带来的危害，在根子上和上述唯物辩证法脱不了干系。

所以，司法在面对两难时的取效，不是亦此亦彼、或非此非彼的骑墙，而必须是是非分明、不容混淆的决断。在面临既不能说明嫌疑人有罪、又不能说明嫌疑人无罪的时候，是非分明的逻辑前提，不是亦此亦彼或非此非彼，而只能是要么此，要么彼。要么无罪推定，要么有罪推定。所以，在实质上讲，无论选择有罪推定或者无罪推定，只是法律提供给司法裁判以方便，使法律具有可操作性，并确保通过司法能够取效，避免陷于亦此亦彼之类的泥潭中。即便无罪推定的选择，在所谓"人权保障"的意识形态说教之外（当然，这也是一种事实），更重要的是有了它，法院和法官就能手足有措，不至于左右不得，动辄得咎。

───────────────

① "同案同文同日期，同时判处两结果"，载《齐鲁晚报》1998 年 5 月 12 日。

可见，无罪推定原则的确定，在效力上是为了司法取效的考量，是为了方便司法的考虑。但是，问题也在这里产生了：诚如前述，按照逻辑或实事求是的客观精神，在无法肯定犯罪嫌疑人究竟有罪还是无罪时，以无罪推定论处显然偏于一端，未必符合实情。但以这种偏于一端、未尽实情的规定，作为司法推论的逻辑大前提，是否明知大前提可能有错，而故意运用可能有错的大前提？这种质疑自然是深刻的。但是，和本文的主题相关的是，在这时，司法所垂注的，已经不是严格的客观事实和逻辑，而仅仅是一种制度事实，即法定事实。这种法定事实，以假定为前提，它规定无罪推定，本身是一种制度性修辞。

这种制度性修辞，首先选取了一种价值的维度，以表明该规定的合法性。这一价值维度就是所谓人权保障。特别是它的独特视野是以弱者的名义（一旦某人被怀疑为犯罪嫌疑人，就陷入弱者的境地）强调人权保护之价值的。这一价值维度，显然运用了对弱者的修辞和同情，成为人们首肯的法律规定。当然，对这一规定，人们完全可以站在受害人的立场上发出质疑：通过无罪推定，犯罪嫌疑人的人权是保障了，但受害人的冤屈和人权又如何得以伸张？在这种质疑面前，貌似无罪推定的价值，不过是一种选择性价值，甚至是一种选择性失明，因为它保障了一方面，而忽略了另一方面，因此，甚至是一种"过度的修辞"。但认真思考后，人们必须认真面对的是，这里的人权保障基础是在尚未证明犯罪嫌疑人就是罪犯的前提下。倘若能够证明犯罪嫌疑人构成犯罪，则即便对其仍然有其他人权保障的规定，也不适用这里的无罪推定原则。不过这种对无罪推定原则合理性的说明和价值维护仍不能避免它不过是一种修辞的定论，不能避免面对这种修辞在价值视角上更能获取人们对相关规定的同情的理解，并进一步获得行动的支持。甚至正是这种价值上的修辞性说明，使其获得了越来越多的理解和支持。由此足见无罪推定作为一个原则，对制度性修辞的典型表达，进而也足见价值预设的修辞表达，对于人们接受一种制度的客观功效。

无罪推定作为一种制度性修辞，不仅在价值上获得了人们的同情、理解和支持，而且在技术上给司法提供了可操作的方便，从而使这一规定在技术维度上为司法取效提供了可能。正如前文所述，在罪疑既不能存有，也不能存无的假定下，虽然符合了辩证法的客观追求，但无法获得司法必须取效的功利追求。如果一个案件因此而久拖不决，得不到权威裁判，不仅是对当事人人权的无视，也无助于社会秩序的恢复，更无助于司法权威的树立。而司法权威的荡然无存，也意味着法治预设（修辞）的岌岌可危①。在这个意义上。无罪推定给司法所提供的可操作性，至少可以防止司法久拖不决、左右失据所可能带来的司法权威的流失。但当我们关注无罪推定对司法所提供的可操作的技术之维时，不可不关注的是这种技术之维乃是在舍弃了其他价值选项（如"有罪推定""既不能无罪推定、也不能有罪推定"等）而所作出的一种独断性、修辞性价值选择基础上得以实现的。这进一步说明，在法律世界，即使操作技术性的获得，也与价值取舍的修辞选择之间具有不可分离的关联关系。因为正是价值取舍和修辞选择，让人们不再在价值冲突面前左右摇摆，让人们在技术处理上有了主心骨，让人们以既定的价值选择为根据，不仅获得某种价值上的满足，而且也能果断地、明晰地获得"以法取效"的社会实效，获得自由秩序、权利义务的事实归属。

在如上论述中，我们也不难发现无罪推定作为一种制度性修辞，其价值维度和技术维度、或者修辞维度与逻辑维度之间的内在关系。首先须说明的是：无罪推定的价值维度也就是其修辞维度，无罪推定的技术维度也就是其逻辑维度。这层关系，在前文的相关论述中读者理应能够体味。之所以无罪推定的价值维度就是其修辞维度，因为在诸多冲突的价值之间进行选择，很难借助真理的名义从事，而只能强调选择是"正确的"和"理性的"。在这里，无论"正确的"还是"理性的"，都只是一个比较的结论，而不是唯一正确、唯一理性的结论。这正如贝卡利亚所说："伦理的确实性，严格说，只不过是一种被称为确实性的或然性……"② 只要没被选取的其他价值也有一定存在的理由，就只能把无罪推定的选择是"正确的""理性的"这类评

_____

① 这一点，在目前我国司法所面临的困顿中也不难深刻体悟。尽管目前我国司法权威的不彰主要是一个体制性问题，但也与司法内部的种种问题不无关联。司法官员频频成为阶下囚，已经全面地威胁着法治理念的存亡。所以，在制度设计上使司法权威因制度而得以保障，对重树法治观念，并把法治预设化为交往实践，弥为关键，也格外重要。

② 贝卡利亚：《论犯罪与刑罚》，黄风译，中国大百科全书出版社1993年版，第19页。

价置于比较的语境中。换言之，当人们的某种价值选择被推演为普遍遵循的法律规范时，这种规范的表达方式只能以比较的修辞力量征服人心、获得认同。

之所以无罪推定的技术维度就是其逻辑维度，在于无罪推定的实现方式不是机械地在案件事实和无罪推定的原则之间的目光流盼，而是把法律规定和案件事实有机地代入到逻辑推理过程的活动。所以，无罪推定的实践运用，必然是一个逻辑过程。这一过程就是一种方法，一种推理技巧。众所周知，法律制定后的实现样式，既可以通过人们自觉的守法和用法，也可以通过行政，还可以通过司法。其中其他方式与法律的实现关系，可以无需过度关注逻辑和技术，而只是一个习惯成自然的过程。它们虽然也存在着技术问题，但即使不遵循相关技术规程，也无损于法律的落实。但司法活动却完全不同，它作为法律的实现样式，必须特别强调其技术之维或逻辑之维。引出司法在技术上的这一特征，是要进一步说明：几乎所有有关嫌疑人是否构成犯罪的案件[①]，必须经过司法审判，这也意味着几乎所有的刑事案件，都需要司法经过技术加工或逻辑论证才能得出嫌疑人是否有罪的结论。这种情形，必然把无罪推定原则代入司法的逻辑技术视界。甚至可以说，不经过司法的技术处理或逻辑论证，无罪推定原则就显得多余，难以取效，无罪推定原则就是为司法而准备的。因此，强调无罪推定的技术维度，并进一步说明这一技术维度体现为逻辑维度就尤显必要和重要。

其次须说明的是，尽管无罪推定的逻辑技术维度如此重要，但在无罪推定之价值（修辞）维度和技术（逻辑）维度的关系上，价值（修辞）维度总是前提，而技术（逻辑）维度总是围绕着价值（修辞）维度展开。何以有这一结论？基本原因在于无罪推定原则这一价值性选择，厘定了无罪推定之逻辑技术的大前提。法官在所有有关案件中，只要遇到无法确定有罪还是无罪的案件，都需依照无罪推定的原则作为逻辑大前提，展开其逻辑推论。即便一位法官对无罪推定原则抱有异议，但在司法活动中，遇到上述情形时不

---

① 在我国，除了符合法定或检察院酌定条件，认为不予起诉、从而无需由法院审判定罪者外，其余刑事案件都要经过法院审判的技术处理和论证，说明被告人（犯罪嫌疑人）是否有罪。

得违背这一原则而以其私见来推论，不得把有罪推定作为大前提，展开逻辑推理，也不得把"既不能说有罪、也不能说无罪"这种模棱两可的结论作为逻辑大前提（其本身也不能作为逻辑大前提）展开逻辑推理。可见，离开无罪推定原则的价值（修辞）维度，无罪推定的逻辑技术就无法展开。在这个意义上完全可以说，无罪推定作为一个制度性修辞，直接决定着无罪推定逻辑技术的展开，也决定着司法根据这一规定推理时的实际成效。

当然，这并不意味着无罪推定原则的逻辑技术维度无关紧要，事实上，如果仅仅强调无罪推定原则的价值（修辞）维度，而不能通过丝丝入扣的技术方式或逻辑推理，把无罪推定原则代入到司法的技术操作中，那么，无罪推定原则也就不过是一个中听不中用的宣告，无罪推定本身的价值（修辞）维度也只能仅仅停留在法律规定层面，无法演化为法律实践。在这个意义上，无罪推定原则的价值（修辞）维度必须推导到技术（逻辑）维度时，才能真正把作为原则宣告的价值（修辞）转化为实践运用的价值（修辞）。

无论如何，无罪推定原则作为在诸多冲突的价值中人们的一种浪漫选择，以其独特的修辞效果打动着人们的情感，并被人们所接受，在此基础上，无罪推定原则还以其独特的价值（修辞）效果，作为相关司法在推理中必须遵循的逻辑大前提。然而，这一逻辑大前提仅仅基于无罪推定的制度事实，而不是在该问题上多元价值并存的"客观事实"，这就使无罪推定原则更加凸显了作为制度性修辞的禀性。

本文通过如上四个问题的论述，说明人类的法律制度，即使必须遵循"事物关系的规定性"，但只要它不是对事物关系规定性的复写，只要它还需表达人类在冲突事实面前的价值选择，那么，它就只能首先是一种制度性修辞，它在体系上的逻辑规则也罢，在执行上的逻辑技术也罢，都需要以其修辞所给定的大前提出发才能展开。正是这样，故可以得出这样的结论：法律及其制度——法治，既是一套严谨的逻辑体系，也是一套在修辞前提下展开的逻辑体系，因此，法律及其制度既是逻辑，也是修辞，规范法学的研究，既要关注法律及其制度的逻辑技术之维，也不应忽视法律及其制度的修辞价值之维。

诗性、修辞与法律价值预设[*]

法治作为一种制度预设，虽然源于人们的日常生活，是日常生活最终决定了法治，而不是法治最终决定了人们的日常生活。但近代以来循着严格立法路径推衍的法治模式，决然不仅是对日常生活的亦步亦趋。"法令改变不了社会"① 的说法即便在终极意义上是一个确凿无疑的事实，但在过程意义上或是一句十分正确的废话。因为我们在短短十多年来，中国加入世界贸易组织，并答应遵从其相关规则所带来的社会的巨大变化中，明显可见法令对社会发展到某个阶段的强力推动和决定性影响。但问题是，既然法律在改变着社会，改变着我们的交往行为方式，甚至也改变着我们的心理结构②，那么，必然意味着它本身不是我们日常生活衍生的结果，反之，它在改变并指导着我们的日常生活。进而需要追问的是：以有限的法律规定（原则、规则），如何能调整或规范如此复杂多样的社会交往关系？这种规范是一种科学的规范还是人文的规范？是理性的安排还是诗性的安排？是逻辑的诱导还

---

* 该文原载《现代法学》2012 年第 5 期。

① ［法］克罗齐耶：《法令不能改变社会》，张月译，格致出版社 2008 年版。

② 说法律在改变着人们的心理结构，在有些人看来或许言过其实、夸大其词。但我们所面对的日常生活事实业已表明，法律权利观念的深入人心，已经让人们在交往中以主体身份进行参与，因之，权利不仅壮大利益，而且也壮大精神。经由现代法律的规划所展开的现代企业组织和管理方式，让所有人以主体的身份建构在企业生产、管理和交易过程中。一旦这种主体关系被破坏，则任何一位主体皆可以法为据，诉讼于公堂，争辩于法庭。这正是法律对人们心理结构以及由此决定的行为结构的重要影响。这在最近围绕一起造谣事件，范冰冰、章子怡等都自觉地选择司法诉讼的方式解决纠纷的行为中明显可见（"范冰冰……起诉网站及影评人索偿"，载 http://ent.qq.com/a/20120611/000074.htm? pgv_ ref = aio2012；"章子怡向香港法院递诉状"，载 http://ent.qq.com/a/20120611/000579.htm? pgv_ ref = aio2012&ptlang = 2052，2012 年 6 月 26 日访问）。它表明，有纠纷而寻找权力庇护的情形正在改变，寻找法律帮助的情形正在形成。

是修辞的诱导？特别是法律和法治中的价值预设，又是根据诗性思维和修辞的原理，还是根据理性思维和逻辑的原理所得出的？这些问题，也是本文所拟展开讨论的一些话题。

一、法律价值预设作为一个诗性话题

（一）法律与诗性思维

一般以为，法律是人类理性的产物，其目的是为了实现社会和人类交往的善良公正，其自身是实现善良公正的技术或手段①。任何技术手段，都必须置于理性权衡之下，否则，就不可能带来人们期望通过它获益（无论是精神的，还是物质的）的效果。尽管法律有其价值之维，但一般说来，法律的价值之维，存乎法律规定之外，即便法律原则的规定，在法律之内或许是价值问题，但逃出法律之外，它也是实现价值、追求目的的一种技术手段。在这个意义上，把法律及其价值归于诗性话题之下，似乎不无浪猛、无比唐突。

是的，法律总是理性权衡的产物，即便是人们在交往行为中自发地选择和形成的习惯法，也是人们在自发的行为中博弈选择的结果。这种博弈，有时候还不仅仅产生在自发的行为之间，而且自发行为还会面临与强大的国家组织行为的博弈。如春节、清明、端午、中秋等节日，曾被国家大传统宣布为落后习俗，而要求人们"腊月三十不停工，正月初一照样干"，要求人们丢弃祖先崇拜、革除亡灵祭祀……可数十年过来了，上述习惯不但没有被国家大传统的禁令所销蚀，反而成为国家大传统必须尊重的习惯。如今，上述节日皆被规定为法定假日。再如一度在各地推行的燃放烟花炮竹禁令，在人们日常生活习惯的坚韧制约下，终于松开其禁止性规定，由禁放改为限放。这些都足以表明，国家法也罢，民间法也罢，都是在行为博弈和规则博弈过

---

① 乌尔比安引用杰尔苏斯的话说："法乃公平正义之术"（［意］斯奇巴尼选编：《民法大全选译/正义和法》，黄风译，中国政法大学出版社1992年版，第38页），就典型地表达了对法律的这种见解。

程中人们权衡选择的结果。这一过程，使法律似乎天然连接着理性，关联着逻辑，从而在一定意义上排斥着诗性、规避着修辞。

然而，即使法律必然存在着理性之维，但也并不意味着它能摆脱诗性之维。在我看来，法律之于诗性，不是其拒绝与否的问题，而是其根本就无法摆脱的问题。这意在表明，诗性是法律的必要向度，尤其是当我们把法律连接到法治这个宏大而又不无自负的命题的时候，既显示了人类选择的一种抱负，也表达了人类行为的一种浪漫。经由这个词汇，可以把人们带入法治之瑰丽而生动的诗性世界。

行文至此，须要交代一下究竟什么是诗性，以及什么是诗性智慧和诗性思维。意大利人维柯在其《新科学》中，描绘了一个独特的智慧世界。这种智慧是原始智慧，因此也是一种粗糙的智慧。这种智慧世界不同于理性的逻辑世界，而更接近于一种诗性的修辞世界。所谓"新科学"的命名，就是基于作者对以理性逻辑为特点的科学世界的反思。"新科学"的领域，毋宁说是艺术和美学的领域。在这个领域，具有完全不同于科学世界的思维特征和智慧内容，这便是诗性智慧。且看他是如何样描述诗性智慧的：

"……古代人的智慧就是神学诗人们的智慧，神学诗人们无疑就是异教世界的最初的哲人们，又因为一切事物在起源时一定都是粗糙的，因为这一切理由，我们就必须把诗性智慧的起源追溯到一种粗糙的玄学。"

"诗性的智慧，这种异教世界的最初的智慧，一开始就要用的玄学就不是现在学者们所用的那种理性的抽象的玄学，而是一种感觉到的想象出的玄学……"

"……正是人类推理能力的欠缺才产生了崇高的诗，崇高到使后来的哲学家们尽管写了些诗论和文学批评的著作，却没有创造出比得上神学诗人们更好的作品来，甚至妨碍了崇高的诗出现。"①

或许维柯这种对诗性智慧的发散性描述，尚不能满足中文读者喜欢准确地把握该词的习惯和嗜好（这已经流露出一种理性思维的特征），为此，我不妨把我国台湾学者林雪玲对诗性智慧或诗性思维的定义性描述引证于此：

① ［意］维柯：《新科学》，朱光潜译，人民文学出版社 1986 年版，第 155、161、167 页。

"诗性思维，又称原始思维，意指人类儿童时期所具有的特殊思考方式。其特征为主客不分，运用想象力将主观情感过渡到客观事物上，使客观事物成为主观情感的载体，从而创造出一个心物合融的主体境界。"①

尽管诗性思维在上述作家笔下，皆被认定为是一种原始思维，但这并不意味着人类进入文明状态后该思维方式便销声匿迹，反之，即使在今天科学如此昌明，理性如此受捧，逻辑如此发达的时代，诗性思维依然是人类追问价值、寻求美感、面对未知时必须倚重的思维方式。在这个意义上能否这样说：人类文明的发展，虽然越来越远离其儿童时代，但并未因此而丢弃其原始思维。为什么会如此？其基本缘由是人类文明和理性本身的相对性。

常言道：人类一思考，上帝就发笑。这句广为流传的格言告知人们：在终极意义上，世界永远是不可知的，人类思维面对浩瀚的宇宙和无限的未来，无法清晰地运用数目字全盘处理，于是，插上想象的翅膀，在诗性思维的视角衡度宇宙、考量人生、把握未来，是克服并补救人类理性思维有限性的重要思维方式。人类思维不仅在面对自然界时是如此，而且在面对人文－精神领域的问题时，更是如此。

人类从本质上讲，是一种精神现象。这是何以"万物皆备于我②"的思维前提，也是为何"我思故我在""存在就是被感知""语言是存在之家"③的存在基础。近代以来的西方哲学，就是依循精神现象而展开和深入的。甚至连牛顿在科学（力学）之后寻求上帝第一次推动的努力，也可看作是其从自然领域位移到精神领域的努力——尽管这种努力在结果上是无效的。为何牛顿的努力在自然领域会取得穿透历史、影响人类的成就，而在精神领域却寂寂无闻、甚至成为一些科学团体为圣人讳的缘由④？我想，原因可能很多，

---

①　林雪铃："以'启发诗性思维'为导向的新诗教学设计及其实作成果分析"，载《文传学报》，2009 年第 8 期。

②　《孟子·尽心上》。

③　分别是笛卡尔、贝克莱和海德格尔的重要哲学命题。也曾是一种"唯物史观"不遗余力地批判的靶子和对象。[法] 笛卡尔：《笛卡尔：我思故我在》，王阿玲译，中国画报出版社 2012 年版；[英] 贝克莱：《人类知识原理》，关文运译，商务印书馆 1973 年版；[德] 海德格尔：《诗、语言、思》，彭富春译，文化艺术出版社 1990 年版等。

④　百度百科"牛顿"，http://baike.baidu.com/view/1511.htm，2012 年 6 月 26 日访问。

但不能不思考的是人类精神领域和自然物质领域相比较有更复杂、更深沉，甚至纯粹靠理性、逻辑和科学所无法解释和验证的内容。即使把精神世界限缩在人们日常交往的领域，也明显存在着和自然世界完全不同的样态——恰恰是这种样态，让科学、理性和逻辑在精神领域的运用大打折扣。

在和自然世界比较的意义上，我把精神世界描述为"双重动态"的世界；而把自然世界描述为"单向动态"的世界。后者是指自然世界的运动，是机械的、内在的、可测的、可控的，而前者的运动，却是有机的、内外双重的、不可测的和不可控的①。所以，对已知的自然物质世界，完全可以代入公式、依循逻辑而在理论上解决，在实践中验证。但即使对已知的精神世界，人们很难在一个公式所约定的框架和条件内进行解释。这正是精神领域完全有别于、并且明显复杂于自然领域的缘由所在；也正是对精神领域的认识完全有别于、并且明显复杂于对自然领域的认识之缘由所在。许苏民曾指出：

"民族的生存条件至少应该包括五重现实的对象性关系：人与自然，人与作为个体而存在的他人，人与社会群体，人与现存的传统文化氛围，人与动态发展着的历史进程等。"②

如果许苏民的这种设证成立，则可以看出，在人（民族）所面对的五种"对象性关系"中，只有人和自然的关系才涉及物质自然领域，其他四种关系，无一例外都属于精神领域的"对象性关系"，或者把精神现象对象化后生成的人与对象的关系。这更进一步彰显了人类精神现象的独特性、复杂性和在很多情形下的非逻辑性。

正是这些因素，使得如何把精神领域的研究和自然领域的研究分开来，以方便地寻求精神领域问题的独特之处和规定之处，有效地阐释人类精神现象自有的问题，成为必要。这也迫使人们在科学（自然科学）之外，寻求精神领域研究的定位。这一定位，有些人称之为精神现象学，如黑格尔；有些人称之为精神科学，如狄尔泰；有些人称之为文化科学，如李凯尔特；有些

---

① 谢晖：《法哲学讲演录》，广西师范大学出版社 2007 年版。
② 许苏民：《文化哲学》，上海人民出版社 1990 年版，第 125 页。

人称之为美学或道德科学，如齐美尔；有些人称之为新科学，如维柯；有些人称之为诠释学，如伽达默尔；有些人称之为交往行为理论；还有些人称之为人文社会科学，如当今中国学人……①凡此种种，都照应了一个无可回避的事实：精神领域不同于自然领域。精神领域具有更加复杂的特征，因此，要完全借用科学、理性和逻辑的思维，无法愉快地揭示精神领域的本质。于是，诗性思维在精神领域的研究上，理应出场、必须出场，并作为最重要的思维方式贯穿其中。

可见，诗性思维和理性思维一样，是人类必须面对的两种思维向度。只要人类无法一劳永逸地解决自然领域的问题，同样，只要人类无法按部就班地解决社会－精神领域的问题，那么，也就无法摆脱对诗性思维的必然依赖。事实也证明，诗性思维是克服理性的机械枯燥，把人们带进那种"诗意地生活"境界的基本方式。这种思维方式，对法律价值预设而言究竟意味着什么？我将通过如下两三个问题的解决予以阐述。

（二）为何选择法律价值预设

何以在本文中要撷取法律价值预设来说明诗性思维与它的关系，并进一步说明其和法治的关系？法律价值是一个表征主体需要与法律供应之间关系的概念，是法律满足主体交往行为需要的状态。显然，它是介乎主客体间的一个"关系性"概念②。这样看来，法律价值未必等同于法律价值预设。前者跨越法律这一客体和人这一价值享有者（主体），从而是由法律内部而及于外部的概念，但法律价值预设却不同，它自始至终就是一个法律上的、或者说法律内部的概念，因此，它类似于法律的价值这一概念（应特别注意，法律价值不同于法律的价值③），但又不同于法律的价值。因为法律的价值在

---

① 分别［德］黑格尔：《精神现象学》，贺麟等译，商务印书馆1979年版；［德］狄尔泰：《精神科学引论》，童奇志等译，中国城市出版社2002年版；［德］李凯尔特：《文化科学与自然科学》，涂纪亮译，商务印书馆1986年版；［意］维柯：《新科学》，朱光潜译，人民文学出版社1986年版；［德］伽达默尔：《真理与方法——哲学诠释学的基本特征》，洪汉鼎译，上海译文出版社1999年版；［德］哈贝马斯：《交往行为理论》，洪佩郁等译，重庆出版社1994年版等。

② 笔者对法律价值问题的意见和看法，谢晖：《法律信仰的理念和基础》，山东人民出版社1997年版，第138~231页。

③ 相关论述，谢晖：《法律信仰的理念和基础》，山东人民出版社1997年版，第162~175页。

法律内部视角，是一个倾向于应然性和实然性同在的概念，而法律价值预设在法律内部基本上属于应然范畴。

法律价值预设在规范实证意义上，经常体现在法律原则的规定上。众所周知，对一部法律而言，原则既属于提纲挈领、纲举目张的内容，也属于高屋建瓴、统揽全局的价值。它在表现形式上是高度抽象的，但在涵摄内容上又是广泛全面的。在多数条件下，这些规定只能是一种假定、一种预设。因此，它虽然具有现实的一面，但在更多情形下，它代表了人们对法律的憧憬和理想。这种憧憬和理想，就提供了诗性思维和法律价值预设之间的连接通道。

以婚姻自由这一婚姻法的基本原则（价值）为例，对任何一位青年男女而言，这是一个能把相互的爱情化作婚姻的原则保障。但究竟什么是婚姻自由？婚姻自由法律预设的实践场景是否只存在于自由状态下？没有爱情的自由结婚能否算作婚姻自由？类似如下的婚姻选择是否属于婚姻自由的范畴：

一对生活在北京且十分恩爱的男女，各自因为无房无车，在北京实在"无法"生活，决定分手。不久，两人又各奔前程，建立了自己有房有车的幸福之家。谈到以往的爱情，两人都表示那是人生的巅峰感受，可能此生不会有二。但谈到婚姻生活，两人都主张爱情不能当饭吃，婚姻还是要现实点。

在"婚姻的基础是爱情"这一浪漫主义理念下，按理只有这两人之间才最适合建立婚姻，他/她们的婚姻，才符合婚姻自由的真谛，可吊诡的是两人都为了眼下实利，放弃了"价不低"的爱情，选择了"价更低"的房子、车子……

这一例证提醒人们的是，究竟应把婚姻法原则中的婚姻自由看作是心灵归宿的自由，还是行为选择的自由？如果从心灵归宿意义上讲，或许前述这对恋人之间更能够心心相印，他/她们之间选择结婚成家，或许更符合婚姻自由的价值真谛。但从行为选择的自由视角看，两人都没有选择自己的心上人作为婚姻伴侣，反而因为利益的自由而选择了爱情的不自由。那么，这种行为选择是否属于婚姻自由的价值预设范畴？倘若按照恩格斯有关"如果说只有以爱情为基础的婚姻才是合乎道德的，那么也只有继续保持爱情的婚姻才会合乎道德"① 的说法，则这种为了物质利益的自由行为选择，显然是对爱情和心灵自由的背叛。如果支持这种背叛，强调只要是当事人自主自愿的行为选择，则婚姻自由仅仅是结婚或离婚之行为选择的自由，不应当包含珍重爱情的心灵自由；如果反对这种背叛，则必须在婚姻自由的内容中嵌入爱的心灵自由这一因素。否则，所谓婚姻的基础是爱情也就是某种意识形态说教，而不具有法律规范、乃至法律价值预设的条件。

以上讨论说明，作为价值预设的婚姻自由，究竟应表现为何种情形，人们既可以运用逻辑的、科学的手段予以说明，所谓婚姻自由应包含结婚自由和离婚自由的陈述，就是这种科学意义上的逻辑归结。但借助这一原则，人们也可以想象自由缔结的婚姻该是以爱情为前提的结合，该是必然能够带给人们幸福和惬意的结果，该是两个相爱的人甘苦共尝、忧乐共担的人生过程。婚姻自由不应当有爱情之外的附加因素，一旦有这样的附加因素，婚姻自由便牺牲在物质世界供应的不自由中，从而婚姻自由这一目的屈从于外在的物质条件。

这样的分析使得婚姻自由这一价值原则即使有逻辑的归结和解释，但也不能排除人们对这一原则更高级的诗性想象：把人间男女的一切美好，都归置在婚姻自由原则的名下，让美好的想象借婚姻自由原则而驰骋飞翔——我们所见到的一切婚姻自由的美好故事，一定是打破了父母之命、媒妁之言、门当户对的婚姻，一定是西施与范蠡牵手、卓文君和司马相如私奔、终成眷属之类动人肝肠的婚姻。除此之外，一切斤斤于小利，萦萦于权术的婚姻，都不过是对婚姻自由的讽刺。这正是诗性思维在婚姻自由这一原则上的映照，也隐含着法律价值预设与诗性思维的关系。这也是在本文中我为何选取法律价值预设来说明诗性思维和法治关系的基本缘由。

（三）诗性思维与法律价值预设

前已述及，法律价值预设的内容大致上规定在法律原则之中。众所周知，在法律不同要素中，原则是最富抽象性、概括性和价值性的内容。如主权在

---

① ［德］恩格斯："家庭、私有制和国家的起源"，见《马克思恩格斯选集》第 4 卷，人民出版社 1995 年版，第 78 ~ 79 页。

民、人人平等、人权保障等这类原则，尽管内涵具有一定确定性，但对其本身又可以作出多样的解释①。尤其当这些原则和实践交汇的时候，人们考诸逻辑可以进行种种追问：主权在民究竟是如何体现的？既然主权在民，为什么在日常生活中，不断呈现的是公民权利因为权力的染指而被侵害？公民通过什么方式表达或体现其主权在民的事实？除了一人一票的普选制之外，还有其他方式以表达主权在民吗？代议制民主是否真正实现了主权在民的要求？人人平等指的是什么样的平等？是机会平等还是结果平等？如果是机会平等，为何在一个社会失业的总是底层人士，而一个国家的权力拥有者为何鲜有失业者？如果是结果平等，为什么随处可见富者连田阡陌，贫者无立锥之地的情形？人权究竟是什么样的权利？最重要的人权是生存权、发展权还是自由权？究竟自由权高于生存权，还是相反，生存权高于自由权？如何确立基本人权的内容？为什么都声称要保障人权，可东、西方在人权问题上的对立如此明显，乃至于成为和平时代东、西方意识形态领域最明显的对立之一？②

对上述追问，人们或许能够给出一种逻辑上清晰圆满的说明，但更多的时候，却给不了逻辑圆满的说明，这一方面取决于原则及其价值预设本身的抽象性、主观性和模糊性；另一方面取决于原则及其价值预设与实践结合时的复杂多样性。

一个事物的抽象性来自两种情形，其一是该事物表达了最一般的原理或者定理，并能通过数学的方式得到精确的验证。这种抽象，乃是科学的抽象。其二是该事物表达了人们最一般的关切和追求，但这种一般关切和追求只能借助经验验证，而无法完全获得数学上精确的科学验证。对后者的验证，在逻辑上可以通过经验归纳的方式进行，而无法运用演绎推理的方式从事。因

---

① 这或许最能表明法律和法学既有科学、逻辑的一面，更有人文、诠释的一面。谢晖："科学与诠释：法哲学研究的两种进路"，载《法律科学》2003 年第 1 期。

② 众所周知，以中国为代表的东方世界与以美国为代表的西方世界近二十年来最大的意识形态冲突，就表现在人权领域。在西方强大的意识形态攻势下，一方面，中国逐渐接受了人权观念，并两度确定了《人权行动计划》[分别是《国家人权行动计划》（2009～2010）http：//www. gov. cn/jrzg/2009－04/13/content_ 1283983. htm，2012 年 6 月 26 日访问；《国家人权行动计划》（2012～2015）http：//news. cn. yahoo. com/ypen/20120611/1104801. html，2012 年 6 月 26 日访问]，但另一方面，人权的主导内容究竟是自由权还是生存权，至今依然是中国和西方针锋相对的重大话题。中国的人权建设，可谓始终伴着国际政治和意识形态斗争而展开。

为一旦诉诸演绎推理,需要首先把该原则及其价值预设代入到三段论之大前提中。而要作为大前提,又需要进一步证明该原则及其价值预设本身的合理性与合法性。这里合理与合法的唯一表现方式就是相关原则及其价值预设所表达的内容是真的。

但实践证明,法律原则及其价值预设,并不能被经验完全证实,即便在号称真正民主自由的美国,诉诸其历史,人们依然能发现宪法原则中的平等内容被种族歧视、性别歧视、身份歧视等深深困扰的情形。直到如今,失业、贫富差距这个最基本的事实,让法律上平等的宣告和努力在实践中总是显得捉襟见肘。再进一步,当我们把这种事实放大到国际交往领域时不难看出,所谓平等,不过是发达国家的内部事务,在发达国家和发展中国家之间、不发达国家之间,即便存在所谓票决的平等,也存在事实的不平等。倘若再把国与国之间的这种不平等位移到不同国家之间个人与个人的关系上,则不平等反倒是一种日常的、绝对的、普在的事实,而平等反倒成为反常的、相对的、偶在的事实。这表明,在逻辑上很难周全类似平等、自由这样抽象的法律价值预设,不但如此,它们反而很容易被逻辑所撕裂和证伪。

不能被实践完全证实的基本原因在于法律原则所预设的价值具有主观性、模糊性以及它与实践遭遇后的复杂多样性。价值预设是根据人的好恶作出的。即使那种被宣布为人类一般价值或普世价值的法律预设,依然受一定利益关切的掣制,这正是任何一个国家无不从其利益关切出发,对国内外类似事情采取截然不同的态度、运用截然不同的手段来处理的原因所在[1]。因此,法律价值预设本身的主观性、模糊性以及它在遭遇实践之后更进一步呈现的主观性、模糊性、利益支配性和复杂多样性,更不能将其仅仅置于逻辑的框架中进行推论。

可是,尽管这些抽象的价值不能完全置于逻辑框架下进行考量和推论,

---

[1] 最典型的如美国对待塞尔维亚阿族分离主义运动和土耳其、伊拉克、伊朗等库尔德分离主义运动的截然相反的态度。为了支持和保护阿族分离势力,美国等西方国家不惜采取一场战争,颠覆一个国家的政权;为了保护土耳其这一盟国的领土完整,美国则态度分明地站在土耳其当局一边,并把捕获的土耳其工人党领袖亲手交给土耳其处理。如此反差,不正表明利益对普世价值的左右和冲决吗?不正表明在实际行动选择中利益和价值的一般关系吗?

但这些价值本身却是现代法律所不能或缺的。那么，经由逻辑无法完美证立的情形应如何补救？应如何周全法律上这种抽象的价值预设？笔者以为，一种无法弃置、必须重视的方式就是通过诗性思维，通过理想陈述来周全法律的价值预设。这种诗性思维就是把法律的价值预设放在信仰的维度上。自由、民主、平等、人权、博爱、法治等法律预设的价值，不仅是法律的宣告，也不仅是法律的一种抽象陈述，而且是人们在心理上和行动中必须承诺并予以践行的信仰①。一旦把信仰因素纳入到理解并遵从法律的框架下，则意味着诗性思维和法律价值预设之间，就天然地有了勾连、贯通的管道。那么，诗性思维在手法上如何具体呈现出来？如何通过诗性思维的具体手法说明并理解法律的价值预设？这必须与诗性思维的表达手段或技巧修辞相勾连。

二、法律价值预设的修辞证明

诗性思维的技术之维就是修辞。诗性思维作为一种和理性思维相对的思维类型，是人们对类似思维方式的一般表达和概括。严格说来，诗性思维和理性思维都是人类思维的内在规定，这种内在规定只有具体地表现为某种外在行为或者技术手段时，才能发挥交往行为中理解和交流的效果。那么，诗性思维在人们的陈述、写作、讲演、交谈、对话、辩论……过程中究竟通过什么方式才能表现出来？如何把诗性思维的内心激情表现为外在的"煽情"，以便激起读者、听众们的共鸣，取得经由语言交往行为的实际效果？事实上，这种手段无外乎修辞。所以，修辞是诗性思维的外在表现方式。

（一）修辞的两个理解维度

修辞作为一种对事物认知的表达方式，既是抒发人们情感的主要的技术手段，也是支持论辩成功的重要工具形式。所以，对修辞问题，既有人们在

---

① 尽管笔者所倡导的法律信仰理论（谢晖：《法律信仰的理念与基础》，山东人民出版社1997年版）受到一些学者，如魏敦友（魏敦友："法理论述的三重话语"，载《法制日报》2000年5月28日；"再评'法律信仰'"，载《福建政法管理干部学院学报》2006年第1期）；范愉（范愉："法律信仰批判"，载《当代法学》2008年第1期）；张永和（张永和："法律不能被信仰的理由"，载《政法论坛》2006年第3期）等的批评。但站在诗性思维的立场上理解法律，尤其是法律原则的价值预设，笔者认为法律信仰问题是不能回避、也无法回避的。

传统修辞意义上所作的理解，即把修辞主要作为润饰言语交往行为的一种手段，即技术视角的理解。这里的言语交往，既包括说话、讲演、对谈等语言性的言语交往，也包括书信、论著、词赋等文字性的言语交往。可以认为，人类社会和交往的发展，就是说和写的博弈史，或者说就是语言和文字两种交际工具的博弈史——口耳相传的语言史，给世人留下了很多非物质文化遗产，而中规中矩的书写史，则把人类文明推进到经由记忆、拓向未来的创造性时代。直到今天为止，人类借助高科技手段的竞争，无非还是争取语言或文字两种表达手段的竞争。如书写出版的通行及其便利，就是对口耳相传语言交往的一次胜出；而录音、录像以及电视技术的发展，又是对文字书写交往方式的一次超越；至于现代互联网技术，更是将两者兼而融之、巧妙圆润地结合在一起的重要方式①。它成功地把以声音表达的语言交往和以象形表达的文字交往结合起来，使得人类文明从此由铅与火的时代，进入到电与光的时代。可以说，离开语言和文字的纯粹行为交往，在人类的交往行为中早已退居其次，且其意义和言语行为交往相比较，要大为逊色。

言语交往行为的这种事实，本质上是把人们面对的对象世界——自然、个人、群体、文化、历史、甚至语言文字本身等等构织在符号形式下的活动，是用符号形式给一切对象命名的活动。有些命名，就在两种符号——声音和象形之间交替进行，如汉语拼音，在一定意义上就是对汉字的声音命名；而汉字作为声形兼备的符号类型，又是对声音现象的一种命名。这些命名活动，一般说来属于概念的逻辑范畴。但当人们运用这些命名开始交往行为时，词的多义性、模糊性和多变性，必然投射给人们交往的世界以模糊性的内容。对这样的内容，人们既不能规避，也不能作出清晰的逻辑回答，唯一的办法，就是把它们诉诸诗性思维，诉诸修辞，以修辞的手段表明人们对它的基本印象——哪怕是模糊的印象。这种情形，具体地表现为所谓修辞格，如拟人、拟物、夸张、排比、比喻、比较、对仗、设问、双关、摹状等等。它们使得诗性思维的混沌美、抽象美、价值美具体化、形象化为修辞格下的生动美、具象美和事实美，从而使诗性思维由内在的规定外溢为外在的具体表达。所

---

① 谢晖：“游走在声音与象形之间”，见谢晖：《法治讲演录》，广西师范大学出版社 2005 年版。

谓"飞流直下三千尺，疑是银河落九天"的扩张，把人面对庐山瀑布、陶情其中、物我两忘的诗性思维淋漓尽致地诉诸笔端，形成想象世界中庐山瀑布银练千尺、恣肆泻流的美好印象。

当然，对修辞的理解，还有在增益于论辩、有助于逻辑推论和批评实践，并增进目的实现意义上所做的理解，即本体视角的理解。常昌富曾就此指出：

"如果我们采用亚里士多德的定义，将修辞这一概念界定在'在每一件事上发现可用的说服的手段的能力'的话，那么，修辞批评的对象主要局限在传统的演讲形式中；如果我们采用新修辞学和后现代主义修辞学的定义，将修辞这一概念界定在运用话语和象征来达到某种目的的话，那么，其对象则包罗万象，几乎涵盖了我们社会生活中的一切文化现象。我们会发现我们的生活环境从本质上说就是一个象征环境，也就是一个修辞环境。"[①]

在如上这段引文中，似乎能够得出如下的结论：如果说前种意义上的修辞，诚然是一种技术手段的话，那么，后种意义上的修辞，已然变成人类的一种本体追求，或者修辞就是精神存在的基本方式，人类的交往行为就是一个修辞本体性问题。这样，人们就开始对修辞做某种本体化的努力。笔者以为，这种对修辞活动的本体化努力，与卡西尔所言的"人是符号的动物"[②]，从而把符号本体化的做法可谓一脉相承。也与存在哲学、诠释学、交往行为理论把人类的语言、理解和解释活动视为人的精神本体性生存的观点具有内在沟通性。在这个意义上，人类借着主观理解给对象世界命名的一切言语行为活动，归根结底是人运用诗性想象，把自己的主观意欲加诸客观世界或对象世界的活动。虽然在某个环节上，人类的这种命名能够逻辑地、清晰地表达和说明对象世界，但在整全意义上讲，人类对对象理解和命名的冲突、矛盾，人类对对象世界认识的相对、有限等，都决定了言有尽而意无穷的混沌世界之不可避免，也决定了一切命名，归根结底是修辞；一切理解，归根结底是修辞；一切存在（精神现象），归根结底是修辞。这或许正是 20 世纪以

---

① ［美］大卫·宁等：《当代西方修辞学：批评模式与方法》，常昌富等译，中国社会科学出版社 1998 年版，第 1～2 页。

② ［德］卡西尔：《人论》，甘阳等译，上海译文出版社 1985 年版，第 33 页以下。

来，特别是 20 世纪 60 年代以来，在科学理性的强光照应下，被淹没并沉积了许久的修辞学之所以重新焕发生机，并被本体化的缘由所在。

显然，上述两种不同的修辞观对于法律价值预设而言，会有完全不同的意义。前种修辞对法律价值预设而言，可以增加法律价值理解和说服的技术力量；而后种修辞对法律价值预设而言，则决定着人们对法律价值预设的一种态度。因此，在此对两者分别叙述就有必要。

（二）修辞的技术之维与法律价值预设的论证力量

法律价值预设作为法律中主要运用原则所规定的内容，既是人们对对象世界、特别是对人类社会长期观察的结果，但同时也是人们在诸多观察结果中进行筛选和抉择的结果。以当代世界绝大多数国家在宪法中都明令的民主原则为例，尽管在一般理念上讲，民主总是胜于专制的，但只要诉诸经济效益的考量，这种一般的理念会常常被证伪。如苏联曾实行高度的中央集权统治，为什么在短短数十年间迅速地成长为世界经济、军事和政治强国？为何中国并没有普选的民主事实，甚至在政治上一直推行"党国体制"，但在近30 年来经济异军突起，从一个 GDP 总量排名世界靠后的国家，一跃而成为GDP 排名世界第二的国家？为何菲律宾、墨西哥等国都实行民主，但长期以来，在经济上不但停滞不前，反而不进则退？

这样的质问，显然使民主普世性的价值预设和约定，陷入一种模糊不明的状态。对它要作出逻辑的、清晰的说明，当然不是不可能，但只要在人类制度和管理实践中存在民主反而利之所失、专断反而利之所得的具体个例，就必然存在人们对民主价值预设的质疑或不信任。在此情此景下，应对质疑和不信任的手法自然不是"武器的批判"，而只能是"批判的武器"。其中作为技术之维的修辞是充实批判之武器的重要支持力量。

既然法律预设了民主的价值，既然人们要依据法律来构织人间交往行为的秩序，并因之而摈弃人治，实现法治，既然民主的价值预设充分相信"众人拾柴火焰高"，相信"三个臭皮匠，顶一个诸葛亮"，那么，当民主的实践遇到与上述预设背道而驰、龃龉抵牾的情形时，对上述理念给出修辞性说明，以坚定人们对于民主价值的信念，强化人们对民主价值的追求，补救民主价值可能存在的缺陷等，自然是一种必要的选择。

例如，一位论者可以通过比喻的修辞手法，说明如下的观察结论：虽然专制体制有时能够实现经济上的高效益和高效率，但专制的本质必然使利益大河主要流经国库，最终流入个别人腰包，只有那潺潺小溪才可能润泽公民个人的钱袋。它形象地表明专制即使能带来效益，也不会是对公民普惠的效益，而只能是惠施于个别有权势者的效益。而另一位作者可以借助排比的修辞手法，说明专制体制在价值上劣于民主体制的事实：君不见苏联当年虽飞速前进，但公民生活却每况愈下的事实吗？君不见苏联当年虽经济指标高涨，但政治－社会腐败现象层出不穷的事实吗？君不见苏联当年虽国库殷实，但国民经济体系严重失衡，农、轻、重比例严重失调带来的灾难吗？君不见苏联当年虽然在经济上一跃而成为世界二、三号角色，但对外穷兵黩武，挥霍纳税人钱财而争取一己霸权的事实吗……上述排比，一气呵成，以排山倒海的气势，不但增加了修辞对于民主的法律价值预设进行论证之力度，而且由此提供了对民主的法律价值预设进一步进行逻辑论证之可能。

技术性修辞作为一种工具，对法律价值预设既可能有正面的作用，也可能有负面的作用。究竟起正面作用，还是负面作用，一是要看运用修辞的人在行文言语中针对法律价值预设想说明什么样的主题，在这个意义上可以认为主题选择决定着修辞技术对法律价值预设的作用。倘若一位行文语言者的主题就是对法律价值预设进行贬抑，他可以运用修辞更有力地编排法律价值预设本身的种种不当和不足，强化修辞对法律价值预设的非议效果；反之，倘若一位行文语言者的主题就是对法律价值预设进行褒扬，他照例可以运用修辞技术，罗列并声援法律价值预设的种种好处，强化对法律价值预设的赞美、支持效果。

二是即便一位行文语言者选择了修辞技术以肯定法律价值预设的主题，但在字里行间能否妥当地运用修辞技术，是能否取得正面地支持、宣传并弘扬法律价值预设的关键所在。运用修辞技术说明法律价值预设，其实是对它的一种诠释。我们知道，有诠释，就可能有过度诠释①。诠释是对对象（文本、事实、思想等）的恰当说明，过度诠释则不但不能恰当说明对象，可能

---

① ［意］艾克：《诠释与过度诠释》，王宇根译，三联书店 1987 年版。

还会掩盖和遮蔽对象。以之为分析范例，作为诠释工具的修辞，当然在运用过程中也可能存在"有修辞，就有过度修辞"的情形。对法律价值预设的说明、宣传、弘扬而言，修辞固然是必要的，但过度修辞可能会弄巧成拙，不但难以支持、回护和圆润人们对法律价值预设的理解，而且还会有损于法律价值预设。在这个意义上讲，行文语言者在回护法律价值预设时，不但要勇于运用修辞，而且要善于运用修辞。

修辞技术对法律价值预设的正面作用，或许主要体现在赞美、修饰、论证、慨叹、憧憬等方面。倘有人这样形容权利和人权：如果说权利是国王头上的王冠，那么，人权则是那王冠上的明珠。显然，这样的修辞技术对法律预设的人权保护价值而言，起着赞美作用。倘有人这样比喻：正义是法律永恒的追求，它犹如朗朗天空中日行有常、周而不怠的太阳……不难发现，这是对法律正义价值预设的一种修饰。倘有人这样设问：何以法治优于一人之治？因为法治是众人智慧的结晶，它借助刚性的规则约定，可以尽量地摒弃一人之治的偏见、独断或者优柔寡断。这样的设问修辞，显然对法治这个法律价值预设而言，起着论证作用。至于在具体的修辞技术（修辞格）中，究竟哪些对法律价值预设可以起到赞美作用？哪些对法律价值预设可以起到修饰作用？哪些对法律价值预设可以起到论证作用……这是个需要把具体修辞技术（修辞格）运用到法律价值预设中时，才能拨云见日、豁然开朗的问题。因此，这是需要专文论述的话题。

总之，不论具体的修辞技术给法律价值预设以何种修辞效果，就修辞的技术之维与法律价值预设的具体关系而言，所有修辞技术对法律价值预设，只要运用得当，都在技术层面强化人们对法律价值预设的认识、认同、恪守和追寻。透过上述论证读者不难看出，修辞技术与法律价值预设之间，有时是直接的、内在的关联，即法律价值预设本身即修辞，有时也可能是间接的、外在的圆润它的手段，即通过修辞强化对法律价值预设的论证。

（三）修辞的本体之维与法律价值预设的姿态定位

把修辞的本体之维运用到法律价值预设上来，则完全可以说，以符号表达的法律就是修辞，或者法律是一种制度性修辞。可以认为，法律是人类符号的高级形式，是符号的符号，或者是以符号为基础，修饰、加工而成的高级符号。笔者曾把人类历史上的法律根据符号的难易程度类分为三：即行动符号的法律、语言符号的法律和文字符号的法律①。行动符号的法律乃是依据习得原则，根据"老辈子怎么做，后人们怎么做"的行为传承而展示其规范性的；语言符号的法律则通过人们的口耳相传、通过歌唱训话等方式传达给受众②，并进而展示其规范性的。这两种符号形式的法律，都存在于初民社会或文字文明欠发达的地区。

自人类进入文明时代以来，作为文明标志的基本符号就是文字。一方面，人类的立法，就是经由文字符号而加工的一套行为规范系统；另一方面，如果放大规范的视界，完全可以将所有文字符号都纳入规范系统，因为文字既是人类主观世界对对象客观世界的命名，同时也是人类对自己行为的理解和约束标准。在这个意义上讲，一切文字及其成果，都对人具有规范性，都可以被结构在修辞本体论所展示的境界中。而文字符号的法律，则是在文字符号基础上加工而成的专门规范人们交往行为的规则系统。在一定意义上，它是符号的符号③。

任何符号面对浩瀚无垠、变幻多端、复杂多样的对象世界，都只能是近似的模拟，或最多只是仿真，而不可能是对对象世界的全盘复制。所以，文字符号自身就是对人类诗性思维的修辞表达，极而言之，它本身就是修辞，就被结构在修辞体系中。法律作为精致的文字符号，作为文字符号在加工后的行为规范系统，它企图用有限的文字规范，把无限的人们交往行为的内容悉数囊括在它的规制下，这本身就凸显了人类诗性思维的特质。尽管所有法律规范必须模拟人的行为类别而作出，在这个意义上法律理应符合逻辑，符合理性思维，但在我看来，这里的理性思维、逻辑论证只能是诗性思维框架下的一种客观化的努力，它不可能取代人类法律的诗性维度，从而也无法取

---

① 谢晖：《法哲学讲演录》，广西师范大学出版社2007年版，第59~148页。

② 在我国贵州苗族地区的一些村寨中，至今仍存在着把村落或山寨习惯法唱出来情形。歌唱者在唱诵中往往能通过"表情修辞""语气修辞""肢体修辞"，而将法律的严肃性、权威性和不容侵犯性表达得淋漓尽致。在有个山寨，笔者曾搜集到翻译为汉语的法律唱词《议榔词》，由唐德海唱诵，唐千武等释译，刊于谢晖等主编：《民间法》（第八卷），山东人民出版社2009年版，第394页以下。

③ 谢晖：《法律的意义追问——诠释学视野中的法哲学》，商务印书馆2003年版，第36页以下。

代法律自身作为一种修辞而模拟人类千变万化、纷繁复杂的行为。不但如此，符号及法律符号本身作为修辞，已预示着它被建构在人类精神本体世界，因之，我们应对这种修辞进行本体化的理解。这正是笔者强调制度修辞的缘由所在。①

可见，由修辞的本体之维投射到法律中时，把法律也建构为一个修辞成果这一结论中，可以进一步讨论它对于法律价值预设的意义。如果说法律在整全意义上，就是一个制度性修辞的话，那么，在法律构成要素的规范部分，应更多地表达规范和行为事实之间的契合，否则，规范对事实的调整就会陷入无休止的模糊之境，法律欲寻求一般调整的期许就只能落空。倘是这样，还不如一事意议、个别调整好了——既能实现实体公证，又能尽可能地在个别案件中得出个别的规范，实现规范符号世界和交往行为世界的真正契合。

和法律规则相比较，作为法律的另一构成要素，也是体现法律价值预设的一个要素——法律原则与主体交往行为间的具体关系就要疏离的多，给人的基本感觉是这样的规定，似乎和所有交往行为都相关，但又与任何具体的交往行为都不直接相关。从而法律原则及其价值预设，和人们具体的交往行为、社会关系之间呈现为若即若离的状态。这种情形，很容易导致人们对法律规范的重视，对法律原则及其价值预设的相对忽视。

但作为法律人必须清楚：一般的原则及其价值，对人类交往行为具有普遍的规范性，因其投射幅度和范围更加广泛和深入。而具体的规范及其调整，只对某一类交往行为具有投射能力和逻辑效力。当这种理念被树立的时候，事实上意味着人们对于法律价值预设的一种基本态度或者姿态。虽然法律原则及其价值预设在日常实践中不能让人生发出须臾不可或缺的那种迫切感、紧密感，但无论如何，保持对法律原则及其价值的温情和敬畏，并捍卫法律价值在法律体系中统领全局、居纲守要的地位，是法治社会人们对待法律价值预设的一种基本姿态。

---

① 谢晖："法律制度的修辞之维"，载《第二届全国法律修辞学论坛论文集》（天津/未正式出版）。

其实这种姿态就包含在对法律的有关修辞本体化的处理中。法律的修辞本体化表明：法律作为人类交往行为的一般规范体系，不仅是一种文字的组合形式，也是人类作为精神现象的本体存在形式。在修辞意义上，人们借此可以将人类精神现象界定为符号修辞现象，从而"人是符号的动物"；从规范意义上，人们借此可以将人类精神现象界定为制度规范现象，从而"人是规范的动物。"① 这样，修辞的本体之维就把法律、特别是法律的价值预设结构在修辞本体中。既然修辞是人们理解世界、认识世界、行进在世界、并因此被世界所结构的本体规定，那么，被结构在修辞本体之维的法律、特别是法律价值预设也就必然是人类精神本质的构成性因素。对它的遵从，乃是对人类自身精神存在价值的遵从；对它的蔑视，同样也是对人类精神存在价值的蔑视。法律的价值预设与修辞本体的人类理解同在，与人的精神本体存在同源。显然，从修辞本体视角看，遵从法律价值，就是遵从人自身的价值。这样，在修辞本体维度上就赋予人们一种认识和理解法律价值预设的基本姿态。

三、法律价值预设作为制度性修辞

（一）制度性修辞中的法律价值预设

制度性修辞是笔者对人类制度，特别是作为大传统的正式制度所作的一种修辞处理和概括。这本来是个和诗性思维紧密相关的概念。如果说诗性思维是人类童年时代面对模糊性的世界所禀有的一种思维方式的话，那么，完全可以继续说，不论人类文明行进到什么阶段，模糊性是永远存在的。人类文明，特别是科技文明已经发展到今天这样的程度：既上九天揽月、也下五洋捉鳖②，但一方面，人们在深切感受生活世界的规范性、秩序性、确定性

---

① "人是规范的动物"和"人是符号的动物"这两个有关人类精神本质的命题，笔者认为事实上有异曲同工的效果。不过前一命题更适合对法律和法治做本体性的说明；而后一命题更适合对人类交往符号——语言、文字、修辞、逻辑等做本体性的说明。对前一命题的论述，谢晖：《法哲学讲演录》，广西师范大学出版社 1997 年版，第 92 页以下。

② 这一点，或许当下中国公民更能感同身受。最近"神九"和"天宫一号"在万里浩瀚太空中的对接与游弋，蛟龙号潜水器在浩渺海洋中的成功下潜和试验，让当年"可上九天揽月，可下五洋捉鳖"的奇思妙想、豪迈追求，已经不是遥远的梦，而庶几就是我们所面对的现实。

和可预期性的时候，同时也在深刻地体验现实世界的模糊性、无序性、不确定性和不可预期性。甚至这两种情形，就如同一枚硬币的两面。此情此景，必然导致诗性思维作为人类思维的重要基因，是人类理解世界、认知世界的永恒思维方式之一。这也说明，诗性思维与主体作为精神存在方式的休戚相关。

但诚如前述，诗性思维的表达手段就是修辞。因为表达手段对人类交往行为具有如此重要的意义——失却了表达手段，人的存在就无法展现——因此，修辞手段既被建构在作为精神存在的人本质之中，同时又是令人异化的一个重要条件。前者说明修辞支配着、建构着作为精神主体的人。人的精神结构中失去修辞的面向，就意味着精神主体本身出现了缺损。修辞是充实精神主体的重要途径，也是精神主体的构成内容。后者说明人类精神的进化，在本质上是对人类精神的异化和超越。如今提及异化，我们总是从负面意义——使人不成为人——这个视角去理解。这种理解在政治批判意义上是有效的，但在符号－文化批判意义上是无效的。因为在符号－文化意义上，异化不但是必然的，而且异化可以致人成长，异化缺位，也就进化不能。所以，笔者曾经把异化分为良性异化和恶性异化两种①。从人类精神发展的视角看，借由符号所带来的异化，庶几可作为进化的代名词。

以法律为规范前提的制度作为人们交往行为的符号系统，表面看上去它是外在的，是社会或国家对人的一种外在强加，是对人的自由精神结构的一种不当牵绊。因此，庄周在两千多年前，就著文反思这种情形，并提出了著名的"法律虚无主义"②。但在实质上，所有法律总是根据人性制定的，无论是导向法治与民治的法律，还是导向擅断与暴政的法律，都是如此。只是前者面对人性恶的预设，采取了一种疏导人性，并把实在规范和人对规范的天然需求倾向结合起来，才创造了蔚为大观的法治文化。而后者面对人性恶的预设，采取了与人性相疏离的法律规范手段，因此，实在规范与人的利益取向，从而也与人的本性无法产生同构的效果，其结果是法律变成非法的工具，而不是依循人性的符号构造内容。

---

①　谢晖：《法学范畴的矛盾辨思》，山东人民出版社 1999 年版，第 468 页以下。
②　《庄子·马蹄》。

这种情形，其实反映了法律作为修辞的两面性。一方面是法律作为修辞可以帮助我们理解，并增强理解的效果，放大论证的力量。另一方面是法律作为修辞也夸大人们误解，损耗主体交往的效果，缩减人们求证的力量。这样，在把法律视为修辞的时候，如何竭力扩大法律修辞的积极效应，让人们把法律自觉地作为主体交往结构的内在精神因素，就首先是立法者的基本使命，同时也是被建构在法律交往中的每位精神主体——公民的基本使命。否则，再完备无遗的法律，就只能作为外在于人们需要和精神存在本质的方式而被束之高阁，人们宁可在自觉的交往行为中选择一种自发的规范秩序。当代中国法律秩序之不彰，是不是和法律无法被内化进主体的精神世界，并为人们在行为上遵循关联甚密？是不是和法律无法化作人们内心的基本信任，更遑论信仰它息息相关？

如果把所有以规范（法律）为前提的制度统称为制度性修辞的话，那么，可以进一步讲，法律价值预设乃是制度修辞的核心所在。其原因既在于法律价值预设是统领法律全局的制度内容，一切法律问题皆可因价值预设的提纲挈领、统揽全局而获得纲举目张的效果；也在于和规则相比，原则在法律中是更抽象、从而也显得略为模糊的内容。这使得对法律原则及其价值预设的解释余地更大、理解向度更多、提供给人们诗性地理解的内容更广，进而提供给人们运用修辞技术手段以描述的可能性也更宏阔。正因如此，如果说法律本身是制度性修辞，那么，法律价值预设就更能彰显制度性修辞的特征。

（二）技术性修辞与法律价值预设作为修辞

具体说来，制度修辞在技术意义上是指把一些修辞格运用在立法和制度运行过程中，以圆润制度设计，建立制度运行的理由，强化人们对制度的论证力量，如运用摹状修辞、设问修辞、比喻修辞、对比修辞、排比修辞等手段，让人们对法律有更为真切、形象和丰满的印象。一般说来，修辞不宜运用在立法中，因为立法本身必须以严谨的、逻辑的、明细的语言表达出来。一切立法安排的结果——法律都要具有预测性，即根据法律规定，必然能够预测在未来的交往行为中人们具体行为的一般逻辑后果。如果没有这种必然预期，则意味着立法所致的法律，纯粹是一种浪费。

但在立法中，以原则方式表达出来的价值预设，可以直接表现为某种意义上的修辞，例如，前面提到的主权在民、社会正义、人权保障等原则规定，在一定意义上，就是一种修辞预设①。但技术性修辞与法律价值预设之间的关系，还体现在制度这一命题的各个要素中。

笔者把制度要素具体五分为如下几个方面，即规范要素、理念要素、主体要素、行为要素和反馈要素。所谓规范要素，在正式制度中就是指国家立法。前面已有交待，它不宜过分诉诸修辞的方式来表达，尽管法律原则及其价值预设本身即可视之为修辞。

制度的理念要素预示着人们的思想观念能够契合于法律的一般预设，显然，这是一个把人们复杂的精神世界和观念世界带入到法律图式的过程。不难理解，这本身就是一个极富诗性意蕴、张扬修辞风格的过程。这犹如大自然把奔腾的江河，规范在河床和堤岸一般，也犹如大自然把汹涌的大海，规范在海床和海岸一般。要把云谲波诡、变动不居的人类思想规范在制度的逻辑之网和意义框架中，使人们的观念服从于制度规范所透露出的思想，这是文明时代以来几乎所有的政权形式和宗教教义所关注的重大问题。它既是人类文明进化的重要标志，同时也是人类文明进程中的必要代价。它可能会形成如秦皇那般"以法为教，以吏为师"所带来的弊政以及对人的价值之扼杀，也可能会导致只有信仰并服从我们自己的法律，才能真正达致自由之路的理想状态。

但是，不论是倾向于以专断方式推行"我要你文明""我要你民主""我要你自由""我要你幸福"……的思路，还是倾向于以温和的方式推行"你选择了民主""你选择了自由""你选择了正义""你选择了文明""你选择了幸福"……的思路，归根结底，都是让人的思想趋于齐一的过程，用墨子的话，是为了反对"一人则一义，二人则二义，十人则十义"的意见过分分歧所带来的种种困顿，而追求思想观念和交往行为之"尚同"的过程②。这一过程的基本特征，是把混乱的思想多元性变形为规范的思想"次多元性"

---

①　对此，笔者在《法治预设与设问修辞》（未刊稿）一文中作了专门论述。
②　《墨子·尚同》。

的过程①。显然，这个过程是充满了诗性想象和修辞的活动。在世界各国都存在的形形色色的教化（不论它是道德教育，还是法律教育；不论它是强制灌输式教育，还是循循善诱式教育；不论它是森严恐怖式教育，还是寓教于乐式教育）体系，本质上是一个让人们的观念服从于某种观念和规范的大胆修辞过程。这种修辞，聪明的网民们以"洗脑"一词命名之，如果去除这一命名的贬义成分，把它置诸中性意义上，则可谓是对相关行为最妥贴、最形象、最简捷的修辞表达。而在形塑有关法律理念的时候，法律规范固然重要和必要，但由法律原则所预设的法律价值更为重要，因为它们的修辞特质和具有情绪调动性、口号宣示性的文字表达，更容易导致人们心理上的共鸣和思想上的接受。

制度的主体要素预示着在一种法律管辖下的所有主体——自然人、法人和非法人团体，都必须被建构在法律的体系中。这样一来，人反倒成为法律的客体，法律反倒成为宰制所有人的主体②。因之，人这个在哲学上向来被作为万物之灵长、天地之精气的存在，反倒自觉地受制于规范的规训和异化。这种情形，可谓人类创生法律、提倡法治的作茧自缚效应③。自然人暂且不论，法人在这里特别值得一提，因为法人在实质上就是法律对一种外在事实的拟人化处理。通过这种拟人化处理，既没有统一肉身，也没有飞驰灵魂的单位，获得拟制的人格、肌体（场所、机构、人员）和灵魂。在这个意义上讲，法人制度能较为典型地反映修辞与制度主体间的关系。而法律的价值预设作为制度的精神和灵魂，在法律把主体纳入其麾下，建构在其规范体系的过程中，扮演着更加独特的修辞角色。尤其值得注意的是，在法律价值预设中所关注的主体，一定是交往关系中的主体，而非离群索居、孑立孤行、自

---

① 这里所讲的"次多元性"，意谓即使在法律制度的规范世界，人们的思想、观念世界不可能完全被一元化。更何况在现代法律中，思想自由还是一项重要的主体权利。故所谓"统一思想、统一意志"之类的行为和口号，不过是多此一举。这种情形，可谓之思想的"次多元性"。它是对思想混乱的纠偏，但它不应、也不能消灭思想多元、观念多样和意思自治。

② 相关具体论述，谢晖：《法学范畴的矛盾辨思》，山东人民出版社1999年版，第461页以下。

③ 这一提法，是参照了季卫东在"程序比较论"（载《比较法研究》1993年第2期）一文中所提到的程序的"作茧自缚效应"后提出的。进而考察，一切文明、规范和制度世界，对人而言都是一种作茧自缚，故我在前文中这样说：文明、规范和制度的进化，在实质上也是人的异化。

愿逃离人类交往关系的主体。正因如此，法律价值预设就在制度主体要素中更显其要。

制度的行为要素预示着要把形形色色的主体行为，纳入到整齐划一的法律逻辑系统。特别在现代法律中，这点尤为重要。这也是现代法律主要作为形式合理性的管道能够超越并取代历史上不断呈现的实质合理之个别调整模式的缘由所在。尽管把人们的行为规范在法律的逻辑体系中，与要求人们的思想观念契合于法律制度要求相比，是一个简单的逻辑安排，但同时，它也不无修辞的深刻意蕴。因为毕竟人们交往行为的世界和法律有限的言语体系相比较，乃是一个法律无论如何，都不可能"天网恢恢、疏而不漏"地调整的问题。或者说，当人们寄望于法律能实现对人们行为如"天网恢恢、疏而不漏"般的调整时，本身就把诗性和修辞代入到制度预设和人们的行为选择中。这其中，在法律价值预设的提纲挈领与人们对法律价值必须遵循的行为归结之间，能更加凸显人的诗性想象和修辞美感——这种修辞美感可以用一两拨千斤来形容，可以用牵一发而动全身来表述，可以用一言立而天下定来说明……无论如何，把价值预设和价值规范作为人们行动的指南，这是种修辞的妙用。

制度的反馈要素预示着对所有的法律运作，必须置于某种检修机制下。这种反馈或检修机制，乃是在前述诸要素——即把人的理念、身份、行为等纳入法律规范规制的前提下，再检修法律的实际运作是否真能把上述事项纳入法律之彀，接受法律的调整和规范。所以，在实质上我更愿意把反馈机制作为法律与事实的再次对接，或者把事实再次装置在法律规范中进行过滤、淘洗并发现和提出问题。这种绵密的制度设计，本身意味着法律和事实对接中必然存在的模糊、错位和种种不足，因此，它也就提供着人们可以诗性想象的空间，也蕴含着人们借助修辞技术来进一步圆润法律运作的空间。就法律价值预设而言，在这里至少充当着宣教法律必须被尊重、法律不能废弛的意思。所谓"执法如山""信法为真"的口号和信条，"有法可依，有法必依，执法必严，违法必究"的排比，昭告了法律价值预设在制度反馈要素中的修辞效果。

（三）本体性修辞与法律价值预设作为修辞

在本体意义上，制度修辞则指在把修辞假定为精神存在的前提下，进一步把以规范为前提的制度，特别是以法律为前提的正式制度主体化的过程。诚如前文所言，对交往关系中的每个个人而言，这或许是一种异化，因为它使人必须置诸法律的罗网，被法律所驾驭，成为法律的臣仆。但如果我们能换位思考，可能在这种人被异化，但人又在法律秩序下泰然处之、安然自若、悠然交往的情形中，获得另外的结论：人在本质上是规范的动物。规范的存在决定了人存在的基本精神价值。人的规范本质的沦丧，或许是人性的沦丧。这一关于人类本性的观察和结论，与"人是城邦的动物""人是社会关系的动物""人是符号的动物"以及"人是好利恶害的动物"等有关人性的界定，有着异曲同工的表达效果。

人在本质上是规范的动物这一界定，事实上通过本体性的修辞润饰，把规范及其制度人化，同时把人本身规范化、制度化，即没有被建构在制度体系中的人，形同被放逐的人。这样的人，自然只能孑然孤立、形同非人。古代的流放制度之所以成为对罪犯最严重的惩罚之一，就在于让人失去更广泛地交往行为的条件，从而也失去作为规范动物的依凭①。可见，说人是规范的动物，在正反两方面都可以得到证立。

如果说人在本质上是规范的动物这一判断所表征的是一种有关人的精神存在实质的逻辑判断的话，我们同样可以说它也是一种修辞。这种修辞就是关于人存在的本质假设。它预示着作为人类交往行为规范的法律，本来派生自人的规范性，从而与人在本质上是规范地存在的动物这一对人的价值－修

---

① 在非正式制度视角，这类制度至今仍然较广泛地存在，特别是在边远的社会。笔者在某省调研时得知，一个习惯上靠寨老解决纠纷的山寨，一例纠纷解决后，其中一位当事人不服而诉诸法院。该县法院曾多次赴村寨调研。最后一次村寨长老给法院下了"埃德美顿书"：如果村寨处理过的事情法院再要处理，以后村寨的所有纠纷就全交由法院处理，村寨不再处理了。法院一听，赶快动员当事人撤诉。当事人也审时度势，怕遭到村寨成员们的嫌弃和疏离，尽快撤了案。即使在城市中心地区，这类情形也依然存在，如罪犯出狱后常会遇到"正常人"的白眼、歧视、躲避等另种方式的放逐。放逐后的人之所以会更加失落、更加孤独，端在于他们失去了或被限制了与他人交往行为的条件，或者失去了、削弱了人是规范的动物之事实。

辞判断是同构体。正是在这个意义上,才能认可一切法律,不外乎人这样的结论。无论一家之法,还是天下之法,都是对人生存和生活之意义世界的规范和规制,更进一层,都是对规范的动物这一人类本性的经验归纳和制度抽象。所以,法律作为修辞和人在本质上是规范的动物这一修辞性判断,可以实现某种意义的互释和通解。

如果说法律作为修辞源于对人是规范存在的动物这一修辞陈述,那么,法律的价值预设作为制度修辞和本体性修辞,它既穿透在法律的其他一切规定中,也对法律的功能预设和过程预设等起着价值指导。因之,法律价值预设作为制度修辞,在法律制度中具有更独特的意味。法律价值对法律制度的穿透性,取决于法律价值往往是法律的指导思想、原则立场和精神导向。一部法律没有这样的精神价值贯穿其中,就如一位公民丧失精气神一样。

就法律价值预设与法律功能预设的关系而言,它预示着法律功能一旦出现模糊、紊乱和不足,需要法律价值来沟通。众所周知,法律作为制度性修辞,其功能预设并不是有了法律规定,就可以自足地实现的——因为法律肯定会出现预设有误的情形,否则,法官就不会解释法律,创造判例,立法者就不会修改法律,弃旧换新——这导致法律之外的解释者对完善法律而言,可以在实践本体意义上再次证成人是规范地存在的动物这一判断。但是,解释者完善法律不足——意义模糊、意义紊乱和意义欠缺①——的基本根据,是法律的价值预设。因此,法律的价值预设不但是法律功能预设的价值指导力量,而且也是救济、补助法律功能预设不足的重要凭据。在上面的陈述中,或许能更进一步地说明法律价值预设与法律功能预设间的关系,并进而说明法律价值预设和法律功能预设必须被同构在本体性的制度修辞中。在这一修辞中,法律价值预设更高屋建瓴地作用于法律功能预设。

至于法律价值预设与法律过程预设间的关系,如果我们把法律和法治本身当作一个程序或过程看待的话,那么,所谓"人在路上"的象征和隐喻,在程序化的法律规范体系中,得到了更进一步的印证和说明。换言之,程序

---

① 对在法律方法视角具体完善上述法律不足的机制问题,可参见谢晖:《法律哲学》,湖南人民出版社 2009 年版。

化的法律规范体系，就是对"人在路上"这一本体性、过程性判断的规范说明和逻辑表白。这种论述，已经把程序化的法律代入到人的本质存在中，为"一切皆流"的"在路上"人提供了自由行动的理由和通道。所以，在一定意义上讲，这种法律的过程预设，就是法律的价值预设，或者至少在两种预设之间出现了叠合。在这里，我们能更深入地理解本体性修辞和法律价值预设作为修辞——制度修辞之间的内在关系。

我国正在推进的法治，理应首先是一个逻辑体系，但与此同时，无论在立法上、行政上、司法上还是在公民的日常交往实践中，也应该关注诗性、修辞与法治的同构性。特别在法律信仰的形成、人们对法律的自觉皈依视角而言，如果不对法律做这种价值意义上与主体要求的规范同构，那我们的法治建设，可能"播下的是龙种，收获的却是跳蚤"！尤其是中国文化向来被号称是"月亮文化"①。"月亮文化"的基本特征，就是关注诗、关注幻想并关注意向飞驰的修辞。这更需要我们研究在这种文化基础上成长起来的法治和吾乡吾民文化心理结构的同构性。否则，所谓的法治建设，就只能疏离于此邦主体交往的本体精神之外，也无法内化为其本体精神结构的有机内容。显然这是一位中国学者在思考和探寻法律价值预设和本体性修辞关系时不能忽视的问题。

---

① 刘成纪等："月亮与中国文化"，载《东方艺术》1995 年第 2 期。

法律拟制、法律虚拟与制度修辞*

　　法律拟制和法律虚拟这两个概念，近年来逐渐受到一些学者的重视①，但是，自觉地把这两者和法律修辞勾连起来的学术观点和论述还不多见，反倒将其和法律类比推理结合起来关照的情形较多。例如拉伦兹对相关问题的论述，基本可说是一个与"指示参照"类似的类比推理视角的结论②。也有些学者在谈到虚拟概念时，形似隐约涉及到相关问题③，但明确地把这两个概念搭架在（制度）修辞论立场上予以思考者，尚未检索到。基于此，本文拟就这两者分别与制度修辞间的关联进行阐释，并因此连带地检讨、再行界

---

　　* 该文原载《现代法学》2016 年 5 期。

　　① 相较而言，前者在我国更受关注。据不完全统计，有 50 余篇中文论文发表，涵盖法理学、民法学、环境法学和刑法学等多个学科。如卢鹏：《从法律拟制到政治拟制》，复旦大学 2003 年博士学位论文；王军仁："我国民法中的法律拟制与注意规定"，载《东方法学》2006 年第 6 期；李振林：《刑法中法律拟制论》，法律出版社 2014 年版；黄静：《论法律拟制》，苏州大学 2010 年硕士学位论文；郑超：《刑法中的拟制》，上海交通大学 2011 年硕士学位论文；孔令杰："论刑法中的法律拟制"，载《江苏警官学院学报》2012 年第 1 期等。而后者在我国关注的人要少的多，主要有我国台湾学者杨奕华、大陆学者温晓莉等在关注并研究。分别参见杨奕华："法律虚拟与法学研究"，见葛洪义主编：《法律思维与法律方法》（第 1 辑），中国政法大学出版社 2002 年版，第 107~121 页；温晓莉："论法律虚拟与法律拟制之区别"，见《北大法律评论》（第 8 卷第 1 辑），北京大学出版社 2007 年版，第 236~254 页；"法律范式的转换与法律虚拟"，载《东方法学》2012 年第 2 期，第 14~28 页；以及其博士学位论文《论法律虚拟——法律拟制、假定的认识论存在论探讨》，中国人民大学 2007 年博士学位论文等。不过应说明的是，事实上，研究法律拟制的有些学者（如卢鹏），其所涉及的内容往往也属于法律虚拟（狭义上）的范畴。

　　② 拉伦兹指出："法学上的拟制是：有意地将明知为不同者，等同视之……法定拟制的目标通常在于：将针对一构成要件（T1）所作的规定，适用于另一构成要件（T2）。则其与隐藏的指示参照并无不同……不采用（T1 的法效果亦用于 T2）的规定方式，法律拟制：T1 系 T2 的一种事例……立法者并非主张，T2 事实上与 T1 相同，或事实上为 T1 的一种事例，毋宁乃是规定，对 T2 应赋予与 T1 相同的法效果。为达此目的，他指示法律适用者，应将 T2'视为'T1 的一个事例。"（［德］Karl Larenz：《法学方法论》，陈爱娥译，五南图书出版公司 1996 年版，第 160 页）。

　　③ 例如，前引 1 杨奕华文对法律虚拟的相关论述。

定法律拟制和法律虚拟的基本含义，说明在制度视角观察法律拟制和法律虚拟，在实质上也是关照制度修辞。

一、何谓法律拟制和法律虚拟

（一）关于法律拟制的辨析

法律拟制是法学上一个古老的概念，在古代中国法例和解释中就已然存在，在作为大陆法系源头的罗马法上也得以呈现，在英美判例法中更是被广泛运用。但是，法律上或者规范意义上的法律拟制，尚不是学者们探究这一问题的全部根据。作为一个重要的学术概念，法学家的探索往往要远远超出法律的既定内容，即使法学家的探讨必须有法律规范可循，也需要出乎规范而高于规范。在这方面，梅因在探索这一概念时已经作出了表率：

"我在应用'拟制'这个字时，其含义比英国法学家习用的意义要广泛一些，比罗马的'拟制'（fictiones）则要广泛得多……我现在应用'法律拟制'这一个用语，是要用以表示掩盖、或目的在掩盖一条法律规定已经发生变化这事实的任何假定，其时法律的文字并没有被改变，但其运用则已经发生了变化……我认为英国的'判例法'和罗马的'法律解答'（Responsa Prudentium）都是以拟制为其基础的……为什么各种不同形式的拟制特别适合于社会的新生时代，这是不难理解的。它们能满足并不十分缺乏的改进的愿望，而同时又可以不触犯当时始终存在的、对于变更的迷信般的嫌恶。在社会进步到了一定阶段时，它们是克服法律严格性最有价值的权宜办法。"①

梅因有关法律拟制的观点，就是在规范基础上的学理提升。但梅因的解释并未穷尽人们在学理上对这一问题的继续解释。不过无论如何解释，法律拟制的含义不脱规范解释和学理解释两类。规范解释的范围，局限于法律的既有规定，是对法律内既有拟制规定的学术阐释。它包括了立法拟制和司法拟制两个方面。无论立法拟制还是司法拟制，都是人类法律智慧在法律上的表现和表达形式，也是人类面对复杂事物时以某种模糊态度处理类似问题的

---

① ［英］梅因：《古代法》，沈景一译，商务印书馆 1984 年版，第 15～16 页。

基本手法。我们知道，世上万事万物，无论自然界的广袤无垠，还是人类社会的纷繁复杂，都需要通过人们虚拟的命名来更深地认知。但如同"言有尽而意无穷"那样，人类的认知、虚拟的命名面对如此复杂多样的世界，也只能是名有尽而物无穷。诚如我们熟悉的如下名言所论：

"道可道，非常道。名可名，非常名。无名天地之始。有名万物之母"；

"有物混成先天地生。寂兮寥兮独立不改，周行而不殆，可以为天下母。吾不知其名，强字之曰道。强为之名曰大。大曰逝，逝曰远，远曰反。故道大、天大、地大、人亦大。域中有大，而人居其一焉。人法地，地法天，天法道，道法自然。"①

因此，法律尽管是人类智慧的结晶，但它和人类所有的智慧产品一样，是立法者对多样性社会关系和社会交往的综合表达或命名，这种综合在命名逻辑上只能是集体名词或者抽象名词。试想，对复杂的、内部性质也存在区别的许多事物或许多社会关系，用一个词汇来命名其意义，其只能是模拟或拟制的结果。例如，"物权"这个词，就既要涵括人们在法律上所拥有的各种各样、性状和用途各异的物，又要涵括通过完全不同的手段、截然有别的状态而对物的拥有。所以，这个词对相关事实的模拟就自不待言。几乎所有的立法结果，莫不是用抽象的词汇模拟人们面对的事物、行为和社会关系的。

这种情形，投射到司法领域，势必带来如下两个问题。

其一，司法者必须面对因为立法者的立法模拟所带来的模糊性。在一定意义上，司法对法律的尊重，实质上是对立法者所选择和肯定的表达特定社会关系的词汇之尊重。这意味着在立法词汇的框架内，司法者所面对的无数的形形色色的案件，都必须被带入其中。无论这些个案在性质、情节、纠纷程度、诉讼请求等方面有多么不同，只要立法上有相关符合情节的模拟概念，司法者就不能另起炉灶，寻求其他概念以解决案件。这时，司法在具体的动态实践中践行着立法者所明示的模拟结果——人造的概念，凌驾于人的行为之上。

其二，即使如此，立法的模拟结果不可能毫无差池地囊括和一个概念相关、相近的所有事物、所有行为和所有社会关系。特别是既定词的意义在特

---

① 《老子·第1章》。

定的时间点上是个静态的封闭系统，而人们面对的事物、行为和社会关系却总是动态的开放体系。如果说立法者在一定意义上必须追求一劳永逸的模拟效果的话，那么，司法者却不得不坚持随机应变和临时处断。例如，在传统的"财产"这个法律概念中，并不包含"虚拟财产"的内容。但随着和网络虚拟财产相关的纠纷之大量产生，这种财产是否具有法律上财产的意义？司法只能在既有法律有关财产界定的基础上，独辟蹊径，对虚拟财产进行司法视角的财产解释和"财产拟制"①。

在一定意义上，司法解释就是司法拟制。只要司法解释的结果不仅适用于当下的个案，而且对于其后类似案件具有参考意义，那么，司法就拟制地解决了相关领域的一般问题。在此意义上，说司法就是立法，也未尝不可。特别在英美法系国家，这似乎是一条常识。这也是在英美法系国家，拟制和解释运用范围更广的原因。对此，杨兆龙在数十年前就曾指出：

"惟专就'推定'与'拟制'而言，其在英美法的运用范围往往较在大陆法为广。因英美法所保留的历史色彩比较浓厚，遇有新问题发生而传统的法律不能解决时，往往要利用'拟制'或'推定'以扩张解释而济其穷。大陆法所保留的历史成分不多，运用'推定'及'拟制'的机会也比较少。'推定'或'拟制'之运用在大陆法里面通常代表一种立法的政策，并不是一种解释法律的方法。"②

---

① 在这方面，我国从 2003 年起，就在全国各地已经发生了无数起或诉诸法院，要求司法解决，或由公安机关告破的案件。其中较为典型的、讨论较多的报道，如"聚焦国内虚拟财产第一案虚拟财产如何保护"，载 http：//www.cctv.com/news/financial/inland/20031221/100182.shtml，2016 年 4 月 30 日访问；"全国最大的盗窃网络虚拟财产案告破"，载 http：//anli.lawtime.cn/xsxfal/20111028217273.html，2016 年 4 月 30 日访问。而在司法实践的学理探讨以及纯粹的法学理论方面，探讨成果更多。如吕照君："网络虚拟财产的民法保护"，载 http：//www.chinacourt.org/article/detail/2014/07/id/1339681.shtml，2016 年 4 月 30 日访问；"离婚后虚拟财产分割案例"，载 http：//www.66law.cn/topic2012/lhhxnccrhfg/85323.shtml，2016 年 4 月 30 日访问；郑泽善："从一则案例谈网络虚拟财产的刑法保护"，载 http：//www.scxsls.com/a/20151207/111499.html，2016 年 4 月 30 日访问；颜浩：《江苏常州首例虚拟财产案案例分析》，兰州大学 2011 年硕士学位论文等。该问题也引起民众对立法的呼求。如有网民起草并在网上公布了《中华人民共和国虚拟财产保护法》，载 http：//baike.baidu.com/link？url = zv37nyZ − ueOC0GzQcl4gNS59JxI_ KsT06H16_ JmTcJrdsu1Zy6qeWZZy1bgFvoxSIUi63ct2p0AbKKfOH9DukK，2016 年 4 月 30 日访问。

② 杨兆龙："大陆法与英美法的区别究竟在哪里？"，见孙莉主编：《东吴法学先贤文录·法理学卷》，中国政法大学出版社 2015 年版。第 98 页。

上述情形，皆为规范或者教义学意义上的法律拟制。那么，在学理上，究竟如何总结法律拟制？笔者认为，对之大体上可以作这样的表述。

所谓法律拟制，在广义上是指人们在立法或司法中，运用有限的人类语言对多样、复杂的社会关系、交往对象和社会事实以同一规范或词汇来命名的活动。这意味着，凡是立法或司法者在法律上的集合的、抽象的命名行为，都是法律拟制行为。在狭义上，第一，法律拟制则仅指在立法或法律中以"视为"这一引导词作为规范词，所引出的把两个或两个以上虽然类似、但又有区别的事实纳入同一法律概念或规范（做参照）而处理的立法方式（"视为肯定"）；或把其中一个事实排除出特定法律概念或规范而处理的立法方式（"视为否定"）①；第二，司法中把实践中虽有存在，但在法律中未曾呈现的事实，"视为"法律上既定的类似事实，以处理案件，构造裁判规则的活动（类推）。换言之，"它是法律上出于正当合理目的，为了应对社会生活的急剧变化，而在法律无据、法官又不能拒绝案件审理情况下，模仿原有法律形式，把实际并不存在的某种事实或情况'确认为真实存在'的一种法律创造方法。"② 不过，作者在这里所表述的，只是司法拟制中的"视为肯定"。在司法拟制活动中，同立法活动一样，不仅存在"视为肯定"的情形，也存在"视为否定"的情形。

（二）关于法律虚拟的辨析

法律虚拟和法律拟制是相近、甚至具有属种关系的概念。但两者并非同一概念。既然这是两个不同的概念，就一定有其具体的区别所在。那么，两者的区别究竟何在？这需要从究竟什么是法律虚拟展开谈。杨奕华对该概念作出了如下的解释：

"在日常生活经验里，除了具像可见的事物，可用人的五官去感觉去认

---

① 例如《中华人民共和国民法通则》第 15 条规定："公民以他的户籍所在地的居住地为住所，经常居住地与住所不一致的，经常居住地视为住所。"这种情形，我称为法律拟制中的"视为肯定"；再如最高人民法院关于适用《中华人民共和国担保法》若干问题的解释第 32 条规定："保证合同约定的保证期间早于或者等于主债务履行期限的，视为没有约定……"这种情形，笔者称之为"视为否定"。

② 温晓莉："论法律虚拟与法律拟制之区别"，见《北大法律评论》（第 8 卷第 1 辑），北京大学出版社 2007 年版，第 240 页。

识之外，还有许许多多心智认识的对象（objcets）。法律虚拟即是属于这种有赖人以抽象思维去认识的事物。在现实经验界里，我们常常会发现既有存在的知识概念，无法涵摄当下必须解决的问题，为突破眼前的困境，穷则变，变则通，虚拟的概念遂应运名世而诞生"；

"法律虚拟不是法律学者的无病呻吟，而是基于事实需求，为解决生活经验上的问题，所采取的一种手段，将经验知识所无的，以虚拟的述说型塑出一个新事物（new entity），为的是以此虚拟事物来追求一种真理——一种能解决实际生活中，无法以既有的经验事物解决问题的真理。"①

如前所述，杨氏的相关论述，和笔者前文中有关法律拟制的第一重含义区别不大。事实上，杨氏自身在行文中也自觉不自觉地将虚拟和拟制两词混用，例如，他在引证富勒的观点时，就把富氏的相关论述翻译为"拟制"，而不是虚拟。与此同时，他又不加区分地把富勒有关法律拟制的观点运用于阐释、印证其法律虚拟的论述上来。论者甚至在"法律虚拟之存在现象及其考察"项下，径直用"拟制概念之虚与实"②，足见其对这两个概念的混用。

对此，温晓莉已经撰文以揭橥。她指出：

"杨奕华教授文章中'法律虚拟'的英文表达为'Legal Fiction'，这与梅因、富勒乃至庞德、卡多佐等学者的表达是一致的，但与近年德国法哲学学者的表达有别……克尼佩尔（klippel）……明确提出法律未来的前景是形成'真实过程虚拟的继续发展'，是法律的进一步'虚拟化'。他所用的'虚拟'已不是富勒的'Fictions'，而是'Virtualität'（德文），即'数字化虚拟'意义上的'虚拟化'。他认为其他科学作出的'很大努力'支持了法律的变革，它将使法律的'调控和可预见性更精确'；'法律行为中的错误将被减少至最低限度'。"③

笔者赞同论者基于法律拟制和法律虚拟两分的立场，对杨氏有关法律虚

---

① 杨奕华："法律虚拟与法学研究"，见葛洪义主编：《法律思维与法律方法》（第1辑），中国政法大学出版社2002年版，第111页。

② 杨奕华："法律虚拟与法学研究"，见葛洪义主编：《法律思维与法律方法》（第1辑），中国政法大学出版社2002年版，第110~116页。

③ 温晓莉："论法律虚拟与法律拟制之区别"，见《北大法律评论》（第8卷第1辑），北京大学出版社2007年版，第236~237页。

拟论的批评。但究竟何谓法律虚拟，还需仔细研究。这里不妨仍以温晓莉有关法律虚拟的论述说开去。她认为：

"'法律虚拟'（Legal Virtuality）发生在 20 世纪中后期高科技兴起后，哲学与法律认识论受到自然科学发展的启发的时代背景下"；

"'Legal Virtuality'作为真正的'法律虚拟'不仅仅是'法律拟制'，第一，它包含了对'数字化虚拟'带来的一系列人类认知变革的新理解，它使人类通过对'数字化虚拟'的思考，重新审视人类创造的法律世界的各个方面，它不仅要研究'以假为真'的'法律拟制'，还要回答人类'何以能'以假为真？这种'以假为真'构成了一个怎样的世界？第二，'法律虚拟'不仅包含了'法律拟制'的内容，而且包含了'法律假定'和'法律推定'，包含了法律思维、法律中介系统、法律实存空间三个方面的法律认知与创造问题。第三，由此，'Legal Virtuality'要把法律认识论和方法论放在一个大历史背景下进行考察，其词义突显的是更复杂的法哲学问题和人们何以'创造'世界的问题。"①

从引文中不难发现，论者心目的法律虚拟是包含了法律拟制在其中的，这样一来，两个概念之间就变成一种属种关系——法律拟制不过是法律虚拟的一个种类。这似乎并无大碍，但只要进而稍加分析，其间的逻辑瑕疵昭然若揭：其一，既然法律拟制是已存在数千年的概念或做法，那何以新近出现的法律虚拟能够包含、吸收法律拟制呢？与此相关，其二，法律拟制既然是法律虚拟的一部分，那么，是否意味着法律虚拟这一概念是新近出现的这一结论本身无法成立？当然，更重要的还在于其三，作为对人类法律予以诠释地、诗性地、修辞地思考的方式——法律虚拟，能不能吸纳、甚至包含试图对人类法律超越诠释、诗性和修辞，而向科学地、理性地、逻辑地思考的方式予以拓进的法律拟制（这样讲，并不意味着法律拟制一定是科学、理性和逻辑的，毋宁说它只是为人们寻求科学、理性和逻辑地理解、解释当下的问

---

① 温晓莉："论法律虚拟与法律拟制之区别"，见《北大法律评论》（第 8 卷第 1 辑），北京大学出版社 2007 年版，第 238、239 页。

题拟制了一种诠释的、诗性的和修辞的前提)？如果不能有效地缓解上述逻辑紧张，论者说理的有效性就得大打折扣。

在笔者看来，法律虚拟在广义、中义和狭义上可以有不同的解释和界定，因之，也与法律拟制之间有三种不同的关系。可以说，它是这样一种事物：在广义上，法律虚拟表达的是人类思维以及人类所创造的法律与社会控制、社会关系、社会秩序等广泛的社会事实之间的关系。具体说来，则究竟是"天定胜人"还是"人定胜天"，或者至少要探究究竟是"社会决定着法典"，还是"法典决定着社会"① 这样的问题。这时，它和立法上的法律拟制表达的是同一意思，是一种重合关系。因为它们都表明人类思维对存在、词对物的重构和创造性。在中义上，法律虚拟要表达以思维定义存在，以词来命名和规范物（社会关系）的必要性和可能性。这时，它和法律拟制间是种交叉关系。因为法律拟制也是要寻求既有的某种法律概念或规范对当下社会关系或社会事实的可命名性、可规范性。在狭义上，法律虚拟毋宁是对人类秩序交往的一种诗性描述和修辞预设，是一种立法者或司法者近乎首创的虚构的命名和规范。这时，法律虚拟和法律拟制是一种并列关系，因为后者更强调以法律为前提的逻辑属性（即法律拟制一定有既存的命名和规范可参照，本文所指的法律虚拟，是就后者，即狭义的法律虚拟）。

如此看来，对法律虚拟的界定，就并非前述论者所强调的那一个方面。在笔者看来，一方面，法律虚拟是人类对其思维能力和主体地位高度自信的产物。它表明人类借助其思维、运用其所创造的概念和规范来控制世界、支配交往、构建秩序。但另一个方面，它也是人类对其思维能力和主体地位自觉不足，高度怀疑的产物。这也表明人类思维面对浩瀚的对象世界、交往关系和秩序理想的一种无可奈何、只好如之。因此，它以艺术的手法，来建构一切对象事实、交往关系和人类秩序。对此，笔者愿意引用一位学者的如下结论：

---

① 这看似一个明朗的问题，我们所熟知并容易接受的观点是："法国民法典并没有改变历史，而是历史改变了法国民法典"（付静坤："《法国民法典》改变了什么"，载《外国法律评论》1996年第1期）一类的"正确观点"。诚然，在历史的终极过程中，这一观点并没什么错误，但在现实的法律秩序中，问题比这要复杂得多。例如，只要相关法典有效，生活在该法典中的人们，其交往行为就无不受法典的支配。这一支配往往所影响的不是一个人，而是无数人；不是一代人，而是数代人。

"从纯粹科学意义上来看，法学不是精确的科学，而是艺术。科学以事实为基础，假设和假说只是作为一种认识工具才有意义，虚构不具有终极的价值。艺术则不然，虚构的美是不必受谴责也不必被揭穿的。法学作为一种艺术，并不是一个比喻，而是另一个视角的白描。在作为法学主要研究对象的法律和政治现象中，到处充斥着虚构。为了形成制度和秩序，那些在缺乏事实或无法确定事实时所制造的虚构的事实和关系，在真正的事实出现或被证明后，也不受到影响，因为拟制是不以事实为基础的，不顾事实是拟制的固有属性，现实的需要和价值上的考虑才是其真正的基础。这些虚构和拟制不是作为认知实验才有意义，而是具有实践意义和终极价值的。"①

笔者以为，论者虽然在名义上说的是法学和法律拟制问题，但实质上更符合笔者在本文所讲的法律虚拟②。尽管一方面，笔者不完全赞同作者把法学命名为艺术，因为毫无疑问，立法必须讲究科学，司法必须讲究逻辑。特别随着人类和对象关联关系的不断深入和拓展，有关人与对象关系的立法，必须建立在对象与人关系的科学基础上。如饮用水的水质问题，在何种标准下符合人的身体健康需要，在何种标准下不适宜于人类饮用，这必须是科学标准。其他诸如环境质量、产品质量、运行速度……等的标准，莫不如此。与此同时，另一方面，笔者也不赞同论者强调"拟制是不以事实为基础的，不顾事实是拟制的固有属性，现实的需要和价值上的考虑才是其真正的基础"的这一结论，因为笔者以为这种法律虚拟或者价值需要本身构成不同于物质事实和社会交往事实之外的另一种事实，即精神 – 认知事实（或者精神现象）和制度事实。实际上，我们人类既生活和交往在物质事实世界，也生活和交往在精神事实世界，更生活和交往在跨越了物质事实和精神事实的制度事实世界。

这三种事实对人类的影响都足够大，在三者之间要比较谁主谁次，实在

---

① 卢鹏：《从法律拟制到政治拟制》，复旦大学 2003 年博士学位论文，第 16 页。

② 事实上，作者在行文中也每每将拟制、虚拟和虚构诸词互用。例如，作者强调："拟制就是不可推翻的虚构……在政治中事实和真实固然是重要的，但是虚构也是重要的，因为政治结论本身往往并不以事实或真实为基础，虚构同样能形成适当的判断。政治认识追求的不是正确性，而是适当性。"（卢鹏：《从法律拟制到政治拟制》，复旦大学 2003 年博士学位论文，第 8 页）。

是难之又难的事情。对物质事实探求的结果有二：在思维、语词和规范能够明晰表达的领域，形成了可量度的科学；反之，在思维、语词和规范无以明晰表达的领域，形成了只能信仰的宗教。对精神事实的探求结果也有二：在思维、语词和规范能够明晰表达的领域，产生了心理学和认知科学；反之，在思维、语词和规范不能明晰表达的领域，产生了诗学以及哲学。对制度事实的的探求结果还是有二：在思维、语词和规范能够明晰表达的领域，以符合逻辑的语词表达为具体的规范和规定；在思维、语词和规范不能明晰地表达的领域，就通过虚拟和拟制的方式加以规制和规范。可见，在这三者中，人类最有把握的部分，还是制度事实。

这都表明，制度事实既包含着通过科学的认知、确定的规范和有效的逻辑所表述的规范性事实，也饱含着通过诗性的假定、伸缩的规范和必要的修辞所虚拟的规范性事实。在这个意义上，法律虚拟和法律拟制一样，也是人类在制度事实的创制过程中早已存在的现象。只要言有尽而意无穷，但人类又不得不在既定的规范体系中言和行，就意味着法律（规范）的虚拟体系对客观的物质现象和精神现象的支配。由"君子爱财，取之有道"而来的不得偷窃、不得抢劫、不得受贿、不得贪污等规范，决定了"君子爱财"这一精神事实的制度联想和制度界限。同样，因"物性天然，因势利导"所决定的环境质量、产品质量、国家专营、市场放任等规范，则决定了"物性天然"这一物质事实的制度联想和制度界限。由此可见，制度事实和人类秩序性交往之间的密切关联，也表明制度事实对人类而言，比其他两种事实更为现实。在一定意义上，人类的日常生活和交往，就是由制度事实所安排并保障的。制度事实的缺席，既是人类日常生活和交往的无序，自然也是人类交往自由的无据。

这在另一方面表明了法律虚拟和修辞预设对人类生活的一般意义。可以认为，所谓法治——"使人类行为服从规则之治的事业"①，这本身就是一个伟大的修辞预设和法律虚拟②。为什么世间如此多样的人、如此复杂的思想、如此纷杂的行为、如此多变的社会关系和社会事实……都要接受定于一尊的

---

① ［美］富勒：《法律的道德性》，郑戈译，商务印书馆2005年版，第124页。
② 谢晖："法治预设与设问修辞———制度性修辞研究之三"，载《文史哲》2014年第2期。

法律，或受它的保护，或受它的制约？法律是不是在此有些"致命的自负"？庄周反对法律，强调因任自然的"法律虚无主义"①是否反而更有道理？人类企望通过法律而实现法治这种自信、进而对法治作为一种修辞预设和法律虚拟的信赖，究竟源自何处？这些，都是在法律拟制和法律虚拟命题基础之上需要继续探讨的话题。不过，囿于本文主题的限定，笔者将在下文中重点探讨法律拟制和法律虚拟各自对制度修辞而言意味着什么？或者探究法律拟制和法律虚拟的制度修辞之维。

二、作为制度修辞的法律拟制

在前文中我强调，法律拟制和法律虚拟相比较，更倾向于逻辑层面，特别倾向于类比推理这种逻辑选择。但这一结论，其一，是基于司法中的法律拟制而言，而非立法中的法律拟制而言。为什么？因为立法中的法律拟制，在一定意义上就是法律虚拟（尽管并非全是，因为立法活动并非全部是虚拟的创造性活动，详见下文论述），它和我前文中所讲的广义的法律虚拟是重合的，所表达的是同一意思。即立法往往是在没有命名参照的前提下，对某类社会关系、社会事实、生活方式和秩序追求所做的命名②。但司法中的法

---

① 庄子曰："故纯朴不残，孰为牺尊！白玉不毁，孰为珪璋！道德不废，安取仁义！性情不离，安用礼乐！五色不乱，孰为文采！五声不乱，孰应六律！夫残朴以为器，工匠之罪也；毁道德以为仁义，圣人之过也。夫马，陆居则食草饮水，喜则交颈相靡，怒则分背相踶。马知已此矣！夫加之以衡扼，齐之以月题，而马知介倪闉扼鸷曼诡衔窃辔。故马之知而能至盗者，伯乐之罪也。夫赫胥氏时，民居不知所为，行不知所之，含哺而熙，鼓腹而游。民能以此矣！及至圣人，屈折礼乐以匡天下之形，县跂仁义以慰天下之心，而民乃始踶跂好知，争归于利，不可止也。此亦圣人之过也。"（《庄子·马蹄》）这就是后世之人把庄子作为法律虚无主义之典型代表的根据和理由。

② 这里或许有必要论及在法律继承和法律移植背景下，立法者的法律拟制问题。人类的法律总有时间纵向上的继承性和空间横向上的借鉴性。前者表现的是法律继承，后者表现的是法律移植（谢晖：《价值重建与规范选择——中国法制现代化沉思》，山东人民出版社 1998 年版，第 7～12 页）。这两种情形皆表明被继承和被移植者已经有了别人对社会关系命名的参照。那么，对被继承者和被移植者而言，立法是否意味着法律虚拟？这确实是一个值得认真探讨的问题。在我看来，这时候作为立法者的被继承者和被移植者，主要所做的是法律拟制活动，而非法律虚拟工作。因为这是一个把当下的社会事实或本国的具体国情带入到既有的法律命名框架下比照并确认的过程。当然，这并不否定法律继承和法律移植也是一种智慧的和创造的活动，因为法律拟制本来就是一个把当下实情尽量合乎逻辑、也合乎价值要求地带入到既定法律命名或者既有法律规范中的创造性活动。不过其前提所在，即在于事先有"比照"或"参照对象"。

律虚拟则不同，它更多地基于既有的法律规范而拟制性地、类比性地处理当下的社会纠纷以及纠纷中的社会事实。其二，即便司法中的法律拟制，也不仅仅表达类比推理，而且蕴含有对处理纠纷事实的价值追求。只要有价值追求在其中，司法拟制中的修辞因素就不能避免。进言之，类比推理，本身是一个蕴含了价值以及围绕价值追求的诠释和修辞因素的思维活动，甚至所有逻辑推理行为无不与修辞相关①。因此，这里拟继续探讨如下两个问题：作为制度修辞的立法拟制与作为制度修辞的司法拟制。

（一）作为制度修辞的立法拟制

在此讲立法拟制时，为了不至于把它和法律虚拟相混淆，需要严格界定本文中立法拟制的范围，即把上文中提及的立法中和法律虚拟相关、重合的那部分内容排除在这里的立法拟制之外，置于下节要讨论的法律虚拟之中论述。这样，立法拟制就大体上剩下两样的内容。

其一，针对当下待法律规范的社会关系，立法者比照既有的命名工具（概念术语），并把其纳入（"视为肯定"）法律规范或排除于（"视为否定"）法律规范，即或作为法律上的命名，或否定用该规范命名类似的事物。如文物这个概念，在立法者未将其纳入法律中时，它作为对一类特定物品的命名早已存在。那么，即使这一命名与法律待规范的社会关系之间还有一定出入，但只要该命名被作为法律概念后，能足够在法律上起到保护文物和规范相关社会关系的应然作用，那么，立法者就可以把相关概念带入到法律中。立法者的这一思维过程，显然具有把日常命名带入到待法律规范的事实中的拟制性。这一拟制思维和过程的肯定结果，就是把日常生活语言和命名，上升为法律上的规范语言和命名。②

---

① 笔者曾提出这样的命题：修辞是演绎推理的大前提，是归纳推理的结论（谢晖："论法律制度的修辞之维"，载《政法论坛》2012年第5期，第76页），因为演绎推理的大前提总需要人们不断去证明其真实性，所以，以它作为大前提，本质上是个修辞性假定和预设，是一种虚拟性活动；同样，在人们对归纳事项不可能搜罗周延的背景下，得出一个全称肯定的判断和结论，其修辞性和虚拟性特征也毋庸置疑。

② 当然，"法律上的规范语言和命名"这种说法，是一个相对的结论，因为所有语言文字作为对天人关系、群己关系和身心关系的命名，作为思维与存在、精神与物质、或者词与物的关系应对，都具有规范性（谢晖：《法哲学讲演录》，广西师范大学出版社2007年版，第9～148页）。只是相较而言，两者的基本区别是：日常语言及其命名的规范效力（特别是其空间效力）和强制性要弱一些，而法律语言及其命名的规范效力要强一些而已。

其二，针对此时此地待法律规范的社会关系，立法者比照历史上的、其他国家的、或本国类似的法律对相关社会关系是如何规定的。如果历史上的、其他国家的或本国当下类似的法律所规范的对象，虽然和此时此地待规范的对象有一定的区别，但立法者没有更好的词汇来命名这些社会关系，且历史上的、其他国家的或本国已有的既存法律规范、法律术语能更好地规范、命名此时此地待规范的社会关系时，立法者也可将这些历史上曾经存在，或者在国外立法中业已存在、或者在本国规范其他社会关系的法律中业已存在的概念，吸纳、确认为此时此地规范类似社会关系的概念。当然，也可根据此时此地的社会关系及其特征，以"视为否定"的方式把这些事实排除于相关概念之外。运用这一思维进行立法的过程和结果，也属于立法拟制的范畴。

如上两方面，之所以都被笔者称为是立法拟制，因为当立法者把这些概念或命名或者比照于日常生活中的命名—并吸纳进法律之中，或者把古代的、外国的、现有的法律拿来为我所用、为当下所用、为另一社会关系所用时，对此时此地之社会关系的调整、规范而言，都只是起到了近似的命名效果，谁也不能以恰如其分来形容这种"命名的位移"，而只能说舍此无他，只好如之。所以，这里表现的是立法者"权衡的理性"，而非其"科学的理性"，进而是立法者"修辞的理性"，而非其"逻辑的理性"。

所以，立法活动总是一个意义诠释的过程，是不同立法者之间商谈、对话的过程。商谈和对话活动，看似"真理越辩越明"的过程，但事实上，这种理论的丰满并不能取代实践的骨感——在社会领域，"真理"未必一定越辩越明晰，有时候反而会越辩越模糊。所以，论辩和商谈可以增进共识，但也会加深分歧。商谈伦理学的主旨，不是追求唯一的、至上的真理，而是寻求宽容与妥协的活动。所有的立法活动，哪怕前现代社会的立法活动，也都凸显着这种商谈博弈的逻辑。因此，立法并不总是一个科学证明的境界，它往往是阐释、交涉、博弈、对话、协商、妥协的境界。作为一种诠释活动，它始终离不开诠释学的一般训导：

"所有这种理解最终都是自我理解……在任何情况下都是：谁理解，谁就理解他自己，谁就知道按照他自身的可能性去筹划自身"；

"本文的意义超越它的作者，这并不只是暂时的，而是永远如此的。因此，理解就不只是一种复制的行为，而始终是一种创造的行为"。①

这种哲学意义的说明，适之于政治上立法的交涉、博弈和决断，更有意义。因此，不但在法律解释活动中，人们对不同的法律文本会各持异见，从而只要有理解，理解便会有不同，更因为立法中的主体都各有其自身的利益以及由各自利益所决定的"前见"，故而有时候即便理解并无不同，但也要在意义表达中刻意寻求不同，从而在理解和解释之间制造张力。例如，你在台湾和一家两政（丈夫属蓝营，妻子属绿营，或者相反）的一对夫妻私下交谈，他/她们对台湾前途的理解并无不同，但在进行公共表达和解释时，为了其各自所在的党派利益，一定要表达得有所不同。

在这个意义上，"理解即解释"的结论或许并不合其宜。因为解释与理解间在这里不但有张力，而且在刻意寻求张力。所以，在一定意义上，立法活动通过这种理解和解释间的分裂，变成一种具有广场效应的表演行为，而非严谨地寻求科学论证的逻辑行为。在这里，意义先行往往盖过了事实先行，所以，形成笔者给友人们在微信里留言时所表述的如下情形："在社会领域，宽容即真理；在自然领域，真理才宽容。"这虽是个不太经意的留言，但也在一定程度上表明了立法活动的本质，就在于不同观点之间的协商、交涉、冲突和妥协。

对此，美国的制宪史很能说明问题。《辩论：美国制宪会议记录》一书的译者曾用富有修辞和艺术的情调这样写道：

"美国宪法像一套精巧的连环体系，由三个机组构成。我不禁想走进设计美国宪法的现场，212 年前在费城独立厅举行的联邦制宪会议。了解了解这套体系的设计者们是怎样的人物，看看每个机组由哪些部件组成，装配时增加了哪些配件和附件，打听打听他们为什么要把这套体系设计成这样，而不是别样，出于哪些动机，是否有人提出过不同的设计方案，制宪代表们彼此如何商讨协调，如何达成共识，最后怎样完成这项工作"；

---

① ［德］汉斯－格奥尔格·伽达默尔：《真理与方法——哲学诠释学的基本特征》（上卷），洪汉鼎译，上海译文出版社 1999 年版，第 335、380 页。其中前段引文与该书内容有出入，这里参考了洪汉鼎：《理解的真理》（山东人民出版社 2001 年版）第 194 页的相关引文。

　　"从 5 月 25 日到 9 月 17 日，费城的天气越来越闷热，代表们穿着呢绒燕尾服，不仅关上房门，而且紧闭窗户，宁可汗流浃背，唯恐隔墙有耳。经过 116 天辩论，代表们终于达成若干妥协。他们取得明确一致的看法，体现为宪法中的刚性条文；取得大体共识的部分，体现为宪法中的柔性条文；取得初步共同意向的部分，体现为宪法中留待联邦议会完成和继续发挥的条文；达不成一致看法的部分，一律在宪法中隐去；此外，他们为后人修改宪法留下可行，但不易实现的途径。"①

　　另一位研究美国宪制的学者也以生动的笔触强调：

　　"对于参加 1787 年费城制宪的美国的'国父们'来说，制宪的目的不是创造一个十全十美的、正义民主的、能流芳百世让后人和他人景仰的政治体制，而是为了寻求一种现实的、有效的、能够及时挽救正在走向失败边缘的美利坚联邦的政治途径。为了保护已有的利益，各州的代表（和他们所代表的不同的利益集团）必须建立一种高于各自利益的公共利益和一个高于各自权威的公共权威来贯彻公共利益，宪法因此而得以建立。参与立宪的利益（或利益集团）是多元的，立宪的过程必然是一个协商和妥协的过程，由此产生的宪法也必然是一个多元利益相互妥协的产物。"②

　　笔者不厌其烦地引证这些论述，一是要强调立法，特别是近、现代立法事实上就是不同利益、不同主张之间的冲突、交涉、协商、宽容和妥协的过程。二是对这一过程的描述，是要说明立法活动的拟制特征。那它不是对事物关系的科学的、逻辑的、理性的、精确的说明，不是要阐明那种一加一等于二的、无可更改的真理，而只能是对事物关系诠释的、修辞的、诗性的、妥协的描述，换言之，是要表达"诠释的真理"。三是想借此进一步厘清立法拟制和制度修辞之间必然的内在关联。

　　所以，立法拟制在本质上讲，就是立法者有关"法律解释"的活动，它与后文将要提到"解释法律"是两个并不相同的概念③。这种解释本质上不

---

①　［美］麦迪逊：《辩论：美国制宪会议记录》（上，译者例言），尹宣译，辽宁教育出版社 2003 年版，第 3 页及该书中尹宣文：《联邦制宪会议记录的解密和成书》，第 4 页。

②　王希：《原则与妥协——美国宪法的精神与实践》（前言），北京大学出版社 2000 年版，第 7 页。

③　谢晖："解释法律与法律解释"，载《法学研究》2000 年第 5 期。

是对"事物关系的法的规定性"予以说明，而是把既有法律规范的前见，即认知前见以及和之相关的利益前见代入的一种意义交涉活动，因之，是一种特殊的"意义先行"活动。在这里，立法者总是以各自的前见和预设作为其论证的逻辑起点，但这种前见和预设本身是修辞性的，而不是终极确定性的。更兼之所有的立法商谈和交涉活动，作为利益博弈与利益妥协机制，至少要获得两方面的接受，其一是参与立法的所有主体的接受，其二是立法后所有被法律调整的主体的接受。在这个意义上，立法更是一种寻求"可接受性"的活动。"可接受性"这个概念不应当专属于司法①，而且也为立法所追求，这更进一步决定了立法拟制的制度修辞属性。故麦考密克说：

"我总是怀有某种倾向，倾向于提醒我的同事们，让他们不要忘记确定性是可望而不可及的，让他们不要忘记一个人所能做的顶多是去努力减少不确定性到某种可以接受的程度而已。何种程度的不确定性是可以接受的，取决于从正在出现但当前仍无法预见的情形看，其他价值（包括正义在内）是否处于危险当中这一事实……"②

以上种种，正是立法拟制与制度修辞勾连的前提和基础。

（二）作为制度修辞的司法拟制

司法中的法律拟制（简称司法拟制），事实上导源于人们对司法创造性的认识。倘若人们把司法视为一架法律的自动售货机，从而司法只能亦步亦趋地接受法律的规范和左右，不能越雷池一步，那么，司法就只能是一架任由法律支配的判决机器，不存在什么司法拟制。但是，倘若把司法视为一种在法律、先例面前具有能动性和创造性的活动，那么，司法即使面对白纸黑字、一清二白的法律，但只要法律和当下事实之间存在不睦情形，就可以以拟制方式，把当下的案件事实通过一定的解释，代入到既有法律规定之中（"视为肯定"），或排除于既有法律规定之外（"视为否定"）。

一般说来，法学者和法律家们的成长过程，往往会有如下的经历："没

---

① 关于可接受性和司法关系的专门论述，孙光宁：《可接受性：法律方法的一个分析视角》，北京大学出版社 2012 年版。

② ［英］尼尔·麦考密克：《修辞与法治——一种法律推理理论》，程朝阳等译，北京大学出版社 2014 年版，第 14~15 页。

读书前总以社会打量法律；读了书后总以法律裁量社会。"其实，"这是法科生、法学家和法律家的病！认了这个病，你就是法学家或法律家，不认这个病，你就仍是哲学家或社会学家。"① 在这种观念之下，不仅司法、甚至在法律规制下的整个社会，都是"根据法律"来打量、裁剪的一种秩序体系。司法作为法律的守护神，作为法治秩序的最后"防波堤"，更应该坚持"根据法律"来所作所为。但事实上，再坚固持久的法律，也不可能做到事无巨细、毫无破绽，甚至如果一旦事无巨细，或者没有破绽，就无法成为法律。前引两位论者有关美国制宪活动的论述，已经颇能说明问题。这里不妨再引述一位论者对美国宪法这种一方面作为"超稳定性系统"，另一方面又通过司法判例来不断"重塑宪法"面貌的情形所做的描述：

"20 世纪是人类公认的巨大变化时期，同时也是全世界范围内法律制度发生重大变化的时期。在过去的整个 20 世纪中，美国的方方面面都发生了沧海桑田般的变化。宪法修正案、最高法院的判例一直在重塑着宪法，浩如烟海的司法判例和成文法规像蜘蛛网一样布满各行各业；上百万律师们涌动在这个国家的城乡内外、大街小巷。然而，稍微细心一些的人会发现，这个国家宪政的基本骨架在过去的两个世纪里并没有动摇过——不变的合众国联邦共和制、不变的九人最高法院、不变的两党轮替执政。一个世纪的风风雨雨中，技术革命、文化革命甚至是性革命都曾呼啸而过，但并没有什么实质意义上的政治革命在美国发生。用……劳伦斯·弗里德曼教授的话说：美国的故事，其实是一个在变化过程中发生的稳定性的故事，其实是一个新酒不断倒入了旧瓶里的故事。"②

这两种具有明显张力的不同向度之同时存在，至少表明这样的情形：一方面，法律具有稳定性和确定性；另一方面，它也具有需要司法根据社会事实不断补充、修正和续造的必要性。这两个向度的同时存在，足以说明法律的保守性和与时俱进（变迁性）这两种属性。司法在这两种属性之间，既是法律守成性的看家人，同时也是法律变迁性的微调者。司法拟制的结果，不

---

① 这是 2016 年 5 月 4 日笔者和一位友人的梦中对话，也发表在当天我的微信朋友圈。

② 周大伟："美国宪政基本骨架何以成为'超稳定系统'？"，载 http：//view. inews. qq. com/a/2016051806309600，2016 年 5 月 23 日访问。

是增加法律的规范内容，而是给法律规范增添更多的调整对象和内容，把既有法律规范尽管没有明令规定，但具有近似性的社会关系纳入（"视为肯定"）或者排除（"视为否定"）于相关规范的调整项下。《牛津法律大辞典》从司法视角如此解释法律拟制：

"简言之，将甲案件假定为是乙案件，并在法律上如同它是乙案件的实例一样加以对待。拟制常用于避免使法典或法令发生障碍。在罗马法和英格兰法中，广泛地使用拟制作为发展法律的手段，将规则扩展至原来未包括在内的案件。"①

尽管这个解释所涉及的仍仅是司法拟制中的"视为肯定"，但它准确地表达了司法通过拟制活动而"发展法律"、给法律规范填充社会关系，扩充调整对象的含义。诚如前述，司法拟制不仅能通过这种填充手法"发展法律"，给法律"增肥"，而且还可通过排除手段"缩减法律"，给法律"瘦身"。司法拟制即使并不像立法拟制那样，专注于运用"视为"这样的"规范词"来规范司法结果，但裁判活动本身，必然会表现出"视为"的含义和意义。

对司法拟制的上述描述，无不预示着它和制度修辞之间的关联。

首先，为何司法能够对法律进行拟制的"微调"？而其他机构或个人，如行政机关、社会团体以及公民个人不能对法律进行此种拟制和"微调"？换言之，这种"微调"是基于逻辑和真理，还是一种有关司法更容易保证公平、正确的修辞预设和前提假定？结果不言自明。尽管现代宪制创造者们赋予司法以维护社会公平、裁判公平的使命，并通过种种技术手段尽量保障司法公平，但即便如此，司法能否公平，仍然只是一种假定，它可通过技术手段尽量促使司法公平，但并不能保障司法一定会导向公平。因此，司法借助法律拟制对法律的"微调"，只是通过制度"赋予"它的使命，因而并非其天经地义地、合乎逻辑地、科学理性地合当承担这种使命。这一"赋予"过程，固然有科学的、理性的和逻辑的因素，但更是一个诠释的、诗性的、修

---

① ［英］戴维·M. 沃克编：《牛津法律大词典》，邓正来等译，光明日报出版社 1988 版，第335 页。

辞的结果。因为事实上，无论法院，还是其中的法官，都是凡俗化的，只是制度预设和修辞，才使其获得"神圣"：

"大法官也是凡人，他们对问题有着复杂的、不可预知的见解。在美国（以及作为我们法律传统来源地的英国），法官都身着黑色法袍。如此安排，背后的理念是：让所有法官看起来都相近，几乎不可分辨，这样他们就更容易被假定为中立的法律适用者。'法官皆同'在理论上是可能的，但现实却并非如此，且有趣得多。"[①]

可见，即使连法官们的形象、装扮这些内容，都是借助预设的规范所做的一种修辞性处理，更不用说其用来微调法律的权力了。法院也罢，法官也罢，不存在天然符合逻辑的微调法律的权力，只存在根据修辞预设而由法律"赋予"的微调法律的权力。

其次，司法通过拟制对法律的微调，所遵循的是逻辑原则，还是修辞路线？这一问题，在前面疏证司法拟制这一概念时，似乎已经能够说明。既然司法拟制和立法拟制一样，所运用的规范词是"视为"，其基本意义表现为"视为肯定"或"视为否定"，那么，在"视为"的背后所被规范的事实，就与本该规范的事实之间有张力、有分歧、有性质和内容上或强或弱的区别。不但如此，这种"视为肯定"和"视为否定"一旦被确定后，还会产生和既有法律规范内容相吻合的事实一样的法律效果。有区别的事实在无区别的同一规范调整下，能获得一样的调整效果，那不是突出主观预设的修辞，还能是严丝合缝的逻辑吗？卢鹏曾指出：

"《说文解字》：'拟，度也'，有比照、模拟、设计的意思；'制，裁也，从刀从未，未物成有滋味可裁断，一曰止也。''拟''制'合在一起，便有决断性虚构的意思。尽管人们对拟制的理解是纷繁复杂的，但有一点是相同的，即拟制是指一种法律上的不容反驳的推定或假定，是一个'不可推翻的推定''一个善意的错误''一个法律的假定''一个超现实的虚构'。"[②]

这种类似比照的裁断，即使有逻辑的构设，但背后的决定因素仍然是凌

---

① ［美］杰弗里·图宾：《誓言：奥巴马与最高法院》（中文版序言），于宵译，上海三联书店2013年版，第2页。

② 卢鹏："法律拟制正名"，载《比较法研究》2005年第1期。

驾于客观事实之上，以规则来裁剪事实的一种制度修辞。从制度修辞视角观察，它是一种通过论证而可接受的结果。换言之，它是由于人们的可接受性而成为真理（诠释的真理），而不是因为其是科学的或真理的而具有可接受性。

最后，为何司法拟制的结果会被人们所接受？司法拟制不仅关乎法律，而且更关乎经由法律调整、裁断的社会纠纷。任何一种社会纠纷，都有对立的两造、对立的诉求和对立的证据。司法拟制尽管可以出现在具有立法性质的法律解释中①，但就普遍情形而言，更多存在于个案裁判的司法决断中。在司法裁判中，它是法官的一种"决断性虚构"。即使在我国的司法解释体制上，尽管个案裁判中的司法决断，包括具有拟制性的司法决断，并不被视为法律解释，但其在本质上仍属于一种真正的司法解释。其目的就是为了获得当事人的接受。

那么，面对一例在法律上尚未明确规定的社会纠纷以及这种纠纷背后的社会关系或社会事实，为何法官拟制地解决的结果——无论"视为肯定"还是"视为否定"——当事人会（要）接受？这取决于两种因素，其一是法官论证的逻辑力量或说服效果；其二是法律规定法院生效的裁判必须接受。如果说第一种因素既有逻辑的力量，也有修辞的效果的话，那么，第二种因素就主要是一种修辞性设定：当事人为何必须接受司法拟制？因为法律规定如此！可见，法律本身就具有对司法裁判的修辞效果。所以，在笔者看来，如下引文的结论，只是找到了司法拟制可接受性的一半真理，而没找到另一半真理，就是法律规定：

"在纯粹的客观事实无法达致的前提下，法律拟制是法律职业群体的法律思维的体现，同时又能够满足社会的不同层次的需要，这些因素都决定了法律拟制对法律人和法治社会来说都是不可或缺的。"②

笔者要强调的是，司法拟制满足社会的需要，固然是纠纷主体接受的重

---

① 众所周知，这种法律解释存在于当今中国的法律解释体制中，或者说是中国独具的法律解释体制和解释方式（张志铭：《法律解释操作分析》，中国政法大学出版社1998年版，第220~259页）。

② 孙光宁、武飞："'决断性虚构'何以成立——法律拟制及其原因解析"，载《甘肃理论学刊》2006年第5期。

要的"修辞性基础"，但如果没有法定的司法拟制的必行性权力及其权威这一修辞性基础，纠纷主体对纠纷解决的可接受性往往会荡然无存——反而"公说公有理，婆说婆有理，大家都有理，只有法无理"的拒绝接受情形，反而会蜕化为真实。

三、作为制度修辞的法律虚拟

如前文所言，本文采行狭义的法律虚拟概念，即法律虚拟是"是对人类秩序交往的一种诗性描述和修辞预设。"这样，法律虚拟和法律拟制就是一种并列关系，从而论及虚拟与法律的关系和拟制与法律的关系时，不会显得过于交缠，也便于把两者分别作为法律中制度修辞的面向界分清楚，以更好地领会法律虚拟和法律拟制都是法律中制度修辞的关联性表现，同时也揭示法律虚拟作为制度修辞和法律拟制作为制度修辞的明显区别。那么，究竟法律虚拟是如何与制度修辞勾连的？它作为制度修辞又具体体现在何处？

（一）法律虚拟、诗性预设与制度修辞

法律虚拟在本质上是一种诗性预设，它体现着法律中的诗性精神。无论借助法律以实现社会的秩序整合，还是借助它来实现个体的自由追求，其背后都以对人性的感性经验和诗性判断为前提。换言之，诗性判断的基本出发点就是感性经验。只有充分赋予人的感性经验以合法性，诗性预设和判断才会相应具有合法性，经由社会批判的法律才构成一种制度修辞：

"人的感性实质上就是实践的对象化的存在。这是说，它不仅能创造一个对象世界，而且也为它所创造的这个对象世界所规定。人的感性本身已标明人是由先定的对象所创造的，从而也就表明了人拥有一个既定的对象世界，这就是历史的现实社会。现实社会既是人的感性的构成体，又是人的感性的规定和确证。感性个体为了能够实现自身，就必然需要通过与他相对的先定的对象（社会现实）来表现自身"；

"确立了感性及其社会现实的本体论的优先地位，进而予以社会历史的批判，这不但是新马克思主义美学的突出特征，也是他们企求本体论的诗的出发点。在他们那里，本体论的诗就是人的感性及其现实社会的审美解放，就是通过诗的审美力量去打破毁灭性的和屈从性的社会关系，打破被僵化的谜一般的社会现实，从而使每个感性个体的命运中所包含的普遍性照亮这些个体自身所处的特殊社会状况，改变必然性之成为抉择、异化成为自我实现的历史困境，也使现实社会的事物更透明、更独立，更令人感兴趣。本体论的诗成了人与社会的审美解放。"①

如果说感性经验是人类作为主体与作为客体的对象世界互动的产物的话，那么，人类面对对象世界所无法克服的约束和控制，同时也面临更多经由灵性所感知的诗性现实，换言之，人类所面临的现实社会，并非皆是可以借助理性来丈量确认的。哪怕一种科学的突破，也往往建立在"科学假说"基础之上。如果说"科学假说"具有明显的诗性特征的话，那么，社会秩序的建构，更难用一是一、二是二的科学理性加以组织和安排。反之，任何一种制度、任何一种法律都是利益博弈和妥协的结果，是诠释和交涉的结果。当人们津津乐道于"以法律为准绳"时，并不是说法律一定就科学并合乎理性，而是说人们通过利益博弈和社会契约，接受了法律，并"相信"法律是理性与科学的。"相信"自然代表不了事实，也代表不了科学，但毫无疑问，"相信"可以带来秩序，带来社会的稳定和交往的有效，可以带来行为的预期和心理的安定。

所以，经由感性经验带来的诗性判断，在一定意义上具有灵性的性质，是一种灵性的结果。在古代，无论中国还是西方，都曾有把法律和神灵结合起来的观念——法律或者是神灵给人间的启事，或者直接就是神灵的理性。

众所周知，在中国，殷商时期我国主要是一个神权国家。法律作为规范人们交往行为的工具，也常常与鬼神祭祀紧密相关。所以，"殷人尊神，率民以事神，先鬼而后礼"；"山林川谷丘陵，能出云，为风雨，见怪物，皆曰神。有天下者祭百神。"② 周朝而下，虽然世俗观念大大超越了鬼神信仰，但中国法律中敬天悯人的传统并未改变，反之，无论周秦、汉唐、还是宋元、明清，都不难见神权观念与法律的内在关联。如周代的"以德配天"、汉代

---

① 刘小枫：《诗化哲学》，山东文艺出版社 1986 年版，第 252 页、255 ~ 256 页。
② 《礼记·表记》《礼记·祭法》。

的"天人感应"、唐代的"社稷宗庙"、宋代的"天理人欲"等等，明清以来，神权观念虽在法律中有所降位，但秋审制度、神明裁判、法庭起誓等和神灵观念息息相关的制度或习惯，仍然深深地影响这期间中国的立法和司法，甚至还影响着遭受刑罚制裁的罪犯的改造心理和行为①。所以，如下说法即便不是说对中国古代法律的曲解，但至少也可说是对它的误解：

"有史以来，没有一个中国人认为任何一部成文法源于神的旨意，即便是最完备的成文法也不例外"；

"在中国，最初促使法律产生和发展的，既不是宗教因素，也不是经济因素。毫无疑问，经济的发展，在促使封建的中国社会产生对成文法的需要的过程中，起到一定作用。然而，当法律出现以后，它却既不维护传统的宗教价值，也不保护私有财产。它的基本任务是政治性的：对社会施加更加严格的政治控制。"②

把此种结论和夏之乾在"神判"研究中的结论相比较，可谓适成对照。夏之乾指出：

"神判……所要达到的目的主要在于两个方面：其一是用以解决有关财产方面的争执，即维护财产的私有制；其二是用以解决由于通奸之类的非正当两性关系所引起的纠纷，即维护以男性为主导的一夫一妻制或一夫多妻制婚姻……在早期的一夫一妻制和一夫多妻制婚姻中，妻子即是属于丈夫所有的财产。因此，同已婚妇女通奸，实际上也是对其丈夫的私有财产的一种粗暴侵犯行为。可见，用以解决通奸之类的两性纠葛的神判，其实质也是为了维护男性的财产私有制。也就是说，维护财产私有制几乎是一切神判的根本目的所在。"③

显然，在夏之乾的笔下，中国古代的是非裁断，既借助神明裁判，也保护私人财产，因此，和布迪等人的前述结论大相径庭。布迪等人之所以会得

---

① 杜文忠：《法律与法俗——对法的民俗学解释》，人民出版社2013年版，第77～283页；夏之乾：《神判》，上海三联书店1990年版，第1～113页；邓敏文：《神判论》，贵州人民出版社1991年版，第1～135页；张建智：《中国神秘的狱神庙》，上海三联书店2000年版，第1～102页等。

② ［美］D. 布迪、C. 莫里斯：《中华帝国的法律》，朱勇译，江苏人民出版社1995年版，第6、7页。

③ 夏之乾：《神判》，上海三联书店1990年版，第96～97页。

出上述结论，无疑是被以刑法典为代表的法律形式所蒙蔽。可事实上中国古代人的法律生活，除了和刑法相关的规范生活外，还有和礼教（主要为民事法律）、政制（行政法律）和宪制（国家法律）相关的规范生活。不系统地进入古代中国人的规范生活世界，对古代中国法律的观察就只能一知半解。

而在希伯来、希腊、罗马、巴比伦、印度以及后来的伊斯兰世界，法律自来就与神性相关。不妨引证一位学者通过对比《创世纪》、基督教《圣经》和《古兰经》后，对三者与法律关联的看法，以说明在域外文化中神灵和法律的关联：

"把《创世纪》与基督教的圣经及回教的《可兰经》做对比，三者之间的差异并没有那么难以理解。后两部经书跟《创世纪》相比，都较少处理法律发展的课题……到了耶稣的时代，律法早已行之有年，就耶稣的观点，那套律法甚至已经流于僵化，其中需要仁慈、恩惠与法条的适用。耶稣以行善与义行，指出一条路来超越犹太律法的僵化。

……《可兰经》在律法方面，相对而言是较为晚近的制度，它是建立在犹太教与基督教圣经基础之上，自然比新约圣经所处理的层面更为广泛。而且穆罕默德也能以身作则，不显露《创世纪》里的人物所表现出来的人性弱点。

既然上帝是最终的立法者，是所有法律与正义公理的体现，而且《创世纪》是法律最初发展的起点，所以《创世纪》的上帝是发展中的上帝，是一位如同早期的法律制度一般会犯错误且承认错误的上帝，在尝试错误中学习。之后的基督教圣经与回教《可兰经》里的上帝，则是近乎完美的上帝，正如他的律法已较为完美……"①

为何在前文中我不厌其烦地引文以论证神灵和法律的关联？其目的不过是为进一步说明作为社会控制的法律，并不像约定俗成的一些观念所表达的那样，完全是一种合乎科学逻辑的理性选择，而往往是一种源自经验的诗性表达。神灵对法律及法律控制的"点化"业已表明，法律主要是一种诗性思

---

① ［美］艾伦·德肖维茨：《法律创世记——从圣经故事寻找法律的起源》，林为正译，法律出版社 2011 年版，第 171~172 页。

维的结果，而不完全是什么"神学理性"的结果。它需要更多的论辩、诠释和证明，而并非因循天理、严丝合缝、毋庸置疑的既成结论，因此，它往往是一种基于灵感①的诗性预设，而不完全是基于理性的科学证成。这种基于灵感的诗性预设，在本质上是一种法律虚拟，而非法律拟制。一方面，它不排除人们的经验，甚至还很重视经验的积累。不过经验只是灵感的源泉，并非灵感本身。因之，它只是法律虚拟的参照，并非法律虚拟本身；另一方面，它也不排斥人们的理性论证，甚至理性论证每每是其重要特征。但是，这里的理性论证，并非科学意义上，毋宁是诠释学意义上的。与此同时，这里的理性论证，不是法律虚拟本身，而毋宁是为法律虚拟寻找合法性。例如，法律虚拟强调"无罪推定"，但究竟能否"无罪推定"，如何"无罪推定"等等，却是需要通过理性论证来说明的。有学者在谈及"君权神授"这一虚构的观念及其现实政治意义时指出：

"用'君权神授'宣扬政权的合法性是古代各个政治体系的普遍做法。虽然'神'是一个假设和虚构，'君权神授'更是无稽之谈，但是当这种假设与人们的宗教信仰结合在一起的时候，其说服力是惊人的，政权的正当性和合法性由此得以确立。"②

事实上，不仅"君权神授"这样的理念，举凡所有推进制度变革、社会转型的理念、主张和口号，无不具有此种虚拟的性质。这样看来，法律虚拟显然不是一种逻辑证明机制，而是一种基于灵感的诗性预设，从而也就是一种设证性的制度修辞。固然，一部杰出法律的创制，和人们精心的策划、理性加工息息相关，但即使如此，法律创制中的经验归纳、灵感启示、诗性预设以及与之相关的制度修辞都不但不能被否定，而且往往是法律理性论证的

---

① 用灵感这个词来描述法律，乍看起来，有点突兀，但稍加考究，这是一个与神圣法律理念息息相关的概念。众所周知，神灵无法证成、至少至今人类还没有证成，故对其只能付诸信仰的情感世界，而无法付诸经验证明或科学理性以证成。所以，法律的神启，毋宁是人类灵感的惊鸿一瞥。灵感是什么？有人这样总结了它的三大特征，即突发性、突变性和突破性。具体说来：（1）"从认识的发生看，灵感是一种突发性的创造活动"；（2）"从认识的过程看，灵感是一种突变性的创造活动"；（3）"从认识的成果看，灵感是一种突破性的创造活动"（陶伯华等：《灵感学引论》，辽宁人民出版社1987年版，第5~8页）。

② 卢鹏："法律拟制正名"，载《比较法研究》2005年第1期，第9页。

基本前提。这在一定意义上再次说明了笔者一再论述的"修辞是演绎逻辑的大前提，是归纳逻辑的结论"[1] 这一判断。抛开诗性、灵性和制度修辞视野，法律治理这样的命题就难以想象。

（二）从立法看法律虚拟之于制度修辞

立法活动绝非把所有社会关系和主体行为都无所区别地纳入法律保护或法律制裁的规范体系，但究竟哪些社会关系需要法律进行保护性调整？哪些社会关系需要法律予以放任性调整？哪些社会关系需要法律给予奖励性调整？又有哪些社会关系需要法律作出矫正性或制裁性调整？[2] 尽管人类常常会有一般的、普遍的价值观念来解决这些问题，但这并不意味着一般的、普遍的价值观念会放之四海而皆准地调整所有的社会关系。事实上，即使那些一般的、普遍的价值观念，在不同时期和不同地方，法律上也常会有完全不同的对待。

譬如卖淫、同性恋等行为及其社会关系，虽然在一般道德上人们并不予其以肯定评价，但在不同国度的法律上，具有截然不同的规定。有些国家视其为非法行为，并予以严厉打击和取缔，而在有些国家的法律上，却视其为合法行为，给予必要的肯定和保护。显然，无论选择打击、取缔也罢，还是选择肯定、保护也罢，都意味着立法者对这类行为或有害于社会，或无害于社会的一种假定和虚拟。再如对于"投机倒把"，曾几何时，这是我国当代法律史上的"重罪"，而如今，在刑法上不但取消了这一罪名，而且根据市场经济的一般要求，还在法律和政策上鼓励人们长途贩运、互补余缺。可见，同样一种行为和社会关系，在同一个国家的不同时期，法律给予完全不同的价值评判和规范处理。在理论上，这可以被视为"拟制"，但就其影响的时间和空间而言，笔者更愿意将其看作是一种虚拟，因为它自身构成一种价值参照。除了这一价值参照，它再没有可"视为"的参照对象。

在此意义上，毫无疑问，所有的立法活动，本质上是一种法律虚拟活动。

---

[1] 谢晖："解释法律与法律解释"，载《法学研究》2000 年第 5 期。

[2] 笔者把法律调整的方式一分为四，即放任性调整（针对权利）；导向性调整（针对义务）；奖励性调整（针对模范道德行为）和制裁性调整（针对违法行为）四类（谢晖：《法理学》，北京师范大学出版社 2010 年版，第 189~210 页）。

按照事物的本来性质，世间本无所谓好坏与可否，所有的好坏与可否都是人类基于自我的需要而预设的现象。所以它并不必然体现那种一是一、二是二的客观性，反之，它是经由人类的主观选择而后才成为对人们具有一是一、二是二的规范功能和效力的。对此，有学者指出：

"法虽不是一门以美为目的的审美艺术，但却是一门以善为目的的政治艺术或公正艺术。法律实现公正的过程，并不像科学发现真理的过程一样，殊途同归于一个正确答案，在法律公正中，不是'条条道路通罗马'，而是'大道条条通乐郊'，罗马在地图上只有一个，而'乐郊'在人心中却有许多。《尹文子·大道上》有言：'凡天下万理，皆有是非，我所不敢诬。是者常是，非者常非，亦吾所信。然是虽常是，有时而不用；非虽常非，有时而必行。故用是而失有矣，行非而得有矣。是非之理不同，而更兴废，翻为我用，则是非焉在哉？'可见，认识上的是非不同于行动上的得失，科学上的真假不同于法律上的善恶，数学运算的逻辑不同于政治统治的逻辑。

在科学上，事实只能是客观事实；但在法律上，事实不过是法律事实和主观事实。行为上的法则与良心上的事实常常是一回事……'精确表达的最佳途径是尽可能地搞清预测和建议、所说与所指的关系。'在法学中，所说与所指之间的鸿沟，也许只有诗的语言才可能跨越，而法律拟制就是这种'诗的语言'的典型。法律拟制中那种'好像'或'视为'的逻辑过程，就是一种典型的诗性思维过程：借用某种已知的概念或原理来比喻性地解释某种未知的法学问题；借用某种既定的法律属性或关系来类比性地处理某种待定的法律情况。"①

这种把法律和诗性思维紧密勾连起来的观点，之于立法而言尤为重要。只是诗性思维不仅关乎法律拟制，更关乎法律虚拟。如果说比较、比喻和对比等修辞方式为通过法律拟制的诗性思维提供了重要的修辞基础的话，那么，预设、假定或设问作为修辞方式，则为通过法律虚拟的诗性思维提供了基本的修辞基础。立法活动就是以某种价值预设为基础而做的虚拟活动。如果说

---

① 卢鹏："法学中的诗性思维"，见葛洪义主编：《法律方法与法律思维》（第 6 辑），法律出版社 2010 年版，第 187 页。

"法律既是一门艺术，也是一门科学。作为一门科学，它是关于人类的与神明的事物之一种知识，是关于是与非的一种理论；作为一门艺术，它乃是对善与公正的事物之促进"①，那么，立法活动，就是把艺术事项科学化的活动，把价值预设实证化的过程，把诗性思维理性化的努力。因此，它是艺术与科学、价值与实证、诗性与理性、修辞与逻辑的有机统一。这样说不是要刻意掩盖其艺术的、价值的、诗性的和修辞的面向，毋宁说正因为这一面向，才开启了法律的科学的、实证的、理性的和逻辑的面向。这样看来，法律虚拟是法律实证的前提，正如在演绎推理中，作为假设的大前提——修辞是逻辑的基本前提一样。因此，只要肯定了立法活动是以价值预设为基础的虚拟活动，也就必然因为虚拟的修辞性质而把立法活动带入到制度修辞之域。所以，从立法视角看，法律虚拟决定了立法的修辞之维。

（三）从司法看法律虚拟之于制度修辞

接着再来看司法、法律虚拟与制度修辞的关联。尽管在有些法律制度、特别是判例法制度下，司法作为判例法的创制活动，往往承担着立法的职能。在这个意义上，司法和立法具有一而二、二而一的特征。但是，即便在判例法制度下，司法毕竟有"遵循先例"原则的制约，即先例在上，司法必须受制。这样一来，司法中就很难呈现法律虚拟行为。只要司法者所遇到的案件不是疑难案件，就意味着其能够在既有的法律或判例体系中找到裁判的规范根据。因此，无论在判例法体系还是制定法体系中，法官的法律虚拟行为，只有在如下三种情形下才有必要，也才有可能。

第一种情形是法律所面对的冲突，既非不同层级效力之法律间的冲突，也非水平效力之法律间的冲突，而是法律与它所要调整的社会事实——社会关系间的冲突。因此，既无法通过效力位阶的识别来解决法律（层级效力）间的冲突，也无法通过利益或价值衡量来消解法律（水平效力）间的冲突，而只能通过法官以事实替代的方式来解决纠纷。所谓事实替代，是法律规范针对其所想调整的对象而"调整不能"的产物，其实质上是以社

———————

① ［意］A. P. d'Entréves：《自然法——法律哲学导论》，李日章译，台湾经联出版事业公司1984年版，第14页。

会事实（社会关系）的规定性替代法律本身的规定性。笔者曾经这样描述它：

"一种法律制定之后，要么在整体上，要么其部分规范，和法律所欲调整的对象之间，达不到调整的社会效果。例如，我国曾制定的'全民所有制工业企业破产法''全民所有制工业企业法'，几乎可说在整体上对相关的社会关系没起到调整作用。当立法者没有找到妥贴的解决方案时，司法者面对当下的案件，必须寻求法律和其所欲调整的事实间的冲突解决方案。这种解决方案，我把它命名为事实替代方案。"①

这种情形的出现表明，司法和法官此时已不是被动的法律适用者，因为当下的案件事实无法被装置于既有的法律规范中。法官只有面对当下案件事实，"发现"其内在规定性，并把这一发现虚拟为解决案件的裁判方案或裁判规范。因此，法官的法律虚拟、诗性预设在这里就和制度修辞相勾连。法官不仅是"根据法律"裁判，而且还在预设和论证"关于法律"的问题，再以修辞的方式来理解、解释并适用法律。法官的此番作为，与立法活动无异。

第二种情形是当法官面对法律漏洞时，在既有的法律规范中找不到可以类推适用的法律规范，从而只能把视线投向其他社会规范，如传统习俗、社会道德、民间规约、社团纪律、宗教规范、法律学理、生活常理等等来解决问题。此种情形，就是司法中的法律发现。尽管对法官而言，法律发现可以有内部发现（法律体系中）和外部发现（法律体系外）之别，但法律的内部发现，仍是法官"根据法律"的思考，而非"关于法律"之思考。因此，这种思考主要遵循科学的、逻辑的面向，而不是诗性预设和制度修辞的面向。但外部发现却不同。

"法律的外部发现是指当法官在现行法律中无法找到可适用于当下案件的具体规定时，挪移目光于法律之外，在案件事实或与案件事实相关的其他社会规范中寻找当下案件的裁判准据。"②

法官之所以在法律之外寻找裁判案件的规范，并据之构建裁判规范，

---

① 谢晖：《法律哲学》，湖南人民出版社2009年版，第241页。
② 谢晖：《法律哲学》，湖南人民出版社2009年版，第329页。

其基本缘由是法律内部没有可妥适地裁判当下案件的规范，因此，不得不去选择"外部发现"。但"外部"的、和当下案件相关的规范往往是多元的、冲突的。在这些冲突的规范中，法官为何最终选择其中某一种规范以构建裁判规范，而排斥其他规范作为当下案件裁判的根据？法官固然会认为其选择与当下案件事实最相吻合，从而做到了某种"客观性"，但事实上，如果站在客观真实的立场，法官的抉择并不符合，毋宁说这一抉择，不过是法官对客观存在的诸多规范根据当下案情的需要所做的主观加工、自由裁断的结果而已。此种情形，可谓法官根据当下案件的一种虚拟：一方面，法官借助之构建裁判规范；另一方面，法官在此设置了一个修辞性前提，用以作为司法推理的逻辑根据。显然，在这里，具有想象性、艺术性的修辞预设成为司法裁判的逻辑起点，所以，司法在此种情形下的制度修辞因素昭然若揭。

第三种情形则是法官面对法律漏洞时，既无法在法律内部找到类似的法律条文作为类比推理和裁判的根据，也无法在法律外部找到合适的规范构造裁判规范。这时，法官只能在当下的案件事实中寻求其内在规定性。这种情形，笔者称之为法官的"法律续造"。尽管这和拉伦兹有关法的续造观点有所出入①，但在我看来，这更能反映法律续造作为法官司法中创造性的一面，也更能说明司法的制度修辞之维。

法官在案件事实中发现"事物规定性"的活动，并不像自然科学家那样，是在客观事实中发现事物的规律，而是根据当下案情，发现两造都可接受的案件处理方案。一例在当事人之间诉求相反、举证相反的案件，最终经由裁判，要获得两造的共同认可和接受，要么是法官完全揭示了案件的内在

---

① 拉伦兹把法的续造两分为"法律内的法的续造"和"超越法律的法的续造"。"法律解释与法官的法的续造并非本质截然不同之事，毋宁应视其为同一思考过程的不同阶段。此意谓：如果是首度，或偏离之前解释的情形，则法院单纯的法律解释已经是一种法的续造，虽然法院多未意识及此；另一方面，超越法律界限之法官的法律续造，广义而言亦运用'解释性'的方法。狭义的解释之界限是可能的字义范围。超越此等界限，而仍在立法者原本的计划、目的范围之内之法的续造，性质上乃是漏洞填补＝法律内的法的续造；假使法的续造更逾越此等界限，惟仍在整体法秩序的基本原则范围内者，则属超越法律的法的续造。"（［德］Karl Larenz：《法学方法论》，陈爱娥译，台北五南图书出版公司1996年版，第277～278页）。

规定性，当事人屈于道理，不得不如此；要么是法官在当事人之间做了充分博弈的工作，当事人的接受基于法官的博弈；要么是法官运用法律规定的强制权力，通过调解或诉讼程序终了，调解或裁判在法律上的业已生效，从而迫使当事人接受。

上述三种情况，只有第一种完全属于"客观的"结果，后两种则明显都具有法官主观介入的色彩，即法官把对案件的经验观察、诗性预设作为虚拟裁判规范的前提。从而，法官针对当下案情的创造性裁判，成为司法性的制度修辞。尽管它并非对逻辑的背反，甚至还是法官展开推理、裁判案件的逻辑前提，但这一前提却是修辞性的。

四、从制度修辞的观点看法律

一直以来，法律似乎被作为理性的代名词。如果没有理性这一标签，法律似乎就不成其为法律，就无以规范纷繁复杂、品物万类的社会关系以及人和对象的关系。在一定意义上，这是有道理的。毕竟法律是要把感性的世界结构在相对统一、和谐、有序的规范体系中。这样一来，情感必须接受形式的规范，诗性必须接受理性的约束，修辞必须接受逻辑的检验。因此，说法律是理性的——无论它是客观真理意义上的理性还是主观交涉、博弈、商谈意义上的理性，都并不为过。法律固然是理性的，任何人都不能回避法律的理性属性，问题是如何解释理性和法律理性——这将直接决定能不能从制度修辞的观点看法律。

（一）理性的宏大叙事与法律的制度修辞观

什么是理性？同所有人类思想史上具有普世性的观念（概念）一样，这也是一个众所纷纭的问题。但最基本的理解，理性是和感性、情感等相对的概念，是人抛开了经验的羁绊而能够达到的认识的限度。康德作为理性研究的集大成者，把理性分为纯粹理性（思辨理性）和实践理性（纯粹思辨理性）两种。他关于理性的基本观念是：

"我的理性的全部旨趣（既有思辨的旨趣，也有实践的旨趣）汇合为以下三个问题：

1. 我能够知道什么？

2. 我应当做什么？

3. 我可以希望什么？"①

对此，有学者进一步解释道：

"……（"我能够知道什么？"）是纯然思辨的。所谓'纯然思辨的'，就是说人类理性对于能够认识到的什么只具有理论方面的兴趣，仅仅关心我在'何种范围内'对'什么'能够真正地知道……人类有限的理性只能认识现象界中的'显象'……

……（'我应当做什么'）是纯然实践的。所谓'纯然实践的'，必然是离开了单纯思辨的范围而与自由的行为相关联，从而彰显人类理性中纯然存在的'善'的兴趣……作为意志自由的主体，人类应该并且能够作出出于责任的行为，也就是说，人类应该并且必须排除一切欲望偏好（支配行为的经验性动机）而按照理性的纯粹道德命令行事……

……（'我可以希望什么？'）既是实践的，同时又是理论的……纯粹理性全部努力所最终指向的目标显然不会是理性思辨使用的结果……也不会是理性之实践使用的结果……

实践的东西不是希望的目标，但却是合理地实现作为目标的希望所必需的前提条件。当人追求指向幸福的希望时，做应当做的，就成为人有理由期待在道德和幸福之间因果性关联的逻辑根据……我们只有道德地行动才能成为幸福的配享者……

……将道德与感性满足及愉悦联合在一起的对象，指向纯粹理性之唯一的、至上的永福概念，即至善……"②

笔者不惮其烦地引述他人对理性的论述，是想说明，即便法律是理性的，但理性本身却是因为人类认知有限性的存在才引出的一个概念。假设人类能够如神灵般无所不知、无所不晓、无需判断求证，就可以让各种社会关系和社会秩序各安其位、各尽所能时，理性、科学、真理这样的词汇也就可以焚

---

① ［德］康德：《纯粹理性批判》，李秋零译，中国人民大学出版社2004年版，第591～592页。

② 傅永军：《绝对视域中的康德宗教哲学——从伦理学到道德哲学》，社会科学文献出版社2015年版，第1～5页。

之一炬了。恰恰因为理性的这一条件约束和限制,才需要人们在处事交往时,格外关注理性,尽量摒弃意气用事,克服人性的弱点。以道德的理性与善行通达感性的幸福和愉悦。以"克己复礼"的精神去关照"男女饮食"的欲望。

不难发现,当这样理解理性的时候,理性本身就是一个与感性、虚拟、诗性、以及修辞伴生的概念。进而法律并不只是秉有理性和逻辑这一面向,而且它同时还秉有诗性与修辞这一面向。无论从法律作为一种宏大的制度设计而言,还是就法律作为一种和人们交往行为息息相关的相关的微观层面的权利义务规范而言,都是如此。作为一种制度设计,法治具有一种神话般的属性:

"从源流上看,法治确实发源于神圣的宏大叙事,如为了维护人类的正义体系、人类的与生俱来不可剥夺的天生权利、神圣的上帝意志的体现等等,从这个意义上来说,它具有神话性质……围绕法律的一切设置和制度安排无不体现出一种庄严、神秘、崇高的气氛。黑袍加身、假发披冠的英国法官固然给人一种作秀的感觉,身穿官服、高坐公堂、由手持杀威棒的衙役两边伺候的中国古代官老爷又何尝不是被一种剧场化的效应烘托着?"①

这种神话般的设计,并不意味着设计本身就一定符合真实、真理,也不意味着设计一定是理性的,毋宁说如此这般明显具有诗性和修辞特征的设计,是为了寻求一种法律控制的社会效果,也是为了给人们的交往行为提供一种便利或方便。这种便利或方便,源于人们根据规范,就能对未来的交往行为及其后果有基本准确的预知,就能够避免没有预设、没有虚拟、缺乏共识、前路一片混沌所带来的心理恐惧。所以,与其说宏大的法治设计是人类认识的真理之结果,不如说它不过是人们利害权衡,两害相权取其轻,两利相权取其重的结果。

这种对法律发生学的理解,必然使其投向诠释学境域,而不是科学境

---

① 葛洪义:《法律与理性——法的现代性问题解读》,法律出版社 2001 年版,第 271 页。

域。始终把法律和法治置于科学的观念下打量，法律或许呈现于人们面前的是百般不是。只有把法律和法治置于诠释学观念下打量，才有可能让其通过严格论证、认真博弈、严肃商谈，而达到渐趋科学的境界。因为在法律世界中，在其没有制定前，人人都期望法律更多地表现自身的利益追求，从而人们很容易以自身的利益追求揣测、把握或模拟天下人的利益追求。但法律毕竟不是某个人利益追求的表达，它必须在无数人的利益追求、意义寄托中寻求这些利益得以共存，这些意义能被共同接受的支撑点。这一支撑点虽具有慎重抉择的科学、理性和逻辑面向，但归根结底，它又主要是一种利益权衡、交涉博弈的诠释、诗性和修辞面向。即便在人和对象的关系领域，法律也很难做到整齐划一的科学境界。否则，就难以理解为何都是汽车尾气排放的法定标准，欧标、美标和我国国标会有那么大的区别；也难以理解为何同样是饮用水的法定标准，为何有些国家自来水管流淌的水，可以随便饮用而无虞，但有些国家自来水管流出来的水，必须煮沸了才能饮用，不然会遗祸无穷。这不正说明法律产生的诠释学性质吗？这不正说明即便看上去很合乎科学的立法内容，也具有明显的诠释的、诗性的、修辞的性质吗？

（二）权利的价值开放与法律的制度修辞观

即便法律已经制定，人们对它也寄予着多重意义，换言之，并不是说法律一旦制定，人们的意义追求也就定于一律。众所周知，法律的微观结构由权利和义务两方面构成，法律就是由权利和义务共同构造的一个意义共同体。如果说义务更多地趋向于意义统一的话，那么，权利这个概念自来展现的就是对主体意义的开放性，对主体不同价值追求的兼收并蓄。因此，它更趋向于展现现实世界里人们的多元意义追求。这种情形，在技术上是由权利这个概念本身的选择特征和自由特征所决定的。权利作为主体交往行为的选择性规范，其基本要义就在于自由。规范只有赋予人们自主选择的资格，才可能趋向自由。进言之，只有在主体自主的选择中，才会实现人们的"萝卜白菜，各有所爱"，才会释放主体完全不同的意义追求。所以，法律规定权利，其实就是在法律中开放了诠释学，开放了人们自由选择的诗性修辞。德沃金的原则理论①就近乎这里的诗性修辞：

"通过把我们的法律原则建筑在道德原则基础之上，我们允许法律在面对一个问题时考虑道德因素。在此问题上，权利理论给那些主张即使是在明显违背道德时也应该服从法律的法学家们提供了一个答案。当法律规则和道德看起来是相互矛盾的时候，法律必须权衡所有有关的原则，而不应该机械地服从法律规则。权利理论也给以牺牲道德判断来促进法律思考，因而对法律的运用具有疑问的怀疑论者提供了一个答案。法律原则允许我们把法律思想和道德思想联系起来，它们允许我们保证我们的法律发展和道德发展携手共进。"②

这种把道德引进法律、以价值作用于法律的理念，毫无疑问，更加开放了人们在法律运用中的选择、权衡空间，因此，与其说权利理论是一种理性的逻辑论证，不如说它是一种诗性的修辞论辩，它把道德原则和价值判断作为权衡地运用法律原则的基础，就事实上在法律中扩展了诠释学被广泛运用的空间。这或许是德沃金同时也十分关注法律阐释问题，并强调"法律是一种阐释性概念"③的缘由吧？

可见，法律权利、法律原则的开放性、包容性以及与此相关的法律权利和法律原则对不同道德追求和价值选择采取的是"交涉性求解"，而不是

---

① 与法律权利一样，法律原则也是法律中的一种开放性机制，也会实现诗性的修辞开放效果。因为和法律规则的确定性相比较，法律原则具有明显弹性和可供司法者、法律适用者能动处理不同利益主张、价值追求和意义选择的修辞空间，因此，它为法律运行中的修辞进入提供了条件。不过法律原则的修辞开放性和法律权利的修辞开放性毕竟还有所不同。一方面，后者作为一种开放机制，在法律中是天经地义的，如果权利不向不同的利益主张、价值追求、意义选取开放，意味着权利是假的；与此同时，另一方面，权利的修辞开放性面对所有权利主体；再一方面，权利的修辞开放性主要针对权利主体的选择。而法律原则的修辞开放性则要受到更多的制约。所以：（1）法律原则在具有修辞开放性的同时，也具有义务强制性；（2）尽管主体可以在法律原则的空间内交涉、博弈，实现或部分实现自己的修辞选择，但并不能借口任何理由而放弃、否定法律原则；（3）法律原则的修辞开放性更多地面向权力主体的选择（自由裁量）——因为作为具有义务性的法律规定，法律原则更需要权力主体出面寻求保障其落实的可选择方案。当然，这并不意味着它反对或排除权利主体根据其而进行博弈、商谈与交涉。

② ［美］罗纳德·德沃金：《认真对待权利》（中文版序言），信春鹰等译，中国大百科全书出版社1998年版，第20页。

③ ［美］德沃金：《法律帝国》，李常青译，中国大百科全书出版社1996年版，第80页。

"强制性决断"。所谓"交涉性求解"是指对参与交涉的主体而言，透过权利的行为交涉所能达到的只是其相对的意义追求，这种获得在本质上即所谓的"舍得"——有舍才有得。如果说这里所呈现的也是一种理性，那只能是所谓"交往理性"，而不是"科学理性"。进而意味着这一过程并不是符合逻辑或科学要求的一加一等于二，而是符合修辞或诠释要求的善和包容。因为交往理性的实质是"上帝死了"，从而"理性下移"的产物，它不是任何一位神圣者的命令和旨意，反而存在于"主体间性"中，存在于人与人的互需与共养、多元与一体、个性与共性同在的交往关系中：

"共识并不……必定会抹杀个性，取消话语的多元性，相反，是建筑在对个性和多元性的承认之上的。但承认多元性和个性决不意味着异质多元的话语可以不遵守任何规则，可以超越语言交往的有效性要求。问题的实质在于，通过何种途径来达到差异中的同一。真正的共识绝不会否定差异，取消多元性，而是要在多元的价值领域内，对话语论证的形式规则达成主体间认识的合理的一致，并将这一前提引入语言交往。因此，它所依据的乃是建筑在逻辑合理性之上的话语规则的统一，目的是使论证的有效性要求在形式和程序上的实现获得保证。换句话说，符合有效性要求的、在平等的主体间达成的共识，强调的是一种程序和规则的合理性，它所反对的恰恰是社会压制，所追求的恰恰是这种压制的否定和摒弃，它所努力寻找的恰恰是一条将人从社会压制下解放出来的道路。"①

在这种符合"理想言谈情境"的程序性对话体系中，人和对象的关系越来越被遮蔽，但人和人之间的关系，或主体和主体之间的关系却越来越被突出，越来越被置于前台。即使人与对象的关系，也需要借助人与人的关系的解决才能进一步彰显。可见，人类越来越多地生活在"精神现象"界，人与对象的关系，反倒退居其次。人在"精神现象"界的这种生活，归根结底又典型地、突出地表现为言语交往。因此，言语这种本来是工具的现象，如今却凌驾于主体之上，成为支配主体交往行为的异化力量。进言之，所有言语交往，只有被置于符合逻辑理性的交往 – 言谈形式或程序中时，言谈才是有

---

① 章国锋："哈贝马斯访谈录"，载《外国文学评论》2000 年第 1 期，第 39 页。

意义的。这样，言谈的形式和程序再次凌驾于主体之上。要获得有效的言谈，所有主体就必须遵守形式和程序。只有这样，才能导致"主体间性"的真正有效，实现人们交往行为及其效果的相互性。

"主体间性所形成的认识论，对于制度分析的启发在于，制度不仅有效反映了个体行为与群体维系的内在机制，也提供了个体互动从而保持群体存续的行为规则结构。而另一方面，在主体行为与知识传统之间，能够充当桥梁的介质，恰好就是规约人类互动行为的规制和制度……正是主体间性的关系场和认识论前提才引致了制度的产生。"①

以上论述，正表达了法律、特别是现代法律面对复杂的交往关系时，必须解决的"现象世界"的理性。此种现象世界，即所谓"精神现象"或"心理事实"；此种理性，即所谓"实践理性"——"一般实践理性批判有责任阻止以经验性为条件的理性想要单独充当唯一对意志进行规定的根据的僭妄。"② 所以，只要法律无法不去包容人们完全不同的利益主张、价值追求和意义选取，那么权利设定就对交往行为中所有主体的利益、价值、意义而言是不可或缺的。但与此同时，只要法律不能斩钉截铁地判定谁的利益主张、价值追求、意义选取是"正确的"，反而必须包容完全不同的利益主张、价值追求和意义选取，就十足地表明法律权利本身是对"精神事实"和"实践理性"合法性的一种虚拟，进而表明权利之修辞性质。

（三）义务的主观确证、时代变迁与法律的制度修辞观

法律权利的自由开放性特征是权利合法性虚拟的证成基础，也是法律权利必然勾连制度修辞的证成根据。那么，这是否意味着法律义务之"丁是丁、卯是卯"的特征，就必然是科学的，不容置疑的规定？换言之，在法律义务视野，存在不存在制度修辞问题？这是需要继续探究的重要话题，否则，说法律是一种制度修辞就在逻辑上得不到圆满的贯彻。

诚然，义务规范作为法律中的必行性、强制性或禁止性内容，在贯彻落实过程中，必须强调义务法定原则，即没有法律的明令，任何个人、组织不

---

① 顾自安：《制度演化的逻辑——基于认知进化与主体间性的考察》，科学出版社 2011 年版。
② ［德］康德：《实践理性批判》，邓晓芒译，人民出版社 2003 年版，第 17 页。

得为其他公民和组织设定具有一般性和普遍性的义务。这表明，公民之间、法人之间以及公民与法人之间，尽管可以约定合同性的义务，但这种约定义务的范围，仅仅限于合同有效的时空范围和主体范围，而不能推演为公民的一般性义务。此种情形，不禁使人感到义务的肯定性、明确性和不容选择性。然而，一方面，这仅仅是立法之后义务法定的后果，它不能表明法律制定过程中立法者的权衡和选择过程；另一方面，它也表明即使法定的义务，也不是个"天不变、道亦不变"的静态的固定结构，而是一个随着社会变迁而变迁的动态的变迁结构。

前一问题表明，在立法者眼里，究竟什么才能成为义务，这是一个需要认真考量的问题。毕竟在法律的世界，义务有时比权利更为重要，因为义务关联着人类交往之基本秩序的建立。义务不存，秩序也就不在。权利在秩序体系中只决定者秩序的管控或调整程度，而义务则决定着秩序的性质和有无。如果说法律具有自由和秩序的双重价值的话，那么，权利更多指向自由价值，义务更多指向秩序价值①。自由和秩序两者，究竟何者居先？究竟豪迈的"不自由、毋宁死"居先还是略显消极的"好死不如赖活着"的居先，这或许是个人言言殊，难以定论的话题。但对绝大多数普通民众而言，能够有秩序地活着，或许是生存的底线，至于活的质量高低，自由与否，是在这一底线基础上的发展问题。如果这一假定没错，那么说"有秩序聊胜于无自由"也就言之不虚，进而义务优先于权利，也就不难理解。

"……在自由与秩序两种基本价值中，法律追求的首要目标不是自由，而是秩序"；

"秩序之所以是人类社会的首要价值，是因为这种生活状态满足着社会成员的基本需要，从而对社会成员有益"；

"'义务重心说'是指，法作为社会控制、规范手段，主要通过义务性规范来实现自己试图达到的目的。也就是说，当法的价值目标确定之后……立法者应将侧重点、注意力放在法的义务规范、以及违反这些义务规范所要遭致的不利后果的精心设计上，以便使法具有可操作性……法律作为一种实用

---

① 谢晖："法律双重价值论"，载《法律科学》1991 年第 6 期。

性很强的社会控制工具，就在于它的可操作性。这正是它和道德、习惯规范相区别的根本点之一。离开这种可操作性，将使其价值下降到和道德习惯规范几乎无区别的地步。"①

这表明，义务虽不排除立法者根据某种科学标准来规定，但它并不总是根据科学标准来规定的。在很多时候，究竟哪种行为被立法者宣布为义务，哪种行为不宜纳入义务规范，是立法者以及其他社会主体间交涉权衡的产物，它往往只能是诠释性的权衡，而非科学性的决断。至于这种权衡符合人们的需要、符合社会发展的要求等等，都不过是立法者的虚构和预设。它是预设性的，未必一定符合科学；它是诗性的，未必纯粹合乎理性；它是修辞性的，未必必然符合逻辑，这正决定了义务设定的制度修辞之维。

后一问题表明，法律义务经由立法者制定后，绝非一成不变的事物，反而随着时移世易、风俗变化，法律义务的变迁是毋庸置疑、自然而然的事。所以，在我国历史上，一系列伟大的思想家都对此作出了论述。如管仲云："以其理动者，虽覆屋不为怨；不以其理动者，下瓦必答"；庄周云："礼义法度者，应时而变者也"；商鞅云："礼法以时而定，制令各顺其宜"；韩非云："不期修古，不法常可"；刘安云："世异则事变，时移则俗易。故圣人论世而立法，随时而举事"……②这种理念，在西方法学家的笔下亦是，如：

"有科学精神的法律学家，不能忽视一种事实，那就是法律的本身含有一种种籽，使它的发展按照社会接受的价值系统前进。"③

不但法学家对法律以及法律义务因时而变、因地而宜的理念多所论述，而且法律发展的事实早已昭告天下：法律上尽管存在不变的义务，但并不是所有法律义务都一定永远、一成不变。但法律义务因何而变？究竟哪些需要变，那些无需变？这也并没有一个精确到分毫不差的数量标准。它只是立法者根据自己对社会变迁的判断所作出的一种诠释性确信，而非科学性断定。

---

① 张恒山：《义务重心论》，山东人民出版社 1999 年版，第 20、11 页。
② 《管子·形势解》《庄子·天运》《商君书·更法》《韩非子·五蠹》《淮南子·齐俗训》。
③ ［英］丹尼斯·罗伊德：《法律的理念》，张茂柏译，台北联经出版事业公司 1984 年版，第100 页。

那么，这是否意味着人类不存在永恒的价值和永恒的义务？当然不是。所以，似乎可以把法律义务以能否变迁变化分为三个层面。

第一层面是不能变迁的法律义务。不能变迁的缘由在于这样的义务，表达和记载的是人类永恒的价值。即使一种法律在整体上变迁了，这样的价值及其义务载体也不会发生变化——除了义务表述方式之外，其他皆永恒存在。例如，尊老爱幼、敬畏自然、顺天应民、爱护生命等等，是在古今中外法律中皆可见到的加于所有主体的义务内容。

第二层面是因地而变迁的法律义务。即对同样的行为，在不同的地方或以义务对待，或不以义务对待。这不特指在不同的国家立法中是如此，也指即使在同一国家的不同区域，对同样的行为是否以义务对待，也会有不同的规定。前者自不待言，后者例如，我国清代在全国统一法律之外，对苗疆六厅根据苗俗治理的规定可谓典型①。而在当下，在全国统一的法律之下，针对民族自治地方、特别行政区等实行的法律治理，也形成了区别对待的、独特的义务和宪制安排②。

第三层面是因时而变迁的法律义务。法律义务的变迁，更多地体现为因时而变。这不仅体现在不同性质法律的变迁中，而且也体现在同一性质之法律的变迁中。前者如子女对父母的绝对服从义务在权利平等时代完全被解构，父母子女在法律人格、人身和自由等方面都具有平等地位。后者如前面提及的刑法上对投机倒把行为的除罪化处理等。当然，这只表明了义务向权利的变迁。其实，要强调义务的因时而变，还必须得关注义务在一个国家不同时期的增量问题。这一问题的实质是立法者把权利义务化的过程。

从此不难看出，所谓法律义务的变迁，实质上是立法者针对人们同一的

---

① 周相卿："清代黔东南新辟苗疆六厅地区的法律控制"，载《法学研究》2003年第6期。类似的对不同地区或不同主体区别化安排的治理规范，在有清一代多有。成崇德：《清代边疆民族研究》，故宫出版社2015年版，第201～344页；杜文忠：《边疆的法律——对清代治边法制的历史考察》，人民出版社2004年版，等。当然，历史上对待边疆少数民族地区的政策举措并非"区别对待"这一种，除此之外，还有其他更多的举措。对此，可参见王明珂：《华夏边缘——历史记忆与族群认同》，浙江人民出版社2013年版，第61～306页。

② 常安：《统一多民族国家的宪制变迁》，中国民主法制出版社2015年版，第147～256页。

行为或者同一的关系，在不同时空里把其从"义务虚拟"变为"权利虚拟"，或者相反，从"权利虚拟"变为"义务虚拟"的活动。既然是一种虚拟活动，则即使立法者也会尽量寻求它得以证成的科学根据和逻辑基础，但归根结底，这是一个在不同时期，依靠立法者的诗性诠释和修辞预设而建立的规范体系。因此，在实质上，义务变迁是一个虚拟性的制度修辞活动。

民间规范

第四章

论作为人权的习惯权利[*]

人之所以异于万物的本质，出自他是反思性存在的动物。其中人类反思最多的问题或话题，也许是人是什么样的存在，人为什么而存在，人怎么样才能更好地存在。这其中，对人权问题的反思，又或许是其中最重要的内容之一。如果把人权界定为"是人因其为人即应享有的权利"[①] 的话，那么，人们根据其经年累月"自然"形成的习惯而交往行为，自是其为人的题中应有之义，也是其应有的人权。尽管习惯如同任何社会规范一样，也会随着生活条件、社会制度乃至自然环境的变迁而更改门庭，可"根据习惯而生活与交往的权利"这个虽不乏抽象但又十分具体的命题，并不因为习惯的变迁而褪色，因为旧习惯变迁了，新习惯会产生，进而人类根据习惯生活和交往的权利这个一般性命题仍有效。那么，如何理解习惯权利？习惯权利为什么是人权？作为人权的习惯权利，其与法定权利是何种关系？为何要强调习惯权利的法治保护，进而法治如何保护习惯权利？这些，是本文拟探讨的几个话题。

一、何谓习惯权利：法律叙事视角的转换

法律、习惯与习惯法，向来是法学理论所关注的重要话题，几乎所有重要的法学流派，莫不关注这两者之间的内在关联。即使被称为"排他性"地

---

[*] 该文原载《法学评论》2016 年第 4 期。
[①] 徐显明："'人权研究'集刊序"，见《人权研究》（第一卷），山东人民出版社 2002 年版，第 1 页。

坚守规则研究的分析实证法学者们①，也不是完全无视习惯和习惯法的存在，反而相关问题似乎是其绕不开的话题。尽管他们对习惯和习惯法的解释总是限定在其所预设的法的前提中。以奥斯丁对习惯法的解释为例：

"一个习惯……当其被法院适用的时候，而且，当其被司法判决作为根据，并被国家权力所强制实施的时候，也就自然转变为了实际存在的由人制定的法的一部分。但是，在法院适用之前，当其还没有法律制裁的外在形式的时候，习惯，仅仅是实际存在的社会道德的一种规则"；

"当习惯经由权力地位低于最高权力机构的法官的判决转变为法律规则的时候，实际上，最高立法机构是以含蓄默认的方式，表达了习惯可以转变为法律规则的命令。"②

尽管对习惯法的此种解释，笔者并不完全赞同，因为奥斯丁仅仅是立基于"国家命令"这个他所预设的有关法律的"元叙事"而展开的。不过要厘清这个问题，就有必要对包括这个"元叙事"在内的法律既往的叙事本身是否具有合理性，作出必要的反思。

（一）从法律的权利叙事看习惯权利

众所周知，法律是由权利和义务这对范畴为经纬所构织的一套规则体系。只要这套规则体系不惟义务，不惟由义务所派生的责任，从而不惟国家权力支撑其实施。换言之，只要法律通过授权赋予主体以自治地、自主地决定其生活和交往的权利，那么，对法律分析，就不能仅仅局限于义务及由其派生的责任和保障责任落实的权力这类"元叙事"，同时，权利也构成、甚至更构成法律的分析框架。法学家们都很喜欢运用德沃金那部名著及其书名——《认真对待权利》，以强调权利的重要性。但迄今为止，法学并未真正被作为"权利之学"来对待，或者至少法学家还没有建立一套系统的以权利分析为

---

① 笔者在此所讲的排他性概念，是就分析实证法学的一般特征而言的。众所周知，在分析实证法学内部，还可细分为"包容性实证主义法学"（如哈特）和"排他性实证主义法学"（如拉兹）两途（［英］H. L. A. 哈特：《法律的概念》，许家馨、李冠宜译，法律出版社 2006 年版，第 231～234 页；［英］约瑟夫·拉兹：《实践理性与规范》，朱学平译，中国法制出版社 2011 年版，第 204～231 页；陈景辉："原则与法律的来源——拉兹的排他性法实证主义"，载《比较法研究》2006 年第 4 期等）。

② ［英］约翰·奥斯丁：《法理学的范围》，刘星译，中国法制出版社 2002 年版，第 38、40 页。

框架、为核心的法学体系。所以，即使人们再强调权利在法学上的重要性甚至核心地位，仍在分析工具和叙事技术上，敌不过人们耳熟能详、得心应手且习以为常的义务分析和权力分析之类的"元叙事"。

但是，如果我们转换一下叙事视角，即把义务分析和权力分析的"元叙事"转换为权利分析的"新叙事"，那么，对习惯、习惯法以及习惯权利的分析，就不一定强调它作为法律的运用，需要"最高立法机构"的"含蓄默认"。其实，这是一个主体在法定的权利空间内，自主选择其交往行为方式和工具的权利运用行为。它当然属于法律治理内容的一部分，而不是法律治理的疏离者、分裂者。这样一来，习惯、习惯权利及其运用，乃属于法律体系在动态实践中的应有内容。只要一个国家形成了以权利义务所构织的法律规范体系，只要在这个体系中没有把按照习惯交往作为禁止性义务，那么，人们根据习惯的个体自治和交往合作就并没有被排除于法律之外，反而被结构在具有弹性和开放性的法律权利之中①。

显然，这种叙事视角的转换，让习惯和人们根据习惯的交往行为，获得了法律的内在意义，或者被结构在法律治理的内在体系中，除非某种习惯与法律的原则、禁令或义务背道而驰。所以，把习惯秩序排除于法律秩序之外的观点，实质上仍是所谓"义务本位"（法律的"元叙事"之一）视角的结论，而既不是"权利本位"视角的结论，也不是"权利义务相统一"视角的

---

① 如果说法律是一个开放体系的话，那么，它主要体现在权利领域，而不在义务领域。因为义务必须是肯定的、明确的、无弹性的。这从义务的引导词——应当、必须、不得等本身所具有的强制性中不难看出。而权利的引导词则一般是可以（周赟：《"应当"的法哲学研究》，山东人民出版社2008年版，第125～320页；魏治勋：《禁止性法规范的概念》，山东人民出版社2008年版，第38～110页；钱锦宇：《法体系的规范性根基——基本必为性规范研究》，山东人民出版社2011年版，第43～108页；喻中：《论授权规则——以"可以"为视角》，山东人民出版社2008年版，第89～237页）。但需说明的是，笔者这里所谓法律的开放体系，不同于哈特的法律开放（空缺）结构。哈特的"法律的空缺结构意味着，存在着某些行为领域，这些领域如何规范必须由法院或官员去发展，也就是让法院或官员依据具体情况，在相竞逐的利益……间取得均衡……在处于边际地带的规则，以及由判决先例的理论所开放出来的领域中，法院则发挥着创造性功能。此项功能就能像行政机关在将可变标准具体化时所做的。"（［英］H. L. A. 哈特：《法律的概念》，许家馨、李冠宜译，法律出版社2006年版，第130页）。如果说哈特所指的开放性结构指向法律对社会事实的规范尚不足，特别是借助义务对事实的规范尚不足，从而需要法院或官员发展的话，那么，笔者所谓的法律的开放体系，则主要针对法律权利本身的弹性或者伸张性。这种伸张性对没有直接写入法律的事项，足以借权利推定而包容其中。可见，前者倾向于法律开放的外部性，而后者倾向于法律开放的内部性。

结论。在一定意义上，此种观点目无权利——尽管笔者相信，这一结论或许会让那些真诚关注法律权利问题、但对权利分析方法又不得要领的论者们很受伤。

（二）习惯权利与习惯对权利的创设

交待了法律叙事视角的转换——从义务元叙事到权利叙事，再来看何谓习惯权利，以及它与法律权利的内在关系，就有了新的叙事基础。众所周知，习惯权利是法定权利的对称。在我国法学界，已对之有些研究，且观点各异①。笔者曾对习惯权利做过如下的界定：

"习惯权利针对法（国家法）定权利而言，它是指一定社区内的社会主体根据包括社会习俗在内的民间规范而享有的自己为或不为、或者对抗（请求）他人为或不为一定行为的社会资格。"②

根据这一界定，习惯权利和法定权利在基本属性上并不存在什么区别，只是两种权利所依赖的规范路径不同。前者的规范路径是社会习惯等民间规范③，而后者的规范路径是国家正式法。尽管民间规范与国家正式法之间会存在相互转化的问题，如当今我国在婚姻缔结中普遍通行的彩礼习惯，在丧葬中普遍遵循的穿麻戴孝等习惯，在历史上曾是作为国家法的礼的重要内容。再如长期以习俗方式存在的春节、清明节、端午节、中秋节等节庆习惯，在最近二十年来被升华为国家的法定假日，从而获得了国家正式法上的有效性。此种情形，势必影响到习惯权利和法定权利之间的转换。例如，过春节享受假日，曾经只是种习惯权利。此种习惯权利一旦遇上"政治挂帅"一类的影

---

① 夏勇：《人权概念起源》，中国政法大学出版社 1992 年版，第 3～25 页；韦志明：《习惯权利论》，中国政法大学出版社 2011 年版，第 36～99 页。其中夏勇在谈到"习俗权利"时，把它仅仅作为原始先民的权利，这显然是值得商榷的。事实上，即便在现代发达的工商社会，也有习惯权利。例如，在当今欧美具有广泛影响的小费这种"非正式制度"，所表现的就主要是习惯权利（对小费制度与习惯权利关联的一个有趣分析，秦中峰等："作为习惯权利的形成和演化——以小费博弈为例"，载《西江月》2014 年第 1 期）。

② 谢晖："民间规范与习惯权利"，载《现代法学》2005 年第 2 期。

③ 民间规范（民间法，下同）是外延远大于习惯规范的概念，两者间是一种属种关系。人们习惯性地把习惯规范等同于民间规范，这是一种人云亦云的误判。民间规范除了习惯之外，还包括诸如乡规民约、社团章程和纪律、社区合约、宗教规范、家法族规、行会条规、私人间契约等（于语和主编：《民间法》，复旦大学出版社 2008 年版，第 75～81 页）。民间规范只要能在一定范围的主体之间产生权利义务关系，且具有现实有效性和必要的强制保障性，就具有民间规范或民间法的性质。

响，还往往无所保障。曾记否，当年在我国盛行的口号："腊月三十不停工，正月初一照样干"，使相关习惯权利遁于无形的境况？

那么，强调习惯权利，是不是同时也强调其只能生成于习惯？谈到这一话题，笔者不禁想起米尔恩有关权利渊源的论述。他把实在法、道德以及习俗都作为权利的渊源来看待，其中在论及"作为权利渊源的习俗"时，他是这样说的：

"授予权利的规则必定是构成性的，而不是调控性的……特定的习俗规则是调控性的，因而不可能授予权利。习俗之成为权利来源，在于它是一种制度。它的构成性规则赋予共同体的每个成员以遵从既存习俗的义务，同时授予每个人以相应的使习俗得以遵从的权利"；

"法律能够审慎地创设权利，习俗却不能。因此，习俗仅限于对社会保守有益，法律则既有益于社会保守又有助于社会适应。正如我们所看到的，不可能存在没有习俗的共同体。不过，一个共同体若既有实在法又有习俗，它就能较好地适应新环境，并能有效地协调社会保守和社会适应的要求。"①

可见，在米尔恩看来，习惯尽管能够生成权利，但它对权利的生成机制是有界限的，只有在构成性规则那里，才可以看到和习俗而生的义务并行的权利。如果是这样，则习惯之于义务的生成，具有"原生性"，而其之于权利的生成，只具有"派生性"。因此，他强调在创设权利方面，尤其在流动社会里对社会关系变迁中权利的创设和适应方面，法律胜于习俗。

事实果真如此吗？我们知道，法律并不总是能适应社会关系的变迁及相关权利的创制。法律既是社会秩序的构造者，同时也是社会秩序的守护神。在这个判断里，已经蕴含着法律的守成或保守性。法律创设权利，主要在两个环节：一是通过立法直接创设权利；二是通过司法，法官借助立法授权而创设权利。其中后者在判例法制度下，实为一种立法，而在成文法制度下，它仅仅是、且只能是立法授权的结果。

与此同时，人们也不难发现，所谓习惯，也并非一以贯之地固守"天不

---

① ［英］A. J. M. 米尔恩：《人的权利与人的多样性——人权哲学》，夏勇等译，中国大百科全书出版社 1995 年版，第 141～142、143 页。

变，道亦不变"的常经，反之，在我们的日常生活中，特别是在目前这个迅速变化的转型社会中，不时可以发现习惯规范及其具体实现方式的日新月异。例如，崇祀祖先，这是自先秦以来中国一直流传的习惯，可谓历千百年，而长盛不衰。但如何崇祀祖先？在这个技术手段日渐高明的时代，很多人不再是坟前洒扫祭奠，而是把祖先纪念馆搬到网络，实行网上祭扫。这显然是习惯对日新月异发展的科技的一种适应，在这里不但会形成新型社会关系及习惯权利，而且也往往通过司法，创生所谓新型权利①——一种特殊的法定权利。

或以为，习惯对现代科学技术的吸收，不过仅仅作用于习惯运行的技术层面，并未对习惯的本质和内容产生影响。此种见解表面上看似乎不无道理，但进一步的观察会让人们发现，这种技术性的适应，绝不是细枝末节的，它也会实质性地改变习惯以及附生于习惯的行为方式和规范交往。由此不但会适应性地产生新型社会关系，而且对这种新型社会关系的适应，既可能提出习惯权利的要求，还可能进一步通过司法而创设新型权利。因此，习惯对现代技术以及由此种技术所带来的社会关系的适应，绝不仅仅停留在技术层面，同时也深刻地影响甚至改变着主体的生活方式、人际交往方式和公共治理方式。

在这个意义上，法律在权利"创设"上优于习惯，并不尽然是个妥适的命题和结论。毋宁说无论是习惯也罢，还是法律也罢，一方面，本质上都是社会关系和社会秩序的保守因素。它们框定了社会关系和社会秩序，自然，也只能积极维系、守护和保障由它规定的社会关系和社会秩序。另一方面，两者都需适应社会关系的变迁以及在此变迁中人们所提出的新的秩序要求和权利要求，否则就只能被变迁中的社会关系所摧毁和淹没。

---

① 新型权利与习惯权利并不是一码事。笔者认为，新型权利的创生主体是司法，其权力根据是法律授权，其事实根据是人们在变革社会中对权利的新要求、新主张。因此，它是近乎法定权利的一类权利，在成文法国家，不妨将其称之为"准法定权利"（笔者关于新型权利的初步论述，谢晖："论新型权利生成的习惯基础"，载《法商研究》2015 年第 1 期）。与此同时，新型权利产生的前提，既可以是习惯上的权利要求（如"祭奠权"保护请求），也可以是新型社会关系导致的权利要求（如"死囚生育权"保护请求）。当然，新型社会关系一旦被人们普遍认可，也可谓之新习惯，其中权利，也可谓之习惯权利。可见，新型权利属于法定权利范畴，而习惯权利并不总是法定化的，因而，新型权利与习惯权利也是可以对应的概念。

　　还需强调的是，如果运用前文所提出的法律叙事的新视角——权利的法律叙事，那么，习惯对社会变迁中新社会关系的适应，是法律权利开放性的现实回应，也是法律权利包容习惯的应有内容。因此，只要法律能适应性地创设权利，那么，逻辑上就必然意味着习惯照例会适应性地创设权利。甚至习惯的权利创设还是支持法律创设权利的重要前提。只是习惯创设权利和法律创设权利的机理、程度、方式等各有不同罢了。其中最大的不同，应在于习惯权利是"形成的"，而法定权利是"创设的"。

　　（三）习惯权利的"形成性"及其例外

　　"形成的"和"创设的"是权利长成的两种不同形式，同样，也是规范长成的两种不同类型。前者意味着人们在日常生活和交往实践中日积月累而形成，是一种"自生自发的自然秩序"；后者则意味着立法者在社会需要基础上，注入了主体的主观加工和创造精神，因此，是一种"自主自觉的社会秩序"。这一区别，在乡土中国的既有秩序和现代城市社会的人为秩序的比较中完全可以得见；也可以在习惯和法律的比较中完全可以得见。即使在转型期的当代中国，一个乡土的"村庄共同体"及其秩序，仍明显地是"形成的"：

　　"抽象地讲，村庄共同体由三种边界构成：一是自然边界，二是社会边界，三是文化边界。自然边界构成人们交往的空间与基础，当前村委会一级的自然边界一般都很清晰。社会边界是对村庄身份的社会确认或法律确认，具有村籍就具有村民的公共待遇，就可以承包村集体的土地，就可以从村集体收益中享受再分配的好处，村庄有保护村民的义务；反过来，村民也存有对村庄的义务。文化边界即村民是否在心理上认可自己的村民身份，是否看重村庄生活的价值，是否面向村庄而生活。"①

　　而在城市中国，人们的交往行为越来越多地受制于贯彻了现代性精神的法律之调整，即使那些纯粹属于私人领域的交往，也摒弃了"形成的"特征，而取向于受"创设的"规范的调整和结构。例如，随着城市建设大规模

---

　　①　贺雪峰：《新乡土中国——转型期乡村社会调查笔记》，广西师范大学出版社2003年版，第30页。

的拆迁以及补偿所带来的巨大利益的影响，兄弟姐妹之间，甚至父母子女之间因为财产分割的问题，常常私决不下，告上法院，根据"创设的"国法来处理。当然，在这一过程中，人们也不时能发现政府、社会向既有的"形成的"规范寻求救济的种种举措，如强化民间调解，开办电视调解室等。但这些看似向传统"形成的"规范秩序回归的举措，仍然无所例外地坚持以现代法律为基础。在不少地方电视台所开办的"调解室"，总会邀请律师出面把关，就是明证。因此，在城市社会，因为社会关系的变迁，转型社会的日渐完善，人们的生活业已临近那种"现代法治"的状态：

"现代法治只是现代社会的生活方式而已，而不是幸福的保票。'现代'并不具有规范的意义，只是表明，你必须在这里并且这样活着，依据现代社会生活的规则活着。现代社会的生活通过我们的环境的变化（包括我们自身的变化）在时间流逝中塑造一个个个体，改变、塑造人与人的相互关系，进而改变社会组织的方式、重塑这个民族，使得绝大多数人在绝大多数事项上重新达到一种'从心所欲不逾矩'——而这也许就是'信仰法治'之生活的经验状态。"①

尽管论者对现代法治状态的描述，充满了社会－经济决定论的意味，但现代生活及环境对人们的重塑，是明显离不开现代法律和法治的。同时，现代法律及其法治在一个复杂交往关系和交往框架中，并非人们交往中自然磨合的结果，反而必须是人们在生活关系中理性博弈、抉择萃取的结果。这就决定了城市社会的权利框架的"创设性"，也决定了它与乡土社会权利框架之"形成性"特征的内在分野。

尽管习惯权利是"形成的"，但也并不尽然。根据社会习惯所长成的习惯权利可以适用这一结论，但诚如前述，习惯权利的长成不唯根据习惯，同时还会因其他社会规范而长成，譬如社团章程、行业规范、单位纪律、宗教规范以及曾被废弃的国家正式法律等。借由这些规范而产生的习惯权利，就具有创制的特征。或以为，根据这些规范长成的权利能否称为习惯权利？对此，人们尽可以提出疑问，也可以以其他词汇命名这类权利。但在没有找到

① 苏力：《道路通向城市——转型中国的法治》，法律出版社2004年版，第308页。

更为合适的命名方案前，笔者仍愿意用习惯权利来命名这些权利，因为毕竟它们并非法定权利。即使那些因废弃的正式法而形成的习惯权利，在废弃之后也就不属于法定权利的范畴了。因为这些规范本身更接近于人们的日常生活和交往经验，在一定意义上，它们就是对人们日常生活和交往经验的规范提升。

与此同时，还必须关注由新习惯所支撑的习惯权利的生成问题。人们不仅生活在传统习惯中，而且也生活在不断生成的新习惯中。如前所述，习惯并不是亘古不变的，也不是定于一律的，相反，随着人类社会的进化，随着人类交往方式和内容的变化，习惯因之也会由旧变新甚至重新生成。譬如虚拟网络，就既是一种新兴的事物，也以此为平台产生了全新的网络交往习惯。人们在不同的网站安家（注册），就形成该网站的网民共同体，就应遵循该网站的独特约定而交往。同样，人们被拉入不同性质的微信群，只要该微信群事先有发言范围和内容的要求，群友就需要遵守，否则，就会被剔除出群①。可见，新兴社会关系的产生，必然会伴随新兴习惯以及相关习惯权利。这进一步表明习惯权利生成的多样、复杂和变迁。

二、习惯权利作为人权

习惯权利作为一种事实性权利自然具有"事实规范力"，只要转换法律叙事视角，甚至也具有"法律的规范力"②，这无论是就习惯作为法律渊源而

---

① 笔者所参加的一个跨国学术群，就因为其中一位留美归来的博士在群中恣肆"粗口"，以辱骂方式讨论学术，在"群主"根据"群规"多次规劝无效后，经部分群友投票被剔除出群。笔者也曾被拉入一个专门讨论周易的群。因事先不知该群宗旨和群规，某次发言时对一条时事发表了感言。经群友指出不符合发言的规范，拉我入群的群主立马将我踢出。这些事实都在印证新兴的网络社会所独有的网络习惯及其习惯权利。

② "事实的规范力"这个概念对应于"法律的规范力"。韦志明曾强调，习惯权利是一种事实性权利，具有"事实的规范力"（韦志明："论作为事实性的习惯权利"，载《山东大学学报》2010年第4期）。笔者认为，这种对习惯权利属性的解释，仍是基于"国家法中心论"，即事实与规范两分的立场。事实是属于社会的，规范则是属于国家的，哪怕经由习惯和其他民间法而生成的习惯权利本身具有规范效力，也只能被归入"事实效力"范畴，而不能归入"法律效力"范畴。对此，倘若我们基于前述法律叙事视角转换的立场，基于习惯作为重要的法律渊源的立场，则又何尝不能认为其具有"法律的规范力"？

言，还是就人们根据习惯的日常交往行为本身具有权利许可的性质而言，都是如此。那么，习惯权利能否作为人权？如何判别习惯权利合乎时宜且当属人权？在此基础上，如果习惯权利能作为人权，缘由何在？再进一步，法律如何使习惯权利得以共存？这是本节需研讨的四个主要问题。

（一）习惯权利能否作为人权？

人权是人作为人而存在、交往的权利，因此，它是人类生活和交往的底线共识，并非什么高标准要求。不能满足此种底线共识，意味着人不成为人是一种现实；而满足此种底线共识，才表明生活交往中的人都可能像人那样地存在、生活和工作。所以，米尔恩指出：

"……经得起理性辩驳的人权概念不是一种理想概念，而是一种最低限度标准的概念。更确切地说，它是这样一种观念：有某些权利，尊重它们，是普遍的最低限度的道德标准的要求……如果低限度标准根植于某种社会生活本身的道德要求，那么，无论它采取何种特定形式，我都将认定低限标准在事实上能够适用于一切文化和文明，而不管它们之间有何种差异……一种能适应一切文化和文明的低限道德标准并不否认每个人在很大程度上是由其特定的文化和社会经历造成的。它不以所谓同质的无社会、无文化的人类为前提，相反，它以社会和文化的多样性为前提，并设立所有的社会和文化都要遵循的低限道德标准。这种要求为多样性的范围设立了道德限制，但绝不否认多样性的存在。低限道德标准的普遍适用需要它所要求予以尊重的权利获得普遍承认。用明白易懂的话来说，它们是无论何时何地都由全体人类享有的道德权利，即普遍的道德权利。"①

但问题在于在何种情形下，才足以呈现最低限度的道德标准？才可以展现为普遍的道德权利？能否设立一个有关普遍适用的最低限度的道德标准？这种道德标准是要凌驾于一切个别性之上还是必须宽容一切个别性？如果是前者，如何判定它是最低限度的？如果是后者，又如何避免个别性对低限道德标准的架空、毁弃？显然，这些都是需要继续探讨的话题。

---

① ［英］A. J. M. 米尔恩：《人的权利与人的多样性——人权哲学》，夏勇等译，中国大百科全书出版社 1995 年版，第 7 页。

多年前，笔者提出了一个命题，即"族群－地方性的普适性"命题，后来，又对之予以初步解释：

"所谓地方性的普适性，在法律领域是指只有经过地方性协商、交涉与博弈，并最终建立在地方性基础上的法律，不但符合一个国家法律生成的一般逻辑，而且具有在不同地方贯彻落实的经验基础和社会根据。"①

如果把这个命题和判断套用在人权领域，笔者想自无不可。倘若法律的普适性命题只能从"族群－地方性的普适性"这一命题中开发出来的话，那么，所谓最低限度的道德标准和普遍的、低限的人权，也只能从多元性的共存中开发出来。多元性的共存，其实与族群－地方性的普适性表达虽异，但内容略同。不过尽管如此，还是不能从"族群－地方性的普适性"这一文化包容性命题中，必然合乎逻辑地推论出习惯权利就一定是人权。这取决于习惯和习惯权利本身的复杂性。

布莱克斯通曾根据英国的经验把习惯分为三类：

"①通用习惯，为整个王国的共同规则，它们构成了较为严格和普遍意义上的普通法；②特殊习惯，大部分特殊习惯仅对特定地区的居民有效；③某些特殊法律，这些法律习惯仅由特定法院在其普遍而广泛的管辖范围内采纳和应用。"②

以此作参照，来衡量习惯与习惯权利的一般性或普适性，也应分成两种一般性或普适性。其一是通用的习惯和习惯权利，即对全体公民都适用的习惯和习惯权利，例如，春节回家之于中国公民、华人世界的一般性和普适性，消费后给小费之于欧美世界人们的一般性和普适性等。其二是特殊习惯权利，它的一般性或普适性完全可以运用"族群－地方性的普适性"命题。就后者而言，习惯总是个多元的存在，这无论在大国，还是小国，也无论在传统的简单社会，还是现代的复杂社会，都是如此。"十里不同风，百里不同俗"

---

① 谢晖："大国法治与地方性的普适性"，载《原生态民族文化学刊》2015 年第 2 期。这里虽仅提到"地方性的普适性"，但其实质内容所强调的仍是"族群－地方性的普适性"。对后一命题的详解，谢晖：《民间法的视野》，法律出版社 2016 年版，第 238~306 页。

② ［英］威廉·布莱克斯通：《英国法释义》（第一卷），游云庭等译，上海人民出版社 2006 年版，第 81 页。

的格言恰切地表达了习惯的此种多元存在。如同习惯的多元存在一样，习惯权利也是多元存在的，因此，其内容可谓斑驳芜杂，菁华糟粕，兼而有之。这样看来，习惯权利能否作为人权的问题，在实践上还需认真对待，严肃甄别，不可一概而论，也不能弃而不论。但理论上给出一个大体确定的结论，不无必要。这一结论就是前述习惯权利一般性或普适性的两个方面。不过要进一步领会之，还需要涉及另一个话题，即习惯权利是否合乎时宜的判定标准问题。

（二）如何判别习惯权利合乎时宜且当属人权？

如果把习惯及习惯权利根据当下国家法律的价值判断标准二分为不合时宜与合乎时宜两类的话，那么，毫无疑问，前者在法律的否定和排斥之列，而后者在法律的肯定和包容之列。但进一步的问题是，这两类习惯及习惯权利能否均与人权挂钩？换言之，不合时宜的习惯及习惯权利，能否称之为权利？对这些问题的回答，其实涉及习惯和习惯权利不合时宜或合乎时宜的标准问题。在一个人们复杂交往的现代社会，人权尽管可以在法律之外，甚至像有人所讲的那样，"它在本质上是一种道德权利……不是法定权利……"①但毕竟脱离体制化规范的人权，不禁会令人深感空泛无凭。故现代国家无不强调对人权的体制化保障②。

以此来衡量，似乎一种习惯及习惯权利是否合乎时宜唯有依据现行法律来衡量。凡能够被现行法律在权利视角包容的习惯及习惯权利，都具有适宜性。反之，凡不能被现行法律在权利视角包容的习惯及习惯权利，都不具适宜性。如公民祭奠祖先的习惯权利就能被目前我国的法律所包容（权利推定），而高级干部享受特供的习惯权利就不能被目前我国法律所包容（违反平等权的基本原则）。但悉凭法律做判准，也存在明显的不足。因为法律毕竟不能包办一切正义，且在实践中不排除法律所反对的，恰好是合乎社会正义所要求的。

---

① 夏勇：《人权概念起源》，中国政法大学出版社1992年版，第213页。
② 刘杰：《国际人权体制——历史的逻辑与比较》，上海社会科学院出版社2000年版，第73～340页。

这就给以法律为准据判定一种习惯及习惯权利是否合乎时宜，留下了需要继续探讨的话题。因为在法律本身与社会正义相悖时，与其以不足的法律来扼杀社会正义，毋宁以社会正义要求而纠正法律的不足。在这方面，判例法体制通过赋予法官把形式正义和实质正义巧妙结合的裁量权，而得以较好地解决。但在成文法体制中，这一问题必须和立法机关的立法相结合，才能予以妥善地解决。所以，前一体制设置了一种法律与正义间近乎自主的、内在的适应机制，而在后一体制下，一旦制定法律，法律与正义间随机适应的方式就更费周章。

但即便如此，一方面，法律的废、改、立从来都是成文法国家向法律输送社会正义要求的基本方式；另一方面，即使在成文法国家，司法也并非总是亦步亦趋于现行法律，反之，法官的自由裁量权以及习惯本身作为司法渊源的地位，都提供了通过司法向法律输送社会正义要求的机会；再一方面，至于行政活动，由于更贴近于人们的日常生活，更容易感受社会主体对社会正义的要求和渴望，同时，他们拥有更多的自由裁量权，所以，在日常行政活动中把社会正义要求代入法律秩序的可能性更大。正因如此，笔者仍强调并坚持如下两点：

第一，"族群－地方性的普适性"命题是把习惯权利纳入人权这种道德权利体系的关键所系。人权源于对每个个体的尊重，而地方性及其习惯对于生活于不同地方的主体具有通用价值，它是普遍性和个别性的折中，它以地方性习惯形塑着生活于其族其地的所有个体。所以，只有包容地方性，才能进一步包容每一个具体个体。不能包容地方性，在逻辑上势必销蚀了包容个体的任何可能。而所谓包容地方性，在抽象层面看，就是"族群－地方性的普适性"。只有包容了地方性的价值、规范和行为，才具有普适性，这正如只有包容了每个个体自由的价值、规范和行为，才具有自由的一般性一样。反之，那种以"普适性"之名压制和阉割地方性的价值、规范和行为，从来与普适性无缘。如有，也只能是"伪作"，而非事实。具体到习惯权利，其表象上似乎只为部分人所有。就算有些习惯权利只为部分人所有，但也不能否定任何"部分人"都可能有其特定的、独享的习惯权利这一事实。这也决定了即使针对"部分人"拥有的非普遍化习惯权利，也适用"族群－地方性的普适性"来说明其一般性。

第二，诚然，"族群－地方性的普适性"绝不意味着一切地方性都是妥适的，都是毫无例外，可以被包容的。能否包容的标准，不在于其他，而在于法律。即便法律本身可能与正义暌违。但能够救济被法律可能践踏的正义的基本方式仍然是法律，是根据法律的精神、原则和正当技术程序向法律输送新的正义，并剔除既有法律中的不义。这或许正是前引米尔恩文中所谓"法律能够审慎地创设权利"的缘由吧？如果因为法律和社会正义可能存在的冲突而放弃经由法律装置、创设、保障社会正义的基本框架和功能，那么，毁弃的或许不仅是法律及其治理方式，也是正义本身。因为不能普遍化的正义形同于不义。人类到目前为止，普遍化正义的唯一有效的方式就是法律。

上述两方面皆表明，无论从习惯权利作为一种地方性的"自然精神"也罢，还是从习惯权利被普遍化、一般化为法律可容纳的"权利精神"也罢，都表明习惯权利作为人权的必要和可能。也表明不仅在道德和习惯法上，而且在国家法上，习惯权利皆可作为人权——不能被法律所容纳的习惯权利，除非其本身违反人作为人的一般宗旨，或者其本身对人作为人的权利要求具有排斥性（如习惯上男子的"纳妾权"对女子作为人的平等要求的排斥；习惯上男子独断的继承权对女子作为人的继承要求的排斥；等等）。

（三）习惯权利作为人权的缘由何在？

习惯权利源自人们据以交往行为的习惯和其他民间规范，在不同族群、不同社区、不同社团、不同宗教、不同家族甚至不同阶层中，有其不同的习惯规范和习惯权利。以不同阶层为例，马克思曾在《关于林木盗窃法的辩论》中，对贫民阶级捡树枝一类的习惯权利给出了深刻而又慷慨激昂的回应：

"……在贫民阶级的这些习惯中存在着本能的权利感，这些习惯的根源是肯定的和合法的，而习惯权利的形式在这里更是自然的，因为贫民阶级的存在本身至今仍然只不过是市民社会的一种习惯，而这种习惯还没有在被有意划分了的国家里找到应有的地位。"①

但问题是，只要"人以群分"，则不同的群体就有各自的习惯权利。马克思本人就强调，贫困者和贵族们各有其不同的习惯权利。在人类史上，曾长期存在根据不同族群、阶层、性别、身份的习惯权利而规定不同等级及其特权的法律制度，如中国元朝以族群为根据的法律等级制，印度曾经盛行的"种姓等级制"等，从而习惯权利在法律上被做了类型化处理。这样看来，并不存在所谓可以普遍化的、以一般人性为标准来测度的习惯权利。既然如此，习惯权利能否作为人权？如能，又是为什么？

笔者以为，理解这一问题的纽结，就是习惯权利与人权在本质上对人作为人的权利供给的同质性和同构性；就是习惯权利本身与"族群－地方性的普适性"这一命题的内恰性；也就是习惯权利与人的主体性精神间的和睦性。作为人权的习惯权利，在实践中尽管是具体的，但在理论抽象上，它毋宁是一切不同习惯权利的抽象表达。且唯因其个别性，才有必要普遍化。抛弃了个别性的习惯权利，则只具有普遍性的驱壳，并不具有人权化的实质。这完全符合"族群－地方性的普适性"这一命题，也完全符合人作为人的需求特征。抽象意义的作为人权的习惯权利，就是对所有不同个体、性别、阶级、族群之习惯权利的一般化处理。它是对人的主体性的充分肯定，是对"萝卜白菜、各有所爱"这种最基本的人情的理性化处理。

然而，这绝不是说作为人权的习惯权利这种抽象化表达，就是要刻意抹杀实践中习惯权利本身可能存在的对立。反之，必须正视习惯权利在实践中的对立，才能更好地说明作为人权的习惯权利。当两种习惯权利势不两立、难以共存时，是否还能表明两者都符合人权的要求？这是在理解和处理习惯权利和人权关系方面更为棘手的话题。例如，作为特权的习惯权利和自由就

---

① 《马克思恩格斯全集》（第 1 卷），人民出版社 1964 年版，第 147 页。需说明的是：这段文字，在该书的最新版本中不见了"习惯权利"的字眼，而被"习惯法"取而代之。新的译文是："在贫苦阶级的这些习惯中存在着合乎本能的法的意识，这些习惯的根源是实际的和合法的，而习惯法的形式在这里更是合乎自然的，因为贫苦阶级的存在本身至今仍然只不过是市民社会的一种习惯，而这种习惯在有意识的国家制度范围内还没有找到应有的地位。"（《马克思恩格斯全集》（第 1 卷·上）人民出版社 2002 年版，第 253 页）

与作为普遍权利的习惯权利和自由是两码事。两者即使在不同的时空范围、主体实践中能够各自存在，但能否把其共同化约为被抽象化的习惯权利所认可的内容？这确实是很费周章、颇值考量的问题，也是理解习惯权利与人权关系的重要环节。马克思曾讲：

"没有一个人反对自由，如果有的话，最多也只是反对别人的自由。可见各种自由向来就是存在的，不过有时表现为特权，有时表现为普遍权利而已。"①

如果说各种不同的自由和权利乃是其实践表达形态的话，那么，只有当这些不同的自由和权利升华为普遍权利时才使其获得了一般性。习惯权利也是如此。那么，这种一般性的重任由谁来担当才合适呢？在笔者看来，它不应是各种习惯权利本身，而是能够宽容各种习惯权利，但又能避免不同的习惯权利之间张力过大甚至相互冲突的法律。

进而言之，法律并非习惯权利的当然反对者，毋宁说它是习惯权利的认可者、守护者和更高标准的规范者。说它是更高标准的规范者，并不是说法律在习惯认可和保护方面顾此失彼，不予得兼。恰恰相反，法律必须寻求不同的习惯权利得以共存的条件和前提，这才是对不同习惯权利能够公平保障的基础，同时，也是习惯权利不仅在道德意义上属于人权，同时也在法律意义上属于人权的重要规范依凭。那么，法律如何表达作为人权的习惯权利？这是本文第四部分将要阐述的内容。这里仅就法律如何使习惯权利得以共存略陈管见。

（四）法律如何使习惯权利得以共存

确实，这是一个相当复杂且困难的问题，毕竟人类历史上的一切纷争，来自人们不同利益和权利的对立及竞争；同时，人类史上所有的法律措施，都不过是应对形形色色的权利要求和利益纷争的。因之，如何在法律上处理习惯权利，规定不同族群、不同地方、不同阶层、不同性别乃至不同时期相互冲突的习惯权利得以共存的条件，显然需要高度的法律智慧。否则，就可能或顾此失彼，或偏三向四，无以公平地解决冲突的习惯权利。

① 《马克思恩格斯全集》（第1卷），人民出版社1964年版，第63页。

论述至此，笔者不禁想起人们或许并不陌生的马克思的如下论述：

"在普遍法律占统治地位的情况下，合理的习惯权利不过是一种由法律规定为权利的习惯，因为权利并不因为已被确认为法律而不再是习惯，它不再仅仅是习惯。对于一个守法者，权利成为他自己的习惯；而违法者则被迫守法，纵然权利并不是他的习惯。权利不再取决于偶然性，即不再取决于习惯是否合理；恰恰相反，习惯成为合理的是因为权利已变成法律，习惯已成为国家的习惯。

因此，习惯权利作为和法定权利同时存在的一个特殊领域，只有在和法律同时并存，而习惯是法定权利的前身的场合才是合理的。因此，根本谈不到特权等级的习惯权利。"①

尽管这一论述妥帖且不乏精辟地指出习惯对法定权利的先定性，指出了法律对习惯权利的一般化处理和保护的价值，不过，在这一论述中，把"特权等级的习惯权利"抛除于法律保护之外，其实已经隐含了法律对习惯权利先入为主的审断。因为只要有"特权等级的习惯权利"，必然有与之相对的其他阶级的习惯权利。法律不能先入为主地强调只有后者才是合理的习惯权利，需要法律保护，而前者压根儿不能成为习惯权利，不受法律保护。倘是这样，法律就不但没有消解习惯权利之间的冲突，反而刻意制造了习惯权利之间的紧张；不但无以实现其对习惯权利的公平保护，而且法律自身成为不公的渊薮。

所以，反思不同习惯权利得以共存的法律条件，不仅是消解习惯权利相互冲突的必要条件，是法律公平保护习惯权利的逻辑前提，而且是习惯权利作为人权的法定化、一般化表达。这诚然是不易的事业，但又是一个民治国

---

① 《马克思恩格斯全集》（第 1 卷），人民出版社 1964 年版，第 143～144 页。需说明的是：和前注一样，这段文字，在该书的最新版本中也不见了"习惯权利"的字样，而被"习惯法"所取代。新译文是："在实施普通法律的时候，合理的习惯法不过是制定法所认可的习惯，因为法并不因为已被确认为法律而不再是习惯，但是它不再仅仅是习惯。对于一个守法者来说，法已成为他自己的习惯；而违法者则被迫守法，纵然法并不是他的习惯。法不再取决于偶然性，即不再取决于习惯是否合理；恰恰相反，习惯所以成为合理的，是因为法已变成法律，习惯已成为国家的习惯。因此，习惯法作为与制定法同时存在的一个特殊领域，只有在法和法律并存，而习惯是制定法的预先实现的场合才是合理的。因此，根本谈不上特权等级的习惯法。"《马克思恩格斯全集》（第 1 卷·上），人民出版社 2002 年版，第 249～250 页）。

家所必须的事业。这或许要经过不断的博弈、激烈的对抗、理性的权衡和让渡，但无论如何，不能因此而在立法上对冲突的习惯权利偏三向四。习惯权利在法律上的共存条件，不是把法律作为框，去装置所有零零碎碎的习惯权利，而是通过语言文字，重构习惯权利所存在的条件和基础，在一定意义上，也是重构习惯权利：

"权利持续的扩张（和收缩）表明了权利的特点是一种逐渐发展起来的语言和法律的结合物。当法律是在建构而不是在限制时，语言就有助于这种发展。通过权利的实施，语言的介入使他者存在显而易见：权利是一种符号，有助于解释并强调主体与世界之间的同一性。权利要达到这一点就必须赋予人们他者认可的外观形式，这个他者就是其他人和大他，法律，语言，权力结构和制度，一句话，是一种政体的象征界。"①

如果把他者理解为一个相互性概念（事实上它就是表达主体交往相互性的概念），那么，每个自我都是他人的他者，同样，每位他人也都是自我的他者。因此，通过法律语言所表达的人权，无论是法律所认可的习惯权利，还是法律所创制的人权，都要获得"法律的他者"之相互认可，即要在人们的交往行为中有利于相互合作，而不是破坏此种合作。在实践层面，这种相互认可的基本标准和原则就是人们都耳熟能详的"权利推定"命题：凡法律未禁止者皆可推定为权利。② 一种习惯权利，只要不与法律的禁止性规定或强制性规定相抵触，就应被推定为具有法律效力且受法律保护的权利，从而习惯权利在法律权利的空间内获得了包容。这样，经由法律使习惯权利共存的条件庶几可以得见，习惯权利作为人权的法定化才有基础，对习惯权利在法律上的公平保护方有可能。

---

① ［美］科斯塔斯·杜兹纳：《人权的终结》，郭春发译，江苏人民出版社2002年版，第333页。

② 值得一提的是，这一原则，既引起我国法学界的关注（如郭道晖："论权利推定"，载《中国社会科学》1991年第4期；夏勇："人权的推定与推行——米尔恩人权观点评述"，载《中国法学》1992年第1期；霍红霞："权利推定概念的解析"，载《河北工业大学学报（社会科学版）》2009年第3期；"权利推定——概念梳理与概念重塑"，载《燕山大学学报（哲学社会科学版）》2011年第2期等），也引发我国政府和一些领导人的关注（如李克强总理就曾强调："我们要努力做到让市场主体'法无禁止即可为'，让政府部门'法无授权不可为'"。载 http://bj. people. com. cn/n/2014/0313/c233086 - 20767326. html，2016年4月12日访问）。

三、习惯权利和法定权利之比较

至此，我们可以进而探究习惯权利和法定权利之间的区别及关联，以更进一步说明习惯权利与人权的逻辑关联。尽管只有法律化的习惯权利，才能获得可靠的保障，但这并不意味着习惯权利总是会被法律化，很多时候，习惯权利不但得不到法律保护，而且还因为不符合所谓时代潮流而被取缔、禁止。例如，我国曾经实施的移风易俗、人民公社、文化革命、"破四旧、立四新"等举措，在正式制度上明确禁止了一些传统习惯权利，如祭祖权、节庆权、私产权等的存在。但即使如此，这些权利在国家制度之外，还顽强地生存着。因此，对习惯权利和法定权利之比较，就不因"合理的习惯权利不过是一种由法律规定为权利的习惯"这样的判断而失效，反而比较两者的关系，无论对寻求习惯权利的法定化而言，还是对借助法律公正地保障作为人权的习惯权利而言，皆有必要。

（一）源起之比较：自发性和自觉性

作为人权的习惯权利，在源起上主要是一种自发性权利。自发性权利，和前述习惯权利的"形成的"具有相同处，只是论域不同。在这里，自发性权利是指它的形成是在人们的交往行为中自然长成的，这也决定了习惯权利的内生性特征。任何一个社群、族群、宗族、宗教和阶层，在其主体间的交往行为中，都会自发性地形成人们交往的习惯权利。即使在原始先民中，这种习惯权利也会存在，在此意义上，"有社会便有权利"。

"自从有了人类社会，就有了权利义务关系。是否存在权利义务关系，是人类社会区别于动物群体的一大标志。"[1]

说其是自发性权利，并不意味着习惯权利没有经历人类心智的灌注，相反，习惯权利的自发性发展，本身是人类心智和行为长期博弈、磨合与抉择的结果。它是人们生活和交往智慧的直接规范，同时，它在人们的生活和交往中也须接受智慧的淘洗。

---

① 夏勇：《人权概念起源》，中国政法大学出版社1992年版，第5页。

"……习俗只是行为和交易关系的反复、重复和变化。没有一次反复和它的前身完全相同，没有一种重复跟那和它同时存在的东西完全相同。因此，在前后相继的时期以及同一时期，总有一种习俗的变化性。历史过程中的这些变化引进新习俗，作为以前的或同时的习俗的变化物或替代物；向来总有旧习俗或者竞争的习俗衰微下去，甚至被剧烈地消除掉，让新的或不同的习俗来替代。这样，总有一种继续不断的习俗的淘汰在进行着，结果是，适合于变化的经济情况以及变化的政治和经济优势的一些习俗才得以留存下来……这是由于人类意志的作用而发生的……"①

这里对人类意志与习俗关系的论述自然适用于解释人类智慧之于习惯权利发展的作用。习惯权利既是琐碎性的，但同时它又具有整体性，即只要有主体生活和交往，就有习惯权利影响其中。没有抛开权利和义务的"关系性交往和生活"，无论这种权利义务是习惯性的还是法定性的。这一判断，本身就表明习惯权利的智慧因素，因为权利归根结底是划分清楚多元交往中主体们的"群己权界"，表达清楚在交往行为中什么是你的，什么是我的。这种你我关系及其物质－精神归属的界定，看似人的本能，但恰恰从这里出发，人类引申和发展了辉煌灿烂的文明秩序——自生自发的人类文明秩序。

"我们把'增长的秩序'称之为一种自我生成的或源于内部的秩序……这种秩序最为合适的英语称谓则是自生自发秩序"；

"自生自发秩序未必都是复杂的，但是与刻意的人为的安排不同，它们却有可能达致任何一种复杂程度……那种含括了远远多于人脑所能探明或操纵的特定事实的极为复杂的秩序，只有通过那些能够导使自生自发秩序得以型构的力量的推进，才可能实现。"②

和习惯权利相比较，作为人权的法定权利却是自觉的或创制的权利，它通过国家有意识的程序行为或者对习惯权利予以认可，或者根据社会需要进行创制，因此，倘若说习惯权利根据进化论的原理生成的话，那么，法定权

---

① ［美］康芒斯：《制度经济学》（上册），于树生译，商务印书馆1983年版，第58页。
② ［英］弗里德里希·冯·哈耶克：《法律、立法与自由》（第一卷），邓正来等译，中国大百科全书出版社2000年版，第55、57～58页。

利尽管不能说全部根据建构论的原理生成，但毫无疑问，其更具有建构性因素。就法定权利的内容看，对习惯权利的认可部分，可以看成是法定权利对进化理性的吸纳，而由立法者根据社会需要所做的创制部分，则可以看成是法定权利对建构理性的眷顾。这两者作为立法中权利体系的共同组成内容，都是人类自觉地安排权利的活动。在这个意义上，它超越了习惯权利的自发性，突出了权利生成的建构性。

就不同类型的法律制度而言，众所周知，英美判例法体系能够更为方便地汲取习惯权利的内容，并通过司法方便地把习惯权利结构到国家立法中。因此，即便判例法毫无疑问是一种自觉行为，因判例法而导生的法定权利也是一种自觉行为，但它已经经过了法官的理性加工和逻辑建构。只是这种理性加工和逻辑建构的强度和成文法相比较弱一些而已。欧陆成文法体系尽管不排斥，甚至还很重视对习惯法及习惯权利的认可和吸收，但这种认可与吸收一旦确定，在程序上每每定于一尊，很难因地、因时而宜地把多样的、变迁中的习惯权利纳入国家法律体系。因此，其建构强度更强一些，甚至有时候过度的建构强度可能会架空、否定自发的习惯权利。

与此同时，还不难发现，具有自觉性的法定权利，其实内含两个方面：其一是法定的习惯权利，以区别于法外的、经由法律推定的习惯权利；其二是法定的创制权利。在严格的法治条件下，习惯权利即便没有法律明令的认可，也能通过法律权利本身的开放空间推定为合法权利。在此，法无明文禁止皆可推定为权利的"权利推定原则"，提供了习惯权利被自动地纳入法律权利空间的机制。在此意义上，如下分析是值得嘉许的。

"每一种风俗习惯总有一个时候它还不是风俗习惯，我们现在所有的第一个前例，当它开始的时候是没有前例的；凡是一个习俗开始时，总有一种习俗以外的东西使得它合法，否则一切习俗的起源都是不合法的了。习俗最初成为合法，完全由于有一个在上者命令或是同意它们的开始……"[①]

这样看来，似乎习惯权利和法定权利间实现了某种统一，即它们都统一

---

① 费尔默语。转引自〔美〕康芒斯：《制度经济学》（上册），于树生译，商务印书馆1983年版，第56页。

于法律。但即使在这种法律统合地实施治理的背景下，并不能否定习惯权利源起的自发性和法定权利源起的自觉性，也不能否定习惯权利作为人权的自发性特征，从而也不能否认它在源起上与法定权利的基本区别。

（二）表现之比较：多样性和齐一性

习惯权利总是和不同地方、族群、信仰、社区甚至家族相关联，因此，必然捎带着具有这些因素所导致的分割和细碎。这种情形，和它的自发性源起具有必然的联系。习惯权利奠定在对个体主体性的肯定上，而个体主体性不仅以个人为单位，而且在不同的场合与语境下，有其不同的主体相貌。譬如地方主体、社群主体、族群主体、社区主体、宗族主体、社团主体等，它们也表现和表达着其独特的主体性。这样一来，附着于不同主体要求之上的习惯权利，其细碎、分散和个体化特征怎么能够避免呢？这些特征应是习惯权利的本来面貌！

尽管习惯权利的自发性以及其所依赖的主体的多元性必然会带来它的细碎、分散和个体化，甚至也可能因此导致其是"少数人的权利"，但并不尽然。习惯权利确与少数人权利有叠合性，但即使在这里，它也以细碎、分散和个体性的方式表现着其普遍性和一般性，即它所呈现的就是前述"族群 - 地方性的普适性"。它表明：习惯权利尽管在不同主体间各有不同，但也被不同主体所分别享有，没有人不享有其独自的，特别的，和其社群、族群、宗族、宗教、社团、地方相关的习惯权利。目下一些学人们有一种习惯性误解，似乎论及习惯权利，就一定或者是少数族裔的，或者是偏远村落的，因此，一定是不入主流的"少数人权利"。这显然是不求甚解、人云亦云之表现。因为少数人权利意味着：

"……作为国际人权体系中的一部分的少数人权利只是在国际人权法的基础上强化和明晰化少数人成员的权利，它是对现有普遍人权标准的补充，而不是修改。由于实施普遍人权有助于少数人的权利保护，因此，少数人权利在任何时候不得被解释为是为任何人设立特权，它的实施必须基于尊重普遍人权的基础之上。少数人权利的实施不得妨害一切个人享受普遍公认的人权和基本自由。各国所采取的确保少数人权利的措施不得违反普遍人权中的平等和非歧视原则。其结果，少数人权利的享有必须不会对少数人群体成员或非少数人群体成员享有普遍人权产生任何不利的影响。"①

可见，习惯权利与少数人权利具有明显的区别。在我看来，习惯权利一定能够被普遍化，从而成为一般权利，因为任何主体都会拥有和其职业、身份、族群、信仰、家族等相关的习惯权利。但少数人权利却未必一定如此。少数人权利的普遍化，只有在一种情形下才有可能，那便是在"人人都可能沦为少数人"这一假设前提下才有可能。

与此相关，习惯权利虽然也可能成为"弱者权利"，如马克思在《关于林木盗窃法的辩论》中所阐述的那样。事实上，无论一位主体的强或者弱，都有资格享有习惯权利。所以，把习惯权利想当然地视为弱者权利，就与实情不合。弱者权利是"经济贫困"和"权利贫困"②的产物，在实质上，它要求权力出面予以救济，因此，是一项救济型权利，如获得救助权、社会福利权、退休保障权等。在现代社会，这种权利应坚持"弱者优先"的原则予以救济③。"弱者权利"与习惯权利一样，也可以在法律上被普遍化，其基本根据在于任何人都可能成为社会弱者，故"弱者优先"的法律救济原则，对任何可能沦为弱者的人具有一般预期性。

但是和作为人权的习惯权利的上述特点相比较，法定权利却一定会寻求某种齐一性。法律和法治的重要特征之一，就是统一地安排人们的行为。对此，商鞅早就指出：

"圣人之为国也，壹赏，壹刑，壹教。壹赏则兵无敌，壹刑则令行，壹教则下听上。夫明赏不费，明刑不戮，明教不变，而民知于民务，国无异俗。"④

商鞅的这些论述，诚然充斥着"国家主义"观念，但同时也表明了国家对个人、对社会的义务。例如，"壹赏"在表明国家对社会的义务之同时，也自然隐含着有功于社会和国家的人，有权从国家那里获得奖励的权利。所

---

① 周勇：《少数人权利的法理》，社会科学文献出版社 2002 年版，第 39~40 页。
② 余少祥：《弱者的权利——社会弱势群体保护的法理研究》，社会科学文献出版社 2008 年版，第 3~11 页。
③ 谢晖等："论当代中国的利益分化及其法律调控"，载《法学》1997 年第 1 期。
④ 《商君书·赏刑》。

以，这些论述，不仅表明法律在义务方面的统一性追求，也表明在权利方面的齐一性追求。事实上，只要人们关注西方历史上国家和法律的统一化进程，就可以发现其实质上是用统一法律来吸收、改造和统一那些分散的、多元的习惯法或"民俗法"的过程，这一过程直到 16 世纪到 20 世纪才渐次完成。

"在 11 世纪后期和 12 世纪早期以前的这个阶段，西欧各国法律秩序中被使用的法律规则和程序，在很大程度上与社会习惯、政治制度和宗教制度并无差别。没有人试图将当时的法律和法律制度组成一种独特的结构。法律极少是成文的。没有专门的司法制度，没有职业的法律家阶层，也没有专门的法律著作。法律没有被自觉地加以系统化……

"11 世纪后期和 12 世纪早期，上述状况发生了梅兰特所谓'不可思议的突发'变化。专职法院、立法机构、法律职业、法律著作和'法律科学'，在西欧各国纷纷产生。这种发展的主要动力在于主张教皇在整个西欧教会中的至上权威和主张教会独立于世俗统治……

"在随后的世纪里，欧洲各民族的民俗法几乎消失得无影无踪。新的、复杂的法律体系——教会法、城市法、王室法、商法、封建法和庄园法——先后为教会、世俗政治体所创立。终于，在 16 世纪和 20 世纪这个阶段，一系列伟大的革命……改变了西方的法律传统，把它的日耳曼'背景'远远地抛在后面。"①

笔者不厌其烦地引用这些论述，是想证明前述的结论：法定权利不但创制人权，而且也往往对作为人权的习惯权利做着统一化的工作，因此，可以视为在法律上对它所做的自觉的加工，从而其不过是对习惯权利之普遍性和一般性的法律认可和加工而已。特别是普通法，更是以习惯法及其权利义务为基础而成长起来的②。在这个意义上，法定权利和习惯权利相去并未多远，

①　[美] 伯尔曼：《法律与革命——西方传统法律的形成》，贺卫方等译，中国大百科全书出版社 1993 年版，第 58 页。

②　有人正确地指出了这一点，并阐明了习惯法成长为普通法的方式和功能："在习惯法基础上发展起来的普通法体系加上衡平法的补充，使英国建立了一套完善的法治的制度保障体系。这样，英国的法律变革采取的仍然是一种对原有法律体系进行修补的办法，而这种办法，在通常情况下，也许正是与法治的要求最相符合的在社会生活中实现正义的途径。"（周士其："习惯法与法治的制度起源"，载《国际政治研究》2005 年第 1 期；另可参见 [英] 拉努尔夫·德·格兰维尔：《论英格兰王国的法律和习惯》，吴训祥等译，中国政法大学出版社 2015 年版，第 1～204 页）。

它只是为习惯权利找到了一种普遍化和一般化的表现或表达形式。经由这一表现和表达形式，人们可以更方便地把习惯推定为权利。

（三）运行之比较：道义强制性和法律强制性

习惯权利作为人权，既可以直接被法律认可，从而获得法律权利的资格，也可以通过权利推定被结构在法律权利的空间中。但即便如此，作为人权的习惯权利，更多地具有道德权利的特征。如果说人权是一种道德权利的话，那么，作为人权的习惯权利无论在存在形式上，还是内容上，更有道德权利的禀性。这也就决定了在运行方面，尽管不排除专门的人员甚至机构负责，但习惯权利更多地依赖于主体间的道义督促和舆论强制来实现。梁治平在论及包括习惯法在内的民间法时曾说道：

"民间法具有极其多样的形态，它们可以是家族的，也可以是民族的；可能形诸文字，也可能口耳相传；它们或是人为创造，或是自然生成，相沿成习；或有明确的规则，或更多表现为富有弹性的规范；其实施可能由特定的一些人负责，也可能依靠公众舆论和一些微妙的心理机制……其效力小至一村一镇，大至一县一省。"[①]

尽管这段文字所表达的内容极为丰富，但其对民间法实施方式的论述尤为切要。民间法的实施和运行状况，自然也包括了习惯权利的实施和运行状况。众所周知，任何规则，无论国家规则，抑或民间规则，也无论权利规则，抑或义务规则，虽然主要依靠人们自觉的规则意识和对规则的道德感去实施并运行，但这种"观念信赖"和"道德信赖"并不总是可靠的。在很多时候，甚至是很不可靠的。而在可靠的情形下，规则的实施和运行方式既不为人们所关注，也无须人们去特别关注，因为它已习惯成自然。

所以，关键的问题是在规则不能按照既有的习惯运行时如何通过外在力量以确保其运行，这是一种"权力信赖"。如果说"观念信赖"和"道德信赖"是规则运行的内在动力的话，那么，"权力信赖"是规则运行的外在动力。外在动力的匮乏无力意味着人人都可以拿规则不当回事，人人都可以无

---

① 梁治平：《清代习惯法：社会与国家》，中国政法大学出版社1996年版，第36页。

视习惯权利。因此，这里有关两类权利运行机制的比较，主要着眼于其运行的外在压力机制。

正是如上所述，导致纯粹的习惯权利之运行完全不同于法定权利之运行。前者尽管主要靠人们习以为常的观念和人们的内在道德感来运行，但一旦这些运行机制失灵，从而习惯权利在遭遇运行障碍后，也须借助外在化的强制手段来确保实施。这种外在化的强制手段，就是把习以为常的观念和人们的对习惯权利之内在道德感外化为舆论强制或具体主体的强制。

例如，某村村民向来信奉某宗教之老教，两位年轻人外出打工时，接受了新教，并带领全家人接受了新教，这引起村庄的信仰危机和行为混乱，严重影响该村村民既有的信仰习惯，也在一定意义上影响着其他村民的信仰权利。这种行为，一方面遭到村民普遍的舆论谴责，另一方面，村中有威望的相关人士出面，和教职人员一起，决定该家人要么搬出该村，要么放弃影响其他村民习惯权利的信仰内容。在强大压力下，结果，该家人搬出该村庄。

再如，某村寨对违反村寨规则的一位寨民根据村寨习惯予以处罚。该寨民不服，诉诸县法院。法院多次到寨中了解情况，一方面，寨民对受罚者的起诉行为普遍不解，并强调其行为影响了村寨习惯，妨害了其他村民的习惯权利。另一方面，寨老们对法院多次就此事来寨上"找事"很是不满，强调"如果法院一定要对这事做处理，以后寨子里的任何纠纷，我们就不管了"。此后，法院经权衡利弊，反而动员受罚者撤诉。受罚者撤诉后，寨老召集村民会议，一致决定对受罚者根据习惯再处罚：三年之内全体村民不许和其在公开场合说话。

这两个例证，尽管和国家法对公民权利的保护有一定出入，不过任何人，不仅生活在国家法律的大框架下，而且更日常地生活在习惯法的小框架下。只要习惯法的小框架不与国家法的大框架有实质性冲突，并且只要在习惯法小框架中生活的人们接受了相关习惯及其权利和义务，就必然意味着一方面国家法默许了习惯法小框架，另一方面，生活其中的公民也服从了习惯法小框架。因此，这两例处理，都在该村庄或村寨具有"可接受性"①。但是，也正是在此，我们可以清楚地发现习惯权利实施的外在保障，是来自一种道义的强制性。这种道义的强制性一旦转化为舆论压力和评价，就从内部性溢出，获得了外部强制的效果。

但众所周知，法律权利一旦遭遇运行障碍，保障其实施的外在机制在平时乃是国家执法和司法机关依法所享有的强制力，在战时或大动乱时，甚至不惜动用军事武力来保障公民法定人权。即便已经被法律认可的习惯权利，其运行的外在保障机制也有此种特征。在这层意义上，如果说习惯权利运行的外在保障力是一种基于道德的保障体系的话，那么，法定权利运行的外在保障力则是一种基于法律的保障体系。前者在形式上是一种"弱强制力"，尽管其实际效果未必一定弱；后者在形式上是一种"强强制力"，尽管其实际效果未必一定强。

当然，如果按照昂格尔关于法律的三分法——习惯法、官僚法、严格法（法律秩序或法律制度）②，则即便在法律的世界，法定权利实施的强制保障方式也会有所不同。习惯法的强制保障方式虽然与前述习惯权利的强制保障方式有一定相似处，可一旦其获得了国家意义的普遍性，就必须基于法律规定而获得道德感觉之外的另一种强制保障。而官僚法及其法律权利的强制保障方式，如果借用诺内特等人有关压制性法的概念，则必须在法律中预备强制机器，并因法律本身的道德主义特征而预示着法律的惩罚性。至于严格法，大致可以类似于诺内特等人笔下的自治型法③，它尽管也需要强制，但人们对强制的服从要建立在合法性权威基础之上。可见，无论如何，法定权利的运行，都需要依赖法律确定其强制基础。尽管不同法律类型的强制保障程度和方式有所不同，但其基于法律而生成的事实，并无二致。

---

① 不仅如此，如果按照布莱克的结论："在其他社会控制比较弱的地方，法律相对强大""法律的变化与其他社会控制成反比。"（[美] 布莱克：《法律的运作行为》，唐越等译，中国政法大学出版社1994年版，第125页)，则必然意味着在其他社会控制比较强的地方，法律相对要弱。所以，对民间的相关看似出格的处理，法律通过权利的开放和包容，就只会既有利于组织稳健的秩序，也有利于节约法律之成本。

② [巴] 昂格尔：《现代社会中的法律》，吴玉章等译，中国政法大学出版社1994年版，第42~52页。

③ [美] 诺内特、塞尔茨尼克：《转变中的社会与法律》，张志铭译，中国政法大学出版社1994年版，第31~80页。

四、习惯权利的法治保护略诠

之所以强调对作为人权的习惯权利之法治保护，是因为和法定的人权相比较，习惯权利在事实上总处于弱势。不过这并不是刻意请求国家出面来保护习惯权利。其实，法治作为一种社会和国家治理方式，不仅强调国家主义的"垂法而治"，因为倘若仅仅停留于此，"法治"就不过是"官僚法"或"压制性法"的外力治理，而且要坚守社会主义的自由参与，只有这样，才能既表现法治的主体性原则，也表达法治必要的外在强制，让法治迈向"自治－回应型"。在此意义上，笔者把法治治理三分为自治、互治和他治①。这样，法治对习惯权利的保护，就不仅是出自国家的强制或仁慈，而且也指人们自觉地享受习惯权利或者运用习惯权利进行交往行为的活动。可见，习惯权利的法治保护，既可凭借人们自治地、互治地享有、运用它来实现，当然，也可依赖国家他治的方式出面保护习惯权利来实现。

（一）权利代入与习惯权利的自治性保护

按照本文有关"法律叙事视角转换"的逻辑，法律叙事必须从国家命令、公民服从的义务叙事转向法律规定、公民选择的权利叙事。权利叙事和权利的基本特征相关，那就是权利总是给享有它的主体提供一种选择的空间。这一选择的边界不是其他，只能是法定的义务。只要不触及法定的义务界限，那么，权利的空间就总是向主体所有的行为开放的，自然也像主体运用习惯权利自治或合作开放。这种情形，称之为习惯权利的"权利代入"，即把习惯权利建构在法定权利所包容的空间内。从而把根据习惯权利的自治既作为法治秩序的重要内容，也作为习惯权利的重要法治保障方式，因为：

"人类秩序自来就奠定在个体自治的原子基址上——它才是社会秩序构造的逻辑起点。因之，无视或鄙视个体自治，即是对人类秩序形成方式的无视与鄙视。"②

---

① 谢晖："自治、互治和他治"，见谢晖：《法意与表达》，法律出版社 2014 年版，第 125～129 页。

② 谢晖："自治的秩序"，载《甘肃政法学院学报》2015 年第 6 期。

这种法律的权利叙事，既是解开运用法定权利的钥匙，也是理解习惯权利代入法定权利中时合法性和有效性问题的捷径。如所周知，习惯权利的法律化并不否定在法律之外仍有大量的习惯权利存在。尽管一些习惯权利法律化后取得了法定权利的地位，但大量的在法律之外存在的习惯权利，既是法定权利的活水源头，也需要法定权利反过来确保这一源头能活力永续。否则，不但习惯权利会遭受损伤，而且法定权利也会源枯流竭。这种情形，可谓习惯与法律间的良性互动，相互成长。在判例法国家中，这点做得尤好：

"习惯是法律的另一渊源。法院有时采纳某些规则，不是因为某些制定法要求如此，不是因为已决案件报告中的先例指向了这些规则，不是因为法院发现法学家著作中的理论要求发布这些规则，也不是因为这些规则在其道德意义上的自我举荐，而是因为法院发现这些规则在社会成员的相互交往中被大范围遵守，或是被局部遵守。"①

不过这里想进一步强调的是主体自治地运用习惯权利时，本身对习惯权利的保护问题。法治不同于官僚法的特点之一是，所有主体在法律的空间里，都可以自治地处理其需要，表达其权利。因此，只要法律给公民开放了权利空间，且无论这一空间是法律明示的，还是根据法律的权利明示而类推的，都提供给人们自主选择的条件。因此，公民也罢、法人也罢、非法人团体也罢，只要获得了法律上的主体身份，也就获得了在法律范围内自治地处理其事务的权利资格。这表明，人们不是被动地接受法律的治理，而是自治地、自主地参与法治的治理。法治中最具能动性且最能够节约成本的治理方式，就是法律权利空间对主体自治地处理其事务的首肯。所以，主体自治对于法治秩序而言，既是基本的，也是根本的。说其是基本的，因为自治表明主体对法治的接受和参与；说其是根本的，则因为没有全体主体自觉自愿的参与，如果仅仅靠国家暴力维系，法治不但成本高昂，而且其秩序产出也会甚微。

在主体自治地运用权利中，习惯权利的运用具有特殊性。一方面，这里所讲的习惯权利是尚未被法律所明示认可的那种，另一方面，尽管法律未明

---

① ［美］约翰·奇普曼·格雷：《法律的性质与渊源》，马驰译，中国政法大学出版社 2012 年版，第 242 页。

示认可,但只要其未明示禁止,就可以被推定为权利。主体自治地对习惯权利的运用,就是在推定意义上的运用。即使这些习惯权利在国家法律上尚没有明确授权,但只要主体能够自觉地运用它,就意味着他以自治方式在确保习惯权利的运行。

例如,我国法定的全民节日有新年、春节、清明节、劳动节、端午节、中秋节、国庆节。这其中有四个节日属于我国人民世代坚守的传统节庆习惯。尽管这些节庆习惯被法定化了,但众所周知,还有诸多的至少在汉族地区适用的传统节庆习惯并未被法定化,如重阳节、七夕节等。可这些节日虽未被法定化,但并不因此影响公民们按照这些节日的意蕴,在休息时间里自觉地安排活动。显然,这是习惯权利,但理应是法定权利可以宽容、也必须宽容的习惯权利,因此,它是在法定权利空间内能够推定的权利。正是公民们对这些习惯权利的坚守,使该权利尽管在法定权利之外,但同时也能得到公民自觉、自治地运用的保障。可见,公民自治地运用习惯权利,不但使习惯权利通过"权利推定"获得合法形式,而且在不断地发展和壮大习惯权利。或许正是如此,这些习惯权利有朝一日可能会获致法定化、变成法定权利。在此,在这里有必要用到萨维尼的如下名言:

"对于法律来说,一如语言,并无决然断裂的时刻;如同民族之存在和性格中的其他一般性取向一般,法律亦同样受制于此运动和发展。此种发展,如同其最为始初的情形,循随同一内在必然性规律。法律随着民族的成长而成长,随着民族的壮大而壮大,最后,随着民族对于其民族性……的丧失而消亡。"①

而更要在此基础上强调,所谓"法律随着民族的成长而成长,随着民族的壮大而壮大"这一结论,首先体现在习惯和习惯法的成长壮大上。如果习惯和习惯法不能在一个民族中成长壮大,相应地,人们的习惯权利和习惯义务也不能在一个民族中发展壮大,那么,这一结论反倒容易被证伪。特别是在现代全球化背景下,即使民族还存在,但多数民族因循其传统的能力却大

---

① [德]弗里德里希·卡尔·冯·萨维尼:《论立法与法学的当代使命》,许章润译,中国法制出版社2001年版,第9页。舒国滢根据德文对这段论述的翻译也颇精彩,且与这段翻译间多少有些出入,可参见[奥]欧根·埃利希:《法社会学原理》,舒国滢译,中国大百科全书出版社2009年版,第490页。

大降低。国际之间、族群之间的相互影响日盛一日，即便一个民族成长和壮大起来，也更多地会参照国际法律体系而为。日本近代以来的崛起可为典型，其原因在于民族的新习惯和习惯法并没有随之成长起来。这一反思性论证，是想进一步说明主体自治地对习惯权利的运用和坚守，乃是习惯权利被代入法定权利的"宽容空间"后，获得法治之"自治性"保障的必然路径。否则，习惯权利皮之不存，何来对它的自治性保障？

（二）契约沟通与习惯权利的互治性保护

人既是个体存在的动物，也是交往行为的动物。所以，人既有其个体性、自治性的一面，也有其社会性、合作性的一面。并且人的社会性、合作性本源自其个体性和自治性。在两千多年前，荀况就生动地阐述了人的个体自治与社会合作的这种相互依赖关系：

"人……力不若牛，走不若马，而牛马为用，何也？曰：人能群，彼不能群也。人何以能群？曰：分"；

"故无分者，人之大害也；有分者，天下之本利也。"[1]

人的个体自治必须与社会合作，甚至只有在社会合作中才能彰显个体自治的价值所在。为何这么讲？因为不与他人交往合作，自治的生活和行为便无以完成。人不仅有需求，而且其需求与任何其他动物相较，有两大特点：其一是纵向上的无限性，所谓"人心不足蛇吞象"；其二是横向上的全方位性，举凡一切物质的、精神的需求，人皆有之。显然，无论无限的需求还是全方位的需求，自治个体无法通过纯粹自治而满足。在"鸡犬之声相闻，民至老死不相往来"的境界中，人们所能满足的，只能是最原始、最简单的需要，和无限需求、全方位需求皆不搭界。那么，可能满足人们无限需求和全方位需求的条件是什么？那便是社会合作。

社会合作建立的前提是主体分工或社会分工。如果自治主体是同质性的，他们所从事的也是没有分工、无所区别的同质性劳动，那么，社会合作就无所凭借，也没有意义。

---

① 《荀子·王制》《荀子·富国》。这里的"分"字，尽管可以解释为"名分"，但即使"名分"，也是一个明显具有个体身份性的概念，在笔者看来，它所强调的就是个体性和自治性。

"劳动分工的最大作用，并不在于功能以这种分化方式提高了生产率，而在于这些功能彼此紧密地结合……分工的作用不仅限于改变和完善现有的社会，而是使社会成为可能，也就是说，没有这些功能，社会就不可能存在……总之，只有分工才能使人们牢固地结合起来形成一种联系，这种功能不止是在暂时的互让互助中发挥作用，它的影响范围是很广泛的。"①

可见，正是社会分工提供的异质性劳动成果，经由人们之间的合作、交换而在各个自治主体之间各取所需取长补短，以满足自治主体靠自力无以实现的无限和全方位的需要。然而，仅仅有合作和交易还很不够，还必须有保障合作与交易的信用机制。这种信用机制，大则谓之社会契约，即以国家法律这种契约形式为信用凭据，以保障社会合作的永续；小则为民事契约，即私人之间通过签订契约的方式，以保障个体主体间合作的信用。所以，在这个社会分工越多越复杂的时代，社会的合作与法律控制也愈多，饶有兴味的是，人们自治的空间并不因此减少，反而也在与此正相关地、正比例地成长着。

"法律机制的活动范围非但没有减少，反而不断增加，不断复杂了。一种法律越是原始的，它的规模就越小；反之，一种法律越是现代的，它的规模就越大。当然，法律规模的扩大并不意味着个人活动领域的缩小。实际上，我们应该记住：在社会生活所受的规定越来越多的同时，它的范围也扩大了……如果说压制性法正在丧失自己的基础，那么起初不曾存在的恢复法却在逐步发展壮大。如果说社会已经不再强迫每个人去实施某种一致性的规则，但它却确定和规定了不同社会职能之间的特殊关系，那么社会的干预并不因为换了一种性质，就变成软弱无力的了。"②

笔者这么不惜笔墨地强调个体自治与社会合作的关系，强调社会分工与契约互助的关系，对于习惯权利的法治保障究竟有何意义？其基本意义在于一方面，说明人们日常生活中的交往合作，并不仅是依靠法定的规范完成的，在很多情形下，反倒是根据社会习惯和其他社会规范完成的；另一方面，人

---

① ［法］埃米尔·涂尔干：《社会分工论》，渠东译，三联书店 2000 年版，第 24 页。
② ［法］埃米尔·涂尔干：《社会分工论》，渠东译，三联书店 2000 年版，第 163～164 页。

们在社会合作交往中对社会习惯的运用，本身包含了对习惯权利的运用和习惯义务的遵循；再一方面，这种对习惯的运用和遵循，本质上是一种契约关系，只要不明显违背国家法律的禁止性规定，就可以整体地推定为是人们的权利。

主体的交往行为需要遵循国家法律，这是工商社会中人们交往的基本要求。但诚如前述，法律并不是一个完全密闭的空间，反而往往是一个开放的空间，特别是法律权利，自来就是一种开放的、弹性的规范机制。这样，自治主体间的社会合作行为，尽管完全可以按照国家法律的规定亦步亦趋，但也可以根据社会习惯交往合作，甚至有时候还必须按照社会习惯交往合作。譬如回汉民族成员之间的交往合作，汉民必须无条件地尊重回族的风俗习惯和习惯权利，只有这样，才可能达成合作。当然，回民要和汉族和谐相处，交往互助，也不能不尊重汉民的风俗习惯和习惯权利。这就不难理解历史上何以一些穆斯林学者会"以儒释伊"的缘由了，这样的例证还可以不断举下去。

凡此种种无不表明，只要自治主体的交往合作需要借助契约这种方式，并且只要自治主体可以以习惯等民间规范为据，达成交往行为的契约，且法律并不以为忤，那么，自治主体间的合作契约就不但是合法的，而且借此有效地把习惯权利纳入到法律和法治的保障体系中。这种保障方式，就是参与契约交往的主体，通过相互间的合作与互助，不但在物质上或精神上取长补短，而且客观上保护了习惯权利这种非正式制度。因为，其一，这是契约主体们相互运用民族或地方习惯、乡规民约、社区公约、社团纪律、宗教仪规甚至家法族规等民间规范的结果，因此，这种对习惯权利的保护而言，我愿意名之为"互治性保护"；其二，人们这种运用习惯权利的行为，并不与法律相忤，因此，自然可以将其纳入通过法治框架，来保护习惯权利的一种样式。此种法治对习惯权利的保护样式，和前述习惯权利的自治性保护样式一道，在法治对习惯权利的保护上，起着日常的、自觉意义上相辅相成之保护效果。

（三）权力强制与习惯权利的他治性保护

法治秩序尽管必须以主体的个体自治和交往互治作为其日常形态，但与此同时，它却从来把外在强制作为秩序最重要的保障方式。众所周知，在当代西方法理学中，法律的强制力观念越来越受到人们的质疑，甚至因此越来越式微。

"虽然'强制力'的观念在西方法理学中长期占据着支柱性的位置，但在理论上，这种观念毕竟未能对复杂纷然的法律现象作出令人信服的诠释说明。在大多数当代西方法理学家看来，这一观念不能圆满地解释法律内容、法律作用、法律活动和法律适用范围的多样性和复杂性，它具有牵强附会的人为因素，实际上，它是对法律某些现象（甚至病态现象）的过度关注与夸大的结果。于是，在20世纪50年代末60年代初，法律'强制力'的观念终于遭到了法学家的全方位的严厉发难，其主导地位终于飘浮动摇。而这一影响深远的全方位发难肇始于英国新分析法学家哈特（H. Hart）和美国新自然法学家富勒（L. Fuller）。"①

但是，这种对法律强制力观念的质疑，一方面，并不否定法律必要的强制力要素，另一方面，它在强调法治中人性力量对其自觉与合作的支持之同时，也不适当地扩大了这种人性中自觉与合作的一面。毕竟从古至今，法律和法治既是一种事前的预设机制，也是一种事中的导向机制，还是一种事后的奖惩机制。可见，和惩戒相关的强制力就根本无法被法律所抛弃，否则，法律便成为没有牙齿的老虎，成为"不发光的灯，不燃烧的火"②。同时在理论上它也不能完美地解释法律为什么有力量。法律的力量，既来自人们对它的自觉，也来自在自觉基础上法律所应有的强制力，哪怕这种强制力在人们对法律的自觉面前仅仅是备而不用的。因此，所谓法治对习惯权利的保护，除了前述自治性保护和互治性保护之外，就不可能拒绝强制性保护。对此，笔者曾强调：

"自治秩序并不拒绝必要的、外加的强制秩序，甚至对一个大型社会和复杂多族群国家的治理而言，一定的外加强制因素，是保持其有序运行的必要手段，也是实现其和谐繁荣的重要前提。"③

---

① 刘星："法律'强制力'观念的弱化——当代西方法理学的本体论"，载《外国法译评》1995年第3期。
② ［美］罗·庞德：《通过法律的社会控制、法律的任务》，沈宗灵等译，商务印书馆1984年版，第17页。
③ 谢晖："自治的秩序"，载《甘肃政法学院学报》2015年第6期。

在对习惯权利的强制保护上，既有国际法的保护机制，也有内国法的保护机制。无论国际法，还是内国法，都会延展到立法保护、行政保护和司法保护等诸多方面。这里仅以国际法为例粗浅地说明之。在国际法上，对习惯和习惯权利的强制性保护规定可谓多见，如《联合国土著人民权利宣言》《在民族和族裔、宗教和语言上属于少数群体的人的权利宣言》《消除一切形式种族歧视国际公约》《防止及惩治灭绝种族罪公约》《国际劳工组织土著和部落民族公约》《欧洲保护少数民族框架公约》《非洲人权和民族权宪章》等①。这些国际法律的规定，一旦被缔约国所接受，就不仅通过国际司法组织的有关安排予以强制保障，而且通过内国法上的有关行政机制和司法机制予以强制保障，即通过在行政和司法中，运用其在内国法上的强制力，保障国际法所规定的习惯权利得以落实。

之所以对习惯权利的法治保护除自治性保护和互治性保护之外，还需要强制性保护，因为前两种保护尚不能自足地防止人们对自治主体的可能侵犯，并矫正对契约交往的肆意破坏。这时，必须请出法定的凌驾于任何个人和任何交往主体之上，又被权利个体和交往主体所接受的权威主体——公共权力及其强制性来处理相关问题。所以，涂尔干再三强调：

"凡是契约存在的地方，都必须服从一种支配力量，这种力量只属于社会，绝不属于个人；它越来越变得强大而又繁杂"；

"从原则上讲，社会所以为契约赋予一种强制力量，因为它是双方个人意志的妥协……因此，在任何情况下，社会的作用不仅在于这些契约表面上的执行，还在于确定这些契约得以实行的条件，如果有必要的话，就应该把它们恢复为原来的正常状态。如果契约本身是不公平的，即使当事人双方意

---

① 从表面看，笔者在这里所引述的文献中，都主要涉及少数族群或少数人的权利，因而，似乎有将习惯权利等同于少数人权利的迹象，但其实不然。因为一方面，所有人都拥有的权利（包括习惯权利）在其他国际人权法，如《世界人权宣言》《公民权利与政治权利国际公约》等文件中都得到表达；另一方面，即使这里引述的文件，在一个全球性人际交流的时代，可能会适用于每个人，因为人人都可能成为文件中所指的"少数人"。"少数人"自身是个开放性、变化性概念。例如一位在中国占"多数人"的汉民，移民加拿大，自然就变成少数人。同理，一位在法国占多数人的法兰西人，移民到中国，也变成"少数人"。正是这种情形，才决定了前述"族群–地方性的普适性"，或"个体性的普适性"这些命题的价值。

见一致，也不能使它变得公平。同样，公正的法规必须避免社会公正受到侵害，即使与此相关的当事人已经达成共识。"①

涂尔干所谓的社会，其实质就是这里所讲的立于个体之上的强制组织和强制权力。当私人无以清除或救济其自主运用习惯权利自治或协商运用习惯权利交往所受到的妨碍和侵害时，他总要寻求既经济、又可靠、还有效的第三方出面予以解决。国家及其组织机构就是法律对交往中的公民和法人所预设的权威的第三方主体。其所拥有的权力就是用来强制性地排解社会矛盾、恢复社会正义、维护社会秩序、保护包括习惯权利在内的所有公民和其他社会主体的权利的。因此，如果把强制性保障习惯权利排除于习惯权利的保护机制之外，必然意味着法治对习惯权利的保障不但可能会失灵，而且只要习惯权利受到妨碍或侵害，也失去了基本的排除、救济和矫正渠道。正是在此意义上，笔者愿意引证庞德的结论说明强制性保障在法治保护习惯权利中的应有作用，并借此结束本文：

"法律包含强力。调整和安排必须最终地依靠强力，纵使它们之所以有可能，除了对一种反社会的残余必须加以强制，主要是由于所有的人都有服从的习惯。其实，服从的习惯在不小的程度上是依靠聪明人意识到如果他们坚持作为反社会的残余，那么强力就会适用于他们。"②

---

① ［法］埃米尔·涂尔干：《社会分工论》，渠东译，三联书店 2000 年版，第 169、173 ~ 174 页。
② ［美］罗·庞德：《通过法律的社会控制、法律的任务》，沈宗灵等译，商务印书馆 1984 年版，第 17 页。

族群－地方知识、区域自治
与国家统一[*]

——从法律的"普适性知识"和
"地方性知识"说开去

近些年，有关"法律就是地方性知识"① 的理念越来越多地得到法学界的关注并青睐，与之相伴的法律多元观念也得到了一定程度的体识和认同。因之也进一步推动了自社会学和人类学视角对我国各不同民族、不同地域之法律文化特别是习惯法文化较为深入的研究。但这些研究和我们在宪法、民族区域自治法上所规定的民族区域自治，在政策及发展趋势上可以期待的地方自治之间究竟有没有关系？如果有，是什么关系？笔者认为，这是我国法学特别是法律人类学和政治学法学值得认真探究的重要问题。更切要的是，地方性知识的结论，是否就自圆其说地完成了人们对法律的叙事？如果是这样，那么，为什么一个回汉杂居的村庄，人们在日常生活中却遵循着完全不同的规范知识？为什么同是在乌克兰东部，说俄语的居民和说乌克兰语的居民在政治归属倾向上完全不同？本文拟就此出发，探究如下问题：从法律一元论与法律多元论的论争，进至对族群－地方性知识的阐述，进而寻求族群－地方性知识与可预期的地方自治的关系，并借此展开对族群－地方性知识与国家统一关系的论述。

＊　该文原载谢晖：《民间法的视野》，法律出版社 2016 年版。

①　［美］克利福德·吉尔兹："地方性知识：事实与法律之间的比较透视"，邓正来译，见梁治平编：《法律的文化解释》，生活·读书·新知三联书店 1994 年版，第 126 页。

一、法律一元论和多元论之争

（一）法律，一种"应当"的概念？

追求人类统一、和谐、美好的境界，从我国历史上尽人皆知的"大同"理想①，希腊思想史上著名的"理想国"开始②，在中西一直延续至今。可见，这种理想追求不但源远，而且流长。在我国，从古至今都存在形形色色的大同理想：无论是君临天下的君王，还是败走麦城的乡土－市井起义者，同样都有此种浓郁的理想。这种情形一直夷陵至孙中山的大同情结，毛泽东的"人民公社"。而在西方，中世纪的神权统治，实质上是以一种神圣的设想来代理和支配人间的理想。文艺复兴虽然在一定意义上解构了此种理想，但乌托邦的理想和精神并未因此销声匿迹，反而乌托邦的精神还通过想象的或逻辑的论述而系统地展开③。

这其中，康德所设计的"世界公民"和"永久和平"这两个概念④，对当代哲学家、法学家们的探讨影响弥深。直接影响到政治哲学家和法学家们的相关思考。其中对法律的深刻影响，体现在三个著名的概念上，即"世界法""万民法"和"诠释性法"。

一直以来，法律的统一性、普适性、一般性和强制性等理念，成为支配

---

① 最典型者为："大道之行也，天下为公。选贤与能，讲信修睦，故人不独亲其亲，不独子其子，使老有所终，壮有所用，少有所长，鳏寡孤独废疾者，皆有所养。男有分，女有归。货恶其弃于地也，不必藏于己；力恶其不出于身也，不必为己。是故谋闭而不兴，盗窃乱贼而不作，故外户而不闭，是谓大同。"（《礼记·礼运》）。其后中国的政治大一统追求，无不受此种理想之驱策。尽管与这种理想相比，其实质上是变味的。

② ［古希腊］柏拉图：《理想国》，郭斌和等译，商务印书馆1986年版。

③ 在这方面，不少大著可谓深入人心，影响深远。［意］但丁：《论世界帝国》，朱虹译，商务印书馆1985年版；［英］托马斯·莫尔：《乌托邦》，戴馏龄译，商务印书馆1959年版；［意］康帕内拉：《太阳城》，陈大维等译，商务印书馆1960年版；［德］约翰·凡·安德里亚：《基督城》，黄宗汉译，商务印书馆1991年版；［英］詹姆士·哈林顿：《大洋国》，何新译，商务印书馆1963年版；［德］康德："论永久和平——一项哲学性规划"，见［德］康德：《康德历史哲学论文集》，李明辉译，联经事业出版公司2002年版；［英］威廉·莫里斯：《乌有乡消息》，包玉珂译，商务印书馆1981年版；［法］泰·德萨米：《公有法典》，黄建华等译，商务印书馆1982年版等。

④ ［德］康德："在世界公民底观点下的普遍历史之理念""论永久和平——一项哲学性规划"，见［德］康德：《康德历史哲学论文集》，李明辉译，联经事业出版公司2002年版。

人们有关法律认识的基本"法律意识形态"。至少在一个主权国家内，法律必须具有在国家意志之下的上述性质及其特征。这种情形，随着人类跨国交往的日渐频繁，全球性事务无论在经济、文化还是政治领域都日甚一日地得以展现，因此，有关"世界法"的论述便应运而生、不绝如缕。

"20世纪法律发展的一个重要特征乃是否弃19世纪英美法律人所信奉的那种极端的地方主义……伴随着经济秩序的统合和扩展，在普遍性与地方性之间达致并维持一种恰当的平衡，便成了法律科学的一个首要问题。在政治科学中，人们所面对的将是这样一个问题，即如何协调普遍规制整个社会与地方自治二者间的关系问题。在法理学中，普遍原则（即法律推理的出发点）之一便是一方面对普遍规制社会生活中的关系和行为进行指导，而另一方面则制定与地方的、族群的、地理的、历史的和经济的情势相调适的详尽具体的规则。这两个领域乃是颇为独特的，但是却会沿着某一边界相重合——尽管准确划出这一边界极为不易。有一种趋势主张，人们应当依据那种以历史上确定的时空脉络为基础的边界来强调一般性原则或详尽的具体规则。"[①]

与此同时作为一种使乌托邦现实化的所谓"万民法"理念，也在著名学者罗尔斯那里获得了特别的青睐，他着意于寻求这种乌托邦如何得以现实化的条件：

"我使用'万民法'一词，系指运用于国际法与实践之原则与准则中权利与正义的一种特殊政治总念。我所用的'人民社会'一词，意指在相互关系当中遵循万民法的理想与原则的所有人民。这些人民有自己的国内政府，该政府或者是宪政自由民主制，或者是非自由然而合宜的政府"；

"这篇关于万民法的专题文章，既非关于国际法的论文，亦非国际法的教科书。毋宁说，此书只在于研究现实乌托邦是否可能以及其实现需要的条件的相关问题。我始于现实乌托邦的观念，也终于这一个观念。一旦政治哲学扩展到人们一般认为是实际政治可能性之限度的时候，它便是现实的乌托邦。我们对我们未来社会的希望，系于这样的信念，即相信社会世界的性质

---

① ［美］罗斯科·庞德：《法理学》（第一卷），邓正来译，中国政法大学出版社2004年版，第469~470页。

将准许合理正义的宪政民主社会作为人民社会的成员而存在。在这样的社会世界，自由人民与合宜人民间无论在国内或国外，都能够成就和平与正义。这种社会的观念便是现实的乌托邦，它描绘了一个可成就的社会世界，其中为人民社会的一切自由与合宜人民，结合了政治权利与正义。"①

如果说庞德和罗尔斯乃是从宏观层面或"外部视角"论述法律的统一性等法律意识形态的话，那么，德沃金则从微观层面或"内部视角"证成上述法律意识形态：

"什么是法律？……法律既不可能由任何原则或规则体系阐述得淋漓尽致，每种这样的体系都有自己控制的具体行为的领域。任何官员与其权力也不可支配我们的生活。法律的帝国并非由疆界、权力或程序界定，而是由态度界定……从最广泛的意义来说，它是一种谈及政治的阐释性的、自我反思的态度，它是一种表示异议态度，使每个公民都应该想象什么是他的社会对原则的公共承诺，而在新的情况下这些承诺要求的又是什么……法律的观念是建设性的：它以阐释的精神，旨在使原则高于实践，以指明通往更美好的未来的最佳道路，对过去则持正确的忠实态度……它是一种友好的态度，我们尽管对计划、利益和信念各持己见，但对法律的态度却表达了我们在社会中是联合在一起的。"②

从以上引文及其所表达的观点不难判断此种法律意识形态的深刻影响。借此可以进一步得出的判断是：此种法律的意识形态，其实，只给人们提供了法律之"应当"面向，但并未向人们提供法律之"是"的面向。且似乎这样理解法律，天经地义，理所当然。关注法律之"是"，反倒多此一举。故威辞书在谈及法或法律特征时，其中一个重要的方面就是：

"它不像自然科学的所谓法则那样对事物加以规定，而是关于人类行为的规定和规范。法关心的不是'是'而是'应当'，即一个人在特定场合下应该或必须做什么以及行为越出了允许的范围时将导致什么后果。法是一种命令性原则、规则。是人们行为及其相互关系的尺度。"③

---

① ［美］约翰·罗尔斯：《万民法》，张晓辉等译，吉林人民出版社 2001 年版，第 3、6 页。
② ［美］德沃金：《法律帝国》，李常青译，中国大百科全书出版社 1996 年版，第 366~367 页。
③ ［英］戴维·M. 沃克主编：《牛津法律大辞典》，邓正来等译，光明日报出版社 1988 年版，第 518 页。

（二）法律能否就"是"论事？

但是，前述有关法律的意识形态论断，并没有垄断法律的真理。因为在这些法学家、伦理学家们根据法律实践就法律的上述意识形态做精心论述的同时，另一些法律家和法学家，特别是被号称为"现实主义法学"的学者和"法社会学学派"的学者们，则根据另一种法律实践高擎活法、地方性知识、法律多元等有关法律的新观念，把法律认知的视角从"应当"位移到"是"，即从事实视角观察法律，重述法律的理念，寻求新的法律意识形态。①

众所周知，现实主义法学家们普遍认为：法律的真谛，不是先验的自然正义，甚至也不是应然的国家规定，而是法官实然的裁判；不是人们为法律而预设的种种原则、规则及其价值，而是法官针对当下案件而裁判的事实。法学研究就需要关注这种事实，就需要就"是"论事，否则，法学就远离实践。只有经过法院判决了的当下案件（"现例"），才可谓法律，因此，法律有时甚至取决于法官的直觉：

"民法法系与普通法的情况一样，一国法院发布的规则恰好表达了当前的法律"；

"在引入漫长的时间跨度因素之后，那种认为在法律宣示之前就已经存在的观点之荒诞就更为明显……或许可以说，虽然法律在其宣示之前就已存在，但在法律的强制力被发现之前，法律的自然强制力……并不存在。"②

"……事实上，在法律的发展过程中，包括在其他思想领域的发展过程中，我们从来不可能使自己摆脱对直觉或灵机一现的依靠，它们超越并改变了纯粹经验对我们的影响。"③

而在法社会学家和法人类学家的眼中，法律就更是一种多元性的存在。

---

① 其实，在这之前，以孟德斯鸠、梅因和萨维尼等为代表的历史法学，已经把法学研究的理念深入到事实（"是"）之域（［法］孟德斯鸠：《论法的精神》（上、下册），张雁深译，商务印书馆1961年版；［英］梅因：《古代法》，沈景一译，商务印书馆1959年版；［德］弗里德里希·卡尔·冯·萨维尼：《论立法与法学的当代使命》，许章润译，中国法制出版社2001年版。

② ［美］约翰·奇普曼·格雷：《法律的性质与渊源》，马驰译，中国政法大学出版社2012年版，第80、83~84页。

③ ［美］本杰明·N.卡多佐：《法律的成长、法律科学的悖论》，董炯等译，中国法制出版社2002年版，第51页。

世间不存在一元一统的法律，且一元一统的法律也不可能给人类带来所谓"永久和平"。所以，关注"活法"和"多元的法"或许更符合法律发展和存在的事实。

"活法不是在法条中确定的法，而是支配生活本身的法。这种法的认识来源首先是现代的法律文件，其次是对生活、商业、习惯和惯例以及所有联合体的切身观察，这些事项既可能是法律所认可的，也可能是法律所忽视和疏忽的，甚至是法律所反对的。"①

"与自然法相比，在社会学家看来，社会与法律之间同样存在着不可隔断的关系，但是，这种关系更为抽象，给变化留下了空间。社会学也能够接受每个社会都有一套法律秩序的论点，但是，却不认为存在着某些在所有社会都同样有效的法律规范……因此，法律虽说是必要的，但是在其运行中，却是一种偶在的社会建构。正是这种偶在性，这种在不同可能性中进行选择的相对性，成为法社会学的研究主题。"②

正因如上的认识基础，所以，对法律普遍性、特别是有关世界法的反思和批评，就有了一般的前提。所以，如果说法律本身在世界性（全球性）和多元性（族群性、地方性）两极之间发展的话，那么，有关法律的理论也在法律普遍性和地方性之间的论辩、博弈中发展着。所以，当世界法理论得到弘扬、甚至追捧的同时，对它的挑战也应运而生：

"法律上，这是一个与国家秩序重叠的世界秩序。'重叠'而不是取代，因为目标肯定不是消灭国家和国内法……不可能按照一个国家的模式——即使是联邦制的或邦联制的——来设计世界法，而应当根据……'规制的多元主义'的模式去设想。'多元主义'是为了对抗霸权主义的风险，承认各国传统的多样性；'规制'则是围绕共同的指导原则组织一个合成体系，以同时避免分裂和不连贯。"③

---

① ［奥］欧根·埃里希：《法社会学原理》，舒国滢译，中国大百科全书出版社 2009 年版，第 545 页。

② ［德］尼克拉斯·卢曼：《法社会学》，宾凯等译，上海世纪出版集团 2013 年版，第 51 页。

③ ［法］米海依尔·戴尔马斯—马蒂：《世界法的三个挑战》（中文版序言），罗结珍译，法律出版社 2001 年版，第 5 页。

本文不厌其烦地引证西方思想家有关法律统一性和多元性思想的争论，是要为"法律就是地方性知识"这一命题的合法性寻找合法性基础。严格说来，无论法律现实主义、法社会学的"活法"理论，还是法律多元主义，毫无疑问都是对法律绝对统一论以及在此基础上的世界法理论的挑战，但法律现实主义理论的路径依赖过分关注于司法、司法本位以及奠定在此基础上的裁判规范，而忘记了法律除了裁判规范，还是一种行为规范。法律不仅授权或约束司法行为，而且也授权或约束立法行为、行政行为，更授权或约束其他社会主体的行为。因此，仅仅以司法裁判视角强调法律的当下性、现实性或多元性，视角显然较窄。

至于法社会学和法律多元主义，尽管准确地描绘了法律多元的事实，但是法律多元的承载主体究竟是什么，却语焉不详。没有一定主体承载的法律多元主义，恰如无皮之毛，无所附丽，因此，其往往会停留于一般的学说上，而难以明确地深入到不同主体——不同文化、不同族群、不同地方、不同社会团体、不同宗教信仰甚至不同村寨、不同家族的具体情境中去观察和描述多元的法，说明和论证法律多元性的理念，并透过这种理念为一个国家的地方自治和地方治理提供有价值的制度样本和规范参照。

在这方面，法律人类学通过文化研究和族群比较所做的努力，上接历史法学关于"法律民族精神说"的学术传统，下启从地方法、民族法、社团法、习惯法到法文化的严肃和系统的学术研究。无论是马林科夫斯基等开其端绪的法人类学研究，还是霍贝尔集其大成的法人类学学术体系，都给人们在一个全新的视角认知法律多元，提供了方法上和认识上的双重便利。这其中，特别是"法律就是地方性知识"的理念，更引人入胜。因为它克服了法学只能匍匐于"应当"的意识形态说教，而创生了法学就"是"论事的新思路。

二、何谓族群 - 地方性知识

（一）地方性知识，何种地方

在吉尔兹看来，人类的法律，并不存在一个放之四海而皆准的模式。与其说法律是一种普适性的存在，不如说它是一种地方性的知识来得更为准确：

"我始终认为……法律就是地方性知识，地方在此处不只是指空间、时间、阶级和各种问题，而且也指特色……即把对所发生的事件的本地认识与对可能发生的事件的本地想象联系在一起。这种认识与想象的复合体，以及隐含于对原则的形象化描述中的事件叙述，便是我所谓的法律认识"；

"……最有可能出现的结果不会是各种法律的渐趋一致……而是发展得更具特色。法律领域不会衰变成封闭的单一体，而会拓展成一个复合式的多元体；我们趋向的是初始的震动，而非终极的震动消除。"①

这就是吉尔兹对地方性知识的基本定性描述。对此，人们并不陌生。但这里所潜含的问题依然存在。其中最重要的，或许有如下诸点："地方性知识"中的"地方"究竟是指什么？它是一个地域性概念、族群性概念、抑或两者兼而有之？如果说仅指地域，那么，这个地域范围有多大？是以一个居民点为地方单位，还是以一个国家为单位，抑或以一种文化为单位？在这样的单位跨度里，如果不考虑其他因素，真能确认"法律就是地方性知识"吗？进言之，"地方性知识"中的"地方"，究竟是个区域性概念还是包含区域和族群于其中的概念？倘离开了在某一区域内交往行为的人，还会有"地方性知识"吗？

对于这样的问题，在前引吉尔兹的论断中似乎得到了一定程度的说明，譬如其在行文中强调了作为地方性知识的空间、时间、阶级、各种问题以及特色。但是，时空的疆界是什么？阶级这个概念在何种意义上理解？是否意味着法律作为地方性知识和地方上有些阶级是勾连的，和另一些阶级是不勾连的？各种问题又是指什么？"特色"——本地认识和本地想象作为一种事实间的本地"精神现象"，除了精神－文化因素之外，还有没有经济因素、政治因素等的影响？这就使得看上去明白无误的"地方性知识"，在进一步追根究底时还可能存在很多值得进一步展开和阐述的内容。

可见，透过上述一系列问题我们不难发现："法律就是地方性知识"，虽是一个很有启发性的结论，但并不是一个业已周备无遗的结论。对此，还需

---

① ［美］克利福德·吉尔兹："地方性知识：事实与法律之间的比较透视"，邓正来译，见梁治平编：《法律的文化解释》，生活·读书·新知三联书店 1994 年版，第 126、127 页。

要研究者们根据作为地方的主体、客体和其他相关性因素，做系统的论证和完善——尽管从吉尔茨的那篇经典名文中，我们不难看到其在"地方性知识"的名目下，展开的是不同地方、不同族群、不同文化之规范生活方式的画卷。这表明，说"法律就是地方性知识"，一方面虽然表明了其主体，但另一方面，在法律的主体归结上又不太明了，因之，其也是一个需要进一步清晰的、圆润的、经得起人们质问和推敲的结论。其关键所在，乃是透过"地方性知识"的一般结论，对究竟是"何种地方"、或者对地方性的内容之继续描述和解释问题。

　　譬如地方究竟是一个地域概念，还是一个文化概念？如果说它是一个纯粹的地域概念的话，那如何解释尽管澳大利亚、美国、英国和南非在地理上相隔千里万里，但在法律原则、规则和程序上大体相通的事实？如何解释巴基斯坦和沙特阿拉伯这两个完全不同的地理单元，却在法律上都尊重伊斯兰教的教义？再如，既然法律是"地方性知识"，为什么同属一个小岛的斯里兰卡和塞浦路斯，在其地方单元并不大的区域内，不同政治势力和文化传统间的人们，长期以来观点相左、行为对抗、争斗不休①？显然，这是纯粹的地方、区域所无法周全地解释的问题。对此，如果不引入文化和族群的视角，就无以妥当地说明问题。

　　地方性的这种复杂情形，其实取决于人的文化性。从本质上讲，人是文化的动物，人的文化属性尤其体现在其对符号的——语言符号和文字符号的依赖上。所以，卡西尔强调"人是符号的动物"②。人的这一本质，导致对一切人类创造的命题或事物的分析，皆须运用文化的分析方法才是深入其堂奥的一条重要通道，对法律的分析也是一样。但是，这种对人的一般性界定，并不能表达人的文化类型的复杂性，因此，无论分析法律还是其他人类社会

---

①　在这方面，与之相映成趣的另一个例证是：长期以来，日本自称是单一的民族国家，即其只有"大和"民族。2008 年以后，日本政府才承认阿伊努族是一个独立的民族，并对其文化和生活方式由在法律上歧视走向法律上以政府的名义实施保护（周超："两部法律与阿伊努人的命运——从《北海道旧土人保护法》到《阿伊努文化振兴法》"，载《世界民族》2010 年第 6 期；黄亮：《从阿伊努问题看阿伊努人的身份构建》，湖南师范大学 2012 年硕士学位论文）。这种情形在另一个视角说明，即使号称文化同构性极强的民族，也存在着因为族群边界的分野而导致的"法律地方性"之差异。

②　［德］卡西尔：《人论》，甘阳译，上海译文出版社 1985 年版，第 31～34 页。

的现象，必须关注人类文化本身的多样性，事实上，在文化多样性背景下解释法律，就是对法律多元性、地方性的基本尊重和基本态度。所以，梁治平曾强调：

"……并不存在某种合乎目的的历史，也没有按照必然性组织起来的统一进化模式。历史是被人创造出来的，这即是说，历史是在文化选择的基础上发展起来的。它们不能够重复，也不可能重选。因为选择既是肯定，也是否定，既是取得，也是放弃。任何一种文明和社会都只能以它自己的方式去经验世界，而这意味着它同时失去了以另外一种方式经验世界的可能性。这种经验的有限性无疑是人类生存的真实状况，然而同样确定的是，正是这种有限性构成了作为整体的人类经验无限丰富和多样的源泉。使我们不至于因为智虑的枯竭而丧失应对未来的能力……文化解释的主旨即是要尽可能摒去误解、曲解，深入古代人的世界去了解他们独特的经验，同时丰富我们关于人类普遍经验的认识。当人类面对未来，着手解决他所面临的各种难以预料的问题时，所有人类以往的经验都是弥足珍贵的。"①

梁治平对文化解释的上述一般意义的阐释，恰是我们在更深层面理解法律之为地方性知识的基本方法和应有态度，也是我们可能更进一步地认知地方性知识的一种基本思路——地方性知识一旦脱离开其文化母体，便失去了凭籍。但是这种地方性知识的文化立场，却主要不是建立在直观的地方性——地域基础上的，毋宁是建立在族群——不同的人基础上的。因此，在"地方性知识"命题的基础上，提出"族群－地方性知识"，或许更符合文化解释方法和"地方性知识"命题的本来立场。

（二）从"地方性知识"到"族群－地方性知识"

其实，吉尔兹在他的论文中，在阐释"地方性知识"的时候，事实上是在处理法学和人类学（民族志的关系），比较两者之间的内在勾连。这样，"地方性知识"就不仅来自人们对文化多元性的一般尊重，而且更来自对文

---

① 梁治平："法律的文化解释"，见梁治平编：《法律的文化解释》，生活·读书·新知三联书店1994年版，第62～63页。

化多元性背后的文化主体——地方与族群的尊重①，因此，他开宗明义把法学和民族志勾连在一起：

"法学和民族志，一如航行术、园艺、政治和诗歌，都是具有地方性意义的技艺，因为它们的运作凭靠的乃是地方性知识……直接个案……不仅为法学提供了产生反映的基础，而且还为它提供了其欲求把握的对象。而在民族志、既定惯例、庆宴或父代母育风俗，亦具有相同意义的功用。且不论人类学和法理学所具有的其他共同性……它们在关注技匠所承负的任务，即从局部的事实中发现普遍的原则这一点上是很相近的"；

"……想象的、建设性的或解释的力量，根植于集体的文化资源而非单独的个人能力之中……在我看来，对法律或司法或法庭审判的比较研究，必须对上述想象的、建设性的或解释性的力量予以足够关注。正是那里——在构想判决的情势（当然，也包括对规则的想象），以便既定规则能够被用于判决案件所采取的方法和方式中，在我称之为法律认识的东西里——才是有价值的差别之所在；也正是在那里，人类学家把地方性观念置于当地情境下进行思考的热情方能与法学家把案例纳入确定的框架进行分析的努力汇合一处并相互激发。"②

在表明吉尔兹是在法学和人类学（民族志）的比较中来阐发法学和人类

---

① 在本文中，笔者更多地运用族群这个词，而不用民族这个词，不是如有些学者那样，对这两个词的运用赋予某种政治偏好："西方语境里的'族群'所特有的、对主体民族和国家具负面色彩的内在规定性，是汉语'族群'和'民族'在中文语境里或字意上都是没有的。正是因为西文之'族群'具有对抗、边缘、分裂、差异的象征意义，自然地成了挑战'民族'的"批判的武器"（借用马克思语）。不少学者在这方面的研究中表达了一定的政治上和意识形态上的诉求。这其实是很自然的。既然民族、族群严格地说来都是一定政治条件下的产物，对它们的实质性的学理探讨必然无法与政治理念和诉求相剥离。"（范可："中西文语境的'族群'与'民族'"，载《广西师范大学学报》2003年第4期。另外，相关的讨论还可参见徐杰舜："论族群与民族"，载《民族研究》2002年第1期；[美] 马丁·N. 麦格：《族群社会学》，祖力亚提·司马义译，华夏出版社2007年版；马戎：《族群、民族与国家构建：当代中国民族问题》，社会科学文献出版社2012年版；[挪威] 弗雷德里克·巴斯主编：《族群与边界——文化差异下的社会组织》，李丽琴译，商务印书馆2014年版），而是强调除了我们在宪法和法律上业已保障的民族文化、民族地方之外，还有不同于这种存在的"族群文化"（如广东的广府人、客家人等）和族群地方差异。在一定意义上，同一个民族内部也会存在交往方式和规范操守上完全有别的族群。因此，本文的族群概念另有所指。

② [美] 克利福德·吉尔兹："地方性知识：事实与法律之间的比较透视"，邓正来译，见梁治平编：《法律的文化解释》，生活·读书·新知三联书店1994年版，第73～74、125～126页。

学的家族相似性的，但是其整个论证活动又把证据重点放在法律人类学本身的考量上，其结果是上述的家族相似性是一个比较的方法性的结论，而"法律就是地方性知识"却强调的是一个实体性的结论。这相当于前者表明法学类似于人类学，或者把之延伸到研究对象上：法律类似于民族生活；但后者表明，法学就是法律人类学，因之其对象的延伸结论就是法律就是地方性的规范生活。正因如此，作者关于"法律就是地方性知识"的结论，还存在一些内在的不睦。那么，我们究竟在何种意义上理解吉尔兹的"法律就是地方性知识"才更妥适？笔者以及诸多民间法、法社会学、法人类学研究者，常常更是在实体意义上理解这一结论的，而不是在法学和人类学的比较意义上谈它们两者的家族相似性的。换言之，笔者所坚持的，毋宁是法律人类学立场，而不是法（学）与人类学立场。

法律人类学立场所坚守的是寻求地方性的、族群性的、文化性的、社团性的、人类生活中的法律，并且把人类的日常交往、规范生活以及所谓小传统本身作为其研究的对象，因此，在它的视野下，这些小传统——地方性、族群性、文化性、社团性的日常生活中的规范，本身就是法，就是法律，因此，"法律就是地方性知识"是其题中应有之义（尽管这还很不全面）。但在法（学）与人类学视野中，法学家关注的研究对象——法官把个案代入法律框架的活动和人类学家把事实代入文化模式中的作业具有家族相似性和可比较性，因此，在一定意义上讲，"法律就是地方性知识"在这里不过是一个比较性修辞，而不是实体性结论。

不过，在法律人类学立场上，"法律就是地方性知识"固然是没错的，但尚是远远不够的。因为法律人类学是基于对文化、生活方式、族群、社群、社团及其内在运行规则等的关注而产生的，是对不同的人们之规范生活比较和"求异"的结果。其重心从来不是，也不应当是"地方"或"区域"，而是主体——以族群、社团和地方为代表的主体。

当然，这并不是说"法律就是地方性知识"的结论就不成立。笔者在这里仅仅认为：我们还有必要对这一结论在既有基础上进行完善和修正，而不是因为它在某些方面有些牵强附会而弃之如敝履。那么，完善和修正的基点何在？笔者认为，就是借由地方性知识引申出这一结论的主体性。主体性概念表明，"地方性知识"中的地方，尽管含有区域的意思，但绝不仅仅是指区域，而是指地方主体。在这里，地方主体至少有两个相辅相成的内容：其一是区域主体；其二是族群（广义上包括民族、村社、文化"家族"、社团、财团等）主体。其中区域主体决定地方主体性的时空边界，而族群主体决定地方主体性的实在内容。换言之，区域主体决定着地方主体性的形式理性，而族群主体决定着地方主体性的实质理性。

从这种视角来观照"法律就是地方性知识"的结论，则它可以一分为二：法律既是地方性（这里，笔者把地方性等同于时空上的区域性）知识，也是族群性知识。但这样一来，又会在法律之地方性知识和族群性知识之间产生新的关系：究竟是地方性知识决定族群性知识，还是族群性知识决定地方性知识？

虽然从现象上观察，这两者之间是相辅相成，相互作用的。但在这种一般性关系"规定"之外，人们也不难发现两者间还存在其他的关系"规定"：同一个族群尽管被分散在不同的地方，但仍然能保有同样的或者类似的交往规范。这时，突出的明显是族群性，而不是地方性；或者相反，不同的族群虽然领有同一区域，但如前文所言，却奉行着完全不同的交往行为规范，这时，人们看到的仍然是族群性知识的主导性。与此同时，人们也会发现，在前种情形下，地方性知识和族群性知识之间尽管存在谁决定谁的问题，但两者的共处在逻辑上并不矛盾。而在后种情形下，则地方性知识和族群性知识之间，必然会出现在逻辑上相互反对的情形。这些一般现象之外的情形，一方面，更好地证成了族群性对区域性的实质决定力量，另一方面，也提出了对地方自治而言，如何在地方性知识和族群性知识之间妥为协调，乃是一个不得不深思熟虑、加以平衡的问题。否则，无论民族区域自治，还是其他地方或社团自治，其许多逻辑症结就无法解开。下面笔者将对和这些问题相关的话题在如下两个方面分别予以展开，看看它们各自和民族区域自治以及其他地方（社团）自治间的逻辑关系，并进一步分析在族群－地方性知识所导致的自治背景下，如何面对国家的统一问题。

三、族群性知识、地方性知识的分裂交错与民族区域自治的难题

（一）同族异质族群与跨文化自治的难题

当一个地方无论生活着一个族群还是多个族群，他们在交往行为方式上没有实质的区别，从而其地方性和族群性之间没有冲突时，所谓法律的族群性与地方性这两种概念的划分，自然就不具有实质性意义，因为地方性就是具有同质性的族群性所决定下的地方性。但是，问题在于一个自治地方，往往存在着多族群的文化冲突（这在下一问题中探讨），甚至还会存在某一族群自身的文化冲突（这是笔者想在此重点探讨的问题）。

有一种"常识"的观点认为：如果一个地方只生活着一个族群主体，其地方性知识的同质性似乎理所当然。但事实情形却未必完全如此，因为即使同一族群，也可能会产生异质化现象。所谓一地方同一族群的异质化，是指生活在同一地方的同一民族，在文化认同、行为方式、信仰理念、生活习惯等方面发生了分歧，进而导致族群交往模式变异的情形。例如，在一个地方族群内，因为族群中不同主体的信仰、语言、生活方式以及实际利益各异，很容易造成族群分裂，甚至会由一个同质的族群变为多个异质的族群。如同为南斯拉夫人，仅因信仰的差异，导致塞尔维亚人和波黑人成为异质的族群。同样同为东斯拉夫人，但俄罗斯人和乌克兰人却因为语言、历史、现实利益以及其他问题的分歧导致两族不但在意识形态上有所分别，甚至在民族情感上严重对立①。

---

① 刘祖熙主编：《斯拉夫文化》（第五篇），浙江人民出版社 1993 年版；"百度百科·乌克兰"写到："12～14 世纪，由于封建割据，古罗斯部族逐渐分裂成俄罗斯人、乌克兰人和白俄罗斯人 3 个支系。基辅罗斯在 13 世纪被蒙古人的金帐汗国占领。约从 14 世纪起，乌克兰人开始脱离古罗斯而形成为具有独特语言、文化和生活习俗的单一民族。13～15 世纪，乌克兰曾先后抗击蒙古人、日耳曼人及奥斯曼土耳其人的入侵，从 14 世纪起历受立陶宛大公国和波兰等国的统治。17～19 世纪，在第聂伯河中游一带以基辅、波尔塔瓦和切尔尼戈夫为中心形成了乌克兰现代民族。"（http：// baike. baidu. com/link？url＝8IA9Vw1MPptTjBF－lAeWpclIxj0eoujcb7ChPq2tcwYeLVpjaAAW7A9eCIFHwax 5NbWJe4H55f2R2YE88S2Q5a,2015 年 8 月 28 日访问，同时也可参见姚海：《俄罗斯文化之路》，浙江人民出版社 1992 年版等）。

　　这种情形，不仅存在于一个国家的宏观层面，而且也存在于一个国家的微观层面或者基层。譬如在笔者调查的某个穆斯林村落，全村人都信奉穆斯林"老教"，但近些年来有些"先进"引进穆斯林新教教旨，并宣扬实践，引起该村全体村民的不满。根据阿訇和穆斯林们的共同"裁定"，劝这户人家离开该村落，另辟栖息地。尽管至今没有采访到被劝离的这一家人，甚至问及的该村村民都回答这一家人究竟到哪里去了他们并不知情，但可以想见，在已经受安土重迁的汉文化影响下的这一家人，是如何不情愿地离开故土，另觅新居的①。这也从微观层面表明：即便是同质的族群，也会因信仰和其他因素的影响，而发生分裂。

　　此种情形，对于民族区域自治而言，必然存在如何面对一个族群内部的异质化问题，或者如何面对在族群内的社会变迁中，对不同主体的信仰趋向、文化选择等权益的公平保障问题。如果这些问题处理不好，就无法说明法律作为"族群性知识"得到了彻底的贯彻，也难以透过族群性知识来统合地方性知识，实现地方及其族群主体的自治。但毫无疑问，这又是一个极其复杂的问题，它意味着在实行民族区域自治的地方，要对同一民族的异质化问题除了仔细的调查和研究之外，还需要在自治规范方面作出必要的协调和妥协。甚至还需要在此种协调和妥协基础上，创生新的族群－地方性知识。这显然对民族区域自治提出了更高的要求：它必须选择一种复杂结构的自治策略，而不能简而化之地推行民族区域自治。

　　在本质上，这种自治是一种跨文化自治，尽管自治民族在整体上属于一个文化单元，具有共同的文化－社会边界，但在这个文化单元内部，在不同主体间又明显地存在新的文化－社会边界。这种问题一旦处理不好，不仅会造成同一族群、同一文化单元内部的混乱，加深文化－社会边界的裂痕，而且可能会导致族群内部的内讧、内耗，并最终殃及国家整体的统一秩序建构。

---

　　① 类似的情形，即使在一些同姓且文化同质化很强的小村庄，也会发生。例如，在笔者童年和少年时生活的那个小山村——上大学离开时只有十六户人家的单姓村庄，其一半左右的人家在过去陆续迁出了该村。这其中除了上学、招工、当兵而离乡背井者外，还有因在该村受尽屈辱而远走他乡者。其中的一家就是在阶级斗争激烈的年代，选择在一个夜晚悄然离开，自主远走河西一带生活（等生活稍微稳定后，才正式移民河西）。据知情者讲，这家人离开这个小村庄的过程，充满了纠结、痛苦的心理斗争。

清王朝处理西北穆斯林内部冲突的往事及其所导致的严重不良后果，应是如今认真总结和吸取的教训。①

（二）异地同质族群与跨区域自治的难题

我们知道，地域并不是族群或民族的藩篱，反之，在人类的不断迁徙和移动中②，族群的边界也是不断变化的。所以，族群生活领域并不像我们既有的那种刻板印象，那它一定是和某种有形有域的地理边界相关联的，尽管一定意义上地理边界的存在，也是理解族群文化的重要方面。关于族群与边界的关系，巴斯业已提供给我们两个概念，即地理边界和社会边界：

"……调查的主要中心点就是定义群体的族群边界，而不是群体所附带的文化特质。尽管他们可能有相应的地理边界，但我们必须关注的边界当然是社会边界……族群不只是或必然是以独占领土为基础；他们维持自己族群的不同方式，不仅是一劳永逸的人口自然增加，还有不断的表述和验证……"；

"族群边界引出了社会生活——它往往牵涉到一个十分复杂的行为和社会关系的组织。作为族群的同一组织成员，另一人的认同暗示着评价与判断的标准是一致的。因此，这种认同还必须包括一个假设，即他们两个人基本上'玩的是同一种游戏'，这也意味着他们两个人之间的社会关系有可能多元化和扩展至最终覆盖了活动的各个领域。另一方面，作为陌生者、作为另一族群成员的二元化的他者则意味着对共同理解的认可是有限制的，在价值观和行为的判断标准上存在差异，也可能具有的共同理解和共同兴趣的互动方面存在约束。"③

---

① 杨亚妮："清朝中后期河湟地区伊斯兰教内部纷争解决过程分析"，载《烟台大学学报》2012 年第 4 期。

② 特别是那些令今人颇感兴趣的古代游牧民的迁徙以及迁徙过程中的地理"边界"多变和紧张，更能表明人类的迁徙性与族群的地理边界本身的移动性（王明珂：《游牧者的抉择：面对汉帝国的北亚游牧部族》，广西师范大学出版社 2008 年版；[美] 巴菲尔德：《危险的边疆：游牧帝国与中国》，袁剑译，江苏人民出版社 2011 年版等）。而对中国来说，就更是如此："中国同所有其他高级文化的区别在于它对游牧民族问题的处理。世界上任何一个地方从来没有出现过这样一种现象，即一个如此高度发达的文化始终要面对面积如此广大的游牧地区，从而也要面对人数如此众多的游牧民族"（[德] 罗曼·赫尔佐夫：《古代的国家——起源和统治形式》，赵蓉恒译，北京大学出版社 1998 年版，第 258 页）。至于在现代全球化流动中族群地理边界的移动和变化，更是一个越来越趋于模糊化的概念，因此，在这个时代，文化或社会控制边界的概念对族群而言更有效力。

③ [挪威] 弗雷德里克·巴斯主编：《族群与边界——文化差异下的社会组织》，李丽琴译，商务印书馆 2014 年版，第 7 页。

　　显然，巴斯更为关注的是族群的社会边界。因为就地理边界而言，有时候，族群的边界常常是不一定的，有时甚至还会有很大的差异。特别是在现代社会流动性愈来愈发达的时代，更是如此。只有把族群边界界定在族群的文化观念、生活方式、宗教信仰以及规范交往方面时，这一分析思路的意义才能彰显。然而，这一族群边界的定义，却预示了一个民族区域自治的另一个难题：如何对待虽在区域－地理边界外，却在文化－社会边界内的同一族群？

　　这确实是一个棘手的问题！因为它意味着对一种文化－社会边界的族群实行跨区域的自治。在人类自治史上，还找不出这种自治方式，因此，在此问题上，一般的做法都是区域自治胜过了族群自治，即自治所关注的是区域－地理边界，而不是文化－社会边界——显然，这是一种无可奈何，也只可如此的不得已举措。一个国家不可能毫无区域－地理边界意识地强调族群自治，否则，就必然导致要么使族群自治失去了应有的意义，因为在现代流动性条件下，几乎任何一个族群，都可以把其文化－社会边界推向全国，甚至走出国门。特别在我国，像回族、满族等民族，其成员几乎遍布全国各地，如果纯粹以文化－社会边界作为自治的根据，等于说最终否定了自治。要么使族群自治变成了追求变相的族群统一，从而形成不同族群间在同一地域内的文化－社会边界竞争。当然，不是说这种竞争不可以，而是说一旦以跨区域自治的名义实行此种自治，必然导致制度设计不但不能带来稳定社会秩序的效果，反而只能因制度而遭致秩序败坏！

　　但话说回来，对处于不同地方的族群之文化－社会边界又不能不重视，因为这种边界直接勾连着一个族群的文化情感和社会纽带。例如，回族尽管几乎遍布我国各地，但无论其置身何处，他们都是文化－社会边界内的族群成员，因此无论其内在情感、外在行为、权利要求、义务承诺等方面，都具有密不可分的关联。在此景况下，倘若因为民族区域自治而保护了自治区域内的回族成员的特殊要求，而对自治区域外其他回族成员基于文化－社会边界的同样的特殊要求不予关注，不仅不公平，而且可能会伤害这些回族成员的文化－社会情感。因此，可以考虑的备选方案是在强调对前者实行区域自治的同时，对所有回族成员基于"族群性知识"的要求，实行文化－社会边界的自治。①

这表明，面对异地同质族群的复杂性，真正良好的自治方式，是建立一种复杂体系的自治。这种自治乃是把区域－地理边界的自治（对聚居的同质族群而言）和文化－社会边界的自治（对散居的同质族群而言）有效地结合起来，从而既体现族群的"地方性知识"，也体现族群的"族群性知识"或"文化性知识"。

（三）同地异质族群与跨族群自治的难题

前文已提到一种"常识"的观点，这里想提到的另种"常识"的观点是：如果一个地方生活着多个族群主体，就意味着这个地方的族群性知识一定是异质的。但事实上也不尽然。多族群杂居的地方，固然其文化－规范的异质情形比单一族群的异质性要强些，但这绝不意味着在此种情形下就只能存在异质的文化－规范。事实上，在长期的生活、交往过程中，即使异质的族群，也可能并常常产生逐渐融合，变得同质化的情形。最典型的恐怕是被称为滚雪球般发展壮大的汉民族的文化②，就是长期以来由不同的民族融合而逐渐形成的。它的同质性乃是在不断的异质性及其博弈基础上发展而成的。

而微观层面的例证也可表明此。在笔者调研过的另一个穆斯林村落，历史上曾经杂居着汉族、藏族、撒拉族和回族四个民族。但1756年以来，因为我国著名伊斯兰经学家马来迟在当地的传教，令该地全体统一讲藏语的村民选择了信仰伊斯兰教。尽管直到如今，该村的语言仍然主要是藏语，风俗习惯中也存在着藏族的较多成分——近年来，随着穆斯林化的程度加深，藏族

---

① 这种自治，实际上已在一定意义上体现在我国有关宗教的政策和法律上。在有些方面，笔者的观察结果认为，在有些地方做的还很有效。例如，在青海西宁市，我们既能看到伊斯兰教教徒、藏传佛教教徒、汉传佛教教徒、道教教徒等和谐相处的局面，也能看到不同宗教的教徒们各自守护其信仰，虔诚于其皈依的宗教的行为。这里既体现着族群合作精神，也表达着族群自治理念。但这里的自治，显然不是地理－区域自治，而是文化－社会自治。

② 徐杰舜主编：《雪球：汉民族的人类学分析》，上海人民出版社1999年版。

风俗习惯已逐渐在减少。甚至在民族成分上，也被人称之为"藏回"①。对这一称呼，尽管学者们有完全不同的意见②，但毕竟在精神价值上，上述几个曾经不同的民族如今都被团结在穆斯林的教旨下。

　　就同一地域不同族群之同质性的生成而言，有些是不同族群间长期交往、自然磨合的结果，有些则是人们通过刻意的社会－宗教教化的结果。就前者而言，在不同族群的交往中，除了日常生活中的交往关系可以逐渐地弱化族群异质关系，使其可能越来越趋向同质之外，有一些关系，特别如姻缘关系，可以把异质的族群关系更紧密地结合起来，改造为紧密的同质关系。一旦产

---

　　①　在民族学界，"藏回"现象近二十年来得到持续的研究和关注。相关论著有：李耕砚等："卡力岗地区部分群众昔藏今回的调查"，载《青海社会科学》1981年第2期；马秀梅："青海化隆操藏语回族调查"，载《青海民族研究》1994年第4期；杨士宏："'卡力岗'人中的藏族文化遗存"，载《甘肃民族研究》2002年第3期；马宏武："信仰变异与民族特征——卡力岗回族民族特征浅议"，载《青海民族研究》2002年第4期；马学仁："卡力岗人社会现象调查"，载牟钟鉴主编：《宗教与民族》第1辑（2003年）；冯迎福："试论卡力岗地区的经济社会与可持续发展"，载《青海民族研究》2003年第4期；沈玉萍："卡力岗现象及其分析"，载《西北第二民族学院学报》2003年第4期；刘夏蓓："一个特殊回族群体的人类学调查——以卡力岗两个回族村为个案"，载《回族研究》2004年第4期；马伟华："青海卡力岗人研究综述"，载《西北民族研究》2006年第3期；桑才让："卡力岗'藏回'现象的再调查与研究"，载牟钟鉴主编《宗教与民族》，第5辑（2007年）；李红春："鲜为人知的云南'藏回'"，载《中国穆斯林》2006年第1期；刘夏蓓："论卡力岗人的文化变迁与变迁防御层次"，载《暨南学报》2007年第2期；海宝明："藏回蒙回托茂人的宗教信仰轨迹"，载《中国穆斯林》2009年第4期；马伟华："青海卡力岗回族宗教认同的调查与思考——以青海省化隆县德恒隆乡德一村为例"，载《中南民族大学学报》2009年第6期；马伟华："青海卡力岗人族群认同及其变迁的考察——以化隆县德恒隆乡德一村为例"；载《青海社会科学》2010年第2期；马伟华："青海卡力岗回族语言认同的调查报告——以化隆县德恒隆乡德一村为例"，载《青海民族大学学报》2010年第4期；秀多吉：《化隆卡力岗地区的社会文化变迁探析》，中央民族大学2011年硕士学位论文；李红春："探秘云南'藏回'"，载《云南民族》2011年第1期；马明德等："'卡力岗'现象的文化地理学浅析"，载《牡丹江教育学院学报》2011年第5期；梁丽丽："多元共生中的文化涵化——青海河湟地区'卡力岗'和'家西番'族群的个案研究"，载《第二届中国人类学民族学中青年学者高级研修班论文集》（2012年）；才项措：《青海卡力岗历史文化变迁研究》，西藏大学2013年硕士学位论文；达娃央宗："青海卡力岗人的族群身份变迁"，载《青海民族大学学报》2013年第1期；张中夏："历史记忆、宗教意识与'民族'身份认同——青海卡力岗'藏语穆斯林'的族群溯源研究"，载《西北民族研究》2013年第2期等。

　　②　例如，人类学家索端智教授就曾多次和我谈起对这个称谓的反对意见。他强调正如不能把信仰基督教的汉人称之为"汉拉（拉丁人）"一样，也不能把信仰伊斯兰教的藏人称为"藏回"。民族是一码事，信仰是另一码事。笔者在赞同其意见的同时，也指出划分民族的一个重要标准，就是不同人群的宗教信仰，最典型的如波黑独立前的"穆斯林族"（独立后称"波什尼亚克人"）。另，对"藏回"称谓的质疑，又可参见才旦："只要信奉伊斯兰教就可以说是回族吗？——《卡力岗地区部分群众昔藏今回的调查》一文质疑"，载《青海社会科学》1983年第3期。

生这种效果，则为民族区域自治带来事半功倍的效果。它可以使民族区域自治的结构变得简单化，避免后文将要谈到的民族区域自治的复杂结构，从而更顺利地实现民族区域自治的相关规划。如上所讲的，可谓是同地同质情形下的跨族群自治。

但并不是总存在这同地同质的族群相处情形，且上述同地同质的族群形态，基本上是以某种族群之文化－社会边界的消失为代价的，在同地的不同族群间，人们更为常见的是同地异质的杂居格局，因此，同地异质族群的自治问题就尤为复杂。在我们所见的民族区域自治地区，虽然自治民族的聚居是一个原则性要求，但事实上，又不存在纯粹单一民族聚居的自治地方。即使一些人数不多的自治乡，除了主要民族之外，往往还有其他民族居住①。在这种同地异质的族群格局下，自治就尤为困难。它既要考虑到主要民族的民族自治权，又要考虑聚居在该地的所有族群的地方自治权，因此，是区域－地理边界自治与文化－社会边界自治的复杂统一。这里乖张的问题是：考虑了区域－地理边界的自治，就不可能不考虑区域内的所有族群，从而必然涉及在一定意义上跨文化自治的问题；可一旦考虑了区域内的所有族群，就必然涉及主导民族文化－社会边界被模糊化的问题。因此，如何妥善地处理这一棘手的复杂结构，乃是民族区域自治的关键所系。对此，巴斯曾有过一个理想的设想：

"不同文化的人员之间进行社会接触的环境也包括在族群边界维持的范围内：如果族群意味着行为上的标志性差异，即持续性文化差异，那么它作为有意义的单位就可以持续下去。然而，在不同文化的人员互动的地方，人们期望差异能够减少，因为互动既要求又产生了语码与价值观的一致性——换句话说，就是文化的相似性或文化共性……因此，接触中的族群维持不仅意味着认同的标准和标志，而且也意味着允许文化差异迁延的互动的构建。

_____

① 例如，在笔者曾调查过的青海化隆之卡力岗地区的三个乡——德恒隆、沙连堡、阿什努（尽管三个乡都非自治乡，但其所在的化隆为回族自治县，而三个乡之按人口比例，是化隆县回族最为集中的地方之一）中，其居民尽管都以"藏回"为主，但都不是单一的回族乡，而是在以"藏回"为主的前提下，还存在着藏族、汉族、撒拉族、土族等不同的民族成员。这种情形，也是在我国这个多民族国家中，不同民族的人们所居住和生活的一种基本状态。

我认为组织特征对于所有族群间的关系一定都具有普遍性，它是控制着族群间社会冲突的一整套系统化规则。在所有有组织的社会生活中，在任何特殊的社会环境下，与互动密切相关的因素都是有所规定的……如果人们同意这些规定，那么他们在语码和价值观方面的一致性就没有必要再向外扩展，因为这种一致性和人们进行互动的社会环境密切相关。稳定的族群间的关系推论出这样一种互动体系：一套规则控制着互动的社会情境，并顾及一些活动领域的融合……而对社会环境的另一套规则阻止了族群之间在其他领域的互动，从而使得部分文化避免了对抗和修改。"①

这一设想，提出了在一个多族群共存的区域或地理边界内，根据有效的社会交往规则既保持不同文化族群间的互动，又维护文化边界不被冲击，同时还能保持不同文化族群间文化个性的包容。这自然是一个不错的设想，但问题是实践的逻辑如何能满足这种理论的逻辑，更是值得研究同地异质自治问题时特别值得关注的问题。因为毕竟这里面对的是跨族群的自治。而所谓跨族群的自治在内容上又是跨区域自治、跨文化自治和跨主体（族群）自治三者的有机结合，从而也把三者的难题全部搁在这里。同时，这也是目前我国民族区域自治所普遍面临的一个难题。我们虽然在理论上、法律上、法律实践上都做了大量的工作，但是一种更有效的既保障区域－地理边界，又维护文化－社会边界，还坚持族群之间互动的理论还有待总结和阐发。如何把主体民族的族群性知识、其他民族的族群性知识共融于各不同民族的地方性知识中，仍是我国民族区域自治需要不断努力的方向，也是解决同地异质族群关系时必须面对的复杂结构或复杂难题。

四、族群－地方性知识、地方自治与国家统一

（一）自治：族群－地方性的普适性

事实上，肯定了族群－地方性知识存在的合理性，大体也就揭示了族群

---

① ［挪威］弗雷德里克·巴斯主编：《族群与边界——文化差异下的社会组织》，李丽琴译，商务印书馆2014年版，第7~8页。

和地方自治的理由。众所周知，在我国宪制中，不仅有民族区域自治，而且有特别行政区自治。但关于这两种自治之外的地方自治，似乎制度没有涉猎，学人们也相应关注不够。其实，地方立法权的赋予，在一定意义上就是给予地方以法定范围内的自治。特别是十八届四中全会有关放宽地方立法权的设想，把这种自治的地理范围更加拓展，将拓展到设区的市[①]。尽管这种自治和民族区域自治意义上的自治不能相提并论，但在对族群－地方性知识的肯定方面，两者并无二致。地方立法权的赋予，绝不仅仅是为了在地方上贯彻国家立法，退一步讲，即便仅仅是为了这一目的，也有借势族群－地方性知识以推进国家法律方便落地的一面。所以，一定的地方自治乃是族群－地方性知识这一命题以及该命题背后的事实所蕴含的题中应有之义。

自治之所以来自族群－地方性，在于一种特定的族群－地方性，在其区域－地理边界和文化－社会边界内的物质内容和文化成果，既不可能由所有人无规则地均等分享，也不可能迫使其改变，或者任由其他族群－地方性来侵夺其区域－地理边界和文化－社会边界。因此，有些学者把地方自治作为一项基本权利，虽然自治本身具有权力和权利的二元性：

"自治的二元性面向在根本上来源于自治的两个向度。就住民自治的角度而言，地方自治要求地方团体的公共事务通过一定的内部民主结构来决定，并在此基础上予以执行，因此，住民自治在本质上是一种类似于国家政治的统治过程，会不可避免地出现自治体的公共决定及其执行对少数住民意见的否定，甚至对个别住民的强制，在此意义上，地方自治具有权力的性质。然而，就团体自治的角度而言，地方自治权又是地方团体对抗国家干预的自由。在这方面，地方自治权与个人权利没有本质区别。只要其行使不侵犯其他团体、个人或国家的利益，在道德和法律上就不应受到任何限制。

在实际的法运行过程中，地方自治权力和地方自治权利往往表现在不同的法律关系中。地方自治权力更多地发生在地方自治团体与住民之间，而地

---

① "十八届四中全会公报"强调："完善立法体制，加强党对立法工作的领导，完善党对立法工作中重大问题决策的程序，健全有立法权的人大主导立法工作的体制机制，依法赋予设区的市地方立法权。"

方自治权利则更多地发生在地方自治团体与其他地方自治团体或国家之间……"①

地方自治的族群－地方性基础，不仅意味着地方自治的必要和必然，而且意味着一种普适性——族群－地方性的普适性。在古人的交往规则中，"入国问禁，入乡随俗"乃是一种基本的道理和常识，这不仅是入国或入乡者应有的道德修养，而且从事功的视角看，倘不如此，就无所收获。在《三国演义》中，诸葛亮七擒七纵孟获的故事，一方面说明诸葛亮的大度、德政和能力，但其更深的隐喻是，如果不这样，便不可能树立如此高大的政德，建立如此伟大的功业。因此他的"成功"，恰恰是尊重族群－地方性的结果。对过去所谓"以夷治夷"的统治策略，论者往往从利用和制造族群－地方矛盾而让地方相互牵制视角来理解，尽管在历史上这种情形是存在的，但笔者宁可认为"以夷治夷"的实质是尊重族群－地方性知识，在制度上给地方主体自我管理的权利和便利②，既利于团结地方，也利于地方发展。

对族群－地方性知识的强调，以及借此必然导致的地方自治，或许会遭到人们的质疑：强调它们，是不是因为对个别性的关注而轻忽了普遍性、一般性和普适性？对此，笔者曾在多个场合强调"地方性的普适性"这一命题：

"所谓地方性的普适性，在法律领域是指只有经过地方性协商、交涉与博弈，并最终建立在地方性基础上的法律，才不但符合一个国家法律生成的一般逻辑，而且具有在不同地方贯彻落实的经验基础和社会根据。地方性的普适性在大国法治中尤为重要。众所周知，所有大国，都是由文化差异、风俗各别的一个个地方所构成的。中央政权尊重地方，则自然容易获得地方拥戴；中央政权蔑视地方，对地方动辄颐指气使，就不可能获得地方的拥

---

① 王建学：《作为基本权利的地方自治》，厦门大学出版社2010年版，第42页。

② 崔明德："论隋唐时期的'以夷攻夷''以夷制夷'和'以夷治夷'"，载《中央民族大学学报》1994年第3期（作者对这三个概念的区别对待，是我们更深刻地认识以夷治夷的重要参考）。另外，也可参见关克笑："简论明朝对女真人的统治"，载《满族研究》1999年第2期；张晓松："论元明清时期的西南少数民族土司土官制度与改土归流"，载《中国边疆史地研究》2005年第2期等。

戴——除非地方成为中央政权'机械'的派出机构，而不是一个国家'有机'的构成部分。强调在大国法治中地方性的普适性，自然不是要主张地方的分裂与割据，只是说大国统一法律和法治的形成，只能是不同地方、不同族群、不同社群以及不同团体意见交涉的结果，而不是罔顾地方规定性，由国家统一命令的结果。可见，只有尊重地方性，才能为一个大国地方之间的有机协调、合作发展奠定规范前提；才能真正建立'社会主义'法治，克服'国家主义'法制。"①

在本文中，笔者愿意将"地方性的普适性"这一命题，进一步修改为"族群－地方性的普适性"，是想在字面意义上强调这一普适性不仅包含一定"区域－地理边界"，而且包含了一定的"文化－社会边界"，并且后一边界更为根本。即在公共交往和法律领域，所谓"族群－地方性的普适性"，乃是指普适性只是建立在族群－地方性知识基础上的宽容互动，而不是建立在某个命令基础上的放之四海而皆准。换言之，如果真有所谓放之四海而皆准的事物的话，那么，普遍地、一般地尊重"族群－地方性知识"，本身就是放之四海而皆准。反之，贬斥"族群－地方性知识"，否定族群和地方个体性的存在，不但对族群和地方缺乏礼貌，而且对统一的治理带来无尽的麻烦。显然，按照"族群－地方性的普适性"这一思路，则地方自治就是以族群－地方性知识为基础的权利建制和权力规划。因此，在强调地方自治的同时，也必然意味着此种自治，其实表达着自治背后最为深入的道理：族群－地方性的普适性。反之，对地方自治的人为遏制，恰恰是对这一普适性的无视。

（二）压制性统一的有效与无效

在我们强调"族群－地方性知识"的普适性特征，并以此强调族群－地方自治的合理性的同时，对我国而言，就立马面临一个严肃的问题：过分强调地方自治，是否不利于国家的统一。诚然，拓展一个国家或民族的外部区域－地理边界，并因之推进其文化－社会边界，是任何一个追求"进步的"民族和文明的自然选择。人类文明史上的许多斗争，几乎都是围绕着区域－

① 谢晖："大国法治与'地方性的普适性'"，载《原生态民族文化学刊》2015年第2期。

地理边界的争夺，并进而延续到文化－社会边界推进的争夺上的①。在一定意义上讲，所谓帝国及帝国精神，就是边界扩张（无论区域－地理边界还是文化－社会边界）精神。但必须清楚，扩张和统一并不是完全相同的概念。因为扩张的边界定位是游移的，是不明确的，但统一大体意味着一个族群所能够接受的、相对稳定的区域－地理边界，并由之进一步扩展到文化－社会边界。尽管如此，相比较而言，我国更是一个特别强调统一合法性的国家。

"在古代中国和中国周边地区所发生的早期国家进程基本上属于一种模式，即酋邦模式。事实上，这一结论从世界范围内看并不特别新鲜，因为正如我已经提到过的，就历史的现实性而言，酋邦模式是一种远比部落联盟模式更具有普遍性的人类早期政治组织演进的形式。中国个案真正最重要的特点也许是在于，中国较早形成了对本地区实行国家统治的一种总是趋于统一的关于国家权力的合法性的概念。虽然不排除在历史上的某些时期这一概念实际上是无效的；但是就中国历史的全部事实来看，这一概念的历史延续性却是非常顽固的，这在整个世界范围内倒是非常突出的。"②

但是，中国历史上的统一模式有两种，一种是透过对"族群－地方性"的尊重来实现的，一种是通过行政的自上而下的统一命令而实现。前者在一定意义上体现的是一种契约型统一模式（将在下文的论述中会涉及），后者则是一种压制型的统一模式。这两种统一模式，又分别穿插在区域－地理边界和文化－社会边界中展开。有时候这两个边界本身是统一的，但有时候这两个边界并不统一，这里首先要分析的是压制型统一及其效果。

所谓压制型统一，实质上就是在物质方面运用武力强控、精神方面运用思想教化、制度方面运用道德约束的统一实现和维护方式。在人类历史上，

---

① 王明珂：《华夏边缘：历史记忆与族群认同》，浙江人民出版社 2013 年版；［美］拉铁摩尔：《中国的亚洲内陆边疆》，唐晓峰译，江苏人民出版社 2010 年版；［美］巴菲尔德：《危险的边疆：游牧帝国与中国》，袁剑译，江苏人民出版社 2011 年版；［美］狄宇宙：《古代中国与其强邻：东亚历史上游牧力量的兴起》，贺严等译，中国社会科学出版社 2010 年版；［法］勒内·格鲁塞：《草原帝国》（上、下册），蓝琪译，商务印书馆 1998 年版；［美］拉尔夫·布朗：《美国历史地理》（上、下册），秦士勉译，商务印书馆 1973 年版；［澳］A. L. 巴沙姆主编：《印度文化史》，闵光沛等译，商务印书馆 1997 年版；［美］希提：《阿拉伯通史》（上、下册），马坚译，商务印书馆 1979 年版；张红："论罗得斯的扩张帝国主义"，载《学海》2015 年第 2 期等。

② 谢维扬：《中国早期国家》，浙江人民出版社 1995 年版，第 522～523 页。

大一统的实现，每每都借助武力强制，但大一统的维系，却各不相同。中国秦汉以降国家统一史的基本特征，就是将高压的触角通过某种文化的方式，深入到物质、精神和制度的各个方面和各个层面。从而既有区域－地理疆界的统一，也有精神－道德疆界的统一，还有文化－社会疆界的统一。最终体现为一种文化的统一，因此，文化中国的说法往往比地理中国的说法来的更有意义。①

这种压制型的统一，尽管其效果是明显的，譬如它在文化上大体上维持了中国文明两千年来的大一统——即使区域—地理边界的变化时有伸缩，但文化－社会边界能大体上稳定统一，甚至这种文化－社会边界的影响，直接同化了异族征服者（如清朝）。与此同时，文化－社会边界的一统，也容易支持区域－地理边界的统一。但是，无论前述何种内容、何种意义的统一，却都是以文化单元、地理单元内部各部分活力的丧失为代价的。

"中国实在是最古老的国家；它的原则又具有那一种实体性，所以它既然是最古的，同时又是最新的帝国。中国很早就已经进展到了它今日的情状；但是因为它客观的存在和主观运动之间仍然缺少一种对峙，所以无从发生任何变化，一种终古如此的固定的东西代替了一种真正的历史的东西……客观性和主观自由的那种统一已经全然消弭了两者间的对峙，因此，物质便无从取得自己反省，无从取得主观性。所以'实体的东西'以道德的身份出现，因此，它的统治并不是个人的识见，而是君主的专制政体"；

"在中国，大家长的原则把整个民族统治在未成年的状态中，他们的道德决心已经被规定了的一切法律和皇帝道德的监视所占据。'精神'的兴趣

---

① 因此，陈寅恪在解释王国维投湖自尽的原因时强调："或问观堂先生所以死之故，应之曰：近人有东西文化之说，其区域分划之当否固不必论，即所谓异同优劣亦姑不具言，然而可以得一假定之义焉。其义曰：凡一种文化，值其衰落之时，为此文化所化之人，必感苦痛。其表现此文化之程量愈宏，则其所受之苦痛亦愈甚。迨既达极深之度，殆非出于自杀无以求一己之心安而义尽也"；"近数十年来，自道光之季迄乎今日，社会经济之制度以外族之侵迫，致剧疾之变迁，纲纪之说，无所凭依，不待外来学说之掊击，而已销沉沦丧于不知觉之间。虽有人焉，强聒而力持，亦终归于不可救疗之局。盖今日之赤县神州，值数千年未有之巨劫奇变；劫竟变穷，则经文化精神所凝聚之人，安得不与之共命而同尽，此观堂先生所以不得不死，遂为天下后世所极哀而深惜者也！至于流俗恩怨荣辱委琐龌龊之说，皆不足置辩，故亦不及云。"（陈寅恪："王观堂先生挽词·序"，见《陈寅恪诗集》，清华大学出版社 1993 年版，第 10 页。）

是要把外在的决定作为内在的决定，把自然的和精神的世界作为一种内在的世界，属于智力的世界来决定；根据了这样的步骤，主观性和‘绝对存在’的一般统一性——或者‘有限存在的理想主义’——得以成立。"①

黑格尔在近两百年前对中国这个古老国家发展状况的评论，可谓切中肯綮。也是对只关注运用经济、文化和制度强控，而忽略族群 - 地方自治力量（精神的个体存在和个性发展）之危害的一种有力的揭示和批判。正是这种情形，导致长期以来"话说天下大势，合久必分，分久必合"的历史循环，让中国在一乱一治中处于所谓"超稳定结构"② 中而原地踏步、裹足不前（值得一提的是，即使在动乱的时代，区域 - 地理边界的统一受到了眼中的冲击或威胁，但文化 - 社会的边界还会坚韧地存在并在下一波区域 - 地理边界的统一中，发挥其无可替代的功能——区域 - 地理边界的统一一定会带来文化 - 社会边界的统一，但不是相反，区域 - 地理边界不统一，文化 - 社会边界也就跟着不统一——这也可视为此种业已内化为人心，并外化为行为和生活方式的文化之一种优势所在吧）。如果有所进步，那一定是进一步、退一步式的。因此，历史在原地打转，除了故事的堆积之外，没有精神的扩展、制度的进化以及个体自由的延伸，这样，它就只能是一个所谓"停滞的帝国"③。可见，压制型统一带给我们的实际影响，就是一乱一治、社会循环、原地踏步。其根本缘由，在于对族群 - 地方性的忽略，其必然会伤害族群和地方作为主体的主动性和积极性，违背"三个臭皮匠，顶一个诸葛亮"的众人智慧对国家治理的可能意义。如果用涂尔干的理论来解释，则这是一种由分工不明、个体意识自我压抑、集体意识自觉呈现和压制型法律来维系的"机械团结"的统一模式④，在历史发展时段上，它属于古代未开化社会的一种统一模式。

（三）以自治精神，迈向契约性统一

上述情形，从另一方面提醒我们：在我们这样的人口、族群、疆域和文

---

① ［德］黑格尔：《历史哲学》，王造时译，上海书店出版社 1999 年版，第 123、144 页。

② 金观涛、刘青峰：《兴盛与危机——论中国封建社会的超稳定结构》，法律出版社 2011 年版。

③ ［法］阿兰·佩雷菲特：《停滞的帝国——两个世界的撞击》，王国卿等译，生活·读书·新知三联书店 1993 年版。

④ ［法］埃米尔·涂尔干：《社会分工论》，渠东译，生活·读书·新知三联书店 2000 年版。

化大国中，必须关注族群－地方性知识以及和此必然相关的族群－地方自治问题。也理应关注这种自治所能带来的另一种国家统一的思路，即契约型统一。所谓契约型统一，是指一方面，一个国家的各个部分——无论地方主体还是族群主体，都服从作为社会契约的宪法和法律的治理，另一方面，国家在宪法和法律上有义务保障族群和地方自治的国家统一机制。所谓契约型统一之契约文本，就是被所有自治主体和国家一道奉为神圣的宪法和法律。

这种契约型的国家统一模式，在中国古代国家中就隐约存在。比较典型的或许为西周的分封制或封建制。这种制度，其实是周天子与诸侯国、诸侯国与诸侯国之间借助契约——法律或其他契约来维系的。在法律方面，《尚书·洪范》就很典型，它既有对周天子绝对地位的规定，也有对周天子必须公正持平、有法有度、有过天罚（凶兆）的要求（或制约）：

"凡厥庶民，有猷、有为、有守，汝则念之。不协于极，不罹于咎，皇则受之。而康而色，曰予攸好德，汝则锡之福。时人斯其惟皇之极。"①

除此之外，周天子在分封诸侯国，或诸侯国之间在进行土地转让时，已经开始用"邦国约"的形式来保障契约信用机制对国家统一的作用：

"西周、春秋为土地国有制时期，因之，契约分为两类：一为'邦国约'，主要使用于疆土方面，如天子分封疆土给诸侯，或者诸侯间转让土地等等……"②

这表明，当时国王颁行天下的法，具有一定约的性质；而用于分封制的"邦国约"，更具有契约型治理契约型统一的特征。当然，这种规定，和现代契约型的国家统一模式不能相提并论，在一定意义上，它仍然推行的是压制型统一的职能。因为它的目的是："无偏无陂，遵王之义。无有作好，遵王之道。无有作恶，尊王之路。"③

所以，真正的契约型统一，需要社会分工的高度发达，个体主体性的建立和对集体依附意识的消减来支持；也需要一种契约型法律的呈现以及在此

---

① 张紫葛等：《尚书法学内容译注》，四川人民出版社 1988 年版，第 57 页。
② 张传玺：《契约史买地券研究》，中华书局 2008 年版，第 2 页。
③ 尽管这一目的的要求的前提是："无偏无党，王道荡荡。无党无偏，王道平平。无反无侧，王道正直。"（张紫葛等：《尚书法学内容译注》，四川人民出版社 1988 年版，第 58 页。）

基础上发展起来以主体意思自治为前提的广泛的契约型交往来展示。这种统一，如果用涂尔干的学说，是一种"有机团结"型的统一。

"有机团结"是这样一种社会交往的结构类型：它必须以高度的现代社会分工为基础，在一个主要以农耕为主的国家，不可能有这种团结；它必须以每个主体的自治——精神自治和行为自主为动力，因此，一切导致主体精神依附性的事项都是有机团结的抵消力量；同时，它不反对一种建立于自治主体共识基础上的统一的、契约型规则。所以，在有机团结的社会：

"毋庸置疑，法律机制的活动范围非但没有减小，反而不断增加，不断复杂了。一种法律越是原始的，它的规模就越小；反之，一种法律越是现代的，它的规模就越大。当然，法律规模的扩大并不意味着个人活动领域的缩小。实际上，我们应该记住：在社会生活所受的规定越来越多的同时，它的范围也扩大了……如果说压制法正在丧失自己的基础，那么起初不曾存在的恢复法却在逐步发展壮大。如果说社会已经不再强迫每个人去实施某种一致性的规则，但它却确定和规定了不同社会职能之间的特殊关系，那么社会的干预并不因为换了一种性质，就变成软弱无力的了。"①

这种深刻的揭示，说明在族群－地方自治基础上所形成的国家统一，在本质上就是以"有机团结"为基础的。更准确地说，这种统一是以族群－地方性知识为事实根据，以契约化的宪法和法律为准据，以主体在法律前提下的自治为基础，以实现自治主体的个性保留、自由交往，并便于发挥其积极性、主动性和能动性，从而以最终为经济发展、为制度民主、为精神自由、为国家统一、为人类和平而积累基础、提供条件为目的的国家统一模式。

首先来看契约型统一的理念之维，它就是本文的主题词"族群－地方性知识"。这是地方自治并以此为前提的契约型统一得以建立的基本事实根据，同时，也是相应的国家统一模式得以推行的理念基础。族群－地方性知识的事实和理念基础，要求国家统一不能以牺牲族群和地方性为前提，反而必须

① ［法］埃米尔·涂尔干：《社会分工论》，渠东译，生活·读书·新知三联书店2000年版，第163～164页。

以保障族群和地方性为前提。所以，那种好大喜功的移风易俗，尽管具有某种理念上的先进性，但常常因为违背人性中固有的或者某种族群－地方性知识所固有的精神内容而最终归于失效和失败，也常常因为理想的设计无法通过细致的法律规范而付诸东流。这正如赫尔佐克在评述法家思想时所指出的那样：

"……不再由一种非正规的、不足凭信的习惯法，而是由公开宣布的成文法来决定有罪惩罚与无罪开释，这无疑是一种异常进步的思想，同样，认为法律应对人人有效，至少不能在贵族的特权面前却步，这个想法也十分进步。另外，通过一些明确的、客观的标准来防止官员执法时为所欲为的想法也着实令人敬佩，尽管这种想法……过于乐观了，因为任何法律不可能制定得那么天衣无缝、一清二楚。"①

再看契约型统一的规范之维——契约化法律。强调族群－地方性知识及以此为事实根据的地方自治，但同时又强调统一的契约化的法律，这在逻辑上似乎是个悖论。这也是社会学家斯宾塞所特别担心的问题。但对此，前引涂尔干的观点已经作出了合理的辩驳。在此，不妨再引用涂尔干的几段论述，以说明越是社会自治，越需要契约化的统一规范做前提：

"社会生活有两个来源……在第二种（即有机团结——引者注）情况下，他自身具有了与众不同的特征和活动，但他在与他人互有差异的同时，还在很大程度上依赖他人、依赖社会，因为社会是由所有个人联合而成的"；

"所谓契约，惟独指那些个人之间通过自己的行动意志所达成的共识。与之相反，任何义务都不是双方的共识，也不是双方的契约。凡是契约存在的地方，都必须服从一种支配力量，这种力量只属于社会，绝不属于个人：它越来越变得强大而繁杂"；

"总而言之，仅仅有契约是不够的，还必须有来源于社会的契约规定……"②

---

① ［德］罗曼·赫尔佐克：《古代的国家——起源和统治形式》，赵蓉恒译，北京大学出版社1998年版，第277页。

② ［法］埃米尔·涂尔干：《社会分工论》，渠东译，生活·读书·新知三联书店2000年版，第183、169、173页。

尽管涂尔干在这里把契约和法律分开来对待，但可以肯定，没有契约型法律的国家，也就不可能产生私人之间的普遍的契约交往。因此，对契约型的国家统一而言，契约化法律这一规范之维可谓是关键所系，因为它不但肯定了族群－地方性知识，而且决定了族群－地方自治的框架，并进而促进在族群－地方自治基础上的契约联合与国家统一。

接着看契约型统一的主体之维——族群－地方之自治。如果说契约型统一的基础是法律，换言之，法律本身就是契约型统一的规范文本的话，那么，规范作为契约的基础又是什么？一言以蔽之，即族群－地方自治以及这些自治体在自由意见的表达基础上所达成的妥协的协议。这是近代以来，随着社会分工的高度发展，一个复杂社会进行统治和控制的基本方式，也是维系自治主体间交往的规范底线。一旦为了追求自治，而抛开这一规范底线和规范根据，严格说来，就不宜称为自治，而是独立了。独立尽管会导致自治，但独立是不受自我之外的规范约束的自治体，而自治则必须接受自我之外的共同规范的约束。在此意义上，独立所接受的是单重规范（自我规范）的制约，而自治在自我规范制约之外，还必须受公共规范的制约，因此，自治是种双重制约的机制。

进而言之，契约化的规范——作为社会契约文本的宪法和法律，奠定了主体（族群/地方）自治的上层规范和社会认同前提，而自治的族群－地方所制定的法律以及它和其他主体所签订的契约，则是其自治的现实表现。这就意味着，只要存在契约型法律以及以此为根据的国家统一，就必须认可在法律基础上的族群自治和地方自治，否则，就只能称为压制型法律之下的压制的统一，而非恢复法或自治法之下的契约型统一了。

最后看契约型统一的目的之维——这是一个面向多元的命题。在前文中，已经提到它至少包含了诸如自治主体的个性保留、自由交往，自治主体积极性、主动性和能动性的发挥，以及通过上述内容的实现而最终为经济发展、为制度民主、为精神自由、为国家统一、为人类和平而奠定基础、提供条件等。除此之外，契约型统一的目的还在于创制更高层次、涵摄力更强的契约型法律，并反过来由其再进一步保障族群－地方性知识的有效性和族群－地方自治的开放性，实现并不断保持族群－地方性的个性化和契约型法律公共化之间的有效博弈和良性互动。显然，对这样一个契约型统一的目的群的论述，已经不是这篇文章的内容所能详细展开和容纳的问题了。

综上所述，建立在族群－地方性事实基础和理念基础之上，并以契约型法律为根据，以族群－地方自治为前提，以多样性交往和秩序化建构为目标追求的契约型国家统一模式，完全可以讲，其在本质上必然是一种法治化的国家统一。

主体中国、民间法与法治[*]

当经济学家把制度二分为正式制度和非正式制度时，业已通过经济生活和理论表明：在国家制度之外，尚存有另种勾连人们交往行为的规范和制度，并借此缝缀连通，形成异于国家或社会正式秩序的民间非正式秩序。同样，当社会学家把传统二分为大传统和小传统时，业已通过社会生活、人们的日常交往及其理论表明：除了借国家力量导致的大传统之外，还有社会交往中自发成型的小传统。而法学家对国家法与民间法的二分处理，乃是其因应上述社会生活和政治生活的结果，也是通过人们的规范生活所开出的法学视角的逻辑命名。作为地方性知识的民间法，存在于地方的文化结构中，但在目前我国的法治建设中，这种知识在法律上大体上是被排除的一种因素，可法律上的大体排除，并未影响日常生活中民间法的活力依然，因此，民间法这种地方性知识究竟对我国法治建设存有何种潜在的影响？能否以之作为主体中国之法治建设中的一种文化支援？如何寻求法治建设的民间法支援？这是本文拟论述的几个主要问题。

一、我们拿什么建设法治——从主体中国的视角看

可以说，当代中国法治建设中面临的一个重要问题是：在大传统视角，刻意制造了一种与自身文化传统的断裂以及因这种断裂而对小传统——民间法等地方性知识的恶意应对。众所周知，近代以来，我国面临内忧外患，自

＊ 该文原载《东岳论丛》2011 年第 8 期。

鸦片战争以来西方列强的百年肆意入侵和国人矢志不渝的抵御外侮，使中国在各个层面纠缠于中西之际。战场上的节节失利，极大地刺激了在文化上向来抱负甚高的士大夫们，他们通过新文化运动、"五四"运动直到"文化大革命"，推出了期望通过文化改造进而强国兴教，实现政通人和的夙愿。而在太平天国以来的百年长程革命中，除了义和团运动之外，几乎没有一次革命不假借外力，作为革命的口号、旗帜和标签。不论"拜上帝会""三民主义""马克思主义"还是市场社会主义，其理论渊源皆自西来。说它们的中国化，只是借用中国因素接引西人精神的方式。在这种接引过程中，即便有些内容骨子里很中国，很传统，但其外包装却很时髦，很"洋气"。对这种现象，林毓生名之曰"全面反传统"①，而笔者更愿意称其为"以传统反传统"，它的实际效果，只是在文化上破坏了一个旧世界，但并没有帮助建立起那个雄心勃勃的新世界。

这种情形，至今依然，特别在法治建设中，更加严重。如果说对中国传统文化，学者士子们无论如何，还能够找出一些心栖其中、并不由自主而美化之的内容的话，那么，对中国传统法制及法律文化，从法律学者，到社会贤达，乃至略受教育的普通公民，几乎异口同声，皆以为"封建糟粕"，几无可用，弃如敝履。像瞿同祖、武树臣、梁治平、俞荣根那般"同情地理解"传统法文化的学者②，大率专受法律史训练、特别是专受中国法律史的训练，从而不禁让一些人想当然地理解为是"屁股决定脑袋"的结果，而不是学术上探赜索隐的结果。由此连带的是，对本属于法律文化范畴的内容，却拒绝于法律文化研究之外，如蔡叔衡所谓传统中国法律史，"除了刑法史的法律史之外，便觉空洞无物"。③ 如果说这样的结论，站在材料的视角尚可以理解的话（因为毕竟传承下来的中国传统法律资料，更多地是有关刑法的

---

① 林毓生：《中国意识的危机："五四"时期激烈的反传统主义》，穆善培译，贵州人民出版社1988年版；林毓生：《中国传统的创造性转化》，三联书店1988年版。

② 当然，这样的学者，还可以列举出一些，但如上所列举者，更具代表性。他们相关的代表性著作有：瞿同祖：《中国法律与中国社会》，中华书局1981年版；武树臣等：《中国传统法律文化》，北京大学出版社1994年版；梁治平：《寻求自然秩序中的和谐——中国传统法律文化研究》，上海人民出版社1991年版；俞荣根：《儒家法思想通论》，广西人民出版社1992年版等。

③ 蔡叔衡：《中国刑法史》，广西人民出版社1983版，第4~5页。

典章），那么，站在长期以来我国民众组织日常生活和秩序的立场，则大谬不当。因为它无视礼法这种组织生活秩序的规范及其行为长期存在的社会事实。

特别是彻底废除"旧法统"的这种"新传统"，一方面使得激烈反传统的情形在法律领域达到登峰造极的境地；另一方面，这一反传统，不仅反对中国固有法文化，而且把清末民初以来营造、接引的西方"资本主义法文化"也一扫而光，并企图在一张白纸上画"最新最美的画图"；再一方面，反传统的文化使命，经由这一折腾，转变为政治使命，从而反传统被意识形态化。如今在法制变革过程中，包括在立法、司法改革和行政变革过程中，学界喜欢运用的仍然是反传统的意识形态立场，而不是学术立场。

某次，一位美籍华人学者和笔者聊天，他语重心长地说："谢晖，你可千万不能像××、×××他们那样"，并且还不忘鼓励性地告诫笔者："我相信你也不会那样"。他言说的背景是××和×××君曾著文对于"能动司法"问题作出了积极的回应，同时笔者也对这一问题颇为关注。尽管这是一种私底下的交谈，但它颇能说明这里的问题：在法学界，一旦学者们之间有学术分歧，特别是在中国究竟以何种方式面对未来法治这样的问题上有分歧时，他们很惯于、并乐于用意识形态的立场划定界限，而不是站在学术的立场进行反思。学术研究成了表态、站队，而不是把学术本身对象化、问题化，从而接受反思的拷问。这种情形，正是法学研究意识形态化的自然流露，也是以意识形态立场替代问题立场，从而使法治建设每每罔顾实际，只及面子的缘由所在。它表明，意识形态话语不仅是政治家们的拿手好戏，而且学者们也对此能娴熟运用，得心应手。学术活动，就这样被建构在意识形态话语中——在法制进程中，究竟要取法中国传统文化，还是要坚定移植外域法律经验，在这里就不是一个借助论证而予以圆润的问题，而是一个借助口号和说教而灌输的问题。

但是，这种用意识形态来处理法治建设之进路和主张的方式，并没有真正解决法治建设究竟应如何展开的问题，从而法治建设中的一系列问题反倒被这种意识形态的恣意狂言所遮蔽。我们既不能借此推进主体中国的横空出世，也不能因此建构一种邓正来意义上的"中国法治的理想图景"以及赖此图景而形成的中国法学的理想图景①。因此，中国法治建设的问题仍然需要打破意识形态的遮蔽，撩开笼罩着问题本身的面纱。那么，这一问题究竟是什么？一言以蔽之，是我们究竟拿什么来建设法治。

拿什么来建设法治的问题，表面上看是法治自身的问题，实质上却牵扯着与法治有关的更加广泛的社会问题和日常生活问题。因为众所周知，法律和法治是社会的产物，尽管它对社会秩序具有构造作用，又尽管它是现代社会中主体规范生活的主要构造者。法律之所以能构造主体的规范生活，端在于法律自身对主体生活的照应、提炼与回护。这一由生活到法律，再由法律到生活的回环型命题，彰显着一国的法治建设如果决然抛开自家的文化传统，割断自己的法制经验，我们收获的可能是法治的外观，我们失去的，则是法治赖以生存的文化基础和生活事实。由此更进一层，我们所失去的，是主体中国。

近代以来，我们在表述国家的主体特征，或者主权国家的特征时②，喜用孟轲关于土地、人民、政事的三要素论③，但不难发现，这一解释框架，乃是一种简约的解释框架。如果对这一解释框架继续展开，可进一步解释为文化、利益和自主秩序构成主权国家或主体国家的三要素。文化约略等同于人民，它表征着一个主权国家的精神内容；利益约略等同于土地，它表征着一个主权国家的物质内容；而自主秩序约略等同于政事，它表征着一个主权国家的制度内容。之所以做这样的展开和解释，是因为文化、利益以及自主秩序，比领土、人民、政事这种说法更具包容性、并能更加具体化地理解和解释主权国家或主体国家的基本构成因素，同时，也能更好地支持从意识形态的主权国家，迈向具有独立行为能力的主体国家。符合上述内容要求的主

---

① 邓正来：《中国法学向何处去——构建"中国法律理想图景"时代的论纲》，商务印书馆2006版。

② 笔者以为，主权的实质，就是要突出一个国家在国际交往中的主体地位和身份，因之，"主权国家"的概念约略等同于"主体国家"的概念。尽管如此，两者还是有一定区别：主体国家在主权意识形态基础上，更强调其独立的行动能力，而主权国家则更强调独立的意识形态。这种意识形态能否付诸行动，尚需其他条件。在这个意义上，"主权国家"的概念更多地着意于国家的权利能力和资格；而"主体国家"的概念在权利能力和资格基础上，更多地着意于国家的行为能力。

③ 《孟子·尽心章句下》。

权国家，才是一个获得了主体身份的国家，否则，文化败落、利益沦丧和秩序失却自主的国度，难以获得主体性身份，从而也不是一个真正的具有主体能力的主权国家——它既不会有主体国家的信用，也不能担当主体国家的责任，它只能是古已存之的所谓附庸国①。

以此来衡量，则不难发现，拿什么来建设法治的问题，实质上应建构在一个国家的主体性结构中时才真正具有意义。离开国家主体性，即使建成法治，也会丧失一个国家的文化自信、利益自有和秩序自主。下面不妨再借用前面提出的文化、利益和自主秩序这个三要素论，进一步探讨拿什么来建设法治的问题。

借用梁漱溟的观点，"文化并非别的，乃是人类生活的样法"②，归根结底，一民族一国家有不同的生活方式或生活样法。生活方式或生活样法不同，所型塑的文化内容和面貌也便各异。那么，出自人们生活方式，并反过来型构和规范人们生活方式的法律和法治，究竟应如何应对、采纳并规范来自生活的文化？特别是在文化冲突、人们日常生活也冲突的时代，这一问题就更有一定选择的困难。近代以来，面对外来文化在军事和经济上的强势，怀着救国济世的梦想，我们义无反顾地选择了法律移植之路。这种移植，不仅是法律形式上的移植，而且是和法律相关的文化内容上的移植。对这种由法律移植所连带的文化移植，学术界辩难甚多，但辩难归辩难，移植归移植，不论革命还是改革，国家都在一如既往地移植外域法律，以及相关的法律文化。因之，本土的生活经验，反倒七零八落，不成系统。

对此，究竟如何看待？如果这种制度移植恰切地反映了变革社会中中国国民日常生活的文化逻辑，那又未尝不可，反之，如果这种制度移植既没有反映此种日常生活及其逻辑，又不能强力型塑、推进和创造一种新的生活方式，那么，强迫的移植既是对其文化自主性建设的妨碍，也无以支撑和建立

---

① 如今天的伊拉克，尽管在意识形态视角看，仍是一个主权国家；但从其行动能力看，很难说是一个主体国家。当一个国家的行动能力时刻受他国掣肘时，即使其有主权的外观和资格，也没有主体的行动能力。

② 梁漱溟："东西文化及其哲学"，见《梁漱溟全集》第一卷，山东人民出版社1989年版，第380页。

一种新的文化自主性体系，反倒成了文化殖民的工具，这不论对于文化中国和主体中国的建构而言，还是对于借助法律和法治，以实现自主秩序的愿望而言，无形中都是打击和伤害。这样，在移植法律形式和外观时，转而寻求自家生活经验和文化传统中的规定性，以塑造中国的法律形象，就是法学家和法律人不得不面对的问题。所谓移植法律的形式和外观，不仅是对既有的生活经验和文化传统作包装和修饰，而且是借此对既有的生活经验和文化方式进行规范化改造。

这种取向，与强行移植外域法律，并同时移植外域生活方式相比较，既可以抓住人类法律发展的前沿性问题，也可以照应自家秩序构造的经验和规范生活的传统，把民间法及其文化传统建构进新的法律秩序中，适度保持一种文化的连续性，但又不妨碍生活方式的进化和改造。自然，这是一种不但可欲，而且可行的法制现代化进路。这种选择在促进社会进化的同时，也兼能保全并巩固一个国家的文化主体性和文化主权，因此，在我看来，借用并移植外域法律形式，把自己固有的生活方式以及发展了的新生活方式纳入这种形式体系中，从而以法律形式巩固、风化并塑造生活方式，促进文化主权，展现文化主体性，这才是在法制现代化过程中真正值得关注并着手解决的问题，也是我们拿什么来建设法治的题中应有之义。

在一定意义上讲，如果说文化因素是一个国家主体性的常量的话，那么，利益因素就是一个国家主体性的变量（尽管利益本身也是决定一个国家是否获得主权，是否具有主体身份的常量，但利益的内容却总是一个变量）。当然，这并不意味着文化因素恒定不变，也不意味着利益因素变动无常，而只是说文化和利益相比较，更具有稳定性，而利益更具有多变性。利益因素虽然不会像文化因素那样稳定地、持久地影响一个国家的主体身份，但置诸当下，不同时期的不同利益因素，会直接影响一个国家的主体特征和主体地位。利益因素对国家主体身份和地位的作用，有人用"弱国无外交"而结论之，可谓一语中的。利益因素的法律化处理，既需要照顾到国际化的利益交流与合作，也需要维护自家的核心利益。在很大程度上讲，在这一领域，当涉及到利益的经营方式，取得方式和交易方式时，作为法治后进的国家，其使命主要是如何移植相关规则的过程，因为在相关领域，更具有国际的可通约性或者趋同性。在这个意义上，国家的主权边界和主体身份，主要体现在法律的国家自主性和支配性上。所以，在如上经济规制领域的法律移植，一般并不影响一个国家的主体身份和主权边界。

　　但是，一方面，当利益因素涉及到具体生活方式时，因为利益因素和文化因素产生了叠合，因此，对它的规范化处理，只能循着前述文化因素之法律处理的第二种进路。这样，才可能更好地表达经济生活领域的国家主体性。另一方面，在关切国家的主权利益，如领土主权、领海主权等问题时，法律移植只能是借助外域法律形式，强化、规范并保障自家经济核心利益的过程。在这层意义上，经济因素对主权和国家主体性的影响更直接、更当下。也因为此，看似作为国家主体身份要素中内容多变的利益要素，却对国家的主体身份具有直接的影响甚至决定作用，因而，也对相关法律的变革及其如何保障国家主体性具有更为迫切的要求。这就对法律移植提出了谨慎的要求：移植得来的法律如果不能表达并保障主权国家的核心利益，如果有悖主权国家人民的经济生活方式，反倒以破解相关利益和生活方式为使命，法律移植的结果势必南辕北辙。这表明在利益规制层面，拿什么来建设法治的问题，是一个法律回应全球化要求和保障自主性利益的共进过程。而自主性利益，是真正通达国家的主体身份和地位的关键。所以，在法治建设中如何把握自家利益，并在结果上进益于全民，是拿什么建设中国法治的又一题中应有之义。

　　至于自主秩序这一要素，它本身是自主的法律调整的另一表达，或者自主秩序本身是国家主体性的法律要素。文化因素和利益因素，从而精神因素和物质因素分别表达了一个国家主体性的两种不同内容，尽管这两者之间有一定的交叉，但毕竟它们两者各有侧重。孔子云："君子喻于义，小人喻于利"[①]，它表达了在古代社会中利、义之两分和物质、精神之两立。如今，精神追求和物质追求更有条件统一于所有主体的需要中，并且精神追求也往往以物质利益的方式予以外在化和成型化。这种实践的逻辑要求设法沟通精神生活和物质生活的规范准则，而这种规范准则就是国家法律。在这个意义上讲，自主秩序这一国家主体性的要素，乃是立基于一个国家公民的物质需要和文化需要

---

　　① 《论语·里仁》。

基础上的，它是沟通国家主体性之文化因素和利益因素的规范桥梁，不仅如此，它还反过来规范、构造并进一步扩展国家主体性的文化内容和利益内容。这就决定了被决定者——法律制度自身在一定条件制约下的决定性。这种决定性，就是我们惯于运用的制度对文化因素、利益因素的反作用。

这就意味着在国家主体性的实践领域，自主秩序的关键性以及和自主秩序相关的制度建设的紧迫性。可以说，在文化、利益和自主秩序这三者中，自主秩序直接表现着国家主体性的现实样式，国家主体性的直接规范力量就来自决定自主秩序性状的法律。它对文化要素和利益要素的恰切表达，使得自主秩序获得了政治合法性，而国家及其人民对这种自主秩序的回护和遵循，又使自主秩序获得了法律意义上的合法性。在这个视角上，一方面，主体性国家的文化因素、利益因素决定着其自主秩序的内容，另一方面，自主秩序及其背后的制度又保障、重塑并不断有预测性地复制文化因素和经济因素。正因如此，遵循自主秩序的要求来制定法律，建设法治，乃是在主体国家的背景下，我们拿什么来建设法治的第三个题中应有之义。

二、作为日常生活中之规范的民间法与法治

在前文有关国家主体性及其拿什么来建设法治的论述中，笔者已经把问题导向了日常生活，导向了地方性知识，导向了民间规范。换言之，在全球化背景下的法治建设，一个国家只要强调其主体性，就已经就包含着对自身文化、利益和自主秩序的内在要求。这些要求，归根结底是对日常生活中人们交往方式和规范内容的法律照应。那么，这种日常生活中的规范内容究竟是什么？对此，笔者把它概纳为民间法或者民间规则。

自从20世纪90年代以来，民间法这一概念，经由梁治平较为系统的阐述①，已日益发展成我国法律社会学领域的主题词之一。这一概念对近些年蓬勃展开的民间法、习惯法、法人类学研究而言，功莫大焉。但目前我国学界对民间法的理解，明显存在着三多三少问题。

---

① 梁治平：《清代习惯法：社会与国家》，中国政法大学出版社1996年版，第34页以下。

第一，面向传统因素的居多，面向现代因素的较少。从而论者把民间法和习惯法加以混淆，似乎民间法仅仅是历史传统在当下的遗存，甚至认为民间法不过是一种聊以自慰的对法律的"民间记忆"①。与此相应，一般认为，现代化就是一个民间法日渐式微，或被边缘化的过程，甚至民间法是现代化的反对力量。因此，法治化在一定意义上就是对民间法的改造、超越和否弃。在这种观念下，论者没有、也不屑于更进一步观察：现代化本身也是一个催促新的民间法发育和生长的过程。

第二，面向乡村者居多，面向城市者较少。和前一特征相关联，当下我国的民间法研究，更多地面向乡村地区、少数民族地区和中西部"落后"地区，从而和当年西人观察初民社会的情形类似，把研究对象置诸特定的落后区域。这固然有一定道理，但它不能更进一步解释城市社会的民间法实存，也忽略了城市社会人们的日常生活方式及其规范内容。

第三，阐述民间法与现代法治冲突者居多，而寻求民间法与现代法治沟通者较少。在一定意义上，现代化就是一个通向城市化的过程，即便乡村地区，也会在现代化过程中饱受城市化浪潮的侵袭。所谓"农村城镇化""以城市带动并辐射农村"等说法和做法，都表明了这一问题。前述民间法研究中面向传统、面向乡村居多的事实，其必然逻辑指向，就是对民间法与法治间冲突因素的强调，对两者之间的沟通因素则粗略对待，语焉不详。

第四，自事实视角探索者居多，自规范视角探索者较少。无论如何，民间法是一种独特的规范类型，但目前我国研究民间法的学者，更感兴趣于民间法的事实问题，因此，其研究意义就只限于学者们所设定的场域。由于忽略了民间法的规范因素，对其在规范视角的分析不够，因此，民间法如何与国家法相接应，如何在立法中确认民间法、如何在司法中援引或借鉴民间法等问题，就被严重忽视。因之，民间法在学理上没有被当作法治建设的构成性力量，反而是法治建设的解构性力量。这样，就不可避免地把民间法一概斥之为"落后"。

---

① 谭岳奇："民间法：法律的一种民间记忆"，见《民间法》第一卷，山东人民出版社 2002 年版。

民间法研究的如上特点，在无意间人为地设置了一个民间法的遮蔽罩，这种遮蔽罩的实质是对民间法的妖魔化处理。但与此同时，更严重和重要的是，这一处理，其实是对公民日常生活的妖魔化处理——只要人们形诸笔端、说在口头，那么，这种生活方式及其规范内容，就被毫不留情地归诸"落后"。此种情形，和前述意识形态化的学术境况一脉相承，落实在心态和行为上，就是面对此种生活，人们的牢骚和不满有余，而认真和耐心不足。如何细心地、小心翼翼地在日常生活及其规范内容中寻求现代法治的填充者极为罕见，大刀阔斧地移植外来法律，并一呼百应、人云亦云者却比比皆是。笔者认为，这种意识形态的大获全胜，必然是法律学术的一败涂地。为此，重新打量我们日常生活的规范内容，并在现代法律的外观下，填充中国人的生活方式和规范内容，是法治中国化理应关注的问题。针对如上民间法研究中存在的问题，可以在另一视角强调法治对日常生活中规范内容——民间法的关注。

第一，民间法既有作为旧传统的民间法，也有作为新传统的民间法，因此，其不仅包含传统内容，也包含着"现代"内容。作为原生于公民日常生活中的一种规范文化，其接续传统，接应当下，也接引未来。这其中，有些是纯粹传统的，有些是经过当下改造的传统，还有些是纯粹新生的。春节聚会、清明祭扫、端午插柳等，都是纯粹传统的，是千古以来吾国吾民一以贯之的日常生活，其通过行动，表达了一种规范，我们可以称其为行动中的法，也可以称其为行为的法律。① 尽管这种传统的内容随着时移世易，也随着空间间隔，会呈现出不同面目，形成不同时代，不同地方各自的习惯规范，但这种传统的民间法本身承载着国民的日常生活和行为选择。

对此，我们在每年春节之前，平日里流浪天涯的人们，顶着各种各样的困苦，艰难回家，幸福过年的情景中不难发现。2008 年春节期间，因为霜封冰冻，道路不畅，严重堵塞了人们回家过年的路，为此，有学者建议改变回

---

① 笔者曾把法分为语言的法（口耳相传的法）、行为的法（行动示范的法）和文字的法（谢晖：《法律的意义追问——诠释学视野中的法哲学》，商务印书馆 2003 年版，第 36 页以下）。

（老）家过年的春节陋习。但此议一出，即遭遇激烈反驳①。并且实际上，这种主张面对日常生活本身，几乎是鸡蛋砸石头，难有好结果。在这个意义上讲，法律理应安顿人们的这种生活传统和规范取向，而不应像当年那样"腊月三十不停工，正月初一照样干"，从而剥夺人们一年中眼巴巴盼望的温馨团圆，温情聚会和温暖生活。最近我国把春节等节日作为法定节日的举措，凸显了在近百年的文化割裂运动之后，当下中国法律对传统的温情接续。这既是文化及其背后的日常生活对法律的塑造，同时也是法律对文化及其日常生活的自觉接续和照应。

自然，即使这样的传统，并不是"天不变，道亦不变"的。传统的变迁，是以传统为经线，以当时当地的人间生活为纬线，而重新调整传统的过程。以传统为经线，意味着其基本精神和规范方式依然被保留；以当时当地的人间生活为纬线，意味着一种传统的多元变迁。这既为生活传统的把握增加了难度，但同时也为传统本身的进化提供了动力。这种变化了或者变迁中的传统，更对当下自主秩序的形成，从而对法治具有直接需求。法律对它的照应，理所当然是法律获得政治和生活合法性的前提。

对法治而言，更重要的是新生的民间法（或作为新传统的民间法）问题，即在现代生活中孕育、诞生并有效的民间法对法治建设更为关键、更显重要。这样，民间法就不仅是传统向度上的存在，而且是当下及未来发展意义上的存在。特别随着社会转型的发展，法治后发达国家容易把在外来压力下所形成的一统法律及其秩序，当作金科玉律，以安排公民交往，维系自家秩序，从而忽略自家主体交往行为中长成的新传统和新习惯。在我国社会转型中，来自官方的非正式经验、民间的自治合作、新家族的经营模式及其习惯、新兴市场组织的运行规则、市民社会组织的自治规则乃至网络对话小组的游戏规则等，都在一定范围内和一定程度上影响着现实秩序的构造方式，对此，在法律上一味否定显然只能增加执法成本，如何把新传统作为法律框

---

① 林来梵："过年与革命"，载 http：//linlaifan. fyfz. cn/blog/linlaifan/index. aspx? blogid＝312319。而另一些学者则强调作为一种情感、习俗和传统的回家过年，不能被置于理性的视角下进行分析，它只能是一种类似于信仰的习俗。江诸子："为什么回家过年?"，载 http：//ruman8. fyfz. cn/blog/ruman8/index. aspx? blogid＝312210。

架中的填充内容，反而应是法治建设所应认真面对的问题。这样，才可能收到事半功倍的法律调整效果。

第二，民间法不仅存在于乡村社会，而且也存在于城市社会。把民间法仅限于乡村社会，只不过是在传统取向中观察民间法这种思维方式的一种逻辑延伸。确实，越是乡村社会，越多地保留传统因素；越是城市社会，越多地吸纳新生事物。从这一视角看，把民间法等同于传统遗留，并进而在乡村社会中寻取民间法，在逻辑上顺理成章。但一方面，在城市社会，只要政治国家和市民社会的两分存在，那么，政治国家和市民社会就各自存有其运行规则。不断产生于市民社会的规则，起先并非以国家法的形式存在，而是以民间规范的形式存在。只有当这种民间规范有了广泛的、一般的意义时，才需要纳入国家统一的规范体系中。另一方面，市民的日常生活及其秩序，尽管受国家法的宏观保障，但更多地受民间法的微观支配。按照国家法有关隐私权、住宅权的保障要求，非主人进门敲门是必须履行的义务，哪怕他是熟人，但民间法依旧允诺熟人之间不经敲门，就推门而入，并且还被视为亲切，有人情味。再一方面，城市社会，不过是自乡村社会胎生出来的。今天的城里人，五十年前、三十年前、十年前甚至五年前大率还是乡下人，因之，乡下人的民间法作为一种传统因素，依然活动于城市社会的秩序构造中，依然是市民日常生活的规范构造因素。

特别随着现代科技的发展，也导致了社会组织形态和规范形态的多元、复杂景象。形形色色的网络虚拟组织及其运作规则，完全、彻底地摆脱了熟人社会的羁绊，一个网络组织的成员，尽管也可能成为熟人，但更多的时候是陌生人。胎生于类似组织的民间规则，是这种新兴交往方式的原生规则。法律对类似规则持何种态度，可能影响更多人的交往方式，但无法扼杀其交往方式。因之，尊重这样的交往方式及其规则，可能使法律更贴近于日常生活。

如上种种表明，国家法律如果要真正深入国民的日常生活中，就需要关注、包容和国民日常生活息息相关的民间法，这其中既包含了在乡土社会中延宕久远的民间法，也包含了在城乡社会中新生的民间法。法律如果不具有这种包容性，而决计于凌空蹈虚的构建，其高昂成本自不待言，其运行效果，也往往差强人意。这在以往我国法治运行的情形中不难发现。

第三，民间法固然与现代法治具有冲突的因素，但更有和现代法治合辙的内容。把民间法和国家法对立起来，并极力申言民间法和国家法的对立和冲突，是过分扩大了古今之变中文化的逻辑断裂。可以认为，肇始于新文化运动和五四运动，并在"文化大革命"中达到登峰造极的激烈反传统，所遵循的基本理论，就是现代国家的建设乃是一个和古代文化彻底决裂的过程，是一个彻底砸碎旧世界，并进而建设新世界的过程。

这种观点，秉承了欧陆建构主义的政治理性和文化原则，并进一步和中国近代的苦难历程相对应，开发出波澜壮阔，但又不无惨痛的历史画卷①。这种对传统的强力割断行为，尽管没有，也不可能割断传统，但因此却造成了极大的心理和行为混乱，同时至今在中国制度建设中仍余音缭绕。论者谈起西方（尽管西方本身是一个内部分歧多样，模式不一而足的存在，但论者们还是喜欢这样笼而统之地借助西方说事）如何、如何来，可以洋洋洒洒、滔滔不绝，俨然中国一照搬西方，就可以顺理成章地进入现代法治的境界。但一谈到中国究竟面临什么样的问题，以何种方式、何种资源、何种态度来接引、缝合、安顿来自西方的法治形式，论者们却支支吾吾，不明所以。无论如何，这是重大的问题。问题的根源，仍在于把现代法律文化与传统因素对立起来，从而把国家法与民间法对立起来。

自然，说两者是对立的，从而以国家法来化解、改造甚至取缔民间法，这是一种最简单的办法，但是，最简单的办法却未必能解决所面对的真实而复杂的问题。结果往往是民间法依然故我，周行不怠，一如既往地作用于人们的日常生活，国家对之徒叹奈何。雅各宾派的果决激烈，并没有打断法兰西的文化传统；"五四"的打倒孔家店，"文化大革命"的砸烂四旧，除了造成人们在文化心理上的混乱外，在具体行为方式上，既有文化传统不但没有消失殆尽，而且需要我们以新的方式去修复和接引，真可谓退一步，进两步。与其如此，何不寻求新法治和传统，国家法与民间法的对接、勾连，在民间法中寻求填充法治形式的实体内容？以便大小传统之间，或者国家法与民间法之间相互照应，共同缔造国民交往的秩序？

---

①　朱学勤：《思想史上的失踪者》，花城出版社 1999 年版，第 103 页以下。

　　第四，民间法不仅是一种社会事实，而且是一种社会规范。在广义上讲，包括国家法和民间法在内的所有社会现象，都可谓社会事实。民间法首先是一种社会事实，或者一般地讲，是一种非正式制度事实。但是，当规范这种制度事实从一般社会事实中分析出来后，规范就禀有其独特的属性，即规范属性。民间法固然是一种社会事实，但它是组织、规范并勾连人们社会交往的方式。通过它的组织、规范和勾连，分散的、多样的交往方式会呈现为整体的、有序的交往秩序，从而人们的交往行为具有预期性和安全感。所以，对这种特殊的社会事实——"规范－制度事实"，仅仅满足于事实的观察和分析，显然不能凸显其地位，也不能更好地发挥其作用，这样，对它的规范分析，就更显必要。

　　尽管规范分析主要是分析法学家针对国家实在法而言的概念①，但是，当法律不能自足地调整社会关系的时候，借助包括民间法在内的其他社会规范，以有效地补充法律调整之不能和不足，既可节约成本，也会收效甚丰。这正是现今法学的发展，在强调规范分析的同时，也不废社会分析的缘由所在。甚至在有些法学家的笔下，诸如利益衡量、法律发现、事实替代、法律续造等法律方法，就是通过社会分析的工具，所发现的对法律不足的救济措施。

　　把民间法看作社会事实，可以为立法提供法条产出的社会素材，而把民间法看作制度事实和社会规范，可以为司法提供规范参照——即当法律不能调整社会事实，或者法律调整有漏洞、有冲突时，通过民间法进行司法救济。在这个意义上讲，对民间法在社会事实层面的研究和在规范层面的研究，各有妙用，不可偏废。

　　总之，民间法作为主体日常生活的规范形式，对法治建设而言，是一种可以回味的传统资源，也是一种可以开新的当下实践；是一种反顾乡村的交往准则，也是一种通向城市的秩序法则；是一种与国家法相抵牾的事实存在，也是一种填充国家法内容、救济国家法不足的资源和方法；是一种立法的事实基础，也是一种司法的规范依凭。如此看待并运用民间法，法治的中国化

---

　　① ［英］约翰·奥斯丁：《法理学的范围》，刘星译，中国法制出版社2002年版，第1页以下。

就可能有接引的方式和路线，从而法治也就可能会呈现出中国化来。否则，不过呈现的是西方法治在中国，而不是法治的中国化。

三、法律如何对待日常生活及其规范（民间法）

解决了上述问题，紧接着需要探讨的问题是：面对日常生活及其规范，法律和法治究竟如何对待？是设法阻却、改造甚至消除民间法的影响，强制性地把日常生活引导到国家法的面向上呢，还是因应民间法，尊重公民交往的日常生活，根据日常生活自身的面目和内容，设定法律的规范内容和运作路线？现在看来，这是并不难回答的问题，但在我国法治建设的历史上，把通过法律而革除文化"陋习"作为重要的目标，即便在当下的社会意识和法律运作中，仍然存在着一种强烈的诉求，那就是要坚持法治，就必须革除传统习俗，从而把习俗置于法律的对立面。所以，面对日常生活及其规范内容，法律事实上有如下两条应对策略。

第一种是用法律或制度革故鼎新、兴利除弊。这种情形，远可直接追因到辛亥革命，由于种种因缘际会，革命意识和行动打断改良企图和举措，中国社会运作从遵循传统、维新图强的渐进之路上走出，迈向了革除旧政，推翻帝制，一意共和的道路。尽管这是一条摆脱千年专制，拓开民主宪政的振奋人心之路，它所颁布的剪辫法令、禁止妇女缠足法令、改用阳历法令等，确实对于移风易俗、保障民权起到了重要作用。但与此同时，矫枉过正的情形也比比皆是，通过法律和政令所强行的新生活运动，即便不乏良好的初衷，但也有违国民既有的生活方式。因此，收效甚微，也就不难预期。当革命火种燃尽了传统薪炭时，不仅毁弃了传统薪炭，而且也失却了进一步燃烧的薪料。此处一穷二白，只有在他处借薪续火。但借薪续火，因原材料总是捉襟见肘，因此，想燃烧为燎原之火，总是勉为其难。

其近因则不得不涉及新民主主义－社会主义革命。回顾从太平天国以来中国的历次革命（革新），我们明显可以发现两头激烈，中间温和这一事实。所谓两头激烈，一是太平天国和义和团运动，二是辛亥革命与新民主主义－社会主义革命。这些革命的一个共同点，是信仰革命，从拜上帝会、保国保种、三民主义到共产主义，尽管信仰的内容不同、性质有别、目的各异，但因为信仰而起事革命，并无实质的差别。但正是这种坚定的信仰，往往迷失了革命者实务的考量，因此，只要能够有益于信仰实现，则什么样的激烈方式都可不计后果地运用。所谓中间温和，则一是指戊戌变法维新，二是指清末新政立宪。尽管前者在发展中历尽曲折，最终导致六君子喋血菜市口的悲剧，但这两次革新运动，其宗旨和目标都是明显温和的。两次政治变革并没有以摧毁文化为使命，反之，"托古改制"的主张，尽管是一种外在形式，但也表明改制者对固有文化和既有日常生活心存一定的敬意①。

如果缩短历史，从戊戌变法－清末立宪开始，可以看出变革－革命运动一浪高过一浪，一波激过一波这一基本事实。辛亥革命因为反对帝制，跨越了戊戌变法的保皇图存和渐进变革，从而更接近一些国民救亡图存的急切心理，应运而来的欧陆激进建构主义思潮，相应地也取代了英美经验保守主义思潮②。而新民主主义－社会主义革命，因为其革命的彻底性和不妥协性，在那个社会严重对立，国家风雨如晦的时代，赢得了更多激进的年轻人的欢心，与此同时，应运而来的马列主义思潮，让荡涤一个旧世界的信念更加深入人心。人们不但追求革命，而且即使在政权已经建立，"无产阶级专政"已然成型时，仍旧强调"无产阶级专政下继续革命"，并以"文化大革命"的形式将革命行为从政治、经济领域直指社会－文化领域。

如上简要的历史回顾，是想进一步说明新民主主义－社会主义革命，所遵从的是全面的革命，它不仅是经济领域、政治领域的革命，而且更是日常生活领域和文化领域的革命。这种革命以激烈的反传统面目出现，从新文化运动和五四运动发其端，一直延宕到"文化大革命"。这一过程的实质是与文化传统相决裂。那种"破四旧，立四新"的举措，那种强制性的移风易俗——平坟头、砸牌位、毁庙宇、拆戏台……的景象，我们这一代人还记忆犹新，历历在目。因此，革命的制度使命就是破坏一个旧世界，建设一个新

①　学界皆认为托古改制不过是康有为们寻求变法改制的一种手腕（相关论述在我国可谓卷帙浩繁，本文不予引证），但其后康、梁等被革命派斥之为保皇派的事实足以证明，戊戌变法的主事者们明显地具有对中国传统文化、甚至传统制度的庄敬心理。

②　朱学勤：《思想史上的失踪者》，花城出版社1999年版，第74页以下。

世界，就是与传统决裂，并拥抱新兴的理想社会和生活。这种浪漫主义的革命情结，成了制度和意识形态的关键词。

上述情形，并没有因为改革开放对"革命"的矫正而完全改观，不论在社会生活中的消费主义和贪图享乐，还是在经济建设中的拜金主义和 GDP 思维，不论在意识形态上的种种教诲，还是在制度建设中的"法律移植"，都在一定程度上以撕裂传统为目标。尽管所谓改革开放，在一定程度上是对激进革命的一种抑制，是对传统的某种回归，是以一种谨慎甚至保守的心态或态度来对待社会进化，并提携文化更新，但业已被革命激荡了百余年的历史，事实上形成了一种新传统，形成了一种强大的惯性，改革开放在一定程度上想保守传统文化的同时，也保守了这种革命的"新传统"。这正是在法治建设中，一些人一谈到中国固有资源，便或不屑一顾、嗤之以鼻，或公然唾骂、上纲上线的原因所在。当然也是一些人一谈到效法欧美，移植洋法，便手之舞之，足之蹈之，恨不能吾国立马被欧美化的缘由所在。

这种借法律革故鼎新，兴利除弊的做法，固然容易取得矫枉过正的效果，获得取法乎上，仅得其中的策略性成就，但与此同时，它忘记了一切制度及其法律，乃是奠基于日常生活基础上的，法律不过是日常生活的规范表达，而不是相反。法律是，并且只能是人们交往行为和日常生活的规范提炼，而不是凌驾于日常生活之上的发号施令、颐指气使者。当人们把法律的使命置于改造日常生活，从而志于革故鼎新时，它就自然远离日常生活，成为日常生活的背叛者，而不是规范者；成为社会传统的反对者，而不是因应者。即便法律具有革故鼎新的功能，也应是对既存的革故鼎新的成果之规范表达，而不是、也不应是革故鼎新的前置，或者是革故鼎新的设计图纸。如果悖于如上结论，那么，我们所建立的所谓法律和制度，只能是法律和法治外来化，而无法让其本土化、中国化。

第二种是通过法律因应生活、扬弃传统。所谓通过法律因应生活、扬弃传统，是指把法律建立在日常生活基础上，建立在一定文化传统和社会框架中人们交往行为的既有秩序基础上。但这不是说法律就是对日常生活的复写，法律不仅表达对日常生活的事实判断，而且也会表达人们日常生活的价值偏好，因为日常生活本身并非铁板一块，而往往会以冲突的面貌存在和呈现。

这样，一方面，法律要因应生活，同时，法律对生活传统本身也会加以扬弃，即站在法律所秉持的价值视角，对人们的生活方式进行指导、纠偏和矫正。

在因应生活视角讲，法律并非社会生活的改变者，正如有人所言，不是《拿破仑法典》改变了法国社会，而是法国社会改变了《拿破仑法典》[1]。这正是马克思强调"社会不是以法律为基础的……相反地，法律应该以社会为基础"[2] 的缘由所在吧！但这一结论毕竟是站在终极意义上讲的，即站在经济基础和上层建筑，日常生活和规范保障这对关系的终极的决定和被决定立场上讲的。对这样的观点，正如前述，笔者自然赞同。但问题还有另一面，两者的关系除了上述终极意义之外，还会在过程意义上存在另一种面貌，即一旦法律按照某种事实所呈现的价值制定，则对明显违反这种价值的事实必须强制矫正。譬如，当法律按照现代科学事实，把神汉、巫婆替人治病宣布为非法时，那么，只要出现神汉、巫婆治病的违法行为，法律就必须按照法定的科学价值和惩罚规定，对相关行为进行强制性矫正、制裁和取缔。显然，在过程意义上讲，有效的法律，又必然会组织、规范和引导人们的日常生活。只有立基于这样两个方面观察，才能发现法律发生作用的全貌，并进一步观察法律生活化、中国化这些命题的内蕴。

进一步讲，法律归根结底源自于生活，源自于人们的日常交往行为，在奉行成文法模式的国家，这是一个立法法理学的命题，即使在这一命题中，仍然存在着法律对生活本身站在价值视角的取舍问题。但总体而言，立法首要的使命，就是对日常生活的因应，而不是借助立法大刀阔斧地改变日常生活，立法不应当主要承担革命的任务，它应更多地承担照应、回护和保障日常生活的任务。这种使命，使立法在日常生活面前，在相关的民间规范面前，理应保持一种庄敬的心态。把立法理解为主要给变革、革命铺排道路，实际上是对立法职能甚至对法律职能的误解。立法就是把日常生活及其规范提纯、上升为国家规范的过程。尽管在人类历史上，人们每每把变革称为变法，如梭伦变法、商鞅变法、王安石变法等，即社会变革过程，经常是由旧法律转

---

① 傅静坤："《法国民法典》改变了什么？"，载《外国法译评》1996 年第 1 期。
② 《马克思恩格斯全集》（第 6 卷），人民出版社 1961 年版，第 291 页。

向新法律的过程，但变法也需因应社会本身的变化，即因应新的生活方式，否则，变法就是无的放矢，只能无果而终。

而法律对既有传统的扬弃，尽管在立法上就已经搭架起了价值准绳，但它的实际运作，在成文法国家主要是借助执法和司法来完成的。法律对日常生活的因应，由于自来就承续着人们的行为习惯，因此，即便公权主体不予强行，公民也会自觉按照既有的生活原理去做。但法律对日常生活的革除则不同，生活惯性如果不辅之以外在强制，则立法会变成一纸空文。当立法上有了禁止神汉、巫婆行医的规定后，如果不进一步落实为严格的执法，那么，相关现象即便三令五申，也会有禁不止。特别当相关行为引发纠纷，造成诉讼时，法官严格依法裁判，更会以个案的方式影响社会，变革并重塑社会生活。所以，执法和司法对于法律革除日常生活中的一些规范内容而言，就显得比立法更为重要和必要。

论述法律和法治对日常生活及其规范的上述两种态度和对待措施，其实是想进一步表明这两种不同态度和措施所定位的民间法。在第一种态度和措施中，既然法律的使命是革故鼎新，并进而兴利除弊，也就意味着法律对作为传统的民间法一般保持否定的态度。这在我国近代以来的法治建设中屡有所示，在当下我国的法治建设中也是一个无庸讳言的事实。尽管这一事实有其根据，即近代以来中国的社会变革，乃是一种"三千余年一大变局也"[①]，它和中国固有的经济结构、政治形式以及文化内容在基本面貌上完全不同，它既呈现着中西之变，也呈现着古今之变。不在一定程度上抛弃一些传统，就意味着社会变革的使命尚未完成。然而，这并不是说传统就一定要割断，并且实际上未必能割得断。因为传统中还有和现代性卯榫相睦的内容，还有被此时代的人们念兹在兹的因素，不论其仅仅是一种记忆，抑或其是约定俗成的生活方式。所以，为了变革而罔顾传统，其结果只能是为变革而变革，社会变革的实用性就会被意识形态甚至意气用事所替代。

即使在这种态度和举措中，对于那些随着时代变化而新生的民间法，或

---

① 李鸿章语。梁启超："中国四十年来大事记"，第 39 页，见《饮冰室合集》（专集），中华书局 1989 年影印版。

者生活"新传统"，理应是其予以吸收并加以特别保护的内容。因为革故的目的是为了鼎新。如果革故后并不能鼎新，其必然结果是捡了芝麻丢了西瓜。在这个意义上，任何法治建设，都必须关注作为新传统的民间法问题，以便法律与法治与时并进，真正把法治建立在日常生活基础上。

可见，以革故鼎新为使命的法治建设思路，在对待民间法上，只能是抑旧扬新的。往后回顾，它厉行革除策略；向前瞻望，它采取褒扬态度。这不禁让人想起了古已有之的厚今薄古政策。商鞅变法，秦皇执政所采取的都是法后王的厚今薄古政策。所以，革故鼎新的法治建设策略，不能必然反对民间法，只是反对作为旧传统的民间法。

但是，在第二种态度和措施中，对于民间法则必然采取瞻前顾后的策略。所谓瞻前，就是关注民间法的当下发展，以及由当下发展了的民间法所规范的社会生活和主体交往，并以这种民间法作为立法的重要参照和资源。所谓顾后，是指法治建设因循传统，并在传统中寻求构建、开新和创造的资源。既然要因应传统，就必须尊重传统，并把传统民间法中可资今用的内容表达在法律中，从而使法律既能接续传统，也能面向未来。

这种对民间法的态度，表面上看似乎具有某种浪漫主义色彩，但究其实质，它只不过更恰切地表达了人类生活的两极，从而是一种对民间法的典型的现实主义态度。因为人的生活世界既是一个向后看的过程，从而在传统和积累中增加人们生活的历练，给人以回味的温馨和享验的幸福；同时也是一个向前看的过程，从而在开新和创造中丰富人们的生活内容，给人以奋斗的快感和求索的乐趣。所以，只要我们禁不住回忆，也就无法割断传统；同样，只要人们不由得向往，也就必须面向未来，寻求创新。这种情形，不论对于个人而言，还是对于民族或国家而言，都是如此。我们只能透过传统而接续未来，抛弃了传统的未来，只能给我们留下无根的生活；我们也只能用未来阐释传统，罔顾未来的传统，只能给人们留下无望的生活。正因如此，那种认为法制现代化过程就是割断传统，砸烂旧制的看法，不说浅薄，但至少缺乏深刻。同样，那种在法治建设中罔顾新的民间法，从而罔顾新传统的观点和举措，只能说是抱残守缺、不思进取。

综上所述，法治建设的不同策略，都需要关注民间法问题，只是不同的策略，关注民间法的面向有别而已。笔者更愿意看到运用第二种策略构建法治，从而让人们既能在法治中感受温馨的传统，又能在法治中体验刺激的创造，使法治真正沟通过去、照应当下、连接未来。透过法治，就可以呈现人们多彩多姿的生活世界。在这方面，英美经验进化主义的法治之路，给我们提供了一种可欲、可行的方式①。借用这种法治形式，并运用我们的生活方式和民间法资源予以填充，不仅表明法律对我国日常生活及民间规范的照应，而且凸显出在古今之变和中西之变中，法治的开放面貌和务实精神。

四、如何寻求法治的民间法支援

既然一国的法治建设会不可避免地遭遇民间法，会借助其日常生活的经验而构思其网络人间的秩序模式，那么，就必然存在一个在法治建设中寻求民间法对法治的支援问题。既然是寻求民间法对法治的支援，就意味着并非所有的民间法都是法治的支持力量，也就意味着法治建设既需要汲取对其有益的民间法，也需要改造甚至抛弃不利于其发展和建设的民间法。这时候，法治并非以中立的、价值无涉的立场来看待作为社会事实的民间法，而必须把价值因素嵌入法治建设之中。或问：把价值因素嵌入法治建设中，是否意味着法治建设被意识形态化？是否又回到了前文笔者所批判的法治意识形态立场？

诚然，意识形态立场，如果站在实践的视角上，就是一种价值立场，在此意义上，意识形态和价值之间具有可通约性。但这并不意味着一切价值立场，都属于意识形态。有些价值立场，是迎合意识形态的②；有些价值立场，是反意识形态的；有些价值立场，是超越意识形态的。迎合意识形态的价值立场，通常是站在主流社会势力视角，对善恶问题的发扬。反意识形态的价值立场，则通常是站在非主流社会势力视角，对善恶问题的发扬，在实质上

---

① ［美］罗斯科·庞德：《普通法的精神》，唐前宏等译，法律出版社 2001 年版，第 1 页以下。

② 当然，至于什么是意识形态，这是一个众说纷纭，并各说各有理的问题（可参见俞吾金：《意识形态论》，人民出版社 2009 年版；童世君：《意识形态新论》，上海人民出版社 2006 年版等书），甚至审美、语言、日常生活中都有意识形态问题。这里笔者只是运用了我们所习以为常的一种关于意识形态的说法。

讲，这仍是一种意识形态的价值立场。而超越意识形态的价值立场，所关注的不仅是道德的善恶之维，而且关注实践的利弊之维。即意识形态和反意识形态的价值立场，只关注道德的善恶判断，并为了这种善恶判断而不顾利害权衡，而超越意识形态的价值立场，首先所关注的是利害判断，利害判断超过了善恶判断和道德判断。

善恶判断与利害判断之间既有不同，又有沟通。一般认为，善恶判断就是价值判断，从而将善恶判断等同于价值判断。而利害判断其实是一种事实判断，是在真假基础之上的事实判断。但在功利主义伦理学看来，利害判断是最重要的价值判断①。好利恶害的人类天性，才是价值问题的根本所在。尽管利害问题本质上属于事实范畴，但恰恰是事实问题，从根本上关涉人类秩序的一般走向。所以，功利主义伦理学的基本追求就是实现"最大多数人的最大幸福"。本文所一再强调的法治建设对日常生活及其规范的因循、尊重并在一定条件下的变革，恰恰遵从的是事实前提下的价值立场，而不是意识形态前提下的价值立场。所以，强调对民间法站在法治建设的价值立场进行扬弃，虽然不排除意识形态视角的部分动机，但其主旨乃在主体交往行为和日常生活的事实立场出发，经由法治对利害问题进行权衡，从而，法治所解决的不是抽象的善恶问题，而是与事实所致的利害相牵连的善恶问题。这样，笔者在这里所讲的法治建设中对民间法按照价值需要所做的安排，就既是一个以事实为基础，对民间法所做的利害处理；也是一个以利害所生的价值为基础，对民间法所做的善恶处理。也因为如此，这是一个超越了意识形态的价值之维。

廓清了笔者这里所讲的价值问题和意识形态的关系，接下来的问题就是看作为社会事实的民间法本身的利害问题。如同社会事实、生活方式的多元存在一样，民间规范也是多元存在的。越是一个幅员辽阔、民族多样、国情复杂、社会剧变的国度，生活方式和民间规范的多元存在越明显。因此，需要通过一定机制对民间法进行利害判别。对民间法基于事实立场的利害判断，有两个不同的判准，即时间判准和空间判准。其中在时间判准中，又可以分为如下两个不同的子判准。

---

① 王润生：《西方功利主义伦理学》，中国社会科学出版社 1986 年版，第 1 页以下。

　　第一个子判准是在同时性视角判断民间法的利害及其善恶。即对同样作为传统遗留的一类民间法或者同样作为当代滋生的一类民间法，站在同时代的立场上，在法律上对其进行利害善恶的评价，并按此评价进行规范。例如，同样是古已有之的婚姻形式，对抢婚和父母之命、媒妁之言的婚姻，在古代法律评价体系中，更强调后者，而不太主张前者，即使在特定情形下男子的抢婚成果，在法律上只能被安排为妾，而不能安排为妻，这就说明彼时法律对待两种不同的日常生活及其规范的态度，也说明彼时法律所奉行的同时性的利弊判别问题。再如同样是诞生在当代社会转型时期的民间法，对农市对接的蔬菜销售合作组织及其规则，法律认可并倡导之，但对新兴的地下钱庄组织、融资方式及其规则，法律坚决取缔。这也表明当代法律所奉行的同时性的利弊判别问题。

　　第二个子判准是在历时性视角判断民间法的利害及其善恶。即站在某一特定时代的立场上，对人们的日常生活及其规则进行利弊判别和评价，并按照相关判别和评价进行规范。克罗奇言："一切历史都是当代史"，"历史存在于我们每一个人身上，它的资料就在我们自己的胸中"。[①]，这一观点，既提供了一种有关历史的解释框架，从而历史不仅仅是"一分材料说一分话，十分材料说十分化，没有材料不说话"[②]的问题，同时也是"选择材料"说话的问题。所以，形诸笔端的历史，既是客观的，同时也是主观的。至于把一种历史传统运用于社会政治场合时，这种站在当代人视角的解释更显重要和必要，因为政治和社会需要实际、实践和实用。即使对作为传统的民间法予以解释，以为今用，也必须站在当代的立场上进行，否则，就只具有学术考古意义，不具有社会－政治实践价值。

　　例如，父母之命、媒妁之言与仪式婚姻，在古代中国是作为大传统的礼，但到了现代中国却沦为小传统的民间法。对此，在港台法律中，保持了仪式婚，但革除了父母之命、媒妁之言（在大陆法律中，则对这一切都置于权利领域，不作为义务予以强制了）。即使其所保留的仪式婚，在内容上也发生

---

① ［意］克罗奇：《历史学的理论和实际》，傅任敢译，商务印书馆 1982 年版，第 14 页。
② 众所周知，这是"史料学派"的基本治学观点。

了极大的变化，甚至这种仪式还可以用宗教婚姻仪式所替代。这其实是在立法上作出了一种利弊权衡。其权衡的标准尽管是今人关于利弊的感受和要求，但就其规范来源看，毕竟是古已有之。

需进一步说明的是，站在历时性立场上对民间法利弊关系的解释和处理，一般来说总会有厚今薄古的情形存在，即越是古老的民间法，越需要获得某种历时性的解释合法性以及当下的生活合法性，即被当下的日常生活所实际遵循时，才能够在当下法治建设中发挥更大的作用。在这个意义上，我不完全赞同"一个规则的有效，不是因为其合理，而是因为其古老"这样的说法。尽管古老规则确实能够赢得后人的崇仰、缅怀和尊重，但仅仅有古老，并不必然获得有效，只有能不断获得历时性解释的古老规则，才历久弥新，永葆活力。所以，古老的民间法，只有获得了历时性的解释合法性以及当下的生活合法性时，才能获得当下的、乃至持久的效力。显然，这里业已体现着厚今薄古的意思。厚今薄古的另一种表现，则是在作为旧传统的民间法和作为新传统的民间法之间相比较时，法治建设首先会关注后者，因为无论如何，后者是当下人们生活的直接产物，因此，与时人的生活关联更紧密，对法律组织秩序、规范交往具有更直接的支持效应。显然，法治在对民间法的利弊关系进行解释和处理时，体现一定的厚今薄古精神，于情于理，皆为必然。

空间判准是站在一定的空间视角判断民间法的利害及其善恶。对民间法利害、善恶的评判，除了秉持时间判准之外，还应坚持空间判准。之所以坚持这样的判准，在于不同区域、不同民族具有完全不同的民间法，这种情形，在那些幅员广大、民族众多、传统各异、区域发展不平衡的国家更显其要。在空间判准中，至少要解决两个方面的问题，一是要解决不同地方之间民间法的关系问题，二是要解决地方和中央之间对民间法的协调问题。从而在空间视角，事实上也形成两个子判准，分述如下。

第一个子判准是解决不同地方民间法的关系问题，从而进一步解决民间法的利害问题。在这一判准项下，应秉持那个流传千古的基本原则，即"入乡随俗"。既然"十里不同风，百里不同俗"，那么，处理不同地域之间民间法的关系，就必须坚持尊重不同地方的民间法。否则，如果用一个地方的民间法为标准，来人为地铲除、消解其他地方的民间法，只能导致地方和地方之间因此而勾心斗角，不得安宁。这一要求，在本质上是主张和强调按照自治的精神安排不同地方的民间法关系。在这方面，联邦制国家的自治经验，以及当今一些单一制国家的地方自治政策，应给我们以有益的启示①。一言以蔽之，处理不同地域之间的民间法，宜在自治的前提下，各地方之间对各自对方的民间法予以相互尊重，方能达成一种良好的地方互动关系。只有这样，才能更好地由不同地方自己解决民间法的利害判别问题。

第二个子判准是在地方和中央有关民间法的协调基础上，判断民间法的利害问题。一个国家、特别是那些大国既要充分调动地方的积极性，从而不得不尊重地方习俗，又要保障国家的统一，从而不得不在有些时候牺牲一些地方习俗。这是个充满了矛盾、张力和紧张的问题。自古以来，究竟要像诸葛亮那样"以夷制夷"，尊重地方的自治权，还是要像秦始皇那样一统天下，"六合之内，皇帝之土"？这确实是颇费踌躇的问题。当然，也是当下中国国家结构所必须面对的重大问题。我们实行的单一制模式，在一定意义上承袭了"两千年来之政，秦政也"的传统，从而所谓地方，只是中央（或上级）的派出机构，而不是真正的自治主体。地方没有相对独立的立法权、司法权，因此只能借全国的法律一统到底，这必然使地方民间法几乎没有存在的合适空间。所以，如何适度调整我国的国家结构，即便不走联邦制道路，也能够吸收联邦制的有益之处，实行在单一制前提下地方自治，对地方和中央有关在民间法问题上的协调，对尊重并保障地方民间法，都是值得思考的问题。

如果说在不同地方之间对民间法的关系协调及利害判断，主要采取自治立场，并且自治是唯一的约定的话，那么，对地方和中央之间有关民间法问题的协调和利害判断，则应遵循契约原则和立场，实行契约前提下的地方自治。即地方和中央的关系，不是被派出和派出的关系，而是在契约（法律）前提下的自治关系。如果能遵循这样的原则，对于保障汲取民间法的有益内容以填充国家的法治框架，并使法治建设充分体现国情，自然利莫大焉。

---

① 相关论述，可参见谢晖："地方自治与法治"，见谢晖：《沟通理性与法治》，厦门大学出版社 2011 年版。

从以上对民间法利害问题的时空判准中，笔者大体勾勒了如何寻求中国法治建设的民间法支援问题。但兹事体大，绝非如上三言两语可以完全解决的。这里的勾画，只是提供了一种可以参考的框架，至于如何填充和丰满这一框架，还需要不断做学术上、实践上的努力。

文章末了，还需要继续申述一下笔者对日常生活及其规则（民间法）和法治建设的关系。近些年来，笔者竭力倡导民间法问题的研究，就是想通过对本土问题的挖掘、关注，寻求可资法治建设的有益资源，也追问法治建设之所以屡屡受阻的本土因素。基于这样的考虑，一方面，笔者愿意看到在日常生活及其规则中寻求法意，从而对日常生活及其规范一直保持庄敬之心；另一方面，笔者也深感日常生活及其规则绝非全然面若桃花，煞是好看，从而对日常生活及其规则保持一定的戒备之意。前者无需多言，这里想简要地对后者予以检讨，以说明法治建设中的民间法、特别是作为旧传统的民间法所能伸展的限度。笔者认为，这其中的问题主要表现为如下三种不同的境遇。

第一是"私人交情的公共境遇"。我们知道，中国传统社会是一个关系社会，是以私人关系为原点推进到社会领域的，因此，关系决定一切。关系可以撕裂任何既定的规范罗网。不论你做任何一件事情，仅有规范，不循关系，每每事倍功半；反之，有了关系，即便打破规范，也可事半功倍。但是，我们正在竭力推进的市场体制却恰恰要建立一种公共领域，于是，就会产生一个"私人交情的公共境遇"问题。以维系私人交情为特色的民间法只有转化为以维系公共交往为职志的民间法时，才能更好地填充当代国家法的框架要求。于是如何转化作为旧传统的民间法，使其从侧重私人交情的规制转化为对公共交往的规制，就更显重要。

第二是"情感生活的理性境遇"。我们也知道，中国传统社会是一个人情社会，这是关系社会的必然衍生。在一定意义上，关系社会和人情社会可以互换，至少可以说是近义词。但毕竟关系社会主要是指人们的行动领域，而人情社会主要是指人们的思维领域，因此，两者尚有区别。人情社会导致人们在判断是非时，是根据与自己的亲疏远近来决定的，只有对和自身没有任何亲缘的人，才能够施以理性。因此，情感尽管带给一些人以温馨，避免六亲不认的透心凉，但同时，站在社会立场，它也带来了不公，让人们想方设法寻求以人情的力量来化解公平的理性。但市场社会，民主诉求以及多元文化，却必然指向一个理性社会，这就必然会面临一个"情感生活的理性境遇"问题。因此，在处理作为旧传统的民间法时，如何把其偏重情感的因素和内容化入理性范畴，就值得特别考量和认真谋划。

第三是"熟人生活的陌生人境遇"。我们还知道，中国传统社会是一个熟人社会。可以说，不论行动上的关系社会还是思维上的情感社会，其来源都奠基在熟人社会这一事实基础上。相应地作为旧传统的民间法，大都为熟人社会的交往行为和思维方式提供保障。但必须正视的是：随着人、财、物的全球化大流通，也随着城市化程度的不断提高，中国正在迅速地迈向陌生人社会。这时就必然存在一个"熟人生活的陌生人境遇"问题。在法律上究竟把陌生人社会处理成一个熟人社会，从而因循既有的民间法，还是把熟人社会处理成一个陌生人社会，从而改造既有的民间法？这是一个重大的权衡，但同时也是一个不容回避的选择。更多时候，甚至不存在彼此兼顾，而只能选择其一。否则，就会形成"生活妨碍生活"的局面。如果是这样，理应按照"两利相权取其重，两害相权取其轻"的原则处理。

法律作为公共生活的规范，作为理性交往的依凭，作为陌生人社会的秩序基础，对作为旧传统的民间法及其局限，理应遵循历时性的利害审查方式。不论对地方立法而言，还是对全国统一立法而言，这一点都可适用。如此，法治建设或可更好地取得民间法的支援，并进而实现主体中国、法治中国与民间法的良性互动。

论民间法与裁判规范*

司法活动，是把法律规范运用到个案事实中的过程。表面看来，只要有白纸黑字的法律，并且这种法律制定的足够严谨，那么，司法活动就是一个面对案情，调配法律的过程，甚至像有人所言，是一个自动售货的过程，法官只是法律的"自动售货机①"。但事实上，谁都知道，司法活动是把日常最复杂的问题（社会纠纷），代入到简单、机械和程式化的法律的过程。在这种复杂对简单的游戏中，已然隐含了复杂的问题：简单的法律能否应对复杂的案件事实？俗话说，"清官难断家务事"，套用这样的说法，完全可以说清

---

* 该文原载《法学研究》2011 年第 2 期。

① 这个论断究竟是谁作出的？经常能见到不同的说法。有些人说是贝卡利亚的见解，有些人说是孟德斯鸠的主张，还有些人说是韦伯的意见。笔者在以前的文章中也曾引用，人云亦云地以为是孟德斯鸠所讲。为此笔者专门查阅了相关资料，结果是：贝卡里亚认为："刑事法官根本没有解释刑事法律的权利，因为他们不是立法者"（［意］贝卡利亚：《论犯罪与刑罚》，黄凤译，中国大百科全书出版社 1993 年版，第 12～13 页），贝卡利亚曾经设计过一种"阶梯式量刑表"，以便塞进去犯罪事实，吐出相应刑罚（上书第 166 页）。孟德斯鸠曾谈到："国家的法官不过是法律的代言人，不过是一些呆板的人物，既不能缓和法律的威力，也不能缓和法律的严峻"（［法］孟德斯鸠：《论法的精神》（上册），张雁深译，商务印书馆 1963 年版，第 163 页。应注意的是，孟德斯鸠在讨论不同政体下的法官时，有不同的结论。该书第 76～77 页。另外，对于这句话，论者在引用事有不同的译法，如有些译为："法官不过是叙述法律语言的嘴巴，不过是不能增减法律的力量和苛酷的无生命的存在而已。"；还有些译为："一个民族的法官，只不过是宣布法律之语词的喉舌，是无生命力的人，他们既不能变动法律的效力，也不能修正其严格性。"如上这些译法，在意思上并没有什么出入）。有人总结韦伯的观点时说："现代的法官是自动售货机，投进去的是诉状和诉讼费，吐出来的是判决和从法典里抄下来的理由"（［美］刘易斯·A. 克瑟：《社会学思想名家》，石人译，中国社会科学出版社 1990 年版，第 253 页）。可见，以上这些说法，要么专指刑事法官，要么是以批判的口吻阐述其观点，所以，这里的引用内容，并不是他们的主张，而是像很多引用者一样，是他们批判的对象。由此足见我们学者中较为普遍地存在的"好读书、不求甚解"的现象（笔者也是）。其实，最典型的类似说法，是温斯坦莱的一个结论，他指出："法官是宣布法律的喉舌，法律才是真正的法官。"（［英］文斯坦莱：《文斯坦莱文集》，任国栋译，商务印书馆 1982 年版，第 151 页）。

官难断纠纷事。因为社会纠纷本来是打破了人际交往的正常秩序，从而需要纠纷处理者按照一定程序、原则和规则予以恢复的社会事实。把这样的社会事实套入到相对简单的规范中，并恢复受损的社会秩序，其复杂程度，不难想象。因此，司法过程，是一个需要耗费法官复杂心智的过程，其中复杂的问题之一，是法官根据案情，构造裁判规范。在法有明文时，裁判规范的获得，相对简单，但在法律规定不明，或者法律规定不足以调整复杂的纠纷事实时，借用民间法、社会道德、社会主流意识以及法律学说等构造裁判规范，就是法官必要的选择。本文拟就司法中民间法与裁判规范的关系问题予以专门探讨。

一、裁判规范界说

奥地利法社会学家埃里希在其名著《法社会学原理》中，用大量的篇幅论述了裁判规范这样一个主题，从而使裁判规范这一概念得以广播。他提出了一种"活法"的法律观，强调："法律是国家的秩序或者是政治生活、社会生活、智识生活和经济生活的秩序，但不是唯一的秩序。还有另外一些秩序具有与法律同等的价值，这些秩序可能在整体上要比法律具有更强的效力""'活法'的知识具有独立的价值，它构成了人类社会生活的基础""宪法、法律等规范性文件中的规则，不是法律制度的核心，法主要存在于人们的态度、感觉的照应和交换之中，存在于社会互动之中。"

在如上观点基础上，埃里希强调："裁判规范始终不仅仅是联合体的内部秩序，而且和联合体的内部秩序并不相同。即使在裁判规范直接基于以明确的语言阐述联合体内部秩序的地方，即使在裁判规范可以追溯回社团章程细则、契约或遗嘱的地方，它也总是一种非常不同于联合体内部秩序的事物。因为处于纠纷中的关系总是和处于和平时期的同种关系有所不同……但是，在一起讼案中，只要当事人提交某种关系给法官要求裁判，法官就有义务根据那种关系来履行职责，尽管那种被提交的关系可能超越这种发生争议的关系，并且是和联合体的经验完全不同的关系，关于这些指责，法官不能从联合体的内部秩序中学到任何东西……法官必须自主获得独立于联合体内部秩序的裁判规范"①。

显然，他所讲的裁判规范，未必是国家制定的法律，相反，在他看来，国家法仅仅是法律世界的一小部分，所以，法官在司法中每每要构建裁判规范。对此，沈宗灵总结到，在埃里希看来，"每一种制定出来的规则，从根本上说是不完整的，一旦制定出来就已经过时了。它既难管现在，更不用说管将来，而负责适用法律的人是本民族、本时代的人，要根据本民族和本时代的精神来适用法律。②"正是在此基础上，埃里希强调法官自由地发现法律和适用法律，以摆脱传统的过分关注于技术主义的裁判方法③。

之所以引述这么多埃里希对法律以及裁判规范的看法，是要强调，一方面，司法裁判中，法官除了引述法律作为裁判规范之外，还经常自己构造裁判规范；另一方面，埃里希的论述已经表明，法官构造裁判规范的渊源（在后文称之为"原材料"），并不仅仅是国家法律，而且可能是种种"活法"。在这些活法中，民间法理应是其中一种。经由埃里希对裁判规范的以上论述，我们可以对裁判规范作出如下的界定。

所谓裁判规范，是指法官在司法中所援引或构造的、适用于当下案情裁判的规则。这里包含两种情形，一种是法官援引某种规范，直接适用于当下的案情。这时，法官所援引的规范，或者是法律规范；或者在法律规范供给不足、且法律授权可以援引习惯时，援引习惯（民间）规范；或者在既没有法律，也没有习惯，且法律授权可以援引法理或其他社会规范时，援引法理或其他社会规范。对法官而言，援引法律规范，虽然要做论证，但至少在成文法国家，法律规范自身的肯定性、明确性不需要太多的论证负担。而对民间法或其他社会规范、法理的援引，一方面，需要法律的明确授权；另一方面，即使这些规范本身是明晰的，法官也负有大量的论证义务，因为毕竟法官以法律为业，法律是法官"唯一的上司"。只有在援引这些规范时，说明其和法律精神的勾连，才表明其尽到了对法律的忠诚义务。

---

① 以上引文，分别见［奥］尤根·埃里希：《法社会学基本原理》，叶名怡等译，九州出版社2007年版，第119页、97页、51页。

② 沈宗灵：《现代西方法理学》，北京大学出版社1992年版，第256页。

③ ［奥］尤根·埃里希：《法社会学基本原理》，叶名怡等译，九州出版社2007年版。

　　另一种是法官构造裁判规范。所谓构造裁判规范，是指法官在处理案件纠纷中，面对复杂或疑难的案情，在不能直接援引国家法或其他社会规范、法律原理进行裁判时，法官需要按照法律的精神和原则，借助法律或其他社会规范，并依据其经验、直觉和理性，构造适用于当下案件的裁判方案和规范。在一定意义上，法官构造的此种裁判规范，是一种"法官之法"。法官构造裁判规范的情形，在大陆法系国家和英美法系国家各有不同。

　　在大陆法系国家，并不是所有的案件都需要法官构造裁判规范，对于那些简单的、明了的案件，只需要援引相关法律规定或者其他社会规范作为裁判规范就足矣。尽管即使对这样的案件，法官依然在裁判中负有一定的论证义务，但这种论证中的创造因素不足以让人称其为"法官之法"，因为这一过程基本上是按照立法或其他规范的预设而进行的。但是在复杂和疑难案件的裁判中，情形就完全不同，法官在现成的法律或其他社会规范中，找不到可直接适用于当下案件的裁判准据，只能自己根据案情、法条、其他社会规范、学理、经验、直觉和理性等，经过严密论证，构造适用于当下案件的裁判规范。所以，在奉行成文法的国家，对前一种裁判规范的研究，法理意义不大，真正有意义的，是对后种裁判规范的研究。

　　而在英美法系国家，从理论上讲，每一个案件的裁判都需要法官构造裁判规范，因为法官对案件的裁判都是先例，但要成为真正意义上的先例，就必须在裁判中有所创造。没有创造的裁判，即使作为先例，也不过是重复了先例的先例而已，其对后例的作用和意义不大。正因为在理论上所有案件的裁判都需要法官构造裁判规范，所以，在活跃于英美法系国家的一些现实主义法学者看来，法官所构造的裁判规范，才是真正意义上的法律。应然的法，是人们对于法官将做何种裁判的预测；而实然的法，就是法官对案件所做的裁判本身[1]。尽管如此，在英美法系国家依然存在着简单、明晰的案件。对这些案件，过于强调法官裁判规范的创造，可能只会耗时费工，收效甚微。与其如此，不如直接援引先例的规范内容作为裁判规范，来得更方便、更经济、更实用。所以，即使特别强调法官在裁判案件中创造性的英美法系国家，

――――――――――――

　　[1]　如现实主义法学者霍姆斯，就坚定地持守这一立场。参见［美］小奥利弗·温德尔·霍姆斯："法律的道路"，见《霍姆斯读本：论文与公共演讲选集》，刘思达译，上海三联出版社 2009 年版，第 11～12 页。

法官要在真正意义上构造裁判规范，主要还是针对疑难案件和复杂案件。一方面，只有这样的案件，才能为其后的案件提供真正意义上的先例；其二，只有这样的案件，才可能存在无直接援引的先例之虞。

可见，不论哪个法系，法官构造的裁判规范，都主要针对疑难案件和复杂案件。对简易案件、明晰案件，只需要直接援引成文法、先例、授权的其他规则即可。因为这样既合法治要求，也符合节约成本，减少司法支出的经济性。

在我国，学者们对裁判规范尚有不同的认识，黄茂荣给出了一个台湾法学界的叙述方式："法条或法律规定之旨意，若在要求裁判法律上争端之人或机关，以他们为裁判之标准进行裁判，则他们便是裁判规范。"[①] 其基本意思是裁判规范就是法律规定和当下案件之结合，从而更多地关注通过援引而生成的裁判规范，而对笔者在本文中所提及的通过法官构造所生成的裁判规范并未关注。这与他在同书中所强调的法源理论和分类有些冲突[②]。我国其他一些学者也曾论及裁判规范[③]，但我在这里特别关注两位不太知名的作者及其观点，因为他们对裁判规范特征的总结，意思正好是相反的。

一位是张其山的论述。他认为："裁判规范是法官在审理案件时所创立的直接用于裁判案件的规范。"它的创立，须满足三原则：可预测性、可普遍化和回应性。前者"要求法官必循遵循存在于法律人层面之中的可重复性的思维方式"；中者"要求法官创制的裁判规范不仅仅适用于当前案件，而且同样适用于以后相同类型的案件"；后者"要求法官所创制的裁判规范必须回应他所面对的'听众'的要求，也即争议的当事人及其律师，其他法律执业者和公众意见"[④]。另一位是郭楠楠的论述。作者认为："裁判规范是指

---

① 黄茂荣：《法学方法与现代民法》（增订三版），台湾大学法学丛书编辑委员会 1993 年版，第 122 页。

② 黄氏把法源分为制定法、法院的裁判、习惯、契约或协定约、学说、国际法等六个方面以及法规性命令、行政规则和自治法规等。见氏：《法学方法与现代民法》，中国政法大学出版社 2001 年版，第 1~37 页。

③ 如陈金钊："论审判规范"，载《比较法研究》1999 年第 3、4 期；历尽国："论裁判规则及其公共性"，载《法律方法》第 5 卷，第 165 页；赵耀彤："论裁判规范"，载《法律方法》第 6 卷，第 356 页；尹士强：《论裁判规范》，南京师范大学 2009 年法学硕士论文；刘成安：《论裁判规则》，山东大学 2009 年博士学位论文。

④ 张其山："裁判规范的创立原则"，载《政治与法律》2009 年第 10 期。

法官在裁判案件过程中，根据个案具体情况并结合法律规范，旨在解决诉争而创设的个别规范"。在此基础上，作者把裁判规范的特征总结为四个方面，即"适用范围的专属性""形成过程的动态性""制定主体的单一性"和"效力不具有普遍性"①。

显然，这两位论者就裁判规范的原则或特征所得出的结论大相径庭。那么，造成这种分歧的原因何在？一个重要的可能是：两位论者的路径依赖不同。张其山论述裁判规范的路径依赖主要是以判例法为根据的。以判例法为路径依赖，未必一定以英美法系为路径依赖，但如果在坚持严格规则模式的制定法传统下，所谓裁判规范本身就丧失了其应有的空间。只有一个国家存在一定的判例法空间，裁判规则才在相应空间内具有可预测性、可普遍化和回应性等特点，否则，上述特点就丧失了立足的基本前提。可见，张其山的论述，就我国国情而言，乃是基于一种理想，就其研究路径和结论所宗而言，乃是以判例法为路径依赖的。

相比之下，郭楠楠论述的路径依赖，却是成文法或制定法。因为在严格的成文法或制定法背景下，法官裁判案件的裁判规范，主要来源于健全的法律规定本身，所以，裁判规范主要是法官援引法律的结果，而不是法官构造的结果（尽管从宽泛的意义上，援引及其理由说明过程也存在着"构造"的因素），并且在严格的成文法背景下，法官即便有构造裁判规范的空间，这一空间也主要指涉在当下的案件范围之内，而不能溢出当下案件范围。所以，裁判规范并不要求可普遍化，也不要求在更宽泛的范围内的回应性，当事人的接受就足以满足回应性的一般要求。这一论述，比较符合目前我国法治和司法裁判的情形，所以，置诸目前我国司法裁判的国情，似乎显得更"合理"一些。

然而，我国司法裁判的国情正在发生一些微妙的变化：一方面，最高人民法院及地方各级法院强调司法的能动性或能动司法②，并在积极推进判例

---

① 郭楠楠："论裁判规范的特征"，载《法律与社会》2010 年第 7 期。

② 《最高人民法院 2010 年工作报告》指出："针对国际国内经济形势的发展变化和企业的生产经营状况，最高人民法院加强调查研究，提出能动司法的要求，适时调整司法政策能动司法……"而此前，王胜俊通过多次调查坚定地认为："能动司法是新形势下人民法院服务经济社会发展大局的必然选择"（袁祥等："司法为民，守护公平正义——写在'两高'工作报告审议之际"，载《光明日报》2010 年 3 月 12 日）。

指导制度的改革①。这两个方面，在本质上都要求司法活动必须给法官以个案裁判的能动性和构造裁判规范的自主性。如果没有这种能动性或自主性，那么，不论能动司法也罢，还是判例指导制度也罢，都是口号，而无法化为一种可预期的由法官裁判所导致的制度模型。

但非常遗憾的是另一方面，前述两个举措中，能动司法的提出仅仅是出于一种政治正确性的考虑，而并不是出于法律正确性或逻辑正确性的考虑，所以，一种非常吊诡的现象在政法宣传中时有可见：一方面是大张旗鼓地宣传能动司法，另一方面，又不遗余力地批判司法技术。这足以表明，我国倡导的能动司法，不是通过司法技术的制约而推进，而往往是抛开了技术要求，仅仅通过政治正确的表白而推进的。因之，对真正能养成司法能动的裁判规范的构造，就根本不予重视甚至还在敌视。其实，这种情形，和建立"案例指导制度"的设想也是暌违的，因为案例指导制度必然要求法官须通过裁判技巧，构造裁判规范，以便法官裁判的样本对其后类似的案件具有普遍的参考价值（可普遍化），但这种"政治正确型的能动"司法论，在不明就里的背景下，把构造裁判规范，以及建立案例指导制度的技术可能基本抛弃，取而代之的是大而化之、粗枝大叶的一种政治-道义理念。因此，我国对上述裁判规范的论述，人们可能更认同后一种观点，而不是前一种观点。

但只要中国朝市场经济、民主政治和多元文化发展，并因之只要中国朝法治方向迈进，那么，复杂社会关系的发展绝不可能使再"健全的立法"胜任愉快，所以，借助司法对个案的解决，以补充立法的不足，就是司法和法治的必然选择。从而法官在个案解决中构造裁判规范，而不仅仅是援引裁判规范，就是未来中国司法必然会面临的问题。因此，不论从理想的视角看，还是从必然的走向看，对法官构造裁判规范必须予以充分关注和研究。只有这样，才可能有真正的"能动司法"，也才可能建立起一种有实效的"案例

---

① 最高人民法院早在 2005 年 10 月 26 日颁布的《人民法院第二个五年改革纲要（2004~2008）》中规定："建立和完善案例指导制度，重视指导性案例在统一法律适用标准、指导下级法院审判工作、丰富和发展法学理论等方面的作用。最高人民法院制定关于案例指导制度的规范性文件，规定指导性案例的编选标准、编选程序、发布方式、指导规则等。"但时至今日，这一制度的推进还没有实质性进展。

指导制度"，当然，才可能使民间法真正作为法源，被援引或构造到裁判规范中。

二、民间法直接作为裁判规范

前文陈述了两种不同的裁判规范，即通过法官援引成为裁判规范和通过法官构造形成裁判规范。与此同时，也强调了民间法作为法官援引的规范，被作为裁判规范的可能。但是，民间法作为法官援引的裁判规范，应有前提制约，因之，并不是所有的民间法，都能够通过法官直接援引，形成裁判规范。那么，民间法被法官直接援引的条件是什么？一般说来，这主要有如下四个方面。

第一，法律授权。民间法被援引的第一个条件，是法律授权。当然，这一条件，主要是针对成文法国家而言的。在判例法系各国，因为法律自始就是一种"开放性结构"，法官在遵循先例的前提下，完全可以按照"先例识别"和"现例创造"的精神和要求，开放性地运用民间法，实现法律之形式理性和实质理性的结合。但是，在成文法背景下，情况有所区别。一种情况是法律明确禁止适用民间法，因此，民间法的司法适用也就难上加难。虽然在那些典型的成文法国家①，如法国，民事领域严格控制民间法的适用，但在司法活动中，适用民间法的情形，仍不少见②。第二种情况是是否允许民间法的司法适用，法律规定不明。在这种情形下，作为行使国家审判权力的

---

① 事实上，当我们以成文法和判例法这样的词汇来总结一个国家的法律基本特征时，应当有所区别：在判例法国家，已经有通过对判例规则的萃取、加工、整理和汇编，所形成的成文法典；而在成文法国家，如法国，在有些领域、特别是行政法领域，也存在着发达的判例法。所以，用判例法和成文法的概念来区别英美法系和大陆法系，已经有些勉强，需有必要的前提界定。

② 法国学者雅古·盖斯旦等指出："今天，在明确习惯法只具有辅助且有限作用的同时，几乎所有的学者都承认它具有法的渊源的资格。争论只限于相对法律和判例而言习惯法的独立性问题。而且我们认为，习惯法也是实体法的一种渊源，因为正是社会群体的行为方式，方有权陈述应遵循规则的内容，并且这种法律陈述是有效的，强制性的，而这种效力来源于其他渊源这一点是无足轻重的。"（［法］雅古·盖斯旦，吉勒·古博：《法国民法总论》，陈鹏等译，法律出版社2004年版，第192~193页），他们还以交易习惯为例，论述了法官在司法中对交易习惯的审查机制和原则（前引书第483页）。

司法机关，能否在法律界定之外适用民间法？这是需要特别予以探讨的问题。就原则——"权力不得推定"而言，法院要直接引入民间法裁判，逻辑上存在一些问题；但可变通处在于，如果当事人都同意选择民间法进行裁判，从而法官适用民间法，又未尝不可。第三种情况是国家法律明确授权：当法律未规定时，可以适用民间法。众所周知，《瑞士民法典》和我国台湾"民法典"，都有在民事活动中，如果没有法律时，得依习惯——民间法裁判的规定和授权。这种授权，为民间法进入司法活动创造了基本的法律根据。民间法和国家法、司法裁判、契约和协定、国际法以及法律学理一样，成为司法活动的法律渊源。尽管这些渊源在司法中的地位、适用程度等不可同日而语、相提并论，但无论如何，这为法官适用民间法，创造了前提和基本条件。我国在"宪法""民族区域自治法""合同法""物权法""婚姻法"等法律中对民间法实际作用的肯定，可以看作是一种授权，从而为法官在司法中援引一些民间规范作为裁判规范，提供了一定的理由。这也是一些地方在司法实践中积极采用民间法的基本缘由所在①。虽然在法律未授权的情形下，法官迫于案情，也可以运用民间法，但毕竟法律授权提供了法官运用民间法的合法性基础。在这个意义上，法律授权是法官引入民间法作为裁判规范的基本前提与合法基础。

第二，穷尽法条。民间法直接被法官援引为裁判规范的第二个条件，是法官在裁判中穷尽法条。所谓穷尽法条，是指针对当下的案件，法官遍寻现行法律体系中可适用于当下案情的规定，但又无所获得的情形。法律总是存在所谓的空隙的，这是因为作为言词的法律，和人们交往的社会事实相比，总是无法穷尽社会事实的原因所致，所谓"言有尽而意无穷"，所指的就是这种情形。当社会事实超出了法律的调整范围时，法官在民事审判中，要么寻找最相类似的条文予以类推，要么直接深入民间法或其他社会规范中，寻

---

① 例如江苏省姜堰市人民法院引入民俗进行裁判的经验就是典型。不过在这一经验中，有些把民俗作为案件事实对待，有些则作为裁判规范对待。在作为裁判规范时，有些直接说明，有些则只用不说（汤建国等主编：《习惯在民事审判中的运用——江苏省姜堰市人民法院的实践》，人民法院出版社2008年版）。这种情形，反映了法官利用民间法裁判案件时，或许还心有余悸，或许还拿捏不准的情形。但无论如何，这些法律的规定，已经引致了中国法院开始探索民间法进入司法的情形。

求裁判的根据。特别是当法官受理了一件在法律上根本无法找到根据的案件时，作出裁判是其受理行为的基本义务。例如著名的祭奠权纠纷案、红白事同时同店举办纠纷案①等，在法律规定上都基本上是空白，但法院既然受理了这样的案件，就必须设法进行裁判。那么，如何完成这类案件的裁判义务？显然，法律中没有现成答案，于是，法官另辟蹊径，在其他社会规范，特别是民间法中寻求并引用，以作为裁判规范，应是一条终南捷径。为什么这样说呢？

这是因为民间法本身是在一定时空范围内被人们所接受的规范，同时也从中能推出当事人之间的权利与义务，并据此裁判当事人因权利义务所产生的纠纷。还以祭奠权纠纷为例，慎终追远、缅怀祖先，这是中华民族数千年来，形成的一种伟大传统和习俗。既是儿孙对祖先的一种义务，也是儿孙表达哀思、缅怀和追忆的权利。不论作为义务，还是作为权利，对儿女们而言，在行为层面表达这一权利或义务的基本方式是祭奠。所以，在我国也就形成了逢年过节，祭奠先祖的传统和民间规则，上至王侯将相，下到草民百姓，都遵循着这种传统。因此，当有人设置障碍，影响人们的祭奠行为，并因此产生纠纷、诉至法院时，法院所能采取的基本方式，就是按照既有民间法及其习惯权利，来处理当事人之间的纠纷。所以，民间法有条件成为国家法律空白或者调整不能时，人们权利义务规范分配的替代方案。当然，民间法本身既有在一定时空范围内被普遍接受和尊重的民间法，如我国的春节习俗、祭祖习惯、婚姻习惯等，在全国各地多有相同的方面，也有只在很小的时空范围内所适用的民间法，所以，如果纠纷主体之一方或者双方不受某一民间

① 其中祭奠权纠纷的案例，在河南、甘肃、上海等地都曾发生过，相关案件之报道，李军林等："铁西审结一起祭奠权纠纷案"，载《人民法院报》2002年6月23日；"甘肃首例祭奠权纠纷案审结"，载《西部商报》2003年1月20日；李燕："兄弟反目只为老母祭奠权"，载《新民晚报》2005年7月15日。酒店同时举办红白事，遭致起诉的案例，在广西、北京等地都曾发生。李乔等："酒店同时办红白喜事，被判赔新婚夫妇1600"，载 http://news.qq.com/a/20070608/002614.htm，2011年1月29日访问；北京在通州、房山和门头沟各发生一起相关案件，其中前者选择了司法裁判（"红白喜事'撞车'难收拾，酒店与信任对簿公堂"，载《楚天金报》2005年4月20日）；中者以调解结案（"北京酒店大厅同时办红白喜事，新人怒告酒店"，载 http://www.stnn.cc/society_focus/200806/t20080623_800363.html，2011年1月29日访问）；后者则选择了红白喜事双方群殴（李罡："红白事饭店相遇，燃放爆竹炸坏玻璃致群殴"，载《北京青年报》2009年8月11日）。

法的影响或"自发调整"时，法官能否运用民间法裁判？这里涉及民间法适用的另一个制约条件。

第三，当事人的接受和选择。本来，司法活动不论当事人接受与否，只要法院的裁判是终审裁判，那么，当事人就有强制接受它的义务。尽管在法学上，还有一套司法中的当事人自觉接受理论，但即使当事人不自觉接受裁判，在现代法律上，只要司法完成了生效的裁判程序，那么，当事人就必须接受裁判，这是现代司法的一种常识（虽然在我国当代司法中，这一常识往往被程序设计——如申诉和一些补救性制度——如上访等所破坏）。不过笔者以为，在法官引入民间法所裁判的案件中，对当事人之于民间法的接受问题需要特别予以考量。这里涉及如下几种不同的情形，需要进一步探讨。

第一种情形：一种民间法对双方当事人都有习惯意义上的约束力。在此，虽然双方当事人平时都受一种民间法的制约，但在纠纷解决中，双方当事人是否接受民间法的裁判，可能存在如下三种可能：一是双方都接受根据民间法进行裁判，这时，民间法就获得了双方当事人的接受，法官也可以比较容易地把民间规范纳入到司法裁判中。二是其中一方并不接受民间法的裁判，这时，法官要么动员其接受民间法的裁判，要么强行以民间法裁判，从而形成类似于法律裁判之强制接受的效果。三是双方当事人都不接受运用民间法进行裁判，这时，法官要么动员双方当事人接受之，要么以民间法强制裁判之，要么放弃民间法，寻求新的裁判规范。在如上三种可能中，只有第一种可能才支持法官对民间规范直接引用，并形成裁判规范，同时，也可减轻法官的论证义务。其他两种情形虽然不影响法官对民间法的直接引用，并进而形成裁判规范，但法官要对此付出更多的论证义务，以说明引用民间法裁判的合理性。

第二种情形：一种民间法只对一方当事人具有习惯意义上的约束力，对另一方当事人不具有这种约束力。这时，也有三种情形可供选择，其一是双方当事人都接受该民间法的处理，这也可以方便法官引入民间法直接进行裁判。其二是双方当事人只有一方接受该民间法裁判。这又分为两种情况，或者平时接受该民间法之习惯约束的一方当事人接受该民间法，而另一方则不接受；或者相反，平时不接受该民间法之习惯约束的一方当事人反倒接受了该民间法，而另一方则不接受。这时，法官如果认为必要，也可以运用说服的方式，在当事人同意的前提下引入民间法进行司法裁判，并据此形成裁判规范；但只要平时不接受该民间法之约束力的一方，拒不接受依照该民间法予以裁判，法官就不能强行引入该民间法作为裁判规范。其三是双方当事人都不接受按照该民间法进行裁判，这时，法官理应放弃援引该民间法进行裁判的努力，寻求其他裁判方法。

第三种情形：一种民间法对双方当事人都没有习惯意义上的约束力。法官可以出示给当事人一种民间法内容，要求当事人进行选择。如果双方当事人都选择接受该民间法时，法官才能将这种民间法援引为裁判规范；只要双方当事人一方选择不接受，那么，法官就不能直接援引该民间法作为裁判规范；至于双方当事人都不接受该民间法时，法官就更不能直接援引它作为裁判规范了。其中原因不言自明。

在以上的论述中可发现，当法官把当事人的接受和选择作为援引民间法的条件，使之成为案件的裁判规范时，事实上表达了一种司法的回应性。即在法官和当事人之间，对民间法的援引经过了回应的过程。倘若达不成这种回应，那么，法官就很难直接援引民间法作为裁判规范，而只能通过构造裁判规范的方式，把民间法引入司法中。

第四，法官的论证义务。法官援引民间法裁决案件时，比直接援引法律裁判案件肩负着更大、更重的论证义务。不论何种裁判，只要法官在裁判中讲道理，就肩负着为了道理而论证的义务。但在直接援引法律进行裁判时，因为法律自身和案件事实的直接相关性，法官所肩负的论证义务要轻得多，如果因此造成当事人的不服，在根本上讲，是当事人不服从法律，所以，法官因此也会少一些责任和压力。但法官对民间法的援引，即使双方当事人都接受了，法官依然肩负着更重的论证义务，因为法官即使是根据法律的授权来援引民间法的，但民间法的援引只是法律供应不足或者法律调整不能时的替补或替代方案。民间法本身的存在多种多样，不一而足，一种具体的民间法的援引，需要法官认真剖析它和法律精神、法律原则、立法旨意是否吻合等问题，这事实上就给法官提出了援引民间法裁判时，更高、更重和更大的论证义务和要求。这种论证，更容易导致援引民间法时的社会接受。

众所周知，一起案件的裁判，绝不仅仅是当事人接受就可以完全案结事了，除此之外，其他社会主体的接受对案件的顺利解决也非同小可，事关重大。特别是援引民间法进行裁判的案件，更是如此。因为和国家法相比，民间法毕竟不是更广泛意义上公共理性选择的产物，人们完全可以对民间法抱持不同的立场。因此，如何让司法活动在援引民间法作为裁判规范时，获得当事人以外的其他社会主体的接受，就是法官必须论证和考虑的问题。正是这层因素，必然使法官在援引民间法作为裁判规范时，进一步增加了论证义务和负担。

第五，援引民间法的时空制约。尽管在一个国家总存一些在广泛空间里适用和认可的民间法，但在更多的时候，民间法具有明显的地域性和时限性。所以，民间法是一种多元性的规范形态。这样，民间法的司法适用，也势必受地域性的影响。对于习惯性地接受某种民间法调整的当事人而言，运用民间法于这些当事人，不存在什么问题，但对于跨区域，从而并不受这些民间法约束的主体而言，适用民间法以解决他和受这些民间法约束的主体之间的纠纷，就勉为其难，除非他自愿接受该民间法的规范内容和要求。为了解决民间法的这种地域局限，在现代民治国家，更多地强调地方自治，通过地方司法以更方便地援引民间法，并适用于地方主体之间所发生的纠纷和诉讼中。在我国，既没有严格的地方自治，更不存在制度意义上的地方司法，所有的司法在制度上都运用全国统一的法律（尽管在事实上，这种司法的统一性并没有阻止司法的地方保护现象），从而在一定意义上遏制了法官对属于地方性的民间法的适用。其有益的方面，这可能促进司法中国家法的尊严；其不利的方面，则势必影响司法对社会事实的关注，进而脱离社会实际。所以，这虽是一个体制性的问题，但因为司法在处理社会纠纷问题上的终端性，常常会直接影响人们对司法的评价。即便法律授予司法在没有法律根据时，直接援引民间法的职能和自由裁量权力，这种援引也必然会受到民间法本身的时空制约。对相关问题，前文第三点事实上已经有所展开，这里不予赘述。

第六，民间法的性质和功能。民间法不但是一种多元性的存在，而且还是一种性质和作用完全不同的规范。有些民间法，和国家法在精神上、原则上并不排斥，而有些民间法，则完全背离国家法的精神和原则；有些民间法，和社会进步的理念和目标一致，而有些民间法，则违反社会进步的基本理念和目标（如性别歧视类的民间法、迷信蛊惑类的民间法、酷刑无道类的民间法等等）……所以，援引民间法于司法活动，并作为裁判规范，法官必须识别民间法的性质和功能，并根据国家法的精神和原则，根据社会进步的理念和要求等，决定是否援引。否则，便是援引民间法作为裁判规范的排除因素。对此，本文第四部分将继续阐述。

三、民间法与法官构造的裁判规范

什么是法官构造的裁判规范？对此，可以在广、狭两义来界定。

广义的界定是：只要有司法裁判，就有法官构造的裁判规范。因为所谓裁判规范，就是法官在处理个案中，用来直接适用于当事人之间权利义务关系纠纷的规范。法官所处理的案件，不论是简单案件、还是复杂案件，也不论是清晰案件，还是疑难案件，都会将某位具体法官的"前见"①、经验、处事方式、思维方法以及对个案和法律的独特认识带入到裁判活动中。在这个意义上讲，每一次判决，都是一个创造。因此，只要有司法裁判，就有法官构造的裁判规范。但正如前述，在简单明了的案件中，即使有裁判规范，也主要是法官援引既有的、白纸黑字的法律形成的，法官从中所负担的论证义务很少，因之，说法官构造的裁判规范，就勉为其难。这样，就需要在狭义上理解法官构造的裁判规范这个概念。

狭义上讲的法官构造的裁判规范的界定，应是当法官面对疑难案件和复杂案件时，因为法律规定不能全部满足、甚至完全不能满足案件事实的要求

---

① "前见"，又被翻译为"前理解""先见"等，是哲学诠释学的重要概念，它是指一个人特有的生活经验、思维方式、理解能力等对于理解的前提性制约作用。任何一个人对文本或事物的理解，都是带着前见去理解的，所以，"只要有理解，理解便会有不同""一切解释，都具有创造性。"从而前见是理解的前提和条件，前见帮助人们理解，同时也是人们的理解得以实现的方式（［德］海德格尔：《存在与时间》，陈嘉映等译，三联书店1987年版，第374页以下；［德］伽达默尔：《真理与方法》上卷，洪汉鼎译，上海译文出版社1999年版，第341页以下）。

时，需要法官结合案件事实、法律规定、其他社会规范、被人们接受的社会意识等，并结合法官自身的经验、直觉和理性，构造一种直接适用于当下案件的规范。对此，在本文第一部分已有交代。

法官构造的裁判规范，站在判例法的立场和成文法的立场会得出不同的结论。在判例法视角，大体可认为，只要是法院的个案判决，都存在法官对裁判规范的构造问题，因为法官的裁判结果，是生成先例的前提，并且任何一个判决，都有可能成为后例的先例。但即使如此，判例法国家也存在一个简单案件与复杂案件、明晰案件与疑难案件的区别问题。因此，简单案件和明晰案件的法律适用，直接援引先例的可能性会更大一些，即援引性裁判规范的适用要更多一些。而在复杂案件和疑难案件中，法官创造裁判规范的可能性要更大一些，即创造性裁判规范的生成机会要多一些。并且一般说来，创造性裁判规范作为新先例，在后例中适用的可能要更大，因为这一创造本身，容易填补先例的空白。

而站在大陆法系成文法的视角看，直接援引成文法作为裁判规范和通过法官的心智和努力构造裁判规范，其情形完全不同。前者是一个比较简单的法律适用过程，法官甚至可以充当法律的"自动售货机"这一角色，但后者却是一个复杂的创造过程，法官的角色绝非自动售货机，而是售货机的设计者和制造者。没有法官的创造心智发挥作用，就不可能有法官构造的裁判规范。这类裁判规范，在立法层面上讲，所体现的就是法官的法律续造或法官造法。在设立了判例制度的成文法国家，这类裁判规范会构成判例制度的有机内容，即使在没有设立判例制度的成文法国家，也会为类似案例的司法裁判提供有益的参考。

对法官构造的裁判规范之一般的交代，是为进一步阐明民间法与法官构造的裁判规范之间的关系。法官在构造裁判规范时，至少会涉及三个方面的问题：一是案情，即法官面对当下的案件事实时，通过事实，再对照法律，才可发现是否需要构造裁判规范；二是规范，面对案情，在法律规定不能满足案件裁判的需要时，法官可以寻找替代性的规范，如民间法、道德规范、社会意识以及案件事实中蕴含的规定性等；三是能动，即法官在面对这样的案情时，不可避免地会发挥其能动作用，把自己以往办案的情感、经验以及理性①，运用于构造当下案件之裁判规范中。对照这三点，可进一步观察民间法与法官构造裁判规范间的关系。

在上述三点中，民间法只是作为法官构造裁判规范的"原材料"②，在规范视角发挥作用，但即使如此，一旦法官选择运用民间法作为构造裁判规范的"原材料"，就意味着民间法被纳入到法官构造裁判规范的具体作业中去了，也意味着在法官构造的裁判规范中，必然有相关民间法的成分。在这种陈述中，可以推出构造型裁判规范中民间法的作用和援引型裁判规范中民间法的作用有如下几点具体区别。

第一，法官在运用民间法构造裁判规范时，民间法不过是裁判规范形成的一种原材料，是法官可供参照的内容，而不是法官直接裁判案件的援引和根据。但是在援引型裁判规范中，只要法官援引了民间法进行裁判，那么，该民间法就直接构成了案件的裁判根据，直接作为个案的裁判规范，从而被援引的民间法就是相关个案的裁判规范。

第二，法官运用民间法构造裁判规范时，必须尽到最强的论证义务。如果把法官在司法中的论证义务按照强弱分为三类，即最强的论证义务，较强的论证义务和一般的论证义务的话，那么，法官直接援引成文法或者先例作为裁判规范时，所肩负的是一般的论证义务，因为在这样的裁判活动中，白纸黑字的法律和案件事实之间的对应关系较为明确。法官直接援引民间规范等法律之外的规范进行裁判，或者法官借用相似的法律规范构造新的裁判规范时，肩负着较强的论证义务。具体原因是，在前一种情形下，法官的援引，

---

① 最近，广东一位资深刑案法官在和笔者交流时坦陈：法官的阅历和经验，对办案结果具有直接的影响。他强调自己刚做法官时，见到"罪大恶极"犯罪案件，首先思谋的是如何按照刑法严厉惩罚之；而经过十多年的锻炼和经验，面对类似的案件，首先想的是哪些情节可以让被告人少受刑甚至免受刑。尤其面对那些可能判处死刑的案件时，他强调，这种心理变化，在刑案法官的履历中普遍存在。

② 在这里之所以运用"原材料"这样的比拟词汇，而不用法律渊源这样的专业词汇，原因在于法律渊源这个词汇更符合直接援引，并作为裁判规范的情形。而法官构造裁判规范的基本前提，是不能直接在法律渊源中援引某种规范。虽然在法官构造裁判规范时，也可以在法律渊源中寻找构造的原材料，但这毕竟与援引有很大区别。找到这些原材料，并不意味着它们立马会起到裁判规范之效果，只有经过法官的再论证和加工，才能成为裁判规范。但这时，裁判规范已经不是法官找到的这些"原材料"，而是法官构造的新规范。

溢出了法律的范围，从而可能引致人们对法律秩序断裂的担忧，因此，较强的论证义务及其履行，有利于克服人们对裁判和法律的此种担心。在后一种情形下，一方面，法官虽然借用法律构造裁判规范，但借用的法条毕竟和当下案件不具有直接关联，还需要法官通过缜密的阐述、论证和说明，才能使其获得和具体个案间的关联效果；另一方面，当法官做了这样的论证和说明之后，所产生的其实已经是构造意义上的裁判规范，是法官之法，而不是立法者之法。剩下的，就是法官运用民间法等其他社会规范、社会意识等构造裁判规范，这时，法官肩负最强的论证义务。为什么呢？原因有二。一是法官运用民间法等其他社会规范构造裁判规范，其行为已经溢出了法律的范围，势必造成对法官忠诚于法律的影响，即使法官运用民间法等社会规范构造裁判规范出于迫不得已，也应通过最强的论证义务，严格制约法官对民间法的运用，并使民间法的运用产生更好的社会效果。二是法官运用民间法构造裁判规范，本身是法官的一种创造性活动，对此谓之构造裁判规范也罢，谓之法官造法也罢，都意味着法官在相关司法中直接发挥了创造性作用。众所周知，法官在司法中的基本形象是恪守法律、克制创造，但在法官运用民间法构造裁判规范的场合，法官却必须能动，坚持创造。对此，如果不附加最强的论证义务，那么，法官的擅断也就无力制约和监督。

第三，法官运用民间规范构造裁判规范时，必须用更多的心智创造。众所周知，在一个法律健全的国度，不论其遵行判例法传统，还是成文法传统，都不需要法官更多的创造，因为一般说来，法官只是既有法律秩序的遵行者和守护者，法律是其唯一的"上司"。但是在法官构造裁判规范时，如果同样恪守法律的陈规，就表明复杂案件或疑难案件难以裁判，从而法院裁判案件的使命也会大打折扣。为了避免法律空缺、法律不能以及法院无法裁判这种尴尬，按照一定约束条件赋予法官必要的自由裁量权或者能动司法权，是克服这种尴尬的必要措施。这也意味着在处理复杂案件和疑难案件，并进行裁判规范的构造时，法官可以行使其创造职权，发挥其创造心智，在法律之外，甚至在其他社会规范之外，寻求出于法官的法律——裁判规范。虽然，这在判例法国家，是一件较为平常的事，但在成文法国家，尤其没有建立判例制度的成文法国家，这是很不寻常的事。所以，运用民间法构造裁判规范的活动，在本质上是法官创造心智发挥的过程。这种创造心智，或依赖于理性，如在裁判规范构造中严格根据逻辑规则进行归纳或者演绎；或依赖于经验，如法官把以往处理疑难或复杂的纠纷事实的经验，代入到处理当下的纠纷事实中以构造裁判规范；或依赖于直观判断，如法官以对疑难案件的第一印象为入手，作为构造裁判规范的认知前提等。不论如上哪个方面，都是法官面对案件事实及其裁判规则的一种心智创造活动。

第四，法官在运用民间法构造裁判规范时，必须充分考虑当事人和其他社会主体的接受性。运用民间法构造裁判规范，其前提是法官溢出法律的创造行为，尽管这一行为必须符合法律的精神和原则，但事实上，究竟是否符合法律原则和精神，还需要法官作出最强的论证。更重要的是，法官所构造的裁判规范，要能够恰当地给纠纷中的当事人分配权利和义务，这尤其是一件难上加难的事情。众所周知，司法所面对的事实，是一种纠纷事实或者冲突事实，如果把日常生活比喻为一出戏，那么，社会纠纷就是这出戏的最高潮和最复杂的部分，从而也是最引人关注的部分。而疑难案件和复杂案件，就更是戏剧冲突的极致。对这样的案件，究竟如何裁判，如何分配当事人之间的权利和义务，必然是万众瞩目的问题。所以，面对疑难案件和复杂案件，法官在进行裁判规范的构造，并据此分配当事人的权利和义务时，通过论证获得当事人对裁判规范的接受，就更显必要。因为如果援引法律或者民间法进行裁判，而当事人对裁判规范不接受时，法官还可以告诫当事人"法律规定如此"，或者"法律的精神如此"的话，那么，面对法官构造的裁判规范，要求当事人或者其他社会主体接受，就必须要法官作出扎实深入的论证，做到裁判规范的无缝化和逻辑自洽。显然，这一问题是和前述法官运用民间法构造裁判规范时的最强论证义务紧密相关的。与此同时，还需稍加说明，在援引民间法直接作为裁判规范的场合，也需要当事人和其他社会主体的接受，但它对法官的论证义务要求不是那么强，因为民间规范和案件事实的关联程度更高。但在运用民间规范构造裁判规范的场合，直接据以裁判案件的规范，是法官造法的结果，因此，法官的论证义务更强，当事人对裁判规范的接受问题，站在法官的立场，更显重要（尽管站在司法的一般立场，当事人和其他社会主体接受与否，只要法官不隐瞒或虚构事实、不违背程序，并且裁判能够自圆其说，就都不影响法官依据其构造的裁判规则所作出的裁判及其效力)。

第五，法官运用民间法构造裁判规范，在本质上是法官运用民间法进行"法官造法"或"法律续造"的过程，其目的既可以是新判例的创造，也可以为判例指导提供范型。法官所构造的裁判规范，就是法官造法或者法律续造。这种规范如果仅仅对于当下的案件生效，那么，它就是现实主义法学家笔下的"实然法"①，即只对个案中纠纷的解决、当事人的权利和义务分配有效的法。换言之，对当事人而言，就是根据法官构造的裁判规范这种"法"，使他们获得其权利，或者追加其义务的。对他们而言，这自然是一种实然法。一个人一生因为纠纷而打官司，并获得法院裁判的情形总是有限的，对他们而言，法官所构造的裁判规范及其权利义务分配，会深铭于心，因为这一裁判规范会成为当事人记忆中最深刻的权利归属或义务负担。当然，如果一个国家实行的是判例法，或建立了判例法制度，那么，法官针对个案的裁判规范，要么是较为典型的新先例，因为在既往的先例中这样的裁判规范，前无古人，否则，法官就会援引之作为裁判规范，而不会专门创造裁判规范。要么作为判例制度中的判例，对成文法的缺陷起一种拾遗补缺的作用。这样一来，我们会发现：民间法进入法律，获得法律的效力（而不仅仅是裁判效力），可以通过两种情形，一种是立法上的认可或授权，另一种是司法上法官构造的裁判规范获得了判例法或判例的效力。我国目前虽然没有建立判例制度，但在历史上，包括判例法在内的"混合法"曾经发挥过巨大的规范作用，"混合法"的这种作用，至今依然对我国具有重要的现实意义②。可以预料，随着中国法律体系建设的逐渐完善，细节建设的需要和作用会越来越凸显，这对法官运用民间法，构造裁判规范，并依赖此创建判例制度或者案例指导制度，是一个契机。

---

① 极端的现实主义法学家认为，所谓应然的法，是当事人及其律师对法官将作何裁判的一种判断，而实然的法，则是法官对案件的裁判结果本身。

② 有关"混合法"的论述，武树臣：《中国传统法律文化》（第七、九章），北京大学出版社2000年版；武树臣："法治与国情"，载 http://wsc2010.fyfz.cn/art/902919.htm，2011 年 1 月 29 日访问。

四、裁判规范对民间法的排除

尽管民间法对于裁判规范的形成，具有如此重要的作用，但在实践中，民间法和国家法既是一对互补的规范类型，更是一对竞争、因此，有时候也是一对对立的规范类型。在两者互补时，法官不论直接援引民间法也罢，借助民间法构造裁判规范也罢，都不存在本质性的冲突，因此也无需在裁判规范中排除之。但在两者处于竞争、特别是对立的状态时，司法直接援引民间法或者借助民间法构造裁判规范，就需要更加谨慎，甚至需要设置有关裁判规范排除民间法的标准。

严格说来，所谓裁判规范对民间法的排除，就是指民间法进入司法的排除条件，或者民间法不得作为司法之法律渊源的条件。具体到裁判规范，就是民间法不能被援引作为裁判规范，或者法官不能运用民间法构造裁判规范的条件。这些条件，有些是民间法之外的，如在成文法国家，法律有明文规定，且不存在法律调整不能时，不得援引或运用民间法作为裁判规范或构造裁判规范；再如法律没有明确授权法官可以援引或运用民间法时，法官一般也不能援引并运用民间法作为裁判规范或构造裁判规范等。有些则是民间法之内的，以下将要探讨的核心问题，是民间法自身在裁判规范的形成中被排除的原因和条件。

排除条件之一：无效或者过期的民间法，不能援引为裁判规范，也不能作为法官构造裁判规范的原材料。法官援引民间法作为裁判规范也罢，或者法官借助民间法构造裁判规范也罢，都要求民间法是活动的和现实有效的，即民间法在一定时空范围内，对相关主体发挥着实际的规范功能，在日常生活中具有规范效应。但是，民间法作为一种文化遗存，既有现实有效的民间法，也有随着时过境迁，在客观上已经失效的民间法，从而成为人们的一种历史记忆，或者仅仅是一种文字遗存。这样的民间法，即使曾经发挥过巨大的作用，但在现实生活中已经消失的无影无踪，自然就不能被法官援引为裁判规范，或者法官运用之构造裁判规范。因此，这种作为历史遗存或者人们记忆的民间法，就是裁判规范需要排除的部分。或以为，作为一种文化遗存的民间法，能否被法官在构造裁判规范的时候借用呢？因为它毕竟在某个历史时段，曾经调整过类似的社会事实。笔者认为，这时即使法官运用它，也不是在运用民间法构造裁判规范，而是在运用一种文化遗产构造裁判规范，因此，当将两者区别开来，不可混同为一。否则，就会过分扩大民间法的范围，其失误将会与援引清代法律作为今天案件的裁判规范或者运用清代法律构造当下案件的裁判规范一样荒谬。

排除条件之二：不具有权利义务的分配可能的民间法，不能援引为裁判规范，也不能作为法官构造裁判规范的原材料。在司法中，不论法官援引民间法作为裁判规范，还是运用民间法构造裁判规范，其目的都是为了解决处于纠纷和紊乱状态的社会关系，恢复社会正常秩序，维护法律的公义、公道和公平。那么，具体通过什么方式做到这些呢？一个基本的方法是通过裁判规范，分配纠纷当事人之间的权利义务关系。一般情形是给加害者或者侵权人裁判追加更多的义务，而对受害者或被侵权人裁判赋予更多的权利，以便通过司法的微调，修复社会秩序，恢复社会正义。这些，都要求法官在援引民间法作为裁判规范，或者运用民间法构造裁判规范时，必须审查民间法是否具有分配权利义务的可能。严格说来，作为法律渊源的民间法，自身本应当有权利义务的分配功能，这也是衡量一种规范能否作为法来对待的核心要素之一。一种规范倘若不能给按照它行为的主体分配权利和义务，那么，就不配称为法，也不能被司法援引或者运用。但尽管如此，有些日常交往中经常被人们遵循的规范，只具有劝诫或者宣告的性质，不具有权利义务的分配功能，法官也不能根据之推出权利义务的具体分配。这时，法官就不能援引或者运作之，作为裁判规范或者构造裁判规范。即使这样的规范被称之为民间法，对司法而言，助益不大。

不过民间法对权利义务的分配，不像近代以来的国家法那样，是白纸黑字，权利义务分门别类地规定的。反之，在大多数情形下，民间法以禁止（不作为）性或倡导（作为）性的规范形式存在，因此，主要是一种义务性的规范。即通过民间法的规范表面，人们只能发现其中的义务内容，而无法直接发现其权利内容。要在其中发现权利内容，必须借助法官的推理和论证。一般说来，禁止的反面即权利，倡导的目的是保障。所以，在民间法之义务规定的背后，一定蕴含着权利的内容，那就是只要一个人在行为中遵循了民间法的义务规定，就必然意味着其在民间法上权利的获得。当然，也有一些民间法，具有明确的权利义务规范内容，如"一分钱、一分货"的买卖权利义务，再如"人情一匹马，买卖争分毫"的赠与和买卖分界规范等，都可以看出其明确的权利义务分配特征。在这种情形下，法官援引其作为裁判规范或者运用之构建裁判规范，当然不在话下了。相反，如果一种民间法不具有这种权利义务的分配性质，那么，就应被裁判规范所排除。

排除条件之三，与法律的精神和原则相排斥的民间法，不能援引为裁判规范，也不能作为法官构造裁判规范的原材料。在现代秩序体系中，民间法只是国家法的辅助性因素或者配角。它要对国家法律秩序有所助益，就必须获得与国家法律的互补性效果。尽管从社会发展的长时段看，民间法往往是国家法发展和变革的直接推动者，即国家法的稳定性和保守性，在无法应对社会发展的急剧变革时，需要借助民间法来完成其新的构造任务。所谓"失礼，求诸野"，在这个意义上也完全可以成立。不过这并不意味着在现代国家，国家法是民间法的从属者。即使那些特别强调法律与民族精神内在关系的法学家，也会强调一旦国家的法律体系和法律秩序按照民族精神的要求完成之后，就不能因民间法的存在而随意更改之，更何况有些民族精神理论的代言人，虽然口喊民族精神，但在实际的研究中却更关注普适性的规则、命题和问题，从而关注国家法赖以生存的条件①。国家法秩序一旦形成，不论它的路径依赖是什么，都和国家法并存的民间法之间是一种主导和辅助的关系，而不是相反。虽然这种情形并不排斥实践中有些民间法对国家法原则和精神的违反，但无论如何，法官在援引民间法作为裁判规范，或者运用民间法构造裁判规范时，必须审查所援引或运用的民间法是否符合国家法的原则与精神。即使一种民间法不明确符合国家法的原则与精神，也不得公开违背

---

① 众所周知，在这方面，历史法学派的代言人萨维尼就是典型。一方面，萨维尼特别强调法律的"民族精神说"，并以此著称于世，另一方面，综观其一生的主要学术贡献，却是对罗马法的研究，如他的巨著《当代罗马法体系》《中世纪罗马法史》等。而不是对其所生活于其中的普鲁士民族精神的研究，这是一个巨大的反差。这或许反映了国家法所追求的普适性与民间法所固有的地方性之间不可调和的冲突。

国家法的原则和精神，特别在成文法国家，更应如此。否则，民间法就不能被法官援引作为裁判规范，或者被法官运用构造裁判规范。也就是说，当民间法公开违背国家法的原则和精神时，就应被裁判规范所排除。

排除条件之四：反文明的民间法，不能援引为裁判规范，也不能作为法官构造裁判规范的原材料。现代法律是现代文明最重要的组成部分，现代文明本来产生于商业贸易活动，商业贸易活动的开放性、平等性，要求通过制度理性安排并稳定这种文明，现代法律也就由此应运而生。科技文明的发展，进一步促进了物质文明和商品贸易的迅速发展，同时也为法律在更大的范围内发挥调整作用提供了条件，因此，法律在总体上代表了现代文明的发展。如果说商业文明代表了现代物质文明、科技文明代表了现代精神文明的话，那么，法律文明则代表了现代制度文明，并且打通了作为物质文明的商业文明和作为精神文明的科技文明。法律文明的这种特点，使其集中地表达了文明社会的规范要求。因此，作为法律秩序辅助的民间法，也应表达文明进步的要求，才能被法官援引为裁判规范，或者运用来构造裁判规范。但在民间法的既存事实中，不可否认，既有充分表达文明的一般要求的民间法，也存在反文明的民间法，还存在既说不上文明，也说不上不文明的民间法。对表达文明要求的民间法，如尊老爱幼、邻里和谐、相互扶助、社团内部的协作等，法官可以援引为裁判规范或者运用于裁判规范构造；对于那些既不能说表达了文明要求，也不能说没有表达文明要求的中性的民间法，如一些宗教规范，传统习俗等，法官也可以根据一定时空范围内人们对它的接受状况，或援引为裁判规范，或运用之构造裁判规范；而对于那些公然反文明的民间法，如身份歧视、性别歧视、宗教歧视、残酷刑罚等，法官不得援引为裁判规范，也不能运用于裁判规范的构造。所以，反文明的民间法，应被裁判规范所排除。

排除条件之五：反人道的民间法，不能援引为裁判规范，也不能作为法官构造裁判规范的原材料。关注人的需要，把人当作人，推进人的解放和现代化，满足人道的一切欲望和要求，可谓是近代以来"人的创世纪"①。近代

---

① 张猛等编著：《人的创世纪》，四川人民出版社1987年版。

法律的一切规定，都建立在这种人道的要求基础上，特别是对人之平等权的规定，直接推进了人的解放和社会的文明不断发展。所以，表现人性、反映人道，乃是近、现代法律的基本使命。自然，这一使命也要求作为法律辅助的民间法能充分彰显人道的要求。不过实存的民间法对人道的态度，和对文明的态度一样，也可以分为三类：一类是人道的民间法；一类是不排斥人道的民间法；而另一类是反人道的民间法。对这三类不同的民间法，法官在援引为裁判规范或运用于构建裁判规范时，也应加以区别：对第一类民间法，法官可以援引，也可以运用；对第二类民间法，法官照例可以援引或运用，但在援引或运用时，法官肩负更多的识别和论证义务；对第三类民间法，法官不但不能援引和运用，而且在裁判规范的形成中，必须设法否定或排除之。从世界范围内看，反人道的民间法还大量存在，如阿拉伯世界的一些国家对通奸行为处以乱石砸死的刑罚方式等[1]，就是一种反人道的民间法。再如我国不少民众把妻、女被强奸视为"家丑"，而"家丑不可外扬"，也是一种反人道的民间法，其结果既保障不了受害者的权利，也无法追究加害人的责任[2]。由此足见民间法的人道性对其辅助于国家法的实际意义，一旦某种民间法反人道，则它对国家法的辅助作用就荡然无存，裁判规范理应排除之。

在司法活动中，如上裁判规范对民间法的排除条件，只要具备其中任何一个方面，就必须排除，而无须诸条件或者其中几个条件同时具备时，才予以排除。明确裁判规范对民间法的排除条件，对于法官援引民间法作为裁判规范，或运用民间法于裁判规范的构造而言，提供了民间法之司法识别的基础。这种识别基础对司法而言是极为重要的，因为司法首先肩负着国家法价值和调整的实现，一旦民间法有违国家法的价值宗旨和原则精神，法官有义务排除它的援引和运用，有义务排除援引它作为裁判规范或者运用它构造裁判规范。

---

[1]　这种刑罚方式的司法运用，自新世纪以来，在尼日利亚、索马里和伊朗等国多次发生过。

[2]　有关反人道的民间法及其个案报道，刘作翔曾专门搜集并剖析过（刘作翔："具体的'民间法'——一个法律社会学的考察"，载《浙江社会科学》2003 年第 4 期）。